北京师范大学
国际与比较教育研究院
Institute of International and Comparative Education, BNU

U0745201

中国比较教育研究50年

总主编　顾明远　　执行主编　曲恒昌

流动与融合

教育国际化的世界图景

本卷主编　滕珺

山东教育出版社

图书在版编目(CIP)数据

流动与融合/滕珺主编. —济南:山东教育出版社,
2015
(中国比较教育研究50年/顾明远,曲恒昌主编)
ISBN 978—7—5328—9156—6

Ⅰ.①流…　Ⅱ.①滕…　Ⅲ.①比较教育学
Ⅳ.①G40-059.3

中国版本图书馆CIP数据核字(2015)第244020号

流动与融合

教育国际化的世界图景

本卷主编　滕珺

主　管：山东出版传媒股份有限公司
出版者：山东教育出版社
　　　　(济南市纬一路321号　邮编:250001)
电　话：(0531)82092664　传真：(0531)82092625
网　址：www.sjs.com.cn
发行者：山东教育出版社
印　刷：济南继东彩艺印刷有限公司
版　次：2015年11月第1版第1次印刷
规　格：710mm×1000mm　16开本
印　张：32.5印张
字　数：488千字
书　号：ISBN 978—7—5328—9156—6
定　价：58.00元

(如印装质量有问题,请与印刷厂联系调换)
印厂电话:0531—87160055

总序

　　我国比较教育研究始于 20 世纪 20 年代，最早的研究著作是 1929 年商务印书馆出版的庄泽宣所著《各国教育比较论》。当时，各师范院校开设了比较教育课程，但新中国成立以后就中断了，外国教育研究只以苏联教育为对象，作为我国教育改革的样板。直到 1964 年，国务院外事办公室批准在高等学校设立外国研究机构，才开始研究其他国家的教育，但仍然没有把比较教育作为一门学科来研究，只是介绍一些外国教育的制度和动向。直到改革开放以后，1980 年，教育部邀请美国哥伦比亚大学比较教育学者胡昌度来北京师范大学讲学，比较教育才在我国师范院校开始恢复。

　　1964 年高等学校建立外国研究机构时，北京师范大学外国教育研究室就在原来的基础上扩建，并接受当时中宣部的委托编辑出版《外国教育动态》杂志，供地市级领导干部参阅。该刊经认真筹备于 1965 年正式出版。可惜好景不长，1966 年"文化大革命"开始，杂志被迫停刊，研究人员下放劳动。1972 年在周恩来总理对我国外事工作的关怀下，研究室开始恢复工作，《外国教育动态》以内部资料的形式又编辑了 22 期。改革开放以后，我国在拨乱反正、恢复教育秩序的时候，迫切希望了解世界教育发展的动向和经验，经国务院方毅副总理批准，《外国教育动态》得以复刊并在国内外公开发行，1992 年该刊更名为《比较教育研究》。从 1965 年创刊至今，曲折坎坷地走过了 50 年。

　　应该说，《比较教育研究》及其前身《外国教育动态》在我国比较教育学科的建设以及国家教育改革中作出了不可磨灭的贡献。

改革开放 30 多年来,我国比较教育研究走过了几个阶段:

第一个阶段,1978 年至 1985 年,是描述、介绍外国教育研的阶段。这一时期主要是介绍美、英、法、西德、日、苏 6 个发达国家的教育制度和教育思想。介绍了在国际教育上有较大影响的四大流派,即:以皮亚杰、布鲁纳为代表的结构主义教育思想、布鲁姆的教育目标分类思想、赞可夫的发展教育思想和苏霍姆林斯基的和谐教育思想。1982 年由王承绪、朱勃、顾明远主编的新中国第一本比较教育教材问世。

第二个阶段,1986 年至 1995 年,是国别研究和专题研究阶段。进入 20 世纪 80 年代中期以后,比较教育界认识到,要借鉴外国教育的经验,必须对各个国家的教育发展进行深入系统的研究,才能把握各国教育的本质特点和发展脉络,于是开始了国别研究,对 6 个发达国家的教育作了较为系统的研究。除国别研究外,许多学者开始进行专题研究和专题比较,如各级各类教育比较、课程比较和各种教育思想流派的评介。

第三个阶段,1996 年至本世纪初,是深入和扩展研究的时期。从上个世纪 90 年代中期开始,我国比较教育研究扩展到许多发展中国家,特别是我国周边国家的教育,研究内容也从教育制度发展到课程、教育思想观念、培养模式和方法、国际教育、环境教育、比较教育方法论等诸多方面。同时,比较教育关注到教育与国家发展及国家宏观教育发展战略的比较研究,以及各国民族文化传统关系的研究。如"巴西、俄罗斯、印度、中国四国教育发展与国家竞争力的比较研究"、"民族文化传统与教育现代化研究"等,重视教育与国家发展的研究;随着我国新一轮课程改革,研究介绍了各国课程改革的经验。

第四个阶段从本世纪初至今,进入全球化时代的国际比较教育研究。我国比较教育学者开展了国际问题的研究,关注国际组织有关教育的政策及其对世界教育的影响;开展了各国教育国际化的研究;更加深入地研究各国教育公平的政策和提高教育质量的改革和举措。

我国比较教育发展的这几个阶段的研究成果在《比较教育研究》刊物中均有反映。《比较教育研究》有几个特点:一是最早、最快、最新地反映国际教育改革的动向。例如,较早地介绍美国的《国防教育法》和拉开了世界教育改革序幕的 1983 年美国高质量教育委员会的《国家在危险中,教育改革势在必行》;最早介绍终身教育思想；最早地把文化研究引进比较教育；较早地研究国际组织的教育政策等。这些研究对我国的教育改革都起到了一定的借鉴作用。为此，借《比较教育研究》创刊 50 周年之际，我们选择刊物中的有价值有质量的文章编辑成册，它们是：《定位与发展：比较教育的理论、方法与范式》《博学与慎思：当代教育思想与理论》《均衡与优质：教育公平与质量》《问责与改进：高等教育评估与质量保障》《光荣与梦想：世界一流大学建设》《理念与制度：现代大学治理》《创新与创业：21 世纪教育的新常态》《流动与融合：教育国际化的世界图景》《转型与提升：教师教育的改革与发展》《质量与权益：教师管理政策与实践》《传承与建构：课程与教学理论探索》《效率与公平：择校的理论、政策与实践》。

这既是一种历史的记忆，又为我国今后的教育改革保存一份有价值的遗产。我想，读者可以从中找到世界教育发展的痕迹，并得到某种启发。

是为序。

2015 年 10 月

目 录

导言 1

国际组织与全球教育发展

一、从国际角度看基础教育的实施 23

二、全民教育：2000 年的挑战和对策 33

三、国际教育资助的发展趋势 47

四、入世后中国教育服务的比较优势分析（上）........ 56

四、入世后中国教育服务的比较优势分析（下）........ 64

五、政府"入世"是我国教育"入世"的关键 68

六、全球化驱动下的高等教育与 WTO 76

七、GATS 给印度教育带来的忧虑及印度的对策 81

八、论 UNESCO 与 WTO 在高等教育国际化进程中的不同倾向 ... 88

九、WTO 框架与我国学术劳动力市场建设 99

十、达喀尔论坛后的世界全民教育：进展、特点、挑战及前景 ... 106

十一、教育研究的国际视野
　　——联合国教科文组织教育研究机构的比较分析 116

十二、欧盟与东盟高等教育政策演进比较 126

十三、"全民学习"愿景下的教育资助

    ——《世界银行 2020 教育战略》述评 ················· 135

十四、透视国际组织教育政策背后的运作逻辑

    ——以世界银行和经合组织为例 ················· 144

十五、重新审视国际社会共同达成的"全民教育目标":让权利变为现实

    ················· 153

十六、向知识银行转型

    ——从教育战略看世界银行的全球教育治理 ················· 164

十七、国际组织需要什么样的人?

    ——联合国专门机构专业人才聘用标准研究 ················· 175

人员流动与跨文化教育

一、美国的留学生教育现状及其比较研究 ················· 189

二、WTO 与我国的留学低龄化 ················· 204

三、英国高校学生的国际流动 ················· 214

四、全球化视域下多元文化教育的时代使命 ················· 224

五、新世纪国际留学市场中的法国 ················· 232

六、跨越国界的高等教育 ················· 241

七、中国的知识流散

    ——海外中国知识分子间的交流网络 ················· 250

八、全球化背景下澳大利亚国际教育服务及其政策 ················· 260

九、留学生利益保障的国际比较 ················· 270

十、日本留学生扩招政策与高等教育国际化进程 ················· 281

十一、跨文化教育:一个新的重要研究领域 ················· 292

十二、跨文化能力分类及培养的思考 ················· 302

十三、韩国"全球公民教育"的发展及其特征 ················· 314

十四、教育国际化背景下我国低龄留学原因及利弊分析 ················· 324

欧盟与博洛尼亚进程

一、一体与多元
　　——欧盟教育政策述评 …………………………………… 333

二、博洛尼亚进程框架下俄罗斯高等教育系统的改革 ………… 342

三、博洛尼亚进程中法国的四种声音：一体化 vs 保持特性 …… 350

四、博洛尼亚进程中的芬兰高等教育政策调整 ………………… 359

五、促进欧洲各国资格和文凭互认的"欧洲通行证"探究 ……… 368

六、博洛尼亚进程的最新进展与未来走向 …………………… 377

七、多层治理视野下的欧盟教育政策形成机制研究 ………… 387

八、欧盟国家教育质量的框架、进展及其启示 ………………… 398

九、德国实施"博洛尼亚进程"的进展及其存在的争议 ………… 407

新兴问题

一、第三次浪潮：国际教育的未来趋势 ……………………… 421

二、跨国教育的质量保障、认证和资格认可 …………………… 430

三、对中国—东盟《服务贸易协定》框架下高等教育服务承诺的法律解读

　　………………………………………………………………… 441

四、经济合作与发展组织的三大国际教育测试研究 ………… 450

五、国际学业成绩测评的发展动因、政策回应与积极影响 …… 461

六、全球化时代八国语言教育推广机构文化使命的国际比较 ……… 470

七、日本的国际教育援助及其软实力构建 …………………… 483

八、SSCI 对中国学者学术研究的影响：以教育学科为例 ……… 494

英文目录 ………………………………………………………… 505

后记 …………………………………………………………… 510

导言

一、比较教育与教育国际化

教育国际化是全球化的产物，是比较教育研究者天然专有的独特研究领域。美国著名新闻工作者托马斯·弗里德曼(Thomas L. Friedman)在其著述的《世界是平的：一部 21 世纪简史》(The World is Flat：A Brief History of the Twenty-first Century)中将全球化划分为 3 个阶段：“全球化 1.0”，始于 1492 年哥伦布发现“新大陆”，持续到 1800 年前后，这期间主要是国家间的融合；“全球化 2.0”，从 1800 年一直到 2000 年，各种发明和革新，从蒸汽船、铁路到电话和计算机的普及，为以跨国公司为代表的经济主体实现资源配给的全球化提供了可能的途径，这期间主要是跨国公司之间的融合。“全球化 3.0”，从 2000 年至今，软件的不断创新，网络的普及，让世界各地的人们可以通过互联网轻松实现社会分工，促使整个世界的生产和生活组织结构日益扁平化，个人正在成为这个时代的全球化的新主角。①

虽然我国早在盛唐时期就有“唐玄奘印度取经”的历史记载，但真正全球意义上的教育国际化还始于“全球化 2.0”的时代。18 世纪，欧洲青年人之间就非

① 托马斯·弗里德曼.世界是平的：一部 21 世纪简史(第二版)[M].长沙：湖南科学技术出版社，2008：6—35.

1

常盛行"壮游","接受过牛津剑桥教育的富有的英国年轻人开始前往法国和意大利各地跋涉,寻求艺术、文化和西方文明的根源。凭借几乎无限的资金,贵族接连数月或数年漫游各地,他们订购绘画,完善自己的语言技能,与欧洲大陆上流社会交往"。[①] 18 世纪后半期,美国的年轻人也加入"壮游"的行列。与此同时,清朝后期,在"西学东渐"和"洋务运动"的推动下,1872 年由"中国留学生之父"容闳策划送走的第一批留美幼童也拉开了中国教育国际化的序幕。这一时期教育国际化不仅表现在频繁的人员交流上,更表现为教育思想和制度的相互借鉴与学习。其中,最有说服力的证据就是"比较教育"学科的建立。1817 年法国学者朱利安发表了题为《比较教育的研究计划和初步意见》,呼吁建立国际教育协会,采集各国的教育资料,传播教育改革的经验。[②] 虽然朱利安的建议当时并未得到人们的重视,但是开启了比较教育学科发展的第一阶段——"借鉴时代"。1830 年,法国教育家库森考察普鲁士撰写了《普鲁士教育报告》,介绍普鲁士的教育行政管理体系、教师培养、课程等内容,该报告对法国 1833 年制定的初等教育制度基本法——《基佐法》产生了重要的影响。随后美国麻省教育督察长霍勒斯·曼访问欧洲后也撰写了著名的《第七年报》,康州教育督察长巴纳德也介绍了不少欧洲的教育文献,这对美国教育后期的发展都起到了重要的作用。如今,美国著名学府哥伦比亚大学师范学院还有一座楼专门以霍勒斯·曼的名字命名,以纪念他对美国教育做出的重要贡献。

如果说从 18 世纪到"二战"前夕,全球范围的教育国际化还是整个国民教育系统的相互学习和少数精英的教育国际化,那么"二战"后,"教育国际化"的发展进入了一个新的发展阶段。1945 年,联合国专门机构"联合国教科文组织"正式成立,这标志着当年朱利安所倡导的那个真正"全球化"的、秉持超越民族和国家的人类普世价值立场的国际教育梦想开始落地、生根、发芽。今年是联合国教科文组织成立 70 周年,在过去的 70 年间,联合国教科文组织确实通过一代又一代人的努力,引领了国际教育发展的思潮,促进了世界各国教育事

---

① Gross, Matt. Lessons from the Frugal Grand Tour[N]. New York Times, 5 September 2008.
② 王承绪,顾明远. 比较教育[M]. 北京:人民教育出版社,2012:2.

业的发展。20 世纪 60 年代提出的"人力资源理论"将教育与经济发展建起了链接,很快,越来越多的经济类国际组织,如世界银行、经合组织、欧盟等也开始关注教育的发展,他们或是以援助的方式,或是以国际测评的方式等各种不同的方式推动了教育国际化的发展。二战结束后,稳定的世界格局为刚刚成长起来的大批跨国公司创造了良好的国际环境。他们凭借着自身的人才、技术、管理、资产等巨大的优势,通过全球资源的最优化配置,成为了经济全球化的基本力量。特别到 60 年代后,全世界跨国公司大幅增长又进一步促进了经济的全球化,经济的全球化必然要求人才的全球化,人才的国际化又必然要求教育的国际化,而跨国公司主要以西方国家居多,他们为吸引世界各地的人才,纷纷出台了各种吸引国际留学生的优惠政策。因此,各种教育信息、人员、资金的流动在全球范围内迅速蔓延。进入 20 世纪 90 年代后,随着互联网技术的快速发展,世界开始逐步进入弗里德曼所说的"全球化 3.0 时代",各国的信息,包括教育信息,开始在全球范围内以前所未有的速度传递,这对教育国际化提出了更新更高的要求,人们不再满足于知道或了解外国的教育信息,更希望亲身参与、体验甚至改变这个日益扁平的世界,交通的便捷为此提供了可能。进入"全球化 3.0 时代"的教育国际化不再仅仅是简单的借鉴、交流,而是在此基础上不断创造新的教育样态并承担新的全球使命。

二、中国比较教育研究中"教育国际化"的图景

新中国成立后,教育国际化的发展离不开整个国家国际化的发展战略。虽然新中国成立不久就派出了大批留学生到苏联学习,但由于"文革"十年的影响,教育国际化的发展一度中断。直至 1977 年 8 月 8 日,邓小平在科学与教育工作座谈会上提出:"接受华裔学者回国是我们发展科学技术的一项具体措施,派人出国留学也是一项具体措施。我们还要请外国著名学者来我国讲学"。① 中国教育国际化的事业才翻开了新的篇章。特别是改革开放以来,中国的教育

① 邓小平. 关于科学和教育工作的几点意见[A]. 国家教育委员会政策法规司. 十一届三中全会以来重要教育文献[C]. 北京:教育科学出版社,1992.6.

国际化在"引进来、走出去"的思想指导下，取得了显著的成效。不仅人员交流越来越频繁，如派出了大量的留学生，同时也吸引了来自世界各国的学生来华留学；逐步建立了全方位开放的教育国际化制度，如对外汉语教学制度，中外合作办学制度等；正在有序地融入国际社会，与联合国教科文组织、世界银行、经合组织、欧盟等多个国际组织开展形式多样的合作与交流，一方面及时了解国际教育发展的前沿，另一方面也积极与国际社会分享中国的教育智慧与经验。通过这一系列的努力，"博采众长，大胆吸收和借鉴各国的先进科学技术、教育发展和管理的成功经验，引进各国优秀的文化成果、智力资源和资金，提高我国教育和科技水平。"[①]但由于中国在过去的一百年间历经了从封建社会到社会主义社会、从殖民地到独立自主、从农业文明走向信息文明的曲折历史，再加上中国幅员辽阔，地区经济、文化和教育发展差异较大，有的地区处于农业文明时代，有的地区处于工业文明时代，有的地区已经迈向了信息文明时代，因此不同文明的逻辑相互交织。我们的教育国际化也因此同时承载着西方教育国际化300年来不同阶段发展的不同使命，既要学习借鉴，又要吸引人才，同时还要在全世界讲好中国的教育故事。

作为中国教育国际化的研究先锋，中国的比较教育学者见证了中国教育国际化这30年的发展。在《比较教育研究》采集的50年"教育国际化"论文数据库中，我们可以明显看到各个发展阶段时代的印记，如80年代的"留学"，90年代的"全民教育"，21世纪伊始的"入世"以及随后的"博洛尼亚进程""跨境高等教育""PISA测试"等等，这些都记载了这个时代中国比较教育学者对中国教育国际化的思考和智慧。据统计，过去50年中《比较教育研究》共发表了165篇关于"教育国际化"的论文，其中最早关于教育国际化的研究是1987年发表在《外国教育动态》第1期的两篇文章《留学教育对经济、政治、文化影响的宏观分析》和《日本向外派遣留学生的情况》，讨论了全球化背景下学生流动的现象。随后，人们对教育国际化的关注开始逐步升温，2001年，中国"入世"激起了中国比较教育学界讨论"教育国际化"问题的热潮，有关"教育全球化"问题的研究

---

① 周满生，滕珺. 走向全方位开放的教育国际合作与交流[J]. 教育研究，2008(11)：11—18.

日益增多(图1)。

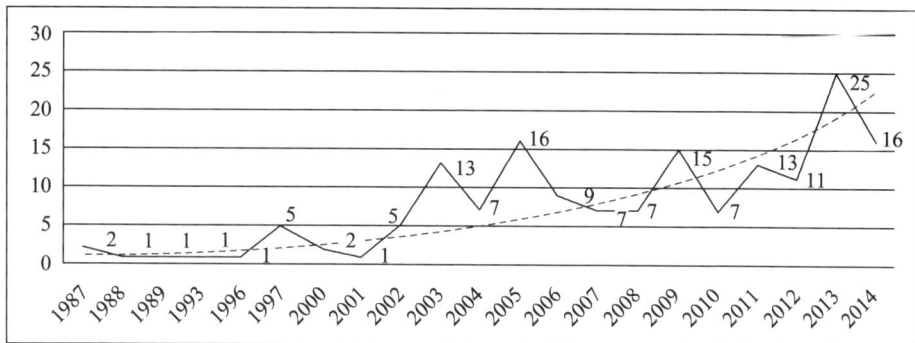

图 1 1987～2014 年间《比较教育研究》刊登的"教育国际化"研究成果年度数据

究竟什么是教育国际化？不同的学者有不同的观点。如加拿大多伦多大学安大略教育研究院教授简·奈特(Jane Knight)早在 1993 年就提出,高等教育国际化就是"把国际维度或跨文化维度整合进高等学校的教育、科研和服务功能的过程"[①],强调高校教学、科研和社会服务的全方位国际化。我国学者刘贵华 2000 年也非常全面地概括了教育国际化的 5 个要素:① 教育观念的国际化。旨在培养面向世界的国际意识的开放型人才;② 教育内容的国际化。主要是增设有关国际教育的专业或课程以及在已有课程中增开国际性内容;③ 师生互换、学者互访等国际交流;④ 国际学术交流与合作研究;⑤ 教育技术、设施等资源的国际共享。[②] 也有学者认为教育国际化是一种教育发展战略,如周南照 2012 年就指出,"教育国际化有多个维度、多重内涵。从教育外部来说,它是对世界范围人、思想、技术、产品、服务、资本的跨国流动日益加速的全球化的一种教育政策回应;从教育内部来说,它是在共同的国际教育法规和标准指导下更好分享优质教育资源、促进教育公平和教育质量的世界全民教育目标,更好满足不同学生群体和社会大众对更多更好的教育需求的一种发展战略。教育国际化不是单向的,更不是西方化,也不应等同于单纯的教育外事,不只是

---

① 陈昌贵,翁丽霞. 高等教育国际化与创新人才培养[J]. 高等教育研究,2008,06:77—82.
② 刘贵华. 教育国际化:21 世纪的教育理念[J]. 教育理论与实践,2000,05:11.

外事人员的责任。"①

那中国比较教育研究视域下的"教育国际化"又是一幅什么样的图景呢？如果用概念地图来分析这 165 篇"教育国际化"研究成果的关键词，我们就不难发现：首先，教育国际化的行动主体包括 3 个层级：① 全球性的国际组织，包括联合国教科文组合、世界银行、儿童基金会和世贸组织；② 区域性的国际组织，如欧盟、经合组织和东盟；③ 国家主体。其次，教育国际化涉及的领域非常丰富，有抽象的理念，如全民教育、全民学习、终身学习、教育贸易服务、跨境教育、博洛尼亚进程等，也有具体的问题，如教育援助、学生流动、人才流动、多元/跨文化教育、世界公民教育、质量保障、文凭互认、国际测评、语言推广等等。不同的行为主体在各个领域的侧重不同，如联合国教科文组织重点推广全民教育，世贸组织主要倡导教育服务贸易，欧盟则关注博洛尼亚进程；但很多领域也同时得到了多个行为主体的支持，如全民教育就得到了联合国教科文组织、世界银行、儿基会等多个组织的支持，文凭互认不仅是博洛尼亚进程的核心环节，联合国教科文组织亚太地区也发布了《亚太地区高等教育学历、文凭和学位相互承认地区公约》。此外，不同的主题之间又有着千丝万缕的联系，如教育贸易服务与学生流动、跨境教育、质量保障、文凭互认之间相互影响，博洛尼亚进程又与质量保障、跨境教育、大学国际化、欧洲学分转换系统内在相连，学生流动与多元文化教育、人才流动与大学国际化等都相互联系；这些主题交织在一起形成了一个纷繁复杂的"教育国际化"图景（图 2）。第三，在这幅纷繁复杂的"教育国际化"图景中，交织点最为密集的几个区域构成了中国比较教育学界讨论的几个热点问题：国际组织及全球教育治理、人员流动与跨/多元文化教育、跨境教育与质量保障体系、欧盟与博洛尼亚进程、国际测评、各国的高等教育国际化和东盟和汉语推广。

---

① 熊建辉，陈德云. 从教育国际化看教师专业化——访国际教育专家周南照教授[J]. 世界教育信息，2012，04：4—14.

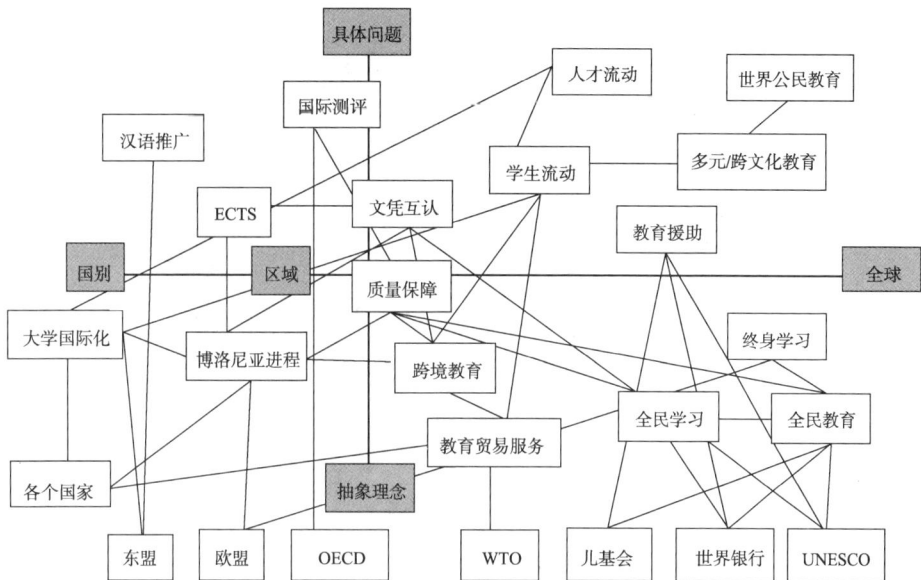

图 2　中国比较教育研究中的"教育国际化"图景

　　按照以上 7 个热点问题,我们对这 165 篇研究成果进行分类,发现,"国际组织及全球教育治理"的相关研究成果最为丰富,共 43 篇,占总数的 26%;其次为"人员流动与跨/多元文化教育"和"欧盟与博洛尼亚进程",分别为 37 篇和 36 篇,均占总数的 22%;"高等教育国际化"和"跨境教育与质量保障体系"也占一定的比例,分别为 10% 和 8%(图 3)。其中,"国际组织及全球教育治理"以及"人员流动与跨/多元文化教育"一直是中国比较教育稳定的关注点,"欧盟与博洛尼亚进程"则是近年来中国比较教育学界普遍关注的热点问题,这一方面与欧盟的博洛尼亚进程本身的发展有关,另一方面也受到我国与欧洲友好外交特别是中欧人文交流机制的影响。此外,近年来"国际测评"方面的研究也因 2009 年中国上海在 PISA 测试中夺冠而开始引起中国比较教育研究者的关注(图 4)。

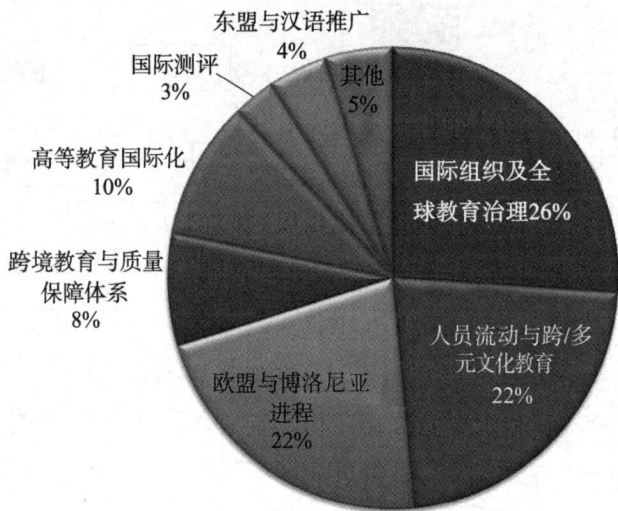

图 3 中国比较教育研究中"教育国际化"研究成果的主题分布

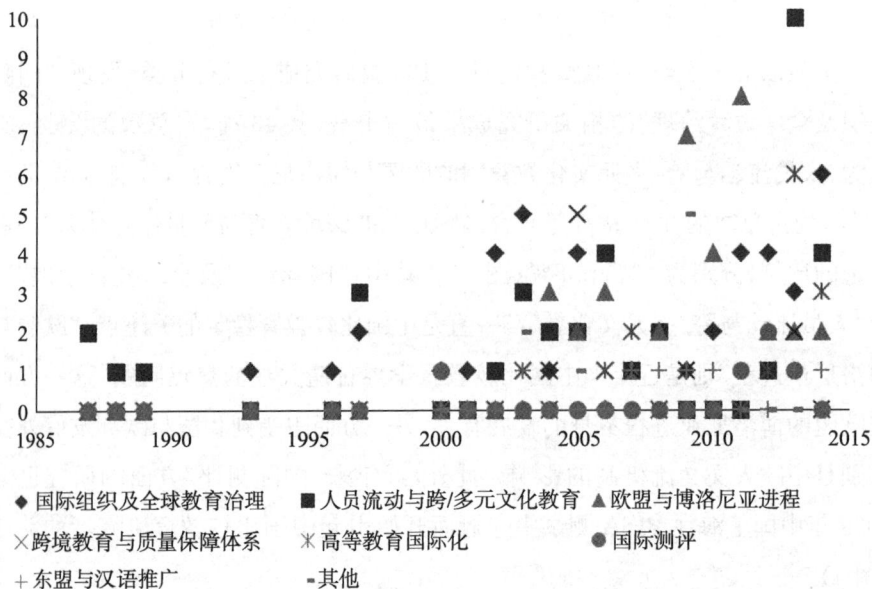

◆ 国际组织及全球教育治理 ■ 人员流动与跨/多元文化教育 ▲ 欧盟与博洛尼亚进程
× 跨境教育与质量保障体系 ＊ 高等教育国际化 ● 国际测评
＋ 东盟与汉语推广 - 其他

图 4 1987～2014 年《比较教育研究》中"教育国际化"各主题研究成果的年度数量

三、中国比较教育学界对"教育国际化"研究的知识贡献

通过选取过去 50 年中《比较教育研究》中发表数量最多的 3 个领域,即"国际组织及全球教育治理""人员流动与跨/多元文化教育"和"欧盟与博洛尼亚进

程",分别概述中国比较教育学界对"教育国际化"研究的知识贡献。

1. 国际组织与全球教育治理

这里的国际组织主要指全球性的国际组织,如联合国教科文组织、世界银行、联合国儿童基金会、世贸组织等。正如前文所言,不同国际组织的教育价值立场是不同的,倡导的教育理念也有所不同。总体而言,在过去的三十年间,影响最大的全球教育治理理念当属联合国教科文组织倡导的"全民教育"。1990年,联合国教科文组织在泰国宗迪恩发布《世界全民教育宣言》后,《比较教育研究》于1993年刊登了第一篇关于"全民教育"的文章。文章指出,实现"全民教育"的发展目前面临着很多挑战,其中一大挑战就是教育经费。"发达国家公共教育开支在国民生产总值中所占的比例平均接近6%,在东亚和大洋洲地区,这一数字接近3%。"①随后,眭依凡提出要实现"全民教育"需要国家的政治意志和决心,动员全社会成员投入全民教育,对贫困落后国家和地区进行教育援助。②

特别值得一提的是,在"全民教育"举步维艰时,英国的比较教育学者柳基斯却特别注意到了中国体制的优越性,他说"中国在动员地方资源以弥补重要拨款方面同样取得了成功。外来的支持可能是有益的,但并不是解决中国财政挑战的主要方面,因此,其他国家可能从中国的经验中得到启示。"但同时,柳基斯也注意到了中国潜在的问题,"中国虽然在入学率方面取得了巨大的成就,但质量还是一个问题。学习成绩水平普遍令人感到不满,教育投入没有产生预期效益的例子并不难找。这是一个学校管理、教师能力和风气的问题,对此没有简单的宏观解决办法,但的确有赖于教学专业化方面的措施,对有效的创造性改革的奖励,对好的实践的宣传。"③

2000年达喀尔会议重新审视了过去10年世界各国的努力,并制定了后来众所周知2015年前要实现的六大目标④,"全民教育"同时开始步入机制化的

---

① 柳基斯(文),王璐(译). 从国际教育的角度看基础教育的实施[J]. 比较教育研究,1993,04:28.
② 眭依凡. 全民教育:2000年的挑战和对策[J]. 比较教育研究,1996,01:6—12.
③ 柳基斯(文),王璐(译). 从国际教育的角度看基础教育的实施[J]. 比较教育研究,1993,04:29—31.
④ 注:《达喀尔行动纲领》的六大目标是:扫盲、发展幼儿教育、普及初等教育、促进男女教育机会平等、生活技能培训、全面提高教育质量。

轨道,定期发布《全民教育全球监测报告》,每年召开一次全民教育高层会议,每年召开一次全民教育工作组会议,为国际合作提供了新的模式"南南合作"或"南北合作"。然而,对于 2015 年能否实现"全民教育"的这六大目标,董建红在 2007 年时就指出"《达喀尔行动纲领》显然在时间安排上过于乐观,从某种意义上说,是教育界人士的一厢情愿。"[①]对于"全民教育"2015 后的发展,柳基斯提供了 6 种可能的选择:维持现状、渐进修改、激进修改、精简版＋地区/国家性指标、加强版和废除。[②] 显然,根据 2014 年 5 月通过的《马斯喀特共识》,联合国教科文组织采取了渐进修改的方案。

"全民教育"虽然是联合国教科文组织主导的全球教育治理理念,但同时也得到了世界银行、儿童基金会等其他国际组织的大力支持。20 世纪 90 年代以世界银行为代表的多边机构在推进"全民教育"的进程中加大了对发展中国家的教育援助,多边机构在全球教育援助体系中发挥着越来越重要的作用。[③] 但很快,世界银行不满足于 UNESCO 提出的"全民教育"的口号,2011 年提出了自己未来十年的战略规划《全民学习》,世行指出,实现"全民学习"的新愿景是促进发展中国家长期经济增长和减贫的关键。世行表示未来十年主要开展以下两个方面的工作:① 从国家层面加强教育系统的能力建设;② 在全球层面为国家教育改革建立一个高质量的知识数据库。为此,世行开发了"教育结果的系统评估与基准测试"(SABER),建立教育监测与信息系统(EMIS),与包括 UNESCO、儿基会等多边、双边和私人机构建立全球战略合作伙伴关系,加强各国的教育系统能力建设和资金、技术等方面的援助,以加强世行"知识银行"的国际形象。[④] 事实上,在多元化的全球教育治理格局中,世行凭借其相应的组织基础和专业优势,已经实现了其从金融银行到知识银行的转型。[⑤]

---

① 董建红. 达喀尔论坛后的世界全民教育:进展、特点、挑战及前景[J]. 比较教育研究,2007(8):81—85.

② 柳基斯(文)、李文婧(译)、王璐(校). 重新审视国际社会共同达成的"全民教育目标":让权利变为现实[J]. 比较教育研究,2014(2):86—87.

③ 马健生. 国际教育资助的发展趋势[J]. 比较教育研究,1997,02:43—46.

④ 闫温乐."全民学习"愿景下的教育资助——《世界银行 2020 教育战略》述评[J]. 比较教育研究,2011,10:34—38.

⑤ 阚阅,陶阳. 向知识银行转型——从教育战略看世界银行的全球教育治理[J]. 比较教育研究,2013(4):76—82.

与联合国教科文组织和世界银行对教育"公共服务"的属性界定不同，WTO 致力于实现利益最大化，遵循市场原则，坚持认为教育应属于"商业服务"领域，应主动满足市场需求，它通过与以经贸部为代表的各国政府部门合作，通过自身的多边贸易法律体系强制成员国执行，因此，发展中国家在 WTO 的世界贸易体系中处于边缘化的不利地位。① 正如美国知名高等教育学家阿特巴赫所言，如果高等教育真的纳入了 WTO 和 GATS 系统之中，这不仅会大大削弱大学的教学、科研等职能，破坏大学的知识逻辑和使命，而且对于发展中国家的高等教育尤为不利，不仅中心国家的准则、价值观、语言、科学革命和知识产品将挤压边缘国家的观念和实践，而且"它们将会湮没在着眼于营利而非对发展中国家的国家发展做贡献的国外院校和教育项目之中。"②

2001 年中国入世后，覃壮才依据比较优势理论，全面理性分析了当时中国教育服务的优势和劣势，并尖锐地指出，政府"入世"是我国教育"入世"的关键。教育的"入世"会给中国教育带来的最大变化之一就是进一步推进我国教育领域的"依法行政"。③ 在谈到中国入世后的劣势后，他明确指出，教育理念陈旧、管理运营模式陈旧，特别是内外有别的留学生管理模式，严重阻碍了外国留学生来华留学的积极性，同时也大幅增加了教育成本。④ 这条建议非常有前瞻性地指出了我国教育国际化过程中存在的制度性弊病。此外，WTO 对我国学术劳动力市场也有重要影响，WTO 的核心就是全球化的市场规则，而我国高校的一些人才战略主要是立足于激励人才成长，缺乏建设大学术劳动力市场的体系的视野，多主张采取超常规培养人才，缺乏立足制度供给解决人才成长环境问题。因此我国亟需建立一个完善的学术劳动力市场，这才是立足长远的可持续机制。⑤

同样是面对入世，印度在本国整体教育力量不是很发达的情况下，却承诺

---

① 汪利兵,谢峰. 论 UNESCO 与 WTO 在高等教育国际化进程中的不同倾向[J]. 比较教育研究,2004,02:45—50.

② 菲利普·G·阿特巴赫(文),蒋凯(译). 全球化驱动下的高等教育与 WTO[J]. 比较教育研究,2002,11:1—4.

③ 覃壮才. 政府"入世"是我国教育"入世"的关键[J]. 比较教育研究,2002,11:5—9.

④ 覃壮才. 入世后中国教育服务的比较优势分析[J]. 比较教育研究,2002,07:47—53,08:62—63.

⑤ 曾晓东. WTO 框架与我国学术劳动力市场建设[J]. 比较教育研究,2005,06:67—70.

开放教育服务贸易(尤其是高等教育)。当然,他们也面临着巨大的挑战,印度政府计划委员会表示,"商业贸易、服务和知识产权的国际协调正在占据越来越重要的位置,印度的一些国家政策和法规不得不向国际协议让步……把教育作为一种完全付费的服务已经在许多国家,甚至发达国家产生了社会和文化创伤;面对世界开放的、竞争的、高消费的教育很可能导致深层次的社会问题和文化问题。"①因此,印度政府主动出击,一方面继续支持和鼓励跨境教育,另一方面也制定政策关注社会弱势群体,同时依托其信息技术和生物技术的优势,向海外市场进军。与发展中国家不同,欧盟在世界体系中占据更为有利的中心地位,加入 WTO 后,欧盟在原有的高等教育合作基础上,进一步推进伊拉斯莫、苏格拉底、莱昂纳多等项目,鼓励师生国际流动,加强合作办学,以促进欧盟自身教育的发展。②

中国的比较教育研究不仅关注全球教育治理的理念与政策,同时也非常关注倡导和执行这些全球教育治理理念和政策的国际组织自身的组织运行逻辑和行为准则。如蒋凯就研究了联合国教科文组织下设的 8 个教育研究机构。联合国教科文组织先后设立了 6 个教育研究所和 2 个教育研究中心③的研究机构,从课程改革、教育规划、职业技术、信息技术、高等教育、终身学习、能力建设等不同的领域,通过研究、培训、咨询、出版及文献服务、举办论坛等多种形式为 UNESCO 作贡献。这些机构之间彼此分工明确、协作互助,自身又与时俱进,不断调整,特别重视建设民主、平等、积极、广泛的组织参与文化。④ 与联合国教科文组织不同,世界银行遵循的则是"非对称权力分布"和"新自由主义"的基本理念,它的话语权和投票权都是由成员国的经济实力以及对组织的财政贡

① 杨伟.GATS 给印度教育带来的忧虑及印度的对策[J].比较教育研究,2002,12:55.

② 吴志功,应中正,李宝媛,刘军,贾宸.欧盟的高等教育与 WTO[J].比较教育研究,2003,12:86—90.

③ 6 个教育研究所分别为:国际教育局(IBE),国际教育规划研究所(IIEP),联合国教科文组织终身学习研究所(UIL),教育信息技术研究所(IITE),非洲能力建设国际研究所(IICBA),拉丁美洲和加勒比海地区国际高等教育研究所(IESALC);2 个研究中心分别是国际职业技术教育与培训中心(UNEVOC)和欧洲高等教育中心(CEPES).

④ 蒋凯.教育研究的国际视野——联合国教科文组织教育研究机构的比较分析[J].比较教育研究,2008,01:71—76.

献来决定的。同时世界银行高度关注经济自由化、追求人力资本,追求效率至上。①

此外,我国在国际组织中的人才储备十分薄弱,滕珺等人的研究结果表明国际组织人才应具备以下 5 方面的素养:① 正直、尊重多样、崇尚专业的价值观,这是国际组织职员的内在文化认同;② 结果取向、客户取向和团队取向的思维方式,这是国际组织员工的基本工作方式;③ 灵活开放、抗压、外向、尽责、敏锐和注重细节的个性特质,这是国际组织员工的个人外交魅力;④ 交流技能、人际交往与合作技能、计划与组织技能、科技技能、学习技能和管理技能的国际可迁移能力,这是国际组织员工的核心胜任力;⑤ 专业的个人知识和组织知识,这是国际组织员工的安身立命之本。②

2. 人员流动与跨/多元文化教育

教育国际化最直接的影响就是人员的全球流动。早在 20 世纪 80 年代,美国就是留学大国,而且一半以上的生源来自亚洲。其中,中国赴美留学生大多攻读研究生(82%),且以自然科学(33%)、工程类(21%)和数学及计算机科学(14%)为主。当然,美国最好的大学招收留学生的比例还是非常有限,本科生招生数量也严格控制。③ 与赴美留学的发展中国家学生不同,出国留学的美国学生绝大多数是本科生,他们大多在本科就读期间到别的国家去"体验文化",接受语言训练,而非学习专业学术知识,而且 62% 的学生选择欧洲作为留学地。④ 当然,在全球留学市场中并非美国一家独大,与美国形成激烈竞争的还有英国、澳大利亚、法国、日本等国。英国政府自 1980 年开始大幅度削减其教育经费,取消了对海外留学生的学费优惠措施,并实行"全费政策",迫使高校将海外留学生市场作为一个重点开发目标。同时英国借助欧盟的"伊拉斯莫""夸美纽斯"等项目,吸引了不少来自欧洲的留学生。到 90 年代,英国的留学生比

① 孔令帅. 透视国际组织教育政策背后的运作逻辑——以世界银行和经合组织为例[J]. 比较教育研究,2011,10:50—54.

② 滕珺,曲梅,朱晓玲,张婷婷. 国际组织需要什么样的人?——联合国专门机构专业人才聘用标准研究[J]. 比较教育研究,2014(10):78—84.

③ 夏亚峰. 美国的留学生教育现状及其比较研究[J]. 比较教育研究,1997,04:40—45.

④ 菲利普·阿尔特巴赫(文),郭勉成(译). 跨越国界的高等教育[J]. 比较教育研究,2005,01:5—10.

例占全世界的 12.3%,仅次于美国。① 澳大利亚政府更是将教育作为一项出口产业进行经营,1987 年在政府正式公布的政策文件《高等教育:一份政策辩论报告》明确提出"国际学生全额付费将是教育经费增长挖掘的一个重要来源"。进入 21 世纪后,澳大利亚的国际教育战略提出到 2025 年招收 100 万国际留学生,并采取了一个政府主导、建立包括教育部、外交贸易部、移民与多元文化和本土事务部、旅游协会在内的跨部门国际教育推广协调机制,由教育部牵头负责国际教育服务方面的战略、规划、政策和整体推广,如制定《2000 年海外学生教育服务法》、"学费保障计划"等,为各级各类教育机构与中介机构提供全方位的支持,鼓励这些学校按照商业模式吸引海外生源,拓展海外市场。②

同样,1998 年法国政府也开始在战略上认识到推广法国教育的重要性,并由外交部和国民教育、研究、技术部联合成立了法国教育署,专门负责法国教育的海外推广。同时,法国也注重提高对外国留学生的接待质量,积极推广法语和"博洛尼亚进程"下的大学学位制度改革,以提升法国在国际留学生市场中的竞争力。③ 日本从 20 世纪 80 年代开始也出台了扩招留学生的政策,1983 年日本"21 世纪留学政策委员会"发布了《关于 21 世纪留学生政策的建议》,提出到 21 世纪"招收 10 万留学生计划",经过 20 多年的实践成效明显,2008 年又推出了"招收 30 万留学生计划",以推动日本教育的国际化。④ 各国政府纷纷出台了各种法律政策,保证留学生作为入境者尽可能简化签证手续;作为消费者获得充分、可靠的招生信息,享受有质量的教育服务,对不满意的教育服务享有异议权、申诉权和退换权;作为社会个体为留学生提供便捷的生活服务和安全健康保障;作为劳动力,留学生也享有在移民局的许可下半工半读的权利,且对于毕业生不少国家都制定了技术移民政策,以便留住成功获得本国认可学位的留学生。⑤

这样的留学热潮同样也影响到了中国。本世纪初,随着中国入世和经济的

---

① 张建新.英国高校学生的国际流动[J].比较教育研究,2003,05:81.
② 静炜.全球化背景下澳大利亚国际教育服务及其政策[J].比较教育研究,2007,11:85—90.
③ 安延.新世纪国际留学市场中的法国[J].比较教育研究,2003,05:86—90.
④ 马岩,肖甦.日本留学生扩招政策与高等教育国际化进程[J].比较教育研究,2012,12:64—69.
⑤ 张民选,丁笑炯,吕杰昕.留学生利益保障的国际比较[J].比较教育研究,2008,12:71—76.

全球化,中国出现了留学低龄化的现象,曲恒昌建议政府一方面采取"顺其自然、适当指引、鼓励回国"的基本对策,另一方面应增加政府教育投入,加大教育改革力度,支持民办教育,为国民教育提供更多优质的教育资源,才是缓解留学低龄化的重要途径。[①] 近年来这一建议的重要性更加凸显,国内越来越多基础教育阶段的学生或是躲避国内激烈的高考竞争,或是不认可国内高等教育质量,或是对未来就业形势的担忧,留学出现了低龄化。这些问题还需提高我们自身的教育质量,从人才观、人才选拔制度、人才培养制度和提升高等教育竞争力等方面深入思考,进行深层次改革。[②]

学生的流动必然带来人才的流动,因此发展中国家人才流失的话题成为了人们关注的重点。但也有学者认为,在这个全球化的时代,知识和人才的流动也为祖国带回了国内需要的技术、知识和关系网络。即便是那些留在海外的知识分子,也愿意并能够运用复杂的知识神经网络为国内的研究和发展做贡献。因此,知识分子的外流对流出国来说,即便是短暂的损失,但也是一种巨大的、潜在的可资利用的资源。[③] 人员的国际流动同时还带来了跨/多元文化教育的问题。虽然国际社会并未对"跨文化教育"和"多元文化教育"作明显区分,但英美等国更习惯使用"多元文化教育",欧盟非英语国家则主要使用"跨文化教育"的概念。我国学者黄志诚认为,跨文化教育更强调不同文化间的动态交流与互动,而多元文化教育更强调多种文化静态并存的状态。[④] 最初,多元文化教育主要是在美国、加拿大等多种文化融合的国家内部开展,后来多元文化教育逐步跨越了国界,出现了如国际理解教育、国际环境教育、全球公民教育等方面的理论和实践。在全球化的时代,多元文化教育应更加关注文化差异和机会均等,坚持多元视野和个性指向,进行结构统整,以培养所有学生进入多元文化世界的适应力和发展力,促进世界文化的多样性发展、文化间的相互尊重和世界和平。[⑤]

---

① 曲恒昌.WTO与我国的留学低龄化[J].比较教育研究,2002,12:48—53.
② 周满生.教育国际化背景下我国低龄留学原因及利弊探析[J].比较教育研究,2013,10:13—16.
③ 安东尼·韦尔奇,张振(文),刘雅(译).中国的知识流散——海外中国知识分子间的交流网络[J].比较教育研究,2005,12:31—36.
④ 黄志成,韩友耿.跨文化教育:一个新的重要研究领域[J].比较教育研究,2013,09:1—6.
⑤ 陈时见.全球化视域下多元文化教育的时代使命[J].比较教育研究,2005,12:37—41.

3. 欧盟与博洛尼亚进程

1999 年通过的博洛尼亚进程是欧洲高等教育一体化的核心,但博洛尼亚进程在欧洲各国的进展不一,争议不断。俄罗斯于 2003 年签署《博洛尼亚宣言》后,有保留地稳步推进博洛尼亚进程,并采取了以下措施:增设高等教育两级体制子系统,实行欧洲学分转换系统(ECTS),实行欧洲高等教育毕业证附件,完善高等教育质量保障与检查系统,增强大学生和教师的流动性,加强高等教育领域的国际合作。[①] 芬兰在博洛尼亚进程中也较为积极,不仅改革了学位结构、建立了 ECTS 系统以取代原有的国家学分系统,还建立了科学的质量保障体系,促进人员流动和开发国际化课程,加强跨国科学研究合作与交流。当然,博洛尼亚进程在芬兰也存在争议,主要来自高校的教师,担心教育质量的下降,同时也考虑如何既保留芬兰的民族特色,又能与世界高等教育共舞。[②]

法国的情况则较为复杂,虽然法国政府积极倡导和参与博洛尼亚进程。但法国高校的教师有赞同支持的,认为博洛尼亚进程可以帮助法国的高校增加法国对留学生的新引力,增加国际合作,同时获得更多的自治权。但也有不少高校的教师认为体现其文化精神的"大学校"将面临死亡的挑战,法国传统的教育理念受到了威胁。法国的学生抗议较为强烈,多次举行罢课活动,反对标准化带来的同化、破坏法国高等教育内部的公平性,并影响到他们的就读利益和未来就业。[③] 博洛尼亚进程在德国虽然也存在很多争议,但新的结构体制已经为德国带来一系列的好处:① 使人们更容易接受高等教育;② 中途退学率或未完成学业率有了显著下降,而且在高年级阶段已经完全消失;③ 本科生在劳动力市场很受欢迎。不同学位造成的收入差异已经不再明显,甚至在多年以后有消失的趋势;④ 学生可以按照个人兴趣来调整学习计划;⑤ 通过与认证机构的合作,为响应科学、经济和技术进步而实施现有教育体制,甚至创设新的体制

---

① 李春生,时月芹.博洛尼亚进程框架下俄罗斯高等教育系统的改革[J].比较教育研究,2006,09:73—77.

② 马晓洁,李盛兵.博洛尼亚进程中的芬兰高等教育政策调整[J].比较教育研究,2008,01:82—85.

③ 陆华.博洛尼亚进程中法国的四种声音:一体化 VS 保持特性[J].比较教育研究,2006,09:78—82.

都变得更加容易，从而也有助于保持高等教育体系的竞争力。① 2009 年，鲁汶会议发布了《鲁汶公报》和《2009 年博洛尼亚进程评估报告》，总结了博洛尼亚进程在过去 10 年的进展，同时指出未来发展的走向：① 提供平等的入学和就业机会；② 促进终身学习；③ 提高毕业生的就业能力；④ 扩大国际开放和人员流动；⑤ 寻求新的、多样化的资金来源和融资方式。②

博洛尼亚进程的这些走向其实与欧盟的整体教育战略是高度一致的。2010 年 6 月，欧盟出台了《欧洲教育与培训合作 2020 战略框架》，公布了欧盟面向 2020 年的四大战略目标和新的五项基准。四大目标包括：① 实现终身学习和流动；② 提高教育和培训的质量与效益；③ 促进公平和社会凝聚力；④ 在各级教育和培训中提高创造和创新能力，包括创业能力。新五项基准包括：① 至少 95％的 4 岁至义务教育开始时的儿童应当接受早期幼儿教育；② 教育与培训系统中的早期离校生比例应少于 10％；③ 15 岁学生在阅读、数学和科学领域的低表现比例应少于 15％；④ 30～34 岁人群中完成高等教育的比例应至少达到 40％；⑤ 成人中至少有 15％的人参与到终身学习项目中。③

当然，除了以上三大主题的研究，中国比较教育学界在高等教育国际化、跨境教育、国际测评、质量保障与监测、教育援助等其他领域也作出很多贡献，其中有不少研究成果不仅反映了时代主题，而且提出了有前瞻性的见地。由于篇幅有限，在此不一一赘述。

四、"教育国际化"研究的反思与未来研究空间

虽然在过去的 30 多年间，中国比较教育学界对于"教育国际化"研究做出了重要的贡献，但结合当下世界教育学科发展和比较教育回暖的大趋势，中国的"教育国际化"研究还存在许多问题，这些问题也是未来研究的空间。

首先，研究问题，我国比较教育研究的基本原则是"立足中国、放眼世界"，虽然"由于基础教育作为国民教育有其培养公民国家认同等特殊任务，总的来

---

① 彼得·梅尔，汉斯·R·弗里德里希，孙琪. 德国实施"博洛尼亚进程"的进展及其存在的争议[J]. 比较教育研究，2013，08：88—94

② 刘宝存. 博洛尼亚进程的最新进展与未来走向[J]. 比较教育研究，2009，10：1—6

③ 杨涛，辛涛. 欧盟国家教育质量的框架、进展及其启示[J]. 比较教育研究，2011，07：54—58.

说教育国际化在高等教育领域的表现要比基础教育领域突出一些。"①但随着全球化的扁平发展和人员的全球流动，我国基础教育领域已经出现了新的教育国际化现象，比如国际课程、国际学校、国际测评、多元文化融合、国际理解教育等等，这些现象在社会上有很大的争议，教育实践者同时也有很多的困惑，而这些现象和问题却是教育学的其他分支学科较少关注的，因此中国比较教育学者必须做好这些问题的深入研究。同样，虽然我们过去比较关注"高等教育国际化"，但高等教育领域同样也出现了比如跨境教育、就地国际化等新的国际化形态，这些问题也值得深入研究。此外，随着全球治理格局的转变和中国的大国外交战略的转型，如语言推广、教育援助、东盟、非盟、国际组织对话机制以及"南南合作"等方面的研究也有待加强。

其次，研究范式，过去我们的研究以翻译介绍为主（其中也不乏有深刻洞见的研究成果），这在资金匮乏、语言不通、信息闭塞的时代是必要的，但信息时代和全球化时代已经将这些研究壁垒打破，且全球教育研究的基本趋势是实证研究占相对主流的地位。因此，为了更好地让国际社会理解我们的研究成果，建议充分发挥我国"思辨"研究的优势和传统，同时结合"实证研究"的方式，根据具体的研究问题，采用官方数据挖掘、问卷调查、访谈、观察等不同的方法来采集数据，开展研究。当然，这一方面要求我们加强理论构建，特别有必要吸纳国际关系、社会学、经济学、管理学、心理学等跨学科的理论视角，使我们的研究更有深度，更有洞见；另一方面也需要充足的时间、人力、资金等相关条件的保障。

第三，研究者，在过去的 30 年间，我国有关"教育国际化"的研究成果 60%都是由独立研究者一人完成的，其中本土作者 59%，外籍作者 1%；另外 40%是合作完成的，其中与外籍研究者合作的仅占 5%（图 5）。随着研究问题和研究范式的转变，研究者需要组建跨学科、跨国界的研究团队，"教育国际化"尤其需要。虽然便捷经济的信息技术以及密切的国际交流与合作已经为这种团队的组建创造了良好的基础，但仍需要研究者自身合作意识的觉醒和相关评价制度的保障方能实现。

---

① 项贤明. 当前国际教育改革主题与我国教育改革走向探析[J]. 北京师范大学学报（社会科学版），2005，04：5—14

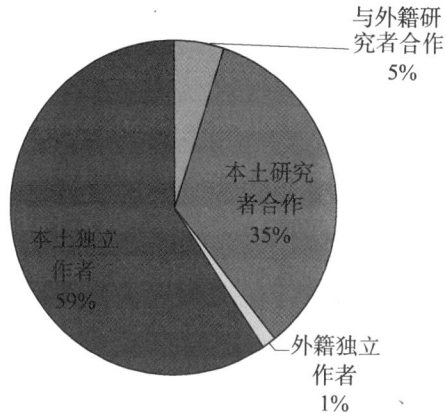

图 5 《比较教育研究》"教育国际化"研究成果的作者构成

滕珺

2015 年 10 月

于北京师范大学

国际组织与全球教育发展

一、从国际角度看基础教育的实施

本文旨在研究基础教育实施中产生的主要问题。首先总结一下为所有儿童提供初等教育的全国性任务所提出的一些全球性挑战,并对中国与其他国家的情况进行比较;其次,对与普及基础教育经费有关的改革政策进行探讨。

(一) 挑战与比较

1990 年在泰国举行的世界全民教育大会促使许多国家担负起为所有儿童提供基础教育的任务。克里斯托弗·克尔克拉夫与我新近出版的《教育所有儿童》(1993 年,牛津大学出版社)就是在全民教育大会发言的基础上形成的,该书分析了基础教育方面的问题和现有的政策选择。总的来说,全球性的普及初等教育问题集中在那些毛入学率低于 90% 的国家。大致有 37 个这样的国家。其中 24 个在下撒哈拉非洲,5 个在北非和西亚,5 个在亚洲和太平洋地区,3 个在拉丁美洲和加勒比海地区。更确切地说,这 24 个国家是人均国民生产总值最低的国家,平均在 460 美元以下。这些国家占低收入国家人口的一半以上(不包括中国和印度)。虽然大部分国家在下撒哈拉非洲,但有两个却是亚洲的国家,即巴基斯坦和孟加拉国。这样一来,亚洲和非洲的入学率问题持平。这些国家的平均毛入学率在 65% 左右,这意味着未来 10 年的入学率需提高一倍才能达到普及的目标。

计算毛入学率是小学入学儿童数除人口中相应年龄的人数。因此,毛入学率过高估计了小学学龄儿童的入学率,因为,它没有考虑超龄儿童的相关性,超龄儿童可能占到入学人口总数中相当大的比例。小学入学人数和学龄人口之比所产生的净入学率可能解决这一问题,但大多数国家都不具备净入学率的统计资料,广泛使用现有的毛入学率成为分析的唯一方法。中国(毛入学率 99.7％)和印度(毛入学率 98％)毛入学率都在 90％以上,尽管两者的净入学率可能会低得多。在本期专刊上,北京师范大学基础教育的研究项目报道了某些地区入学率低的状况。

发达国家公共教育开支在国民生产总值中所占的比例平均接近 6％。在东亚和大洋洲地区,这一数字接近 3％(表 1)。不过,我们必须记住,在不同经济结构下,计算国民生产总值是很困难的,在有些地区,教育经费的比例正在下降。过去 5 年中,毛入学率最低的国家,其教育经费的比例已经停滞。联合国教科文组织的资料表明,许多国家入学率的提高是很缓慢的。资料还表明,在入学率问题最为严重的国家,生均开支有一种下降的趋势(表 2、表 3)。值得注意的是,入学率提高的速度在第一级放慢的情况最为严重。同样有趣的是,在下撒哈拉非洲,虽然人均教育花费特别低,但这却是与教育经费在国民生产总位中的比例相对较高的情况连在一起,因此,总的来说不是非洲政府不愿将资源拨给教育,当然这是一个潜在问题,更重要的是经济贫困的结果,这种贫困导致了每个儿童平均教育支出实际水平的低下。

表 1　公共教育支出占国民生产总值的百分比(1970～1988)

	1975	1980	1985	1988
世界总支出	5.8	5.5	5.6	5.5
发展中国家	3.6	3.8	4.0	4.1
下撒哈拉非洲	3.8	4.9	4.3	4.5
阿拉伯国家	5.9	4.4	6.0	6.4
拉丁美洲加勒比地区	3.6	3.9	4.0	4.4
东亚大洋洲地区	2.3	2.7	3.2	2.9
南亚	3.0	4.0	3.4	3.6
发达国家	6.4	6.0	6.0	5.8

资料来源:联合国教科文组织,1991 年。

表2 各级教育经常性费用生均支出(1970～1988) 单位:美元

国家	数量	年度	总计		第一级		第二级		第一、第二级小结		第三级	
			A	A/B	A	A/B	A	A/B	A	A/B	A	A/B
所有发展中国家	72	1975	49	0.15					33	0.10		
		1980	106	0.17					73	0.12		
		1988	129	0.18					93	0.13		
下撒哈拉非洲	26	1975	101	0.44	49	0.21	251	1.09	75	0.33	2 675	10.7
		1980	133	0.32	70	0.17	296	0.72	101	0.24	3 521	8.5
		1988	89	0.31	50	0.17	175	0.61	70	0.24	1 549	5.4
阿拉伯国家	11	1975	140	0.21					105	0.16	633	0.9
		1980	227	0.16					174	0.13	1 019	0.7
		1988	313	0.19					240	0.15	1 467	0.9
拉丁美洲加勒比地区	25	1975	166	0.15	81	0.07	196	0.18	100	0.09	694	0.6
		1980	328	0.14	164	0.07	326	0.14	195	0.09	1286	0.6
		1988	293	0.15	163	0.09	246	0.13	180	0.09	863	0.5
东亚大洋洲地区	8	1975	19	0.09					17	0.08	353	1.6
		1980	46	0.11					36	0.09	538	1.3
		1988	73	0.13	43	0.08	89	0.16	55	0.10	446	0.8
南 亚	5	1975	32	0.17	17	0.09	34	0.18	21	0.11	116	0.6
		1980	83	0.24	50	0.15	96	0.28	63	0	195	0.6
		1988	110	0.19	69	0.12	123	0.21	86	0.15	445	0.8
发达国家	31	1975	1 098	0.24					834	0.1	2 637	0.6
		1980	1 862	0.23					1 417	0.18	4 019	0.5
		1988	2 888	0.24					1 983	0.16	6 520	0.5

注:A表示生均支出;A/B表示生均支出/人均国民生产总值。

资料来源:联合国教科文组织,1991年

表3　各级教育入学增长率与第一级毛入学率(%)

		第一级(%)	第二级(%)	第三级(%)	第一级毛入学率(%)
所有发展中国家	1970~75	5.3	7.7	11.9	92.8
	1975~80	2.2	5.7	7.1	94.9
	1980~88	1.1	3.1	4.5	98.1
下撒哈拉非洲	1970~75	7.4	14.3	13.3	58.1
	1975~80	9.4	14.4	14.0	77.1
	1980~88	1.8	4.3	8.1	66.7
阿拉伯国家	1970~75	5.7	10.2	15.1	73.1
	1975~80	4.4	8.8	10.4	79.9
	1980~88	4.0	5.9	5.6	83.4
拉丁美洲加勒比地区	1970~75	5.7	3.4	17.3	97.0
	1975~80	2.9	6.9	6.0	104.8
	1980~88	1.5	3.7	4.7	109.3
东亚与大洋洲地区	1970~75	6.9	11.7	11.4	113.2
	1975~80	0.6	5.2	15.5	109.7
	1980~88	—0.8	0.7	7.3	119.9
南亚	1970~75	3.6	4.6	9.5	75.8
	1975~80	2.2	4.6	3.5	77.0
	1980~88	3.5	6.0	1.1	88.4
最不发达国家	1970~75	7.7	8.3	8.3	
	1975~80	5.4	5.0	11.1	
	1980~88	3.5	4.5	6.8	

注:第一级指的是1970、1980、1990年的毛入学率。

资料来源:联合国教科文组织,1991年。

我们的估计表明,到2000年,如果要普及初等教育的话,全球还需要增加1.14亿个学额,但这忽视了一个问题,即现在所提供的的教育是低质量的,包括很高的重读率和辍学率,如果考虑到这两个因素,新的学额还需要增加15.6万个,如果经济的平均增长率与人口增长率相同,以不动价格计算,支持这些入学人数需要 440 亿美元。可以进一步认为,如果上述国家的教育拨款能够达到比现有水平高出 2％,这一数字将会降到 200 亿美元。提高教育经费比例的有效途径来自减少军费开支,许多发展中国家军费开支占公共经费的很大数量,在有些地方,所雇用的士兵人数比学校在校生多出 5 倍,这表明了国家发展战略的不平衡。

虽然这笔钱看起来很庞大,但外来资助比现有水平提高 50％就可以解决,如果这一增长能够很好地用于基础教育的话,国家政府和捐赠者有意支持合理的政策目标是很重要的。中国是不需要外来援助就能实现普及初等教育的国家,较低的人口增长率意味着入学人数的增加在比例上不大(虽然在绝对数上是很大的)。由于就业体制的原因,中国在比其他地区低得多的单位费用下成功地解决了大量的学生入学问题。中国在动员地方资源以补足中央拨款方面同样取得了成功。外来的支持可能是有益的,但并不是解决中国财政挑战的主要方面,因此其他国家可能从中国的经验中得到启示。

尽管就一般趋势而言,人均国民生产总值高的国家,其毛入学率也相对较高,但也有许多不同情况,摩洛哥的人均国民生产总值较高,但毛入学率却很低,阿尔及利亚也是如此。相反,中国的人均国民生产总值较低,而毛入学率却很高。联合国发展署的人力资源发展指数可以部分地解释这种现象。人力资源发展指数是婴儿死亡率、寿命和脱盲率的总和。只有两个国家的人力资源发展指数高于人均国民生产总值,这就是中国和斯里兰卡。在这两个国家,教育和社会福利制度的巨大发展,使得高水平的人力资源发展指数得以实现(尽管它们的收入水平较低)。因此,这两个国家是基础教育和健康服务的有效提供者。

中国教育支出以及小学教育支出占人均国民生产总值的比例都低于发展中国家的平均水平。80 年代,中国教育投入的比例仅占国民生产总值的2.7％,而低收入国家的平均水平是 3.2％,这说明,中国有提高的余地。例如马来西亚将国民生产总值的很高比例拨给教育,但在中国,地方一级财政的教育支出很大,这可能未计入总数当中。中国对初等教育的拨款也低于那些人口最多国家的平均水平。这可以有两种解释,第一,中国的投资效益较高;第二,中国投入很少,因而初等教育质量较低。第一种观点是成立的,但我们同样有理由关注那些重点学校以外的学校严重的质量问题与不能令人满意的成绩水平。原因之一可能是对不同学校和活动所给予的经费总数及分配问题。与其他发展中国家相比,中国对初等教育的投入比对中学和大学的投入要低。当然在有些国家,初等教育经费占国民生产总值的比例较高,但却只花在少数学生身上,如巴基斯坦,虽然费用很高,但入学率却属于最低国家之例。

基础教育的实施与人口增长率亦关系密切。总体上讲,毛入学率低必然与人口增长率高相联系,有些国家人口增长率超过 3.5%,因而在 20 年或 20 年以内,这些国家的学龄人口数将增加 1 倍,在这样的人口增长率下,试图扩大入学率简直是不可企及的。肯尼亚和埃塞俄比亚是这个问题最突出的两个例子:高人口增长率增加了儿童的相对人数,提高了儿童依赖率(儿童数量与工作成人数量之比)。因此,肯尼亚和埃塞俄比亚将近 50% 的人口低于 14 岁。中国的这一数字是 25%,并正在下降,这就使得提供足够的小学学额较为容易,可以将重点放在改进学习质量上。

毛入学率低往往与男女儿童入学率的差异相联系。我们的分析表明,这是各地低入学率的一个最强的指标。男女入学率的差异愈大,总入学率低的可能性就愈大。脱盲率与入学率明显地相互作用。一个有趣的趋势是,高文盲率(历史上的入学水平所致)与当前的入学率有关,这就意味着,降低成人文盲率应成为提高入学率的战略之一。

(二) 经费方面的政策选择

基础教育的财政问题涉及对以下方面的考虑:单位费用、总费用、公共投资的分配、额外资源的开发、改善质量的投入。

1. 单位费用

所有教育体制费用的最大部分是教师的工资。如果以直接减少教师来减少开支可能具有一定的吸引力,但在多数国家,这不是一个长久之计。在许多国家,与其他群体相比,教师已深受低工资之苦。教师工资水平如果低于现代化部门就业人员工资的平均水平,要么造成无法满足学校教师的补充,要么造成许多教师寻求第二职业或第三职业,或两者兼备。在中国,由于经济发展产生了许多获取收入的机会并迅速提高了收入水平,教师工资落后已成为一个问题。因此,需要寻求在保护单位费用的情况下,提高教师工资的出路。这可以通过将管理人员重新调配到课堂上而提高教学人员的比例(在中国,非教学人员占到 25％或更大比例);将教学工作与收入挂起钩来(这不一定是指考试结果,而是指教学时数和所教学生数);改变工资结构,向那些工作最努力的教师提供动力和奖赏。

单位费用还可以通过改变师生之比来减少。多部制学校使得对固定场所的使用更加有效,而且如果对教师调配合理还可以减少单位费用。在重读率高的地方降低重读率是至关紧要的。重读者占据着不需要增加费用就可以使其他人获益的学校位置。重读是一个课程问题,可以通过提高教师质量和调整教材而降低。班级规模可以在不影响效果的情况下,并在一定限定内增大一些,因为班级规模与整体成绩之间没有很紧密的相关。要做到这一点,采取措施降低班级规模之间的差异是很重要的。尽管中国城市学校班级规模是很大的,但这在某种程度上是由于教师教学时数相对较少所造成的。在许多农村地区,班级规模低于有效水准,特别是那些没有采用复式教学的地方更是如此。

2. 总费用

整个体制的总费用依赖于入学人数、单位费用以及各级学校的年限。中国学校学生的入学年龄高于大多数发展中国家(平均年龄 6 周岁)。但6∶3∶3学制与其他国家相似,在这方面缩短似乎没有什么根据。中国一年内的学日也很多,也许应该保持现有的水平。现有的真正降低总费用的方法还是要增加教师的教学时数,这样,同样数量的教师可以教育更多的学生(中国中学教师一周可能才教 12 节课,而大多数国家教师要教 25 节课以上)。教师与班级的比例超过 2∶1 在高年级是很普遍的,这从国际角度看也是很高的。通过教学改革也可以降低总的费用,并非所有学校活动都需要受过培训的教师。自学课可以由高年级学生给予辅导,社区的帮助者可以代替正规教师指导某些学习任务(如:阅读、图书馆学习、课外活动等)。如果教材的设计水平可以被大多数学生在现有时间内所掌握,就可以消除浪费性的重读,这样做尤其可以减少总的费用。

3. 费用的重新分配

费用的重新分配存在着 4 个明显的选择。① 可以通过转移其他方面的资源预算提高教育投入,国防费用如果庞大的话,它是一个明显的被转移的对象。其他类型的经济投入也同样必须加以考察。这些费用与花在改善初等教育方面的费用相比往往很大,但有时却几乎没有表现出什么效益。教育应该被认为是人力资源方面的一种投入,收益的时间可能会长一些,但是最终收益更大。所有工业化国家都实现了初等教育的普及,初等教育投入占人均国民生产总值的比例都比大多数国家要高,这说明将其他方面的投入转向教育是有可能的。② 学校之间、学校内部的投资水平存在很大差异。在中国,这种差异看上去在扩大。重点学校的单位费用比那些农村同级水平的普通学校要高出好几倍。更加令人担忧的是,小学与中学的单位费用差异正在扩大。在其中某个个案研究地区,这一差异接近1∶8,并一直在扩大。进一步看,在学校内部,我们的个案研究报告表明,一年级学生是如何从教育投入中获益最少——班级规模最大、教师水平最低、重读率最高、辍学情况最易于发生(在这一阶段可以以最低费用获取最大的学习效益)。更加不公平的是,地方筹措的经费同样有区别地投入到高年级班级。一年级学生最可能得不到课桌椅、教材和维修良好的安全校舍。然而,由于他们人数最多,他们对学校经费的贡献是最大的。③ 从高层次教育中转移经费可能具有一定的吸引力。大学的单位费用可能比小学的费用高20倍或更多,如果将补助金包括在内的话,这一差异会进一步扩大。大学毕业生比小学毕业生享有更高的收入和更加安全的职业保障。对高等教育的补助应有一定限制,特别是在那些国家人力资源开发需求不是特别强烈的地区,所节省下来的经费可以用来补充资助小学。④ 必须不断考虑人员费用与公用费之间的平衡。在初等教育阶段,公用费常常近乎于零。正是公用费提供了达到教育质量目标所需的物质条件。忽视这一问题,便不能保证在教育材料、教学辅助设施、地图、图表、图书、实验室材料等方面的合理分配。我们的个案研究发现一种对校舍投入太多,而对设备、消耗性材料、图书馆资源和学习材料投入太少的倾向。

4. 额外资源

对多方面从社区和学校所服务的个人中筹集资源以补充资金的不足是有许多争议的。一般来说,在初等教育阶段这种政策由于以下几种原因是不可取的。① 所有儿童接受良好的基础教育符合全社会的利益,没有这一点,他们在国家发展中将不能发挥积极的作用,也将不能享受公民的利益;② 没有认真协调并相互补充的公共投入机制,将扩大入学机会与提供教育方面的差距。残酷地在这一阶段收取服务费将阻碍贫困地区入学率的提高,并且扩大在教育发展方面的贫困差别;③ 让价格机制来扭曲初等教育的入学,有损于经济效益。如果由于直接或间接的收费阻止贫困子弟上学,将使培养未来的企业家和领导者的国家选拔体制丧失人才资源。在那些有可能和有足够收入剩余的社区,有些资源可以并且应该从中筹措。中国的经验表明,这种政策是怎样在短期内取得了成功,但是这不可能成为一种令人满意的、稳定的对主要教育活动的支持。在中国已经出现了"负担过重"的迹象,国务院已发出通知禁止增加农民负担。高等教育的财政也许能提供一个费用回收的最大机会,为此,发展由雇主承担的毕业生工资税可能会对学生的需求产生不良影响,如果需要自己负担的话,就不会有人想成为教师。

一般的税收制可能是对初等教育日常支持的最好基础。它具有相对来说可以预测与安全的优势,可以根据需要加以分配,要建立有效的资金征收制度。

5. 质量的改善

质量费用不象有时认为的那样棘手。既然在任何教育体制中,学校在单位费用上差异很大,但在质量水平上却是可比的,那么很明显,教育质量的部分问题在于学校及其管理内部,许多质量问题可以通过想象、热情、动机和好的管理加以解决,但是其他方面的确要付出代价。改善质量的最大费用涉及一些政策措施:① 教师的工资必须在收入者范围中保持中间水平,做不到这一点,教师的质量和动机将受到损伤;② 学习材料必须具有充足的供应,改善学习材料的供应,有可能在提高成绩方面产生最大的费用效益;③ 课程改革是质量提高的关键,全国核心课程可能对于适应国家需要是必要的,但是在不同情况和成绩水平下,必须允许地方性的多样化,否则它们的重读率和辍学率将会很高,这两者是内部低效的放大根源;④ 我们很少利用成绩评定资料促进质量的提高,成绩测验的质量往往也很低,对学习困难要么未做分析,要么分析得不准确。因此,寻找将考试资料纳入学校管理和监督中、诊断性地运用考试结果的途径便成为重点。

(三) 结语

本文总结了与实施基础教育政策有关的国际性问题,提供了观察中国在这一领域所取得的巨大成就以及未来所采取的政策选择的背景。最后,从与北京师范大学合作的个案研究中,可以得出与进一步的讨论有关的 4 个观点:

第一，很明显，中国实施基础教育政策中出现的问题不是全国性或省一级的，合理的政策已经制定，中国具有世界上最庞大的有关基础教育的立法框架。问题是在地方。我们注意到国家的政策是多么频繁地在县和乡一级的决策中受到冲淡及其可能造成这种状况的原因。因此，提出这一问题是至关重要的。

第二，中国实施基础教育政策的财政问题发生在那些最贫困的县和较多县中的贫困乡。贫富地区之间经费转移的合理机制仍未确立，人均教育经费的地区差异正在惊人地扩大。很明显，贫困县无法从自己的资源中保证普及教育的经费，而且在中期内没有能够做到这一点的希望。他们相对来说比富裕的城镇地区在教育投入方面做出了更大的贡献，因为他们要从地方的资源中负担一大部分教师费用（即民办教师和代课教师的工资）。我们必须提出这一紧迫问题。

第三，妇女教育是普及教育的关键因素。在这方面的差异仍然很大，有些地区在改进一段时间后可能会再次出现反复。妇女教育投入的直接效益已经十分明确（缩小家庭规模，降低婴儿死亡率，在兄弟姐妹中她较少得病，提高家庭生产）。因此，继续降低各级教育、特别是初等教育入学方面的性别差异是一项重要任务。这一问题在一些少数民族地区最为尖锐，如果这些地区的基础教育不能得到较大改进，就不可能进入到经济发展的主流中。

第四，中国虽然在入学率方面取得了巨大的成就，但质量还是一个问题。学习成绩水平普遍令人感到不满意，教育投入没有产生预期效益的例子并不难找。这是一个学校管理、教师能力和动机的问题，对此没有简单的宏观解决办法，但的确有赖于教学专业化方面的措施，对有效的创造性改革的奖励，对好的实践的宣传。地方性的专业发展网络及专业咨询机构的存在数量远远不够，以至于不能对教育质量产生应有的影响。

我们的个案研究对实施基础教育政策方面的全国性研讨提供了对应的微观方面。国际性的比较概括了中国所取得成就给人印象深刻的一面，以及需要做到的方面。本专刊内的其他文章已详细讨论这些问题。

（本文发表于《比较教育研究》1993 年第 4 期。作者基斯·刘文，时属单位为英国苏塞克斯大学；译者王璐，时属单位为北京师范大学外教所）

二、全民教育:2000 年的挑战和对策

全民教育与终身教育一样已经构成为当代世界最具影响力的教育思潮之一,它们不仅主导了当前国际社会教育改革和努力的方向,同时也代表了下世纪未来教育发展和进步的趋势。尽管就全球而言,在联合国教科文组织的积极促进和世界各国的竭尽努力下,世界教育已经取得了巨大的进步和成就,但就目前的现实条件来看,要在 2000 年实现联合国教科文组织于 1990 年 3 月在印度宗天召开的"全民教育世界会议"上提出的涵盖了教育高度民主化和教育高度普及化内容的全民教育之宏大目标,不得不承认,国际教育社会面临着最严峻的挑战。全民教育绝非是一个只需喊喊就可了事的口号,它是一个代表了世界各国共同利益和愿望的组织制定的、需要各国各地区政府和人民致力创造条件促进教育发展和教育民主化才能实现的世界性目标。为实现这样一个目标,对全民教育目前遇到的困难和挑战我们应当有清醒的认识,任何事业的成功都建立在对阻碍这一事业发展的困难的认识和解决的基础之上。那么,全民教育作为一项全球性的教育追求,当前其面临哪些挑战,我们又应当作好哪些应对准备呢?

(一) 挑战

1. 2000 年,成人文盲率能否降到 1990 年的一半

到 2000 年把成人文盲率降到 1990 年的一半是联合国教科文组织在印度宗天会议上制订的宏大目标,文盲率在 10 年间下降一半是个什么数量概念呢?1990 年全世界 15 岁及 15 岁以上人口为 35.8 亿,文盲人数为 9.48 亿。其成人

文盲率为 26.5％,故下降一半后的成人文盲率即为13.25％。据联合国教科文组织统计办公室的预测,到 2000 年全世界 15 岁及以上人口为 42.94 亿,那么按 13.25％的成人文盲率计算,世纪末的成年文盲将下降到 5.69 亿。而联合国教科文组织出版的《文盲统计汇编》预测,到 2000 年,世界成人文盲只能略为减少至 9.35 亿,成人文盲率也只能略下降至 21.8％。

我们还可以换另种方法来考察文盲率的变化,即通过计算有文化者的增长率来反映扫盲的变化(表 1)。

表 1 1970~2000 年成年有文化人口的估计及在此基础上
计算出的绝对增长人数(百万)和年增长率(％)

	1970	1980	1990	2000	预计 2000 年的成年人口
发展中国家					
有文化者	689	1 108	1 709	2 353	3 273
绝对增长数	410	601	644		1 564
年增长率	4.7	4.4	3.2		6.7
非洲					
有文化者	48	90	177	299	486
绝对增长数	42	87	122		309
年增长率	6.5	6.9	5.4		10.6
亚洲					
有文化者	602	926	1 389	1 843	2 538
绝对增长数	324	463	454		
年增长率	4.4	4.1	2.8		
拉美及加勒比地区					
有文化者	121	175	243	321	
绝对增长数	54	68	78		
年增长率	3.8	3.3	2.8		

表 1 是联合国教科文组织统计办公室主任加布利埃尔·卡尔塞莱斯提供的为说明有文化人口变化的统计预测表,他认为该表提供的关于有文化人口的增长率是过于乐观的,显然超出了这些地区的实际可能。即使这一增长率(发

展中国家为 3.2%,非洲为 5.4%,亚太地区为 2.8%,拉美和加勒比地区为 2.8%)是可以接受的,但要基本实现扫除文盲的目标也需要很长的时间。他计算出的结果是:发展中国家至少需要 21 年,非洲 19 年,亚太地区 22 年,拉美及加勒比地区 14 年[①]。由此可见,到 2000 年基本实现扫盲的目标是有相当难度的。

2. 大多数文盲均集中在最贫困的国家

尽管发展中国家的文盲率下降速度大于发达国家,但由于经济和财政的问题,世界大多数文盲还是集中在贫困的第三世界国家。据 1990 年的数据,发达国家仅有 3 200 万文盲,其文盲率为 3.3%;而就整个发展中国家看,文盲总数达 9.17 亿,文盲率为 34.9%。据统计,文盲人口在 1 000 万以上的国家仅有 10 个,它们是:印度、中国、巴基斯坦、孟加拉国、尼日利亚、印度尼西亚、巴西、埃及、伊朗、苏丹。这 10 个发展中国家的文盲总数占了全世界文盲的 74.3%。文盲率最高的国家或地区往往是那些最贫穷落后的国家和地区。例如,最不发达国家的文盲率为 60.4%(1990),同期南亚为 53.9%,撒哈拉以南非洲为 52.7%。从文盲的地区分布来看,75% 的文盲在亚洲,18% 在非洲,5% 在拉丁美洲和加勒比地区,而欧洲和北美仅占 2%,其中 13 个国家(大多数在非洲)的文盲率超过 70%,超过 1 000 万文盲的 10 个国家又大多集中在亚洲。由此足见,除盲最艰难在第三世界。

3. 我们能为所有儿童提供小学教育吗

建立义务教育制度的一个最重要目的就是为所有儿童提供普及性的第一级教育,即小学教育。其实,解决文盲增长的最有效途径就是在实施扫盲教育的过程中同时为所有适龄儿童提供必要的小学教育。只有杜绝新文盲的产生,文盲才能逐渐减少,扫盲工作才能见效。遗憾的是,尽管有材料证明越来越多的国家都已颁布了义务教育法,但这并不意味着这些国家能为所有的适龄儿童提供必要的义务教育。据世界银行高级教育顾问亚迪·哈达德提供的情况,一直到 1988 年前后,还有 11 个国家的小学总入学率尚未超过 50%,最低者索马里小学入学率仅为 15%,另有 26 个国家总入学率分别在 50~90% 之间。这样

---

① 加布里埃尔·卡尔塞莱斯:《实现 2000 年全印扫盲的目标可行吗?》,《教育展望》(中文版),1991 年 8 月第 28 期。

的小学入学率在为全民提供基础教育方面无疑会遇到巨大困难。

由于入学率较低的原因,致使全世界6~11岁的儿童约有1亿没有入学机会。据预测到2000年仍将有1.03亿儿童不能入学,而且不能入学的12至17岁的青少年也将从1980年的1.36亿增至2000年的2.22亿。除此之外,小学教育还存在不低的辍学率,从而使每年均有几千万的小学生在读完小学之前中途离开学校,其中不少人因未能接受比较完整的基础教育而可能沦为永久性文盲。譬如,我国目前每年以扫除文盲500万左右的速度极大改善着我国的人口质量,但新生文盲也在100万以上。原因一在于我们还有部分适龄儿童无就学机会,二就是存在小学辍学者现象。就1993年情况看,我国7~11周岁儿童的小学入学率已高达98.39%,但同期有2.27%的小学辍学率,这意味该年我国有227万的小学辍学生。我国每年有100万新生文盲均源出于此。据资料,有些国家的小学辍学率甚至高达30%~40%。从上可见,若要实施有效的全民教育,一方面必须推行人人都能上学的义务教育制度,进一步提高小学入学率;另一方面致力于减少导致教育资源浪费的小学生辍学现象。否则,全民教育就失去了其真实意义。

4. 妇女教育的不平等

女孩和妇女对教育参与机会的不平等是当今世界最不能忽视的现象之一。1990年的数据显示,9.48亿文盲中男性文盲为3.46亿,占文盲总数的36.5%,女性文盲为6.02亿,占文盲总数的63.5%;1亿没有机会入学的儿童中女童就有6 000万,这种情况在那些未实施义务教育的国家还要更糟。我们知道,当教育还是非义务、非免费教育时,无论是从传统观念还是从家庭劳动需要考虑,更多的家庭还是会确保男孩而不是女孩去接受教育;此外,尽管从1970年全世界文盲人数在减少有文化者在增加,但观察到的现象说明男性扫盲的状况改善要大大超过女性,这是女性文盲率一直居高不下的原因。譬如就我国而言,我们的扫盲工作是全世界最富成就的国家之一,文盲率从建国初的80%以上降到了目前的12.5%,每年扫盲人数高达500万,但这并不能掩去我国女性文盲率仍然很高的事实。据《光明日报》1994年11月23日从"妇女与教育国际研讨会"获得的情况,我国建国以来已有1.1亿妇女摘了文盲帽子,但直到1993年,妇女文盲仍占全体女性的30%,并占全国文盲总数的70%以上。据有关权威性的报告称,1990年我国失学的480万儿童中女童就占了80%。印度、巴基斯坦及非洲一些国家的情况还要坏,女性文盲占文盲总数的比率都在75%以上。

妇女受教育不良的情况若得不到改善,不仅要扩大男女性别之间的文化差异使他们之间受教育不平等的差距加大,更严重的是她们的文盲状况或低文化状况还会带来更大范围、更长时间的恶性影响。譬如人口爆炸是当今世界遇到的最大挑战之一,也是掣肘第三世界国家摆脱贫困发展进步的最大困难之一。解决这个问题的有效途径之一就是提高妇女的文化水平,尤其是要极大改变发展中国家妇女受教育不足的情况。最新数据表明:1994年出生的每100个婴儿中,有93个出生在发展中国家。发展中国家没有受过教育的妇女平均生育6.9个孩子,受过教育的妇女平均生育3.9个孩子。这也可以说明为什么在最近的几十年中,发展中国家15岁以下的人口在不断增加,而发达国家15岁以下人口则在不断减少,全球15岁以下的儿童中87.5%生活在发展中国家的原因。故此,加速改变妇女文盲率过高、受教育不足严重的状况,也是克服世界人口尤其是发展中国家人口增长过速的一个极其有效的途径。

5. 贫困地区教育条件的落后

就国家之间而言,发展中国家教育条件的不良导致了全民教育的极大困难;而就国家自身而言,贫富不同的地区其教育情况也大不一样。相对来说,贫困、边远地区及大多数农村地区的教育就面临着许多的困难。譬如学校用房不足,教学设备、图书资料及教材的短缺,师资的匮乏和低质量,学校管理的不善等都导致了这些地区的高辍学率及低教学质量,同时适龄儿童的入学率也很低。由于家庭的贫困,很多父母因为付不起学习必需的书本费而无法供子女上学,甚而把他们作为基本劳力让他们参加生产或从事家务劳动。据近期世界银行的一份报告指出:在过去的10年中,贫困地区受教育机会还远远低于国家的平均水平,农村儿童接受中等教育的机会较之10年前也减少了。我国的情况也一样,那些经济发展水平低于全国平均水平的地区其教育也低于全国平均水平。譬如我国有143个国家级少数民族贫困县,其农村人均收入在7年前都不足300元人民币,国家教委对其25个县的抽样调查表明,其适龄儿童入学率比全国平均入学率低20%左右。正是入学率低、失学率高的原因,全世界普遍存在的问题是：这些贫困和农村地区，文盲率最高并很难下降。我国的文盲主要集中在贫困和边远及农村地区，印度和巴基斯坦的农村文盲占了全国文盲总数的 80% 以上。另外，这些贫困地区的儿童即使上了学，也很少能在学校学习足够长的时间以达到脱盲程度。正是此因，许多国家把脱盲教育和改善办学条件的重点放在了贫困和农村地区。

6. 如何保证应有的教育质量和教育效果

全民教育作为现代社会的理想和追求之一，目的是为了使更多的人成为有文化者。正如担任英格兰和威尔士全国教育研究基金会主任的克莱尔·伯斯塔尔所说："要成为有文化的人决不仅仅意味着能够阅读和书写，掌握文化知识是有效参与地方与国家生活的条件和关键所在。身为文盲，或只能掌握基本的读写能力，那就要被社会拒之门外，成为受排斥和被剥夺了权利的人……"[1]。全民教育的任务并不只是在于追求有多少人接受教育，更重要的是让所有接受教育的人成为真正的有文化者。对此，我们非常赞同拉贾·辛格的观点："如果教育不能改变受教育者，它就不是教育，而只是一个数据库了"。

文化是一个不断变化的概念，是随着个人生活于其中的社会对他们在日常生活中的不同要求而变化的。不论是第一级教育还是包括第一级教育和第二级教育初中部分在内的义务教育，在当前的社会条件下，其内容理应涉及更复杂些的知识。正如有人总结近百年来世界各国义务教育的发展规律时指出的那样：以蒸汽机为标志的第一次工业技术革命需要劳动者具有小学文化水平；以电气化为标志的第二次工业革命需要劳动者具有初中文化水平；以核能、电子、航天技术为标志的第三次工业革命则需要劳动者具有高中以上文化水平。事实亦如此，以前一个人能写出自己的名字可能就被统计为有文化者了，而现在若只具有最基本的读写能力就很难适应日益复杂的工作要求，且能够参与社会竞争的工作范围也大大缩小。为此，全民教育面临的一个很实际的工作就是提高教育的要求和文化标准，使受教育者不致沦为"现代文盲"。

其次，全民教育还必须解决眼前的教育效果平等的问题。教育机会扩大

---

① 克莱尔·伯斯塔尔：《不断变化的欧洲环境中的文化知识水平问题 M 教育展望》(中文版)，1992 年 8 月第 32 期。

后,愈来愈多的儿童包括贫困阶层家庭的儿童进入了学校,但这种学校教育是否改变了他们的素质、促进了他们潜能的开发和品质的发展呢? 很多数据譬如功能性文盲和贫困儿童学业失败者较多证明,没有取得这些教育应当提供的教育效果。就是有力的证明。使教育真正产生预期的效果及提高办学的质量,这是全民教育当前面临的一个急迫而严峻的课题。

7. 教育资源从何而来

教育是靠消耗一定资源才能维系和发展的事业,没有足够的教育资源作为基础,教育的平等和发展就无法得到根本保证。客观地说,当前全民教育面对的最为严峻的挑战就是教育资源的匮乏,亦即教育财政的困难。从表2(见本文末)我们看到,随着教育事业的不断发展,教育经费也呈不断增长的趋势,1960 年全世界的公共教育经费为 510 亿美元。10 年后增至约 1 599 多亿美元,又 10 年后增至 6 213 多亿美元,到 1986 年已上升到 7 931 亿美元,可以说教育经费的实际增长额不算少了。但我们还看到另一个问题,1970～1986 年,世界公共教育经费占国民生产总值的比率基本保持未变,稳定在 5.5% 左右。而此间各国的通货膨胀都呈上升趋势,从而使生均费用、教师工资及教学设备改善等开支不断上升。与此同时,经济的发展刺激了社会各企事业部门的发展和消费的增长,从而使教育对国家资源的需要受到了来自工业发展、城市、交通、通讯、住房建设、卫生保健、环境保护、社会保障、国防预算等各方面越来越强劲的竞争。据联合国教科文组织的统计,1970～1979 年调查的 40 个国家中(12 个发达国家,28 个发展中国家),只有 8 个国家(2 个发达国家,6 个发展中国家)其公共教育开支占政府总开支的比率呈增长趋势,15 个国家(4 个发达国家,11 个发展中国家)呈减少趋势。① 实际情况是自 70 年代中期以来. 全世界许多国家的政府教育开支在国民生产总值中所占的比率都有所下降。

教育财政面临的挑战中还有一个不能忽视的事实是,世界教育经费的分配在发达和发展中国家存在严重的不平衡。据表2提供的数据,发展中国家公共教育经费从 1970 年的 144.5 亿美元增长到 1986 年的 1 033.5 亿美元,而同期发达国家却从 1 455.0 亿美元上升到 6 897.1 亿美元;前者 16 年间仅净增 889

---

① 徐辉、祝怀新:《一种值得注意的"世界教育危机"观》,《教育研究》,1993 年 5 期。

亿美元,后者 16 年间却净增 5 442.1 亿美元;1986 年世界公共教育经费为
7 930.6 亿美元,发达国家占了 87%;1986 年世界各级教育的学生总数情况是
9.219 亿美元,其中发展中国家就有 6.987 亿美元,占世界学生总数的 75.8%,
而发达国家仅有 2.232 亿美元,占世界学生总数的 24.2%。一个用仅占世界
公共教育经费的 13% 去支撑占世界学生总数 75.8% 的庞大教育,一个用占世
界公共教育经费的 87% 去培养仅占世界 24.2% 的学生,此间的差距非同一般,
由此,也可见发展中国家的教育落后的根因。

我国教育资源困窘的情况更令人焦虑。据联合国教科文组织 1991 年《世
界教育报告》统计,我国的基础教育是用占世界 1.18% 的教育经费培养占世界
18.4% 的学生。尽管这份报告所引用的数据是 1988 年的,但这几年来这个比
率并未见变化。这份报告指出,教育经费中的人均经费支出中发达国家最高,
其幼儿园、小学、中学平均几乎接近 2000 美元/年,而发展中国家却很低很低,
最低的东亚人均只有 55 美元/年,而我国连这个数也未达到。据有关材料称,
我国培养一个中学生年均投入仅 200 多元人民币,一个小学生仅 100 多元人民
币①,可谓世界之最,连印度都不如。1991 年,我国的教育经费包括来自多种渠
道的筹资总共为 731.5 亿元人民币,而美国每年教育投入均在 4000 亿美元以
上。但两国的学生数恰恰相反,我们比美国多得多。目前,实现全民教育的困
难主要来自发展中国家,而发展中国家要摆脱全民教育的困难首先就要解决教
育财政严重不足的问题。非此,全民教育就毫无希望。

(二) 对策

全民教育面对的挑战是严峻的,但这并不能阻挡这一社会进步的潮流。为
了实现世界教育的这一理想,我们需要针对挑战寻找有效的对策。

1. 把全民教育视为全球一致努力的目标

对国际社会而言,一个比以往任何时候都更加重要的历史变化是:世界已
经成为一个命运相连的共同体,当今困扰人类的所有重大问题都具有了整体
性、牵连性和全球性。在这种世界巨变中,教育也不再只是一国一地区自己的

---

① 引自《中国教育报》1994 年 1 月 27 日头版叶芝余.《多花点钱办教育》,1994 年 1 月 27 日。

内务,而是关系到世界整体生存发展的全球性事业。教育的精神在印度宗天会议也得到充分的体现:"教育能有助于实现一个更安全、更健康、更繁荣而且生态环境更加良好的世界,同时促进社会、经济和文化的进步,倡导宽宏精神和目标上的合作"。联合国教科文组织创建的目的和宗旨之一,就是通过一个能促进世界各国政府和人民间教育、科学及文化联系,达到彼此相互了解,增进各国人民友谊和交流的国际性组织,来实现人类的和平和共同繁荣。在一个人类的所有活动都纳入世界范围内运行的时代,任何事情如果"没有全世界的介入则将一事无成"。全民教育概莫能外,它已是一项全球事业,必须引起世界各国共同的关注,并采取统一的努力行动。

2. 全民教育需要国家的政治意志和决心

实施全民教育的一个重要的政治保证就是教育的民主化,没有赋予了国家政治意志的教育民主化,就不可能有消灭教育机会不平等的有效行动,而教育机会不平等现象的存在就不可能有民主、公正社会的出现。作为一项培养人的事业,教育既是全民的事业更是国家的事业。为此,国家必须干预教育。这种干预,其一就是建立具有普遍性、基础性、强制性和福利性的义务教育制度.以国家法律制度的形式保证人人都有平等受教育的权利和机会,强制各级政府、社会各阶层、政府各部门、各行业及社会全体公民都必须承担改进和发展教育的义务。义务教育的免费原则则为所有渴求接受教育但家境贫困难以接受教育的儿童提供了接受教育必需的物质保证。只有建立了义务教育制度,我们才能逐步消灭教育过程中的地区不平等、性别不平等、种族不平等和社会经济地位不平等的现象,使教育民主化成为现实,从而促进社会的真正平等。1994年6月,我国召开了一次规模最大、规格最高的《全国教育工作会议》,各省及国家部委的党政一把手都出席了这次会议,党和国家的最高领导人分别作了重要讲话和主题报告。在这次体现国家意志的会议上,提出了到本世纪末基本普及九年义务教育、基本扫除青壮年文盲的目标,并视之为在90年代我国整个教育发展中的"重中之重"。实现这个目标的最基本条件之一,就是全党,全社会采取切实措施作出统一的巨大努力,可以说没有党和国家的这一统一意志及其由此产生的努力行动,对我国这样一个文盲和需要受教育者众多的国家来说,要实现上述如此之大的宏伟目标是不能想象的。

国家对教育进行干预的第二个方面就是"增加教育投资并以国家手段积极筹措教育经费"。发展教育和提高质量都需要更多的教育经费的投入,而就目前情况看,初等教育的经费更需要加大投入,尤其是基础教育十分薄弱的发展中国家。我国近十几年来教育发展很快,其中一个重要的原因就是增加了教育投入。据统计,1991 年全国教育经费总额达 731.50 亿元人民币,这比 10 年前的 1981 年的 112.50 亿人民币增加了近 6 倍,年均增长速度为 20.56%,其中1991 年国家财政预算内教育经费达到 482.2 亿元人民币,比 1981 年增加近 3倍,比 1978 年的 76 亿人民币增长 5.4 倍,为了改善教育投入不足的情况,国家利用人民办教育的积极性,逐步建立起了以国家财政拨款为主,辅之以诸如征收城乡教育费附加、教育税、收取学杂费、发展勤工助学和校办产业、社会集资和捐资、建立人民教育基金等多渠道筹措教育经费的这样一种解决教育经费的新机制。在教育投资的重大问题上,由法国总统密特朗及诺贝尔奖得主们在巴黎召开的一个会议所形成的共识是有积极意义的:"教育在一切预算项目中应占绝对优先的地位。"要实现全民教育的目标,唯有调动尽可能多的大量资源作保障,否则,这个目标永远也不能成为现实。

3. 动员全体社会成员投入全民教育

法国教育社会学家涂尔干曾指出:"只有在社会使人产生了对知识的需要时,人才会渴望得到知识,但也只有在社会本身感到需要知识时,社会才会使人产生对知识的需要。"对国家来说,可以认定世界各国都已经认识到教育是本民族最大的经济计划和反贫穷计划,认识到教育兴邦的作用,认识到学校是消除贫穷和无知的希望,否则,在近几十年间世界教育不可能有如此之快、如此之大的发展。但这种认识仅仅停留在国家的层面上是远远不够的,还必须使之成为全民的共识和共同的努力行动。社会的发展、低文化职业的锐减,自然会使不少无文化、低文化者感到对新生活的极大不适应和职业竞争的激烈挑战,从而从内部产生学习的要求。但仅凭这种自发的认识来推动人们产生教育需要是不够的,我们有责任通过更大范围内的全民动员,使他们认识到接受一定程度的教育不仅是自己个人的权利和义务,同时也是提高个人文化素质、开发潜在能力以顺利进入社会和职业生活,摆脱贫穷和提高社会地位的最有效途径。全民教育实际是一场与愚昧无知作斗争的群众性运动,当全民认识到这场战斗对国家、对社会、对自己所具有的重要性时，这种群众性的运动才能获得势不可挡的推动力和不可扼制的持续力。

4. 对贫困落后国家和地区的教育援助

教育援助是实现全民教育不可或缺的极其重要的手段之一，可以说倘若没有一定的教育援助，有些贫穷国家或贫穷地区的全民教育计划就难以启动，甚而连对部分儿童的最基本教育都难以保证。我们知道，就当前而论，凡经济贫困的国家，其教育都呈落后状态。问题是教育的振兴是经济振兴的必要前提，而教育的振兴又有赖于经济提供的物质基础。在教育和经济这根因果链上，以谁为前予以优先发展，这对贫穷国家和地区来说的确是一个难以摆脱的两难困境。在这种情况下，教育援助就成为帮助贫困落后国家和地区走出教育困境实现经济发展的重要途径。

据联合国教科文组织的预测，到本世纪末发展中国家将要为 6.3 亿小学生提供初等教育，这比 1985 年增长了 35％；若假设留级率为 15％，发展中国家要实现普及初等教育的目标，在 2000 年就必须为 7 亿多的小学生提供初等教育，这实际是 1985 年小学生数（4.68 亿）的 1.5 倍。按照这样两种假设的结果是：① 在非洲地区，普及初等教育的目标则意味着要为 1.63 亿小学生提供正规学校教育，这比预测的 2000 年时的入学人数 1.25 亿多出了 0.38 亿；② 在美洲和加勒比地区，普及初等教育的目标是为 9 100 万小学生提供教育，这比预测的 8 800 万约增加 300 万；③ 在亚洲和大洋洲地区，普及初等教育的目标为 4.5 亿，这意味着该地区到 2000 年要为比预测目标多出 3 400 万儿童提供正规初等教育[①]。普及初等教育必然要为更多的儿童提供入学的机会，因此发展中国家为此承担更庞大的教育经费，这对这些国家来说是十分困难的。

为实现全民教育的目标，发展中国家必须为增加的 7 500 万小学生追加教育费用。有人专门为低收入和中低收入的国家估算了今后 10 年提供全民教育总的追加费用情况。[②] 据统计，撒哈拉以南非洲，今后 10 年提供全民教育总的追加费用如果未经如下 3 项改革：① 节约支出的改革（减少留级和住宿生的比

---

① 热拉尔·拉西比勒等：《展望 2000 年发展中国家的初等教育开支状况》，《教育展望》（中文版），1991 年 8 月第 28 期。

② 瓦迪·哈达德.《全民教育：国际援助的作用《教育展望》（中文版）1991 年 8 月第 28 期。

例,增大班级规模和实行两部制);② 经费变动的改革(增加社区提供的经费和减少高教的补助费);③ 提高质量(降低辍学率,增加教材供应和适当增加教师薪资),将需要 170 亿美元,如果经过改革则需要 140 亿美元。就目前和未来非洲的经济现状和发展趋势来说,其绝难提供如此庞大的教育经费,故需要外援的教育资金 70～100 亿美元。据与此相似的估计,从 1990～2000 年间,南亚为实施全民小学教育也需要 20 亿美元左右的教育外援或更多些 30 亿美元。就发展中国家整体情况看,1990～2000 年,这些国家提供全民小学教育所需要的经常性国际援助总额最少也在每年 10～13 亿美元的范围内。

这样一种国际援助对贫穷落后国家教育的改善和教育质量的提高以及增加适龄儿童的入学机会无疑起到了积极作用,联合国教科文组织和世界银行近几十年来在国际援助方面扮演了极其重要的角色。譬如 1975 年,该两组织和联合国开发计划署就共同拿出了 29 亿美元用于改善和发展全世界、尤其是不发达国家的教育系统。据菲利普斯在《发达国家和发展中国家间的教育合作》介绍,1970～1983 年,世界银行对教育和培训的年平均贷款情况是:1970～1974 年为 1.695 亿美元;1975～1978 年为 4.12 亿美元;1979～1983 年为 9.05 亿美元。① 世界银行在过去的 10 多年间给予初等教育的贷款也是不断增加的,1980～1984 年,它给初等教育的贷款占教育总贷款的 14％,而 1985～1989 年这部分贷款则增长到 23％。这对发展中国家的初等教育改善和发展,尤其是对那些用于初等教育的经费支出所占的份额下降了 7～8 个百分点的较低和中低收入国家的初等教育的改善和发展不啻为最有力的支持。

而世界银行贷款仅仅是国际教育援助的一种方法,相对其对初等教育的贷款而言,这种全球性的援助是远远不够的。世行的高级教育顾问瓦迪·哈达德先生认为,80 年代国际上对初等教育的援助是少得令人失望的。据世界银行的一份关于对初等教育的主要政策的报告表明,"国际上对教育的资助在年均 42 亿美元的拨款中,只有不足 5％给了初等教育,最大的份额给了中等和高等教育"②。即便像撒哈拉以南非洲这样的地区,在 80 年代最初的几年中,其初

---

① S·拉塞克等著,马胜利等译:《教育内容发展的全球展望》第 52 页,教育科学出版社,1992 年 1 月。

等教育也只得到了 32.8% 的国际援助,这表明对高等教育每名学生的投资超过了对小学每名学生投资的 500 倍。国际教育援助的这样一种分配情况,对文盲比率还很大、许多儿童连上学机会都不具有的发展中国家的教育改善和民族素质提高都是不利的。对此,美国十九世纪著名教育家霍勒斯·曼的话对跨世纪的今天极富现实意义,他说:"估量科学或文化造福于一个社会,不应过多地着眼于这个社会拥有多少掌握大量高深知识的人,而在于广大人民掌握足够的知识。"美国教育就是在这样一种思想指导下度过了一个世纪。可以预见,在相当长的一段时间内全民教育的目标主要还在于初等教育,尤其是那些经济尚不发达的发展中国家。为使全民教育的目标在这样一些国家能够开始启动,把教育的国际援助更多地集中于初等教育是最有效的投资选择。

毫无疑问,接受国际援助并不是发展中国家的目的,而是促进全民教育实施的重要手段。事实上,为全民教育提供财政保证的任务主要还落在各国自己的身上,一味地依赖外援是没有出路的。但这并不否认国际援助是一项实施全民教育的重要投资,在一定的时间内,不少发展中国家依旧需要这种外来的教育国际援助来实施教育结构的调整和教育部门的改革。正是教育国际援助对全民教育具有如此之大的影响和作用,增加国外援助以帮助发展中国家适应全民教育的需要,已成为世界的共识。为此,宗天会议之后多边和双边的援助机构也作出了增加教育援助的重大承诺[②]:

——世界银行今后 3 年将增加 1 倍教育贷款,达到每年 15 亿美元;

——联合国儿童基金会将把它对教育的资助增加 1 倍,从现在每年 5 000 万美元增加到 90 年代中期的 1 亿美元,到 2000 年再增加 1 倍,达到每年 2 亿美元;

——亚洲开发银行将增加对教育的援助;

——几乎所有双边机构都在审查他们的政策以便增加对教育的资助。

毫无疑问,这样一种世界范围内对教育的国际性援助,对 2000 年全世界儿童都接受学校教育,亦即全民教育目标的实现是有积极意义的,同时也是一种强有力的物质保证。

"教育是属于人归属于所有人的事业,今日教育不可能再局限于某个阶层,它必须是全民的教育,唯有这样它才能发生效用。"全民教育虽面临严峻的挑战,但是它是世界走向平等、协调和繁荣的希望,所以实现全民教育是国际社会不能放弃的目标。

表 2 公共教育经费(按当时市场美元价格计算)

主要国家和	公共教育经费(百万美元)					公共教育经费占国民生产总值%				
地区	1970	1975	1980	1985	1986	1970	1975	1980	1985	1986
世界	159 939	331 119	621 331	684 020	793 060	5.2	5.5	5.5	5.6	5.5
发达国家	145 491	289 684	526 328	586 628	689 713	5.6	6.0	6.0	6.0	5.8
发展中国家	14 448	41 435	95 003	97 392	103 347	3.0	3.6	3.9	4.1	4.2
非洲	2 422	6 957	18 327	19 194	19 339	3.9	4.5	5.3	6.0	6.1
拉丁美洲和加勒比地区	5 650	14 346	32 900	26 807	28 260	3.4	3.6	4.0	3.9	4.1
北美洲	71 830	113 288	205 435	290 238	295 723	6.5	6.4	6.9	6.7	6.4
亚洲	13 933	46 580	103 106	119 535	155 878	3.1	4.4	4.5	4.5	4.6
欧洲和苏联	64 145	143 079	251 351	217 903	282 791	5.0	5.7	5.5	5.5	5.4
大洋洲	1 959	6 869	10 212	10 343	11 069	4.3	6.0	5.6	5.5	5.5
阿拉伯国家	1 799	8 554	18 138	25 667	27 004	4.8	6.0	4.5	6.6	6.8

资料来源:联合国教科文组织第 41 届国际教育会议文件。

(本文发表于《比较教育研究》1996 年第 1 期。作者睦依凡,时属单位为江西师范大学校长办公室)

三、国际教育资助的发展趋势

第二次世界大战以后,特别是 70 年代以来,教育的国际资助成为日益增强的国际教育现象。这一现象的产生是以战后国际关系的调整、各国相互联系的增强,以及国际贸易的一体化为背景的,而战后新独立的广大第三世界国家在振兴本国经济、重建文化教育事业的过程中,希望进入国际社会,并得到国际社会帮助的渴求是又一重要原因。由此带来了国际合作,产生了国际机构对第三世界国家教育发展的资助与干预。那么,国际教育资助的发展呈现出什么样的趋势? 清晰地把握住这一趋势,有助于我们对资助的实质的理解,同时,也可以为第三世界国家对资助的期待与选择提供一个良好的决策依据。

国际机构对第三世界国家教育资助的状况如何? 要对此进行回答和描述是一件非常困难的工作,这是因为几乎没有哪个国际机构或其他组织极为详细地检查并每年报告这方面的重要趋势和变化。在这方面的开拓性工作是由菲力浦斯(H·M·Philips)完成的,他在为洛克菲勒基金会所撰写的报告中第一次尝试描绘出 1970～1975 年教育援助趋势的总画面。随后美国的库姆斯(P·H·Coombs)在《世界教育危机——80 年代的观点》一书中把这方面的研究拓展到 80 年代。而雅克·哈拉克(Jacques Hallak)在《投资于未来——确定发展中国家教育重点》一书中对此亦有所涉及,但极为笼统而模糊。而且,由于对教育及教育资助定义的不同,各机构所报告的资助数字是不太一致的;又由于它们所报告的资助额通常是按现行价格计算得出来的,未能理清通货膨胀的影响,因而各种报告的分析有时是相互矛盾的。再加上时间滞差等因素,试图清晰地描述国际机构的教育资助状况简直不可能,而要在此基础上对其未来发展趋势作出预测,则难免过多主观臆想的成分。

资助发展的趋势是本研究[①]一个重要而合乎逻辑的组成部分。关于国际机构对第三世界国家教育资助的发展趋势,本文打算从资助的总量变化、资助方式变化及资助的理论变化等几个方面来展开讨论。

(一) 资助的总量变化

根据联合国教科文组织 1993 年出版的《世界教育报告》的资料(表 1),按现行价格计算,经合组织官方发展援助(ODA)对教育的资助由 1975 年的 14.19 亿美元增加到 1990 年的 36.40 亿美元,增长了 2.5 倍;如果按实际价格折算,扣除通货膨胀因素,增加的幅度虽然会变小,但仍然呈增长之势。多边银行和基金会的教育资助则从 1970 年的 0.97 亿美元增加到 1991 年的 28.94 亿美元,增长了近 30 倍,其增长速度远远超过 OECD 的官方发展援助,多边机构越来越成为教育资助的重要来源。不过,就总量构成而言,双边机构所占份额仍比多边机构大。很明显,通过表 1 看出,世界银行对教育资助的增长速度与多边银行和基金会对教育的资助增长速度几乎是一致的,从总量上看,世界银行也是多边银行与基金会的大头。1995 年,世行对教育的实际资助是 24 亿美元。按现行价格计算,这要比 1991 年有很大提高。但是,如果考虑 1995 年美元贬值的影响,这种增加就要大打折扣,充其量持平。

表 1　1970～1991 双边和多边机构用于教育发展合作的开支

(以百万现值美元为单位)

机构	1970	1975	1980	1981	1982	1983	1984	1985	1986	1987	1988	1989	1990	1991
经合组织官方发展援助（双边）	…	1 419	3 395	2 596	2 543	2 756	3 214	8 389	2 859	3 182	3 650	3 790	3 640	…
多边银行和基金会	97	339	652	946	992	1 054	967	1 314	1 280	787	1 254	1 801	2 082	2 894
世界银行	80	224	440	735	526	547	694	928	829	440	864	964	14 87	2 252

注:根据联合国教科文组织《1993 年度世界教育报告》改制。

---

① 本文是"八五"国家青年基金项目《国际机构对第三世界国家教育发展的资助与干预》的一部分。

为了把握资助总量变化趋势,我们还需对中间的过程作出分析。在表 1 上可以看出,经合组织国家的官方发展援助对教育的资助到 1980 年达到了一个高峰,达 33.95 亿美元,随后年份的教育资助下降并一直持平在 25 亿左右的水平上,到 1984 年和 1985 年又出现了较大的增与降的现象,到 1986 年以后才保持住缓慢增长之势。再看多边银行和基金会对教育的资助,自 1970 年以来一直到 1983 年,有一个较大幅度的增长,而 1984～1987 年增长缓慢,间或还有下降,从 1988 年开始又走上稳步增长的轨道。如果把经合组织国家对教育资助的数字与多边银行和基金会加以对比,可以发现一个有趣的现象,1981～1987 年,二者对教育的资助行为似乎刚好相反,当前者减少资助时,后者则增加;而当前者增加时,后者则有所减少。关于这一点,经合组织发展援助委员会报告说,自 1980 年以来,尽管主要的双边资助国所提供的总的发展资助增加了 45%,但是同一时期,同样的资助国对教育的资助却减少了,因此这一差额一定是由多边资助机构特别是各开发银行来补偿的。

国际机构对教育资助的波动是与国际政治与经济的大气候密切相关的。从 60 年代初开始,北半球发达国家与南部刚获得独立的及现有的发展中国家之间的合作受到普遍关注,政府、多国政府及非政府的数百个组织参与了教育合作活动,尤其是在学生和师资交流及对第三世界国家给予物资和技术援助以促进其教育和其他领域的发展方面。这样,国际教育资助在 60 年代末和 70 年代初达到一个高潮。此后,由于国家及国家集团之间政治关系的恶化,以及 1973 年世界范围内持续的严重的经济危机,使各国的国家预算受到了限制,但由于投资的惯性以及政治与市场争夺的需要,国际机构对教育的资助仍维持了较大幅度的增长,到 80 年代则徘徊在一定的水平上。80 年代后几年间,世界经济出现平稳的增长,对教育的资助也增加了。

需要指出的是,国际机构对教育的资助只是其发展援助的一小部分。从表 2 来看,国际机构对教育的相对投资重点变化不大。对教育资助总量的增加是与发展援助总量的增长一致的,教育还不是大多数银行和基金会的重点贷款对象。不过,自 1990 年世界全民教育大会以来,世界银行已给教育更多的优先考虑,使教育资助的比重达到了其总发展援助的 8.6%,较以前 4.5% 的水平有很大提高。但是,像联合国儿童基金会(UNICEF)这样的国际组织,尽管它在六七十年代将占其计划预算总额的 20% 拨给教育事业,但到了 1975 年后,它对教育提供援助的比例一直在减少,到 1991 年降至 8.9%。

那么,国际机构对第三世界发展中国家教育资助的未来趋势如何?对此,我们只能援引 P. H. 库姆斯在《世界教育危机》一书中的观点,即如果世界经济恢复元气,如果发展总援助的水平保持向上的趋势,如果人们,尤其是各国领导人继续重视各种形式的教育,那么,教育资助的未来数量多多少少会随发展总援助同步增长。这一点,自他 1985 年提出以来,已为国际机构对教育资助的历史所证实(表1)。

表 2　教育支出在双边和多边资助机构的发展合作总支出中所占的百分比

机构	1980~1984	1985~1989	1990~1991
OECD/DAC 国家经合组织 官方发展援助	15.6	11.1	⋯
多边银行和基金会	4.4	4.5	⋯
非洲开发银行	6.1	7.4	4.9
亚洲开发银行	5.1	4.6	5.3
加勒比开发银行	4.9	6.2	2.3
美洲开发银行	4.3	4.1	2.7
世界银行	4.4	4.5	8.6
UNICEF(儿基会)	13.3	9.2	8.9

注:根据联合国教科文组织《1993 年度世界教育报告》改制。

(二) 资助方式的变化

从资助来源的角度,可将对第三世界国家教育的资助分为多边机构的资助、双边机构的资助和民间非营利团体的资助三大类。观察表 1 可以发现,多边机构的教育资助发展速度远远超过双边机构,也就是说,教育资助的来源已从双边机构转向多边机构,特别是银行和基金会。不过,这仅仅是所有外援都转向多边银行与基金会这一大趋势的一部分。对此,我们可根据图 1 的资料直观地发现两点:① 从 1970 年到 1975 年,教育资助的总量有大幅度的增长;② 各类援助机构在援助总量中所占的比重发生了重大变化。民间非营利机构的教育资助日趋缩小;双边机构仍占有很大的份额但增加的幅度有限,从表 2 来看,其教育资助与其总资助的比例是下降的,这很可能意味着其教育资助的份额在整个教育资助中的比重也在下降。多边机构,以世界银行为代表,其教育资助的份额占总教育资助的比重逐渐增加,其教育资助占其总的对外发展援助的比重亦在增加中。也就是说,非营利机构和双边机构对教育资助的比重呈下降之势,多边机构正在教育资助中发挥着越来越大的作用。

从接受资助地区角度,可将教育资助划分为不同的受援地区,如亚太地区、撒哈拉以南非洲、阿拉伯国家、拉丁美洲加勒比地区等。从表 3 可以看出,亚太地区是接受援助的大户,可见地区差别很大。但是,由于亚太地区是人口集中的地区,若按人均所受教育资助数量比较,则亚太地区要比其他地区少。

表 3　1986～1990 **多边银行和基金会的教育援助的地区分布(以百万美元为单位)**

多边银行与基金会	亚太地区	撒哈拉以南非洲	阿拉伯国家	拉丁美洲加勒比地区
非洲开发银行	—	416	358	
亚洲开发银行	828	—	—	—
美洲开发银行	31	27	—	—
EDF/EIB	—	283		
加勒比开发银行	—	—	—	19
OPEC 基金	—	—	—	493
阿拉伯多边机构	49	39	57	—
世界银行	2 234	837	595	323
总和	3 142	1602	1011	839

注:根据联合国教科文组织《1993 年度世界教育报告》改制。

表 4　世界银行对教育部门的贷款分配　1963～1982(％)

分配情况		1963～1969	1970～1974	1975～1978	1979～1982
教育水平	初等教育		5	14	19
	中等教育	84	50	43	34
	高等教育	12	40	26	33
	非正规教育	4	5	17	14
	总计	100	100	100	100
费用支出	建设	69	49	48	37
	设备	28	43	39	46
	技术援助	3	8	13	17
	总计	100	100	100	100

注:世界银行教育处,哥伦比亚特区华盛顿,1983 年。

从教育分配的角度来看,出现了许多值得注意的趋向。

仅以世界银行为例(表 4),教育资助在各级教育上的分配是极不均衡的。初等教育在 60 年代完全被忽视了,但随着时间的推移,它所占的份额在逐渐增大,在 1979～1982 年已达 19％,而据阿德里安·M·韦斯波尔在《世界银行 20 年来对基础教育的资助:情况和评价》一文所提供的资料,在1985～1990 年,这个比例达到了 23％;在 1990 年 3 月在泰国宗天召开的世界全民教育会议上,世界银行总裁巴伯·M·科纳布尔保证,要把该行资助教育发展的资金翻一番,并把基础教育放在特别优先的地位。据韦斯波尔测算,在 1991～1993 财政年度,世行对初等教育的贷款占该行对所有地区教育贷款总额的 30％。

中等教育则占据了教育资助中的最大份额。60 年代它占 84％,处于独尊的优势,但随着时间的推移,它所占的比重日趋下降,1979～1982 财政年度仍占 34％。

高等教育在接受资助上享有特权,从表 4 可以看出它占据了教育资助的相当比重。就撒哈拉以南地区国家而言,每个大学生每年可接受 400 美元的外国资助(间接补助不计),加上补贴(如注册费等),每个大学生可以达到 1 000 美元,而每个小学生仅能得到大约 1 美元。

由于种种原因,特别是人们对教育作用的观点的改变以及落后国家对高级人才急需的缓解、人才流失的教训,教育资助者和接受资助者都倾向于把资助更多地投向初等教育。

仍以世界银行为例,教育资助按费用支出所作的分配也是不平衡的。由于第三世界国家发展教育严重缺乏学校,因此,世行贷款一直比较重视教育资助在学校建设上的分配。很显然,随着时间的变化,受援国需要新建学校的数量自然减少,因此,其所占比重也逐渐减少。教科书、教学仪器设备等是影响教育质量的重要因素,第三世界国家在这方面尤为薄弱,所以它所占比重不断增大。技术援助涉及提供师资、顾问人员以及到国外留学的助学金等所占比重也在增大,表明世界银行比较重视对第三世界国家的政策指导与干预,重视影响教育资助项目实现目标的师资的培训。

从资助的期限上看,国际机构资助教育的周期有延长的趋势。1980 年统计表明,世界银行资助 4 年期项目,一般要拖到 7 年才完成[①]。教育活动的周期长,只有予以较长的期限才能保障教育活动的持续一致性。由于受到官员任职期限的影响,双边资助的教育项目较难给以较长的时间,而多边合作似乎在中、长期教育资助上更易实行。1988 年,在政府、非政府和国际机构代表多次协商后,将联合国开发计划署的雅加达行动计划的资助期限延长到 13 年。阿尔维尔·V·亚当斯等人在《世界银行关于职业教育和培训的政策文件》中也指出,"为改革培训政策和培训体制而进行的国际援助只有通过持续 10 年或10 年以上的合作才能收到最大效果。将来为支持政府改革努力而资助投资和建立机构方案进行援助时应从此处着眼。提供长期的支助十分必要"。[②]

(三) 资助理论的变化

全球的政治、军事和经济的发展变化以外,教育资助实施中的经验教训及相应的理论认识上的变化或变革,也是国际机构资助行为发生重大变化的极为重要的原因。这种理论上的变化可简单地概括为,以"发展经济学"为前提的人力资源传统的终结,代之以新古典主义观点基础上的面向市场的人力资本方法[③]。

① World Bank, Education: a sector policy paper, Washington, D. C., World Bank, 1980。
② 联合国教科文组织《教育展望》(中文版),1993.2.17。
③ 菲利普·福斯特.《职业教育与培训:世界银行政策的主要转变》,《教育展望》(中文版),1993 年第 2 期。

　　发展经济学家认为,第三世界国家中受教育程度差的群众很难对早先曾为西方经济增长起过巩固作用的那些市场刺激和相对价格变动作出合乎理性的反应。第三世界的增长可以指望让政府去发挥主要作用,并发展集中的非面向市场的计划模式。这一观点在教育学上的反映就是"人力资源"理论。该理论认为教育对发展起着举足轻重的作用,赞成提供数量更多的训练有素的人力储备以满足"经济需要"。经济需要依赖于长期性的人力预测,与实际的市场需要关系不大。换句话说,如果制订好了未来人力需求计划,那么,教育系统的主要任务便只是作为提供人力以满足这些需要的消极供应者而运作。因此,"人力资源"学派往往更多地倾向于重视发展高等教育和中等教育而不是发展初等教育,重视在学校中提供更为职业化和更带技术性的培训以直接增加有关专业人才的储备。这些观点深刻地影响了早期国际机构对第三世界国家教育资助的重点及资助的分配。比如六七十年代,世界银行的教育贷款即以人力资源理论为依据,其资助多半集中于提供物质资本(教育建筑、设备和技术),侧重点主要是放在职业和技术培训上,忽略了普通教育尤其是初等普通教育的质量和数量的提高与改进。在中等教育方面,世界银行也主要支持发展所谓的"多样化课程设置",实质上就是把职业教育引进迄今主要是经院式或普通中等教育机构的课程之中。但这些项目与计划的评价研究表明,当培训后就业机会存在或者增加,以及培训领域与就业配合得当时,职业教育的收益就能高于普通教育;但当职业教育缺少有利条件时,这种教育的净收益就比较低。可以说,与以学校为基地的职业培训或特种技能培训相对照,普通教育具有更大的生产力。至于多样化中等教育,评价研究指出,这些学校费用昂贵,而且没有为学生提供比传统学校或纯粹的中等职业学校更多的劳务市场方面或教育方面的优势。世界银行收集的材料还表明,当职业技术教育培训的目标是解决那些与现存或预期的技术需求不相干的广泛的社会问题,诸如为避开技术薄弱环节和刺激增长输送人力、提高处于逆境中的人的受雇机会、为妇女获得有薪职业开辟道路以及引导年轻人不去追求白领工作和受更高教育等,即以供应为动机的目标时,这种教育就最不见效。因此,世界银行的教育投资政策发生了转变,走向了"人力资本"方法。

　　新古典主义经济学强调市场的作用,认为第三世界国家的人民也能像发达国家中的人民一样合乎理性地对市场力量作出反应,因此,经济政策和教育政策均应建立在提供刺激之上,以促使个人向物质资本和教育资本两者的投资。这就要求政府应该缩小其在直接提供市场所需技术人员方面所起的作用,既然无法精确预测市场需求,政府似乎也就更应乐于集中全部精力去扩展健全的普通教育。至于提供职业培训,则其大部分可以让发展中的私有部门去完成,侧重点应放在职培训上,即使在发达经济中也能够满足大部分的市场需求。

新古典主义经济学和人力资本学派并不否认教育对发展所起的作用,但它认为教育投资的个人和社会收益只有在以市场为基础和公开承认面向企业家的经济模式中才能达到最大限度,认为面向技术目标的教育计划应予取消,而代之以用奖励为手段的教育战略。⑤

虽然人力资本方法也可能存在许多缺点,但它确实已成为世界银行这样国际机构目前进行教育投资的政策基础,这一点体现在阿尔维尔·V·亚当斯等人撰写的《世界银行关于职业教育和培训的政策文件》之中。该文件强调加强普通初等与中等教育,认为它们在提高劳动力的生产率与灵活性的政府政策中占绝对优先地位,除了为社会创造广泛利润之外,普通教育还直接增加了工人的流动性和生产率,并且为贫穷和社会条件不利的学生增加了获得培训与有薪职业的机会。该文件还强烈主张应提高私营部门的培训能力和减轻政府在职业技术教育培训财政资助与实施方面的压力。文件作者认为,培训必须密切结合市场需求,因此,他们主张优先考虑以中心为基础的培训,而不太支持职业和技术学校。由人力资本出发,文件建议捐助者可优先重视初等教育和补偿性基础教育方案。当初等教育的入学率和成果令人满意时就应重视提高普通中等教育的入学率及其质量。为了应付国际竞争与技术变革的挑战,第三世界国家应高度重视改善理科、数学和通信技术的教学。事实上,世界银行对教育的投资也正是如此,自70年代后期开始,世界银行逐渐停止了对多样化课程教育的资助,也减少了对中等职业学校的资助,而大幅度增加了对初等教育及以培训中心为基础的职业培训的资助。

(本文发表于《比较教育研究》1997年第2期。作者马健生,时属单位为北京师范大学国际与比较教育研究所)

四、入世后中国教育服务的比较优势分析(上)

对于中国的教育服务业而言,加入世界贸易组织不仅意味着挑战,也为我们提供了前所未有的机遇。教育服务"入世",对中国教育的影响是多方面的。从根本上讲,世界贸易组织的根本目的是发挥各国的优势资源,通过公平的、非歧视性的竞争,实现共同发展。为了更好地理解中国加入世界贸易组织所面临的机遇和挑战,我们有必要了解世界贸易组织的基本理论——比较优势理论。

(一) 比较优势——WTO 的基础

世界贸易组织是基于开放贸易的思想,在达成多边协议的基础上建立的多边贸易体制,其经济学原理相当简单而且可靠,并为国际贸易实践证明是有效的。从经济学原理上看,WTO 协议主要建立在"比较优势"的理论基础上。在经济学领域最早提出比较优势理论的是大卫·李嘉图。他在其代表作《政治经济学原理》(1871)中首次阐明了这个问题,并从劳动生产率的角度加以解释。后来,1919 年和 1933 年,瑞典经济学家赫克歇尔和俄林分别对比较优势理论作了进一步的阐述,认为影响比较优势的要素不仅包括劳动生产率,还有其他因素也影响着国际贸易的比较优势,因此,他们提出了要素禀赋理论,认为要素禀赋是决定国际分工和交换的最重要原因。此后,在贸易模型研究方面也获得进展,扩展了要素禀赋理论的理论和实践深度,并形成了国际贸易的新古典经济模型。为制定多边开放贸易体制提供了理论基础,为促进各国间达成"关税与贸易总协定"(GATT)作出了杰出的贡献。要素禀赋理论在很长一段时间在国际贸易领域中一直占统治地位,直到 20 世纪 70 年代末到 80 年代初,以美国经济学家克鲁格曼为代表的经济学家提出"新贸易理论",国际贸易理论才重新获得重大突破。"新贸易理论"认为,除了资源差异之外,规模经济也是国际贸易起因和贸易利益来源的另一个独立决定因素。这种理论突破了传统国际贸易"完全市场竞争"的经典假设,确立了不完全市场竞争下的国际贸易模型。"比较优势"理论认为,更自由的贸易对各国的经济发展起促进作用,所有的国家都可以通过自己的比较优势为国内外市场提供产品和服务,从而实现最佳的资源配置,并从中获利。简单地说,"比较优势"理论认为,各国获得繁荣首先是通过利用其可利用的资源,集中生产所能生产的最佳产品,然后通过这些产品与其他国家所能生产的产品做交易,如此,各国都可以从中获得最大的收益。[1]

如何分析一个国家或地区在国际贸易中的比较优势呢?经济学家给我们提供了一个模型(图 1),他们认为,国际贸易的基础包括供给方和需求方两个方面,也包括为供需双方提供贸易机制的市场,市场存在着完全竞争和不完全竞争两种结构,在市场中流通的产品和服务有同质产品和异质产品。

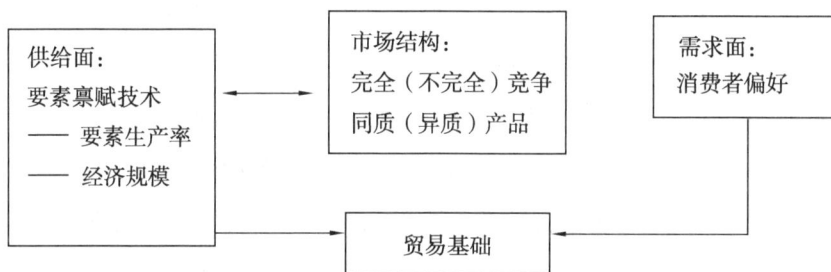

图 1 国际贸易组织的理论基础[2]

在完全竞争的市场结构中,在同质产品的市场竞争中,供需双方的比较优势主要取决于要素禀赋和技术因素。在异质产品的市场竞争中,需要同时考虑消费者偏好和供给面的因素。在不完全竞争的市场结构中,还需要考虑政策面对市场结构的影响。一般来讲,完全竞争的市场结构存在于理想状态中,在现实的国际贸易中,多为不完全竞争的市场结构。

具体到教育服务业,与其他货物贸易相比,具有如下两个特点:一,服务贸易的市场结构几乎都是不完全竞争的,政策导向因素作用明显;二,教育服务商所提供的服务不像货物一样具有绝对的标准,即使有标准,也是相对的,因此,市场结构中的教育服务几乎都不是完全意义上的同质产品,例如清华大学的本科文凭和许多地方大学的本科文凭并不是完全意义上的对等。所以,我们在分析教育服务的比较优势时,只能作描述性比较。

由于教育服务业的"入世"不仅涉及到国际市场,也涉及到国内市场,因此,我们有必要针对这两个不同的市场进行分析,找出比较优势。这也是我们讨论"机遇和挑战"的前提,所谓"知己知彼,百战百胜"也。

（二）我国教育服务的比较优势分析——基于国内市场

加入世界贸易组织之后,除了义务教育和特种教育服务之外,国内的教育服务市场将依据协议全面开放,国内的教育服务市场也成为国际市场的一个有机组成部分。由于处于本土市场,我国教育服务提供者具有先天的优势,具体而言,在国内市场,我们的比较优势在于:

1. 在消费者偏好方面

消费者偏好直接影响到近期教育服务市场的需求,一般来讲,消费者偏好与消费者对教育服务提供者的认同是分不开的。这种认同的形成不仅与传统的教育观念相联系,也与教育服务提供者的市场营销策略紧密相连。可以说,消费者偏好是一个动态的过程,并不是静止不变的。就国内的教育服务现状而言,我们认为,国内教育服务提供者在教育消费者偏好上的比较优势主要体现在以下两个方面:

（1）比较优势:升学教育

由于受消费能力和传统升学渠道的影响,在升学教育方面,我国多数的消费者倾向于选择接受国内公立学校的教育。虽然国外教育服务提供者在外语教育等方面占有先天的优势,但是,要获得消费者的认同还需要一定的时间和制度的准备。

首先,外国教育服务提供者为了体现其办学特色,需要引进外国的教育服务者,这将会导致教育成本的提高,从而带动其收费标准的提升,限制教育消费者的购买欲。升学成本也是家长们不得不考虑的问题,这包括为其子女出国深造准备的成本和因这些学校可能忽视升学教育而产生的成本。

其次,传统的升学渠道也限制了外国教育服务进入的积极性。我国存在着全国相对统一的大学入学考试制度,外国举办的大多数学校参加全国性的考试是不可避免的。事实上,这也限制了外国教育服务提供的"要素禀赋"优势。

不可否认的是,我国传统的考试训练机制是相当成功的,在以升学为根本目的的教育中优势明显。另外,我国公立学校对学生的管理模式也比较符合父母的期望,在独生子女占多数的中国社会中,严格管教成为大多数父母的共识,且不论这种认识是否正确,仅从消费的偏好来讲,这种共识是有利于中国升学教育的发展的。

(2)比较优势:专业基础教育

由于我国的大学教育采用严格而系统的专业课程培养模式,对学生的考察方面相当严格,与国外的大学本科基础教育相比,我国优势明显,并获得广泛认同,因此,从消费者偏好上看,在国内接受专业基础教育是一个很理想的选择。实践证明,首先在国内大学接受基础阶段的教育之后再行出国深造的学生往往更容易获得成功。现在,许多高校正在尝试实行弹性学习制度,放宽对学生学习年限的限制,允许学生自由选择专业和课程,这样,我国大学的专业基础教育将更富于个性化,也将更具有吸引力,社会的认同感也会继续获得巩固和提高。

2. 在供给面方面

在供给面方面的比较优势,包括作为资源特性的"要素禀赋",即资源的比较优势,也包括作为资源加工过程支配性的技术特性,即各个生产要素的生产率和经济规模的比较优势。在假定提供的产品或服务是同质的前提下,除了消费者偏好的影响之外,供给面的上述因素都有可能影响到消费者的消费,从而影响教育服务市场的格局。在国际教育服务中,只有充分地理解自己在供给面的优势,发挥自己的优势和特点,才能在服务贸易中获得一席之地,因此可以说,对供给面各要素的分析和权衡,是国际贸易中不可缺少的一部分,也是我们教育服务业面向世界提供服务的基础。

(1)比较优势:在要素禀赋方面,我国拥有本地化教育服务的优势

中国的教育服务提供者是比较了解中国教育消费的需要的。从要素禀赋的角度看,中国国内的教育服务提供者能够更好地提供适合中国教育服务消费

者的教育服务。这些优势都源于业已形成的本地化教育服务模式。简单地讲，本地化服务就是服务提供者能够依据本地的需求提供人们需要的服务。由于我国各地的经济文化发展水平差异很大，对教育的需求也呈现出不同的特点，这一点与很多发达国家很不相同。例如，在东部发达地区，人们对专业培训需求很大，而且要求这种培训具有国际化的水准，因为当地的经济发展和文化水平正在与世界接轨，至少从消费者的角度看，国际化的专业培训能够使他们谋求到更好的职业，获得更好的回报。而在西部地区的城市和乡村，专业培训显得并不那么重要，因为那里的多数人还生活在传统的手工业或者种植业为主的就业环境中，人们在日常生活中很少需要特别的培训。笔者曾经有机会到西部地区实地考察几个月，发现西部的一些地区对教育的需求与东部地区差异很大。比如大家都在搞素质教育，北京的许多学校都在进行各种各样的教育试验，尝试一种既能保证升学率又能提高学生素质的办法，比如增加活动课、增加学生课外社会实践的学习等等。而在西部的一些地区，人们还停留在搞素质教育会不会影响到学生的升学问题上，并没有深入去落实和解决问题。而且令人诧异的是，地方的教育当局还在考虑如何分留学生以提高升学率的问题，并不考虑如何扩大高中教育规模，提高学生就学率的问题。对上述问题的认识和解决，外国的教育服务提供者显然很难认识到，而我们的教育服务提供者却能够有针对性地提供具有本地化特色的服务。

（2）比较优势：在技术特性方面，我国拥有庞大的普通教育规模

经过几十年的建设，我国已经建立了庞大的的普通教育体系，并形成规模，某些阶段教育已经趋于饱和。今天虽然面临着开放的压力，但是从总体上看，外国的教育服务商的准入对我国普通教育并不会构成威胁，这些完全得益于我国已经建立的庞大的教育规模。且不论义务教育阶段，仅就高中教育和大学教育而言，不论在布局、数量、规模和教育服务人员配套、课程体系等方面，我们都存在着明显的规模优势。从经济学的角度上讲，庞大并趋于饱和的教育规模将会提高新的竞争者的市场准入成本，所以，在普通教育领域，外国资本进入中国的成本也会增加，市场准入的门槛也会比较高，这就会大大地抑制他们准入提供服务的愿望。

（三）我国教育服务的比较优势分析——基于国际市场

依据 WTO 的基本规则，我国教育服务提供者也可以到国际市场上为外国教育消费者提供服务。一般来讲，这种服务以两种不同的方式提供，一是吸引外国留学生到我国留学，二是通过在外国举办教育机构或者输出教育服务人员直接为外国教育消费者提供服务。应该说，不论是在国内提供还是在国外提供，其比较优势存在着一致性。具体而言，我国教育服务业欲服务于国际市场，在如下方面具有一定的比较优势：

1. 在消费者偏好方面

（1）比较优势：华语教育

从世界发展的角度看，华语教育逐渐成为教育的一个新亮点。这主要基于如下几个原因：① 中国的海外华侨为数众多，他们都希望自己的子女有机会接受一定的华语教育，保持中国的文化传统；② 中国的发展令世界瞩目，并在世界舞台上发挥其应有的作用，加入 WTO 之后，中国开始融入世界贸易体制中，并成为世界最重要的"工厂"，世界各国有加强对中国了解的愿望和要求，尤其是与中国有重要贸易往来的国家和有意向中国学习发展经验的第三世界国家更是如此，而这些都必须建立在接受华语教育的基础之上；③ 中国古老而博大精深的文明令世界各国学习者神往，要深刻地理解中国的文明，就必须熟悉华语，必须到中国来学习。我们知道，华语教育的最重要基地是中国大陆，因此，从外国教育消费者倾向于接受来自中国大陆提供的华语教育，这就是我们的优势。我们可以利用这种优势，大规模地接收外国留学生，并可以到国外去直接提供华语教育服务。

（2）比较优势：考试服务

这里所说的考试服务不仅仅是为外国接受华语教育的学生提供汉语水平考试，也包括利用我国传统的应试和升学教育经验为外国学生提供本土化的专业化应试服务。首先，在汉语水平考试方面，由于我国在世界经济中的影响力不断增强，我们有必要扩展我国对外汉语教育的规模和水平，这不仅可以提高华语教育的影响力，也可以带动一批教育服务机构扩大中国在国际教育服务领域的市场份额，提高教育服务水平。其次，并不是每一个国家的教育都像发达国家一样可以实现升学无忧,大量的第三世界国家高等教育资源仍然匮乏,升学考试还是很重要的,因此,我们可以在这些国家进行一些专业化的应试服务,或者通过参与举办学校,充分利用我国传统的应试资源为他们服务。可以认为,这个市场是相当广阔的。

(3) 比较优势:面向第三世界国家的专业技术培训服务

与发达国家相比,我国在专业教育和培训方面存在着很大的差距。随着中国工业化进程的加快,产业的升级势在必行,尽管我国拥有巨大的国内市场潜力,开发国外市场,尤其是第三世界国家的市场仍然是我国产业升级必不可少的战略,与第三世界工业水平相比,我国存在着明显的优势,而且第三世界国家相当承认我国的工业产品,欢迎我国到他们那里投资办厂,这样,利用当地人员为我国服务是必要的降低成本途径,并为我国在他们国家举办专业技术培训提供了坚实的基础。因此,面对第三世界国家庞大的专业教育和培训市场,发挥我国的教育服务提供者的资源禀赋优势,仍然很有潜力可挖。这种优势包括低廉的服务价格,有针对性的工业化方面的专业培训、农业科技培训,等等。但是有一点我们应该注意到,就是第三世界国家在开放教育服务方面很少作出承诺,或者拥有特别豁免权,这在一定程度上限制了我国上述专业教育和培训服务的输出能力。这一点需要依赖政府间更详细的谈判。

2. 在供给面方面

(1) 比较优势:在要素禀赋方面,我国拥有相对廉价而高质量的教育服务提供者

与其他领域一样,中国教育服务提供者同样具有廉价而高质量的特点,而且数量巨大。与产品和货物贸易不同,教育服务主要依靠服务提供者提供服务,其他的设施都是围绕着这个核心服务的。不论在华语教育、考试服务还是在专业培训服务方面,起决定作用的最终都是教育服务提供者的素质和成本。相对于发达国家,我国在这方面的资源充足,并且具有明显的质量和数量的优势,因此,如果国内的教育服务提供商能够有效地开拓国外教育市场,在教育服务资源方面的准备是相当充分的。何况,华语教育等方面的教育资源是我们所特有,其他国家和地区的教育服务提供者是很难代替的。

(2) 比较优势:庞大的教育规模为我国对外提供大规模的留学教育服务提

供坚实的基础,有效地降低成本

经过百年的建设,我国教育已经形成完整的学制体系,并形成规模。在教育服务领域逐渐开放的环境下,人们开始认识到招收外国留学生可以有效地促进教育的发展,带动教育产业化的升级。许多西方国家已经把留学教育的开放作为一项产业来经营,把开发国外教育服务市场作为促进经济发展的重要推进剂。美国、澳大利亚等国的成功经验证实了这一点。我国传统的经验认为对外开放教育会带来很大的政治风险,今天,世界一体化的进程需要我们认真重新定位留学教育。经验证明,开放的教育不仅能够吸引众多外国留学的学生,招回华侨子弟,也扩大了我们对外的宣传力度,使世界各国能够了解中国,展现了古老文明的魅力。从效益成本来看,我国庞大的教育规模完全可以适应招收大量的外国留学生的需要,还可以有效地降低教育成本,并不会增加我们的教育负担。从社会效益来看,除上述的宣传效应外,大量留学生的引进也从侧面推动我国教育的优化,促进素质教育的落实,扩展了我国国内学校的视野,同时也提升了我国利用"外脑"的水平。

参考文献

[1] 世界贸易组织秘书处编. 贸易走向未来[M]. 北京:高等教育出版社,1999.9.

[2] 薛敬孝等编. 国际经济学[M]. 北京:高等教育出版社,2000.6.

(本文发表于《比较教育研究》2002 年第 7 期。作者覃壮才,时属单位为广西师范学院教育系)

四、入世后中国教育服务的比较优势分析(下)

(一) 我国教育服务业的比较劣势——尚须努力

我们在国际教育服务业中存在着很多比较优势,这不仅体现在国内市场中,也体现在尚未开拓的国际市场中。但是,与发达国家的教育服务业相比,我们仍然存在着明显的劣势,概括起来,主要有以下几个方面:

1. 在消费者偏好方面

(1) 比较劣势:专业教育

尽管我国大学教育中的基础教育相当突出,但是,在面向市场的专业教育方面,我国高等教育的应变能力还不足以为市场所认同。从就业市场对人才的需求来看,具有外国专业背景的人才更容易被接受。这不仅因为外国的专业教育更接近市场,更符合市场的需求,同时也是因为我国正在面临着世界经济的各种挑战,而国内的大多数专业教育并没有能够教会学生世界通行的市场规则,在敬业精神、创新精神等方面也还没有被完全发掘出来,专业教育的理念并没有很好地贯穿于整个专业教育中,教学科研条件也与世界发达国家存在一定的差距。归结起来,我们的专业教育多数仍停留在知识的传授上,并没有实现专业教育的"专业性",而这些正是未来中国市场上最为需要的。因此,从消费者的偏好角度来看,专业教育将是我们所要面临的重要挑战之一,也是外国教育服务提供商最大的商机所在。

（2）比较劣势：职业培训教育

我们国家法律规定，职业培训是获得上岗证的必要前提，对于企业和事业单位来讲，在岗培训也是提高员工素质和工作效率的重要途径。从国外的经验来看，职业培训教育是营利性教育的重要组成部分，也是教育服务提供商的必争之地。而我国目前缺乏对培训教育的完善管理，缺乏知名的培训教育机构，许多职业培训机构的课程脱离实际，缺乏市场适应性。国外发达的培训教育正在不断地进入我国的市场，其严格的管理和有效的课程日益为受训人员和公司所认同。随着市场准入的逐步落实到位，外国教育培训机构的影响力将会日益增加，对我国传统的培训教育造成的冲击也会更大。

（3）比较劣势：国际认同

由于我国长期处于封闭状态，许多教育机构和学校虽然拥有很高的学术水平和专业水准，但是很难获得国际认同，国外对我国教育服务提供商的认同仍然需要一定的时间。现在许多学校试图通过国际质量标准认证来获得进入国际教育服务领域的通行证，这种认证的有效性仍然有待实践证实。

2. 在供给面方面

（1）比较劣势：在要素禀赋上，许多教育理念仍显陈旧

与西方发达国家相比，我国在教育理念方面仍然存在许多不足。在普通教育方面，由于教育资源的贫乏和创业、就业环境的不乐观，我国基础教育仍然以升学为主要目的，应试教育成为很难根除的教育障碍。而西方教育已经走出了应试教育的阴影，这主要得益于他们良好的就业形势和高等教育大众化的有益实践。在高等教育等领域，由于历史的积淀，他们更强调市场的导向，更接近市场和社会对人才的实际需求，这与我国的政府导向、计划导向有很大的差异。可以认为，外国先进的教育理念将成为他们在中国境内提供教育的重要优势。这也正是我们在教育服务领域的劣势之一。我国加入世界贸易组织的时间很短，国内的教育服务提供者无论在观念、经验，还是人才的储备方面都明显滞后。在多数人看来，加入WTO给人们带来的更多是挑战，很少人会考虑到这里还蕴藏着巨大的机遇。从我们了解的情况来看，且不说中小学，就是重点大学也很少把吸引外国留学生作为重点发展战略来抓，政府部门也没有做好这方面的准备。但是不容忽视的是，随着我国教育服务业的开放，国外的大学和中

小学都纷纷登陆中国,寻找新的商机,以各种方式吸引我国的学生到他们学校就读,其中不乏国际知名的大学。所以我们认为,尽管在教育服务业的对外开放方面我们仍然缺乏管理人才和经验,但是,我们国家拥有大量的出国留学生资源,应该充分利用现有资源,开拓国际教育服务市场。

(2)比较劣势:我们的专业教育领域运营尚待提高

专业教育领域一直是我们的弱项,具体表现在技术、经验和管理模式等方面。与我国的班级制和学年制不同,西方国家的专业教育多采用弹性学习的模式,学生可以在导师的指导下自主地选择课程,自主地组合课程模式,并采用"宽进严出"的专业教育模式。这样既能保证学生自主选择的权利,有利于学生发挥能动性,使"学有所用",又能从制度上保证学生不断地学习和选择。而我国学生是在一种被安排的环境中学习的,在毕业和学位授予方面,采用严进宽出的方法,学生在专业教育中的淘汰率很小。由于缺乏自主选择课程和专业的机制,学生专业差异并不明显,适应能力受到抑制。另外,我国专业教育也缺乏协作机制,各个高校之间,高校与中学、职业学校之间也没有建立协作关系,资源利用率很低,并导致高校与中学、职业学校关系紧张,缺乏信任。高校与高校之间一味地攀比专业数量、学生数量、发表论文数量,高校内部近亲繁殖严重,结果是强调急功近利,缺乏特色,限制人才流动,造成恶性竞争。

(3)比较劣势:内外有别的教育管理模式也是我国吸引外国留学生的重要障碍

由于长期处于封闭的状态,我国教育模式多数采用内外有别的管理模式,这种管理模式严重阻碍了外国留学生到我国学习的积极性,也背离了效率成本的基本规律,增加了教育成本。如果我国能够改进外国留学生的管理模式,相信不仅会大量降低留学生的教育成本,也会直接降低外国留学生进入中国学校学习的直接费用,扩大留学生的份额,从而提高我国教育服务业的对外开放能力。当然,为了使对外教育服务更有序,也应该加强管理,包括制定相应的规范,规定一定的入学标准和学业标准。对于到国外提供服务的学校和教育机构,政府应该提供信息和外交方面的便利,以及相应的认证制度,使就读于由中国教育服务提供者举办的外国学校的学生能够有机会到中国深造。

（二）结语

在讨论加入 WTO 之后面临的机遇和挑战的时候,我们往往会简单地套用以往的思路来分析问题,事实上,如果要真正地把握这个问题,首先应该熟悉 WTO 的基本规则,熟悉我国加入 WTO 的相关文本,并且应该针对不同的国家来分析,理由如下:首先,各国在教育服务领域的市场准入方面是有差异的,并且受到国内政策的影响很大,事实上,我们可能会面临着比该国承诺减让表更多的阻碍,如国民待遇限制、市场准入限制等等。其次,从比较优势来看,对于不同国家和地区,我们教育对他们的比较优势也是不同的,所以,我们的机遇和挑战也因国家和地区的差异而不同。最后,就国内市场而言,不同国家教育服务的准入所带来的机遇和挑战也会因各国教育服务提供者的提供能力和消费者的认同程度而不同,不能作笼统的分析。但是,不论如何,基于比较优势理论来分析"机遇和挑战"的分析方法应该是可以成立的,也是必须的,如果缺乏了这种分析,空谈"机遇和挑战"也就没有意义了。

（本文发表于《比较教育研究》2002 年第 8 期。作者覃壮才,时属单位为广西师范学院教育系。）

五、政府"入世"是我国教育"入世"的关键

加入世界贸易组织对于中国教育的发展将会产生深刻的影响,这种影响并不一定是直接的。从我国承诺的减让表来看,教育领域的开放看似很宽,但是,作出实质性开放承诺的领域并不多。虽然如此,但这并不意味着"入世"没有给我国教育带来深刻的变化。从根本上讲,教育的"入世"会给中国教育带来的最大变化主要表现为两个方面:① 进一步推进我国教育领域中的"依法行政";② 加剧我国国内办学者和教育从业人员的竞争意识和竞争压力。本文主要讨论第一个问题,即政府"入世"问题。可以说,政府"入世"是中国教育"入世"的关键所在。

(一) 为什么政府"入世"是教育"入世"的关键

加入世界贸易组织,对于提升我国在世界贸易中的地位是一个重要的推动。可以认为,加入世界贸易组织对于我国教育的发展也是巨大的推动,是一次改进我国教育中的不足的机会。当然不可否认,我们也同时会面临着巨大的挑战,这不仅是针对一般的教育机构而言,也是政府在教育领域中发挥作用的一次重要检验。从国外的经验看,教育的开放是一个极其谨慎的决策,对政府的管理要求也相应产生了深刻的影响。一般来讲,商业领域和服务领域都是建立在市场基础上的,依靠市场机制这一只"看不见的手"来自主调控供需双方的利益。教育领域则不同,首先,政府在教育领域中很少具有商业利益,而更多的是国家利益和政府利益;其次,市场无法完全调节教育领域,因为市场在教育中往往是"失灵"的;再次,即使在市场化的环境中,国家为了保护公共利益,也必

须采取与其他商业和服务领域不同的管理模式,政府的监管是必不可少的。

1."入世"后,政府在教育领域中存在着需要调整的利益

一般来讲,政府在教育领域中的利益取向会直接影响到政府对待教育服务领域的管理模式和决策模式。因此,分析政府在教育领域中的利益对于研究我国政府在教育服务领域中的"入世"承诺和承诺的实施是极为必要的。从政治学的角度来看,政府在管理中的利益包括以下三种利益:国家利益、公众利益、政府自身的集团利益。具体到我国政府在教育领域中的利益,至少包括以下几个方面:

(1)国家利益,主要是国家主权方面的利益

教育是一种培养人的活动,在这个过程中,或多或少都会渗透着统治阶级的利益。在没有加入世界贸易组织之前,我国各个学校都可以通过特定的组织和课程来实施政治教育,实现统治阶级的政治利益,保证人才培养过程的国家利益。但是,在开放教育之后,如何在中外合作办学中实现国家利益将成为我们不得不面对的新课题。

(2)公众利益,主要是社会利益

在过去国家与社会同构的时代里,国家利益与社会利益是统一的。但是,随着我国市场经济的不断发展,社会分层越来越明显,各个阶层的利益出现一定的差异。在这种情况下,政府作为社会总体利益的代表者和具体利益冲突的裁判者,不得不为此付出更大的努力。在加入世界贸易组织之后,外国教育服务提供者的介入无疑提高了人们受教育的可选择性。但是,国外的实践证明,这种可选择性可能对社会上层更加有利,因此,作为利益的协调者,政府如何通过政策和法律规范的制定保护公众利益不受侵害,促进公众利益的均衡发展是今后一个很重要的任务。

(3)政府自身的集团利益,主要体现为政府施政目标实现过程中的成本与效益的均衡

尽管我国政府是一个人民的政府,是为人民服务的,但是,如何选取施政目标,如何平衡施政的成本与效益仍然是一个有待斟酌的问题,是必须考虑的。因为教育是关系到国家、政府与公民直接利益的事业,也是需要大量成本投入的事业,具有非营利性的特点,因此,权衡成本与效益是体现政府自身集团利益

的重要尺度,也是衡量政府为人民服务的水平的重要标准。

可以看出,政府在教育领域中存在着巨大的利益。在加入世界贸易组织之后,政府应该制定相应的政策,采取有力的措施来增进国家利益和公众利益,并尽量降低政府的运行成本,提高行政效率。因此,政府在"入世"后存在着需要调整的利益。

2."入世"之后,政府需要调整对教育的管理模式才能更好地实现既定的利益

为了保护国家利益和公众的利益,我国政府对教育一直采取严格的审批和管理措施。在计划经济时代,这种管理模式是比较经济的,也符合政府自身对成本与效益的权衡。但是,在市场经济时代,由于人们的利益追求多元化,对教育的需求也呈现多元化的趋势,许多传统的教育政策和教育管理模式都不同程度地出现了不适应,教育体制改革也不断地被提到日程上来,并在不同层次上展开实施。客观地说,这些改革正在进行中,调整也还没有完全到位。

在加入世界贸易组织之后,伴随着外国教育服务提供者的不断介入,遵循WTO 规则,改革政府对教育的管理模式也势在必行。根据 WTO 的规则,我们在开放的教育领域中,必须遵循 WTO 的基本规则,包括 WTO 多边贸易体制的五条基本原则(非歧视、更自由、可预见性、促进公平竞争、鼓励发展中国家和转型国家发展和进行经济改革)和具体的教育承诺减让表的相关承诺[1],尤其在最惠国待遇原则和国民待遇原则方面。如何在保证不违反 WOT 规则的前提下,尽量保护国家利益、公众利益和政府自身的集团利益将是今后政府对教育管理的重要出发点和落脚点。由于政府是市场规则的主要制定者和监督者,政府"入世"也就成为教育"入世"的关键,它关系到我国教育能否真正"入世",能否更好地利用外国教育资源为国民提供更多可选择性的教育,在提高国民受教育机会的同时保证国家利益和公众利益在更高程度上的合理实现。

(二) 政府如何"入世"?

政府在教育领域存在着巨大的利益,在加入世界贸易组织之后,政府的利益可能会面临许多挑战,因为我国传统的教育管理模式与WTO的基本规则存在着很大的差异。这样,如何制定适当的市场规则,管理这些教育机构和个人教育服务提供者将是未来一段时期内政府需要面临的问题。那么,在教育领域

中,政府如何"入世"呢? 至少应从以下几个方面入手:

1. 调整政府在教育领域中的利益构成,转变政府对教育管理的传统观念

正如许多专家所说的,我们进行 20 多年的改革,其核心就是利益的重新分配。让一部分人先富起来也就是允许社会利益多元化,促进社会竞争,进而促进社会总体生产力水平和生产总量的提高。与加入世界贸易组织之前相比,政府在教育领域中的利益出现了新的变化:在进行市场经济改革之后,政府在教育领域主要调整的是国家利益与公众利益之间的关系,对于公众利益的分化逐步予以重视并采取相应的措施来扶持这种分化。从理论上讲,主要涉及到利益在国家与社会之间的重新分配,营造有利于市场经济的市民社会阶层。在加入世界贸易组织之后,除了继续调整国家利益和公众利益之间的关系外,人们将会更加关注国家利益在整体利益中的有效保护,同时政府自身的利益也将成为关注的焦点。在外国举办的教育机构中如何更好地维护国家教育主权,如何适应 WTO 的基本原则,建立一套行之有效的制度来对这些教育机构进行管理,做到政策透明、程序公正、非歧视地对待各成员国在中国境内举办的学校和教育机构,公正地给予外国留学人员以公平的待遇,规范各种入学和在学的审核手续,有效管理在华留学人员。

在诸多利益的重新调整过程中,政府管理观念的转变是必不可少的,它是政府实施对教育领域优先监管的重要前提。具体而言,加入 WTO 之后,政府在教育领域中的管理理念在以下几个方面应该转变:

(1) 国家利益不等于公众利益

在过去的总体性社会结构中,国家与社会是同构的,国家利益与公众利益在很大程度上是一致的,但是在利益日益分化的今天,公众利益逐渐与国家利益相分离。因此,政府在保护国家利益的同时,应该保持社会公众利益的相对独立性,在制度分配上应该体现这一理念。在加入世界贸易组织之后,国家利益在很大程度上是体现在国家教育主权上,而公众利益中却包含着公众对教育可选择性的追求,中外合作办学、出国留学等不同的教育需求则是增加公众教育利益的重要措施。政府在决策和制度设计时应该充分考虑到国家利益和公众利益的区别,并且应该体现现代社会尊重社会公众利益的价值取向。

（2）保护并不等于封闭或者授予特权

在政府考虑如何应对外国教育服务投资者的竞争时，应当尽量避免地方保护主义。我国至今仍然存在着地方保护主义，这不仅与我国市场经济体制相矛盾，也与WTO的基本原则相悖，容易引起无谓的诉讼。对于外国教育服务业的大规模进入，我们应该有所认识。在观念上，政府应该首先形成正确的认识，既不能完全开放，以保证国家利益和公众的总体利益，也不应该对他们授予特权，使国内的学校尤其是民办学校处于不利的境地。这一点在我国对待外资企业和内资民营企业中已经被证明是不符合WTO基本规则的、必须改进的。

（3）剔除政府干预可以提高效率、降低成本的观念

实践表明，政府不可能也不应该是一个无所不能的组织，而是一个基于法律授权的行使公共权力的非营利性组织。作为非营利性组织，在行使公共权力的时候，必须接受法律和民众的监督，不得超越权限，否则会出现政府的合法性危机。由于政府自身集团利益的影响，在缺乏监控程序的情况下，政府在对教育进行管理的时候可能会优先考虑到施政目标，而不是效益和成本，甚至也不是公众或者国家的利益。我国政府是代表最广大人民利益的政府，但是并不能排除政府自身的集团利益影响，许多地方政府的短视行为、献礼工程就是一个重要的证据。不适当的政府干预将会导致社会监督成本的提高，并因此提高了政策制定的成本和行政成本，使教育领域无法充分地借鉴市场和外国的先进教育经验为国家和公众服务。为此，我们应该明确教育领域中的政府管理职权和行使的模式，增加政府决策的透明度和社会、市场参与的水平，完善政务公开制度和人大、法院监督的程序，减少政府对教育的无谓干预。

2. 优化政府在教育领域的管理模式，实现政府在教育领域中的利益

在准确定位政府在教育领域中的利益之后，政府应该采取有效措施，以实现国家、公众和政府自身的利益。具体到教育领域，在加入世界贸易组织之后，我国政府需要通过一系列的制度和政策来保障上述利益调整的到位，确保利益的最大化。

（1）完善教育法律制度，实现依法治教的目标，使各种教育类型和教育服务都被置于法律制度的规范和监督之下

符合WTO基本规则和我国的承诺减让表精神的教育法律制度对于确保

国家、公众和政府的利益是至关重要的。应当承认,我国还没有形成一个完整的教育法律体系,在许多教育领域,缺乏可以适用的法律法规或者已制定的法规不再适应 WTO 的规则和要求。这一方面会使权利容易受到来自于各方的侵害,并容易导致国际贸易争端;另一方面也为许多试图通过教育获得不当利益的人打开方便之门。

目前最为迫切需要制定或者完善的教育法律法规至少应该解决以下几个问题:

首先,明确外国教育服务提供者的市场准入条件和形式。依据我国的承诺减让表,目前我们允许在国外举办的教育机构招收我国的留学人员(教育服务消费者),在这方面我们没有限制;同时我们也准许外国教育服务提供者以中外合作办学的形式进入中国教育市场,并"将允许中外合作办学外方可获得多数拥有权";如果"外国个人教育服务提供者受中国学校和其他教育机构邀请或雇佣,可入境提供教育服务"[2]。对于我国学生出国留学,我们可能不需要制定相应的法律来规范,只要在学历的认证方面提供权威性的服务就可以解决。但是对于外国教育服务提供商和个人的教育服务提供者的准入,我国虽然有一些相关的规定,如《中外合作办学暂行规定》,但是仍很不完善,条款过于笼统,审批机构的自由裁量权过大。法律应该具体规定外国教育服务提供者的市场准入条件和准入的形式,规定具体的举办、管理和监督的程序。

其次,明确各级教育行政部门对外国教育服务提供机构和个人教育服务提供者的管理权限。由于法治国家对政府行政权力的规范都遵循着"非法律授权不得拥有"的原则,因此,依据行政法学的传统,政府是不能够超越权限行使权力的。但是由于我国这方面的法律文件尚未完全建立,政府不正当干预将会不可避免,尤其是在许多地方政府习惯于行政命令的管理模式,习惯以长官意志决定国计民生、决定教育事务。如果我们不首先明确教育行政部门在处理外国教育事务的权限,将会给今后的教育行政带来不必要的麻烦。

再次,明确教育行政的法定程序。WTO 的一个基本要求就是法律和政策的透明化,只有透明的教育行政政策才能够实现非歧视性,促进良性竞争,实现世界贸易组织的两条最基本的原则:最惠国待遇原则和国民待遇原则。近 20 年来,我国各地陆续出现了一些民主化的做法,如听证会、人大代表监督、新闻监督等等，在法律上，随着行政诉讼法、国家赔偿法等相关法规的出台，许多政府部门的决策和管理手段实现了透明化。但是，应当承认的是，这些举措只是初步的。教育是一项公益性事业，外国教育服务提供者不论用何种方式介入和提供服务，在保证国家主权利益和公众利益的前提下，其教育服务都直接关系到社会公益的实现，因此，加强对他们的行政监管是政府应尽的职责。为了使这些监管具有合法性，明确教育行政的法定程序是重要的基础。

（2）区别对待不同目的的教育服务提供机构，制定具有导向性的教育投资政策

事实上，法律规范是无法规范所有教育领域的事务的，政策因具有灵活性和针对性，始终是教育行政的重要组成部分。在过去的许多年里，我国对外开放取得了很大的成效，为世界所公认，具有导向性的吸引外资的政策制定功不可没。今天，教育也正在面临着开放，如何支持和鼓励那些对我国人才培养有利的教育投资是我们政府应该优先考虑的问题，一概地吸收或者单纯地排斥都是不可行的、低效的。具体而言，我们认为政府至少应当考虑如下几个政策问题：

其一，区分营利性教育机构和非营利性教育机构（即学校），制定不同的管理制度。我国《教育法》明确规定，举办学校及其他教育机构不得以营利为目的。《社会力量办学条例》重申了上述观点。但是，不可否认的是，目前许多民办教育机构不同程度地存在着营利，甚至以营利为目的。实践证明，公益性目标的实现可以通过非营利性组织实现，也可以通过市场运作的营利性组织实现。为了完善教育管理制度，我们有必要允许营利性教育机构在一定范围内存在，并对他们进行规范，以企业管理模式对他们进行行政管理，规定纳税和免税的程序。对于作为主体的非营利性教育机构，则应该通过强制性的法律和有效的政策对他们进行监管，如强制披露信息、强制接受质询、社会独立董事、接受教育行政督导、税务稽查等。这样就可以比较有效地减少外国教育服务提供商规避法律的行为，实现他们的办学初衷。

其二，制定有效的教育投资导向政策，引导外国教育服务提供商将教育资金投入到我们教育经验相对缺乏或者社会急需人才培养等教育领域。基于承诺减让表的约定，我们可以自主规定外国教育服务提供者的商业存在的具体细

节,如规定它们的设立审批程序方式与国内的教育服务提供者的程序不同,但是我们并不能限制它们的存在领域。因此,政府必须采取相应的措施来规范它们的办学,并制定相应的教育投资政策,尤其是财税政策以引导他们将资金和教育服务投入到我国急需的教育领域。

其三,制定有效的办学行为规范,保证中外合作办学的管理和课程设置、学历学位证书的颁发都在政府有效的监督之下进行运作。我们应该更加具体地规定中外合作办学中中方和外方在学校管理中的权利、政府的管理和监督权力、与之相关的家长和学生等利益群体的具体权利,并限制外方在一些具有国家主权利益的学校管理权利。另外,外国在中国举办的学校在课程设置、学历学位证书等方面存在着很多自己的特色,如采用国外的课程标准,甚至是直接引进外国的课程、教学用书和教师,有权颁发国外承认的学历学位证书等。应该承认,这是我们国内大多数学校所无法获得的权利,也是他们的优势所在。但是,基于上述国家利益、公众利益和政府自身利益的考虑,我们也必须对这些权利进行规范和审查,否则很容易造成权力的滥用,妨碍上述利益的实现,这与我国加入世界贸易组织的初衷是相违背的。

总之,区别对待不同目的的教育服务提供机构,制定具有导向性的教育投资政策,规范中外合作办学中的各项权利是今后政府需要充分考虑的问题。

参考文献

[1] 世界贸易组织秘书处编. 贸易走向未来[M]. 北京:法律出版社,1992,2—8.

[2] 关于我国教育领域的入世减让表[Z]. 中国加入世界贸易组织法律文件[M]. 北京:法律出版社,2002,727.

(本文发表于《比较教育研究》2002年第11期。作者覃壮才,时属单位为广西师范学院教育系)

六、全球化驱动下的高等教育与 WTO

高等教育日益被视为一种可以像任何其他商品一样买卖的商业性产品。高等教育商业化目前已经进入全球市场。世界贸易组织(WTO)正在考虑一系列建议,把高等教育作为其一项关注点,确保高等教育的进出口符合 WTO 协定的复杂规定和法律安排,并且不受大多数限制的约束。在美国,教育国际贸易全国委员会(The National Committee for International Trade in Education)和一系列以营利为主的教育举办者支持这一动议。业已建立的高等教育共同体,包括美国教育理事会(The American Council on Education)却没有对此作出承诺。WTO 的这一动议给传统的大学观,以及国家的乃至院校内部的教育管理带来了严峻的威胁,因而需要仔细地省察。我们正处在高等教育的真切变革之中,这一变革有可能深刻地改变我们对大学角色的基本理解。这一变革的涵义是深远的,但我们对之仍然缺乏讨论和理解。特别令人担忧但又毫不奇怪的是,美国商业部服务业办公室(The US Department of Commerce's Office of Service Industries)在幕后努力使美国和全球的高等教育商业化。

每一个地方的高等院校都服从全球性趋向——大众化及其影响、新通信技术的冲击、学术机构对政府的责任、全球性科研网络,等等。

许多诸如此类的发展把高等院校和院校系统全球性地联结起来。英语作为科学交流和教学通用语言的使用,特别是当与国际互联网(Internet)结合起来后,使得交流更加便捷和迅速。跨国高等教育机构的出现也使快速传播新课程和变革成为可能,并且使那些缺乏充足的教育举办者的国家满足其学生和国家经济的迫切需求成为可能。

几个世纪以来,大学被看作是为人们从事专业工作(法律、医学、神学)与进行科学研究而提供教育的机构。大学保存并提供、有时还扩展社会历史和文化。在 19 世纪,科研加入了大学的职责之中,稍后社会服务也成为大学的一项职责。高等院校主要是由政府或教会举办的,即使是私人举办的院校也具有服务的使命。高等教育被看作是"公共产品",给社会提供有价值的贡献,因而值得资助。

大学是学习、研究和通过运用知识为社会服务的场所。高等院校在相当程度上摆脱了社会压力——即拥有学术自由,更准确地说是由于它为更广泛的社会利益服务。为了保证教授们免于担心社会的制裁和享有在课堂或实验室从事教学或研究的学术自由,他们往往获得永久性聘任——终身制。

(一)全球化的负面影响

今天,国际互联网和知识全球化的崛起给更小或更穷国家的院校机构或系统带来了潜在的严峻问题。在一个划分为中心与边缘的世界,中心变得更加强大,边缘变得日益边际化。国际学术系统不平等越来越明显。工业化国家的世界一流大学主导的高等教育竞争日益激烈,使高等教育迅速迈向全球化。在这种背景下,学术系统或单个大学很难独立发展。传统的学术中心变得更加强大,并且越来越集中于北方的英语国家(美国、英国、加拿大)和澳大利亚以及欧盟中的大国(主要是德国和法国,某种程度上还包括意大利和西班牙)。

中心国家的准则、价值观、语言、科学革命和知识产品主宰、挤压着其他观念和实践。这些国家不仅是占主导地位的大学和科研设施的产地,也是在新的全球知识系统中强有力的跨国合作的家园。微软和 IBM 之类的信息技术公司、生物技术与制药公司(如 Merck 和 Biogen 公司)、埃塞维尔和贝特斯曼之类的跨国出版公司以及其他一些公司,主导着知识、知识产品和信息技术的国际商业化。在全球化世界中,小国、穷国几乎不能自主,没有什么竞争潜力。高等教育全球化加剧了世界大学体系中本已很明显的不平等。

(二)知识商业化与高等教育

伴随着日益出现的高等教育商业化,市场的价值准则渗透到了校园。其中一个主要因素就是社会对高等教育态度的变化——高等教育被看作是有益于学习者或研究者的"私人产品"。根据这一观点,使用者应该为这一服务付费,就像购买其他服务一样。知识提供变成了一种新的商业交易。公共资金的主要提供者即政府,或者不愿或者不能为扩展高等教育提供所需的资源。人们期望大学和其他中学后教育机构自己去寻找大部分资金。大学不得不更加像商业组织而不是教育机构一样来思考。

在这一背景下,合乎逻辑的发展就是公立大学的私营化(privatization)——出售知识产品、与公司合作以及增加学费。各类私立院校特别是营利私立院校的繁荣,是商业化的副产品。教育公司(其中一些自称大学)出售技能和培训,给顾客(学生)颁发学位或证书。研究被看作是一种可以替代的产品,而不是推进科学前沿的探究活动。

(三) WTO 的介入

在这些变革了的环境中,无论是在政府还是在私营部门中,商业驱动下的人们会关注自身以确保"知识产品"能够在国际市场上自由地交易。如果这些利益群体大行其道,高等教育从各方面来说都会恰似香蕉或航空公司一样服从自由贸易规则。人们应当明白,WTO 规则及相关的服务贸易总协定(GATS)从法律上讲是一种捆绑物。目前存在这样一种风险:与高等教育相关的规则会"处于雷达监控之下",并且未加分析地被纳入国际协定之中。一旦成为 WTO 体制要求或规则的一部分,它就得服从一系列复杂规定。这对高等教育的影响是深远的,因为,不但会有一套新的国际准则,而且大学还将以一种全新的方式来定位:GATS 和 WTO 的首要目标是要保证各类教育产品和院校都进入市场。

高等教育贸易比香蕉贸易更难以制度化。但是,许多组织和人们正在通过各种努力做到这一点,创建一种方针性、规则性的体制以形成高等教育的自由贸易。WTO 将会帮助保证高等院校或其他教育提供者在任何一个成员国建立分支机构,出口学位课程,以最少的限制授予学位和证书,在国外教育机构投资,为其国外风险投资聘任教师,不受控制地通过远程技术建立教育和培训项目,等等。

各种类型的教育产品将会自由地从一国出口到另一国。已经作为国际条约一部分的版权、专利和许可规则将进一步得到强化。对跨国性的有关高等院校、课程计划、学位和产品的贸易作出规定是很困难的。希望参加这类进口或出口者，将得到国际法庭和法律行动的援助。目前，对高等教育何去何从的裁决权完全掌握在国家当局手中。

这一动议提出的问题与高等教育观念和高等院校特别是发展中国家和小国的高等院校切实相关。在一个对高等教育进出口难以进行实际的、法律的管理的当今世界，各国或单个大学如何维持它们的学术自主？如何进行认证或质量管理？公私立非营利性高等教育（几个世纪以来的"金标准"）与新的咄咄逼人的营利性高等教育部门之间存在区别吗？资金充裕的营利性跨国高等教育机构会推动其他高等教育机构远离商业吗？专职教授职位和学术自由能得以保存吗？有一点很明显，一旦大学被纳入 WTO 体制，其自主权就会严重削弱，高等教育和研究就会变成服从国际条约和科层制的又一项产品。

WTO 控制高等教育最大的负面影响将出现在发展中国家。这些国家迫切需要这样的高等院校，它们能够对国家发展作贡献、产出适应当地需要的研究、参与加强公民社会（Civil Society）的行动。一旦发展中国家的大学屈从于 WTO 所规范的国际学术市场，它们将会湮没在着眼于营利而非对发展中国家的国家发展作贡献的国外院校和教育项目之中。目前已在许多国家实施的认证和质量管理机制是否被允许，目前尚不明确，但它们至少与跨国教育提供者有关。

（四）谁来管理高等教育

每一个国家都需要对其高等院校维持必要的管理。与此同时，如果大学要繁荣，就需要充分的自主权和学术自由。几个世纪以来，传统大学在社会中发挥了重要的职能。在这些职能随着时间过去而变化的过程中，它并没有消失。广而言之，新动议和全球化对高等教育的挑战是从中世纪大学面对民族主义兴起和 16 世纪宗教改革的挑战以来最大的挑战之一。差不多一千年来，大学把自己定位为负载着核心的教育使命和对学术价值观的共同理解的机构。在大多数时期，人们将大学理解为不仅是在实际知识领域提供教育的机构，还是社会的核心文化机构。19 世纪，科学和研究加入高等院校的职责之中。社会认为大学是特殊的机构，因为其目的超乎日常商业生活之外。现在，这一切都受到了威胁。

学术共同体自身要对这些变化承担部分责任。一些大学让自己沉浸于商业活动之中,其传统的职责发生了妥协。一些名校如纽约大学和哥伦比亚大学建立的"营利性"分校就是这类妥协的象征。澳大利亚一所非常有名的大学即莫纳什大学(Monash University)正在国外建立营利性分支机构。芝加哥大学商学院在西班牙和新加坡建立了分院。中国的许多大学则花大力气提供有偿服务和开办技术公司。许多大学已经"上网",向世界各地的顾客售卖其课程和学位。

大学如果要作为知识机构生存下来,就必须密切关注教学、学习和科研这些核心职责。执着于传统的学术价值观并非易事,日益增长的商业化的代价是相当大的。

政府和其他公共权力部门需要给予大学为实现其使命所需的支持。从长远看,不断紧缩的预算、日渐紧迫的责任制(acountability)以及要求大学根本性地改变其目标,并不能为公共利益服务。公众必须尊重高等教育的根本价值观。

发展中国家对高等教育的特殊需求必须得到保护,WTO 之类的条约会不可避免地破坏发展中国家正在出现的院校系统。第三世界目前处于多重国际关系之中,但是这些安排基于国家需要,并且能够选择教育项目和合作伙伴。

WTO 动议促使世界各地大学目前感到的各种压力成为一个焦点问题。如果全球高等教育服从 WTO 规则,学术界就会发生显著的变化。大学为广泛的公共利益服务的观念将会削弱,大学将会屈从于市场的各种商业压力——国际条约和法律规章强制的市场;使大学在发展中国家为国家发展作贡献和加强公民社会的目标将很难实现。大学有着悠久的历史和社会使命。确实是社会中最有价值的机构之一,使高等院校服从 WTO 强制的市场规则,会破坏这种大学机构。

(本文发表于《比较教育研究》2002 年 11 期。作者菲利普·G 阿尔特巴赫,时属单位为美国波士顿学院国际高等教育中心,译者蒋凯,时属单位为北京大学教育学院)

七、 GATS 给印度教育带来的忧虑及印度的对策

服务贸易总协定(The General Agreements on Trade in Services,GATS)是世界贸易组织(World Trade Organization,WTO)的主要协议之一,该协议把教育视为服务贸易的一种。GATS 在带来机遇的同时也给世界各国带来了挑战。由于教育问题涉及到一个国家的主权和文化,各国对此不得不有所关注。尽管作为发展中国家的印度对 GATS 可能带来的冲击心怀忧虑,但印度政府仍然积极面对教育全球化的挑战,提出了本国的策略。教育是印度在世界贸易组织中作出承诺的众多领域之一。在多哈会议上,所有的签字国决定在 2002 年末提交自由服务贸易方面的建议和承诺。2003 年末,印度将提交向全球开放市场的计划纲要。印度政府将同对待国内大学一样,一视同仁地对待在本国的外国教育机构。[1]

(一) 背景

过去 10 年,一些外国大学已经开始把市场化的高等教育带入印度。外国的大学通过留学、代理服务、联合办学以及虚拟大学等模式向印度提供教育服务。外国高等教育正逐步并且打算充分利用 GATS 的 4 种模式,即跨境交付、境外消费、商业存在和自然人流动向印度输出服务。他们瞄准了印度收入丰裕的阶层以获得最大利润。外国高等教育机构已经在医疗和工程领域开辟市场。一份外国大学的分析公告表明,印度学生主要在医疗卫生、管理、信息等领域就

学。一般的入学条件是 10 年基础教育加 2 年的专科证书外加面试。有的外国大学委托印度的代理机构和公司为本校招生。有的外国大学允许学生在印度注册，一部分时间在国内学习，另一部分时间在国外学习。有些颁发完全学位的印度教育机构允许外国大学在本校开办课程。有一些外国教育机构采取了同印度学校联合办学的形式。在有的学校可以同时拿两个学位。除上述各种情况外还有函授、电视、电脑等远程模式，如虚拟大学。英国的开放大学（Open University）在网上开设了向印度学员提供的课程。

1999 年，约有 2 万印度学生去美国、英国、澳大利亚、加拿大和法国留学。每年每人的学费为 5～34 万卢比。目前还不清楚有多少印度学生通过跨境服务、代理经销等其他方式消费教育服务。据全球跨国教育联盟（Global Alliance for Transnational Education）最新估计，美国、英国和澳大利亚三个国家向亚太地区出口大约 270 亿美元的高等教育服务，未来有可能达到 370 亿美元。在印度招生宣传最活跃的是英国、加拿大、澳大利亚和奥地利。[2]

（二）忧虑

面对国际化的大趋势，印度政府计划委员会（Planning Commission. Government of India）的《第十个五年计划建议 2002～2007》（the Tenth Five-Year Plan Proposal，2002～2007）警告说，发展的模式已经发生了变化，商品贸易、服务和知识产权的国际协调正在占据越来越重要的位置。印度的一些国家政策和法规不得不向国际协议让步。[3]2001 年 9 月，在由国家教育计划和管理机构 NIEPA① 召集的全国性会议上，各邦高等教育委员会（State Council of Higher Education）副主任（Vice Chairperson）、副校长（Vice Chancellors，是实际上的校长）及专家就 WTO 领域内的高等教育服务贸易进行了讨论。会议对高等教育作为 WTO 教育服务领域最主要部分进行了考虑，并组成了几个专门的深入

---

　　① NIEPA（National Institute of Education Planning and Administration）是印度政府的教育咨询机构，印度教育的政策、计划的策划中心。该机构在教育政策和管理方面起关键性的作用，但不具有直接管理教育的行政权力。该机构前身是联合国"教科文"组织 UNESCO 设在印度的地方教育计划人员和管理中心（Regional Center for Educational Planers and Administration），1970 年由印度政府接管，更名为国家教育计划人员和管理人员学院（National Staff College for Educational Planners and Administrators），1979 年更为现名。

研究的委员会。会议认为,对以赢利为目的的教育应谨慎考察,对于面向全球放开教育系统可能会对社会产生的极大冲击表示担忧;把教育作为一种完全付费的服务已经在许多国家,甚至发达国家产生了社会和文化创伤;面向世界开放的、竞争的、高消费的教育很可能导致深层次的社会问题和文化问题,例如,教育不平等的距离有可能因此而拉得更大;教育质量的差别会由于与费用挂钩而变得更加悬殊;由于印度的嫁妆文化,妇女受教育权的侵害在印度有可能加大;在文化上饱尝英国殖民影响的印度,可能要遭受新一轮以美国为代表的西方文化殖民。这些问题在发展中国家尤其是在比较脆弱的印度有可能难以控制。牟利式的或全费的教育很可能会冲击印度宪法中的平等原则。[4]

(三) 对策

1. 国家教育计划和管理机构,NIEPA 的政策报告

根据 NIEPA 的报告,教育的目的是提升知识的地位、发展知识和技能,使人们相互受益,促进人类的发展,减少人们在知识和技能掌握上的差异。据此观点,应当允许知识跨越地理边境自由流动。该报告的要点如下:

(1)教育要体现国际化要求,课程内容应集中于劳动力市场的需要,并且为设置有创新性和灵活性的课程提供条件和机会。

(2)相应机构授权的证书和学分的认可应包括在国际条约之内。

(3)明确对于外国学生到印度和印度学生出国留学的签证、基础设施、社会和福利及住宿设施等方面的指导方针和法律。

(4)就大学在海外开分校问题设立法令。

(5)被授权的印度大学或高等教育机构应在各个科目或项目设 15%～20%的全费编外名额给外国学生,不得侵占印度学生的可用名额。

(6)允许印度大学通过合作办学、代理及远程模式提供课程。

(7)设立全国级别的机构管理外国大学在印度的注册和促进印度高等教育的出口。

(8)应允许外国留学生每学期有三个月的打工时间,但总的持续工作时间一年内不得超过 6 个月。

2.《第十个五年计划建议(2002～2007)》

WTO 包括教育服务的服务贸易谈判正在进行中,这个谈判向印度高等教

育提出了一些严峻的课题。在此情况下，印度政府计划委员会的《第十个五年计划建议（2002～2007）》提出了以下建议：

（1）印度已经同意在教育服务贸易中实现完全自由化。如果不在第二轮的 WTO 谈判中做好准备，印度将难以承受国际压力。事关紧要，政府应当因此设立委员会或专门小组，就 WTO 谈判中的高等教育问题和谈判结束后在市场准入方面设立保护措施，提供建议。

（2）重视在高等教育中扩大社会弱势群体的权益，为此应当设立一所教育发展银行。

（3）在坚持由相应规章机制约束的平等因素的前提下，鼓励发展高等教育中相关的私立机构。

（4）确保最大限度地利用高等教育领域中的公共基础设施和人力资源。

《第十个五年计划建议（2002～2007）》提出，① 各高校应考虑建立一个专门机构负责高等教育国际化事项，包括进口和出口。各高校应做出相应计划并采取措施通过各种途径使自身的资源流动起来。② 对大学提出特别的鼓励措施：应允许愿意增加 25%～30%来自外国学生学费作为日常开支的大学保留 10%的资金用以作为更新设备和装置的指定基金。如有必要，此类大学应在权力范围内招收尽可能多的外国学生以增加目标数。五年以内政府也应考虑设立相匹配的基金以达到大学的指定的基金数。这样便可以积极地减少此类大学对政府的依赖。③ 对于接受上述计划的大学，国家评估和鉴定委员会（National Assessment and Accreditation Council，NAAC）应设立一个专门的和专业的评估方法，可以使外国学生在印度接受到"世界级"的培训。评估不仅应侧重于高水平的学术标准，也包括为外国学生创造适宜的生活环境。④ 政府应鼓励那些数目迅速增长且没有政府补贴的新兴高等教育机构招收更高比例的外国学生。建议强调，如果私立企业愿意设立世界级的教育机构（比如在 IT 或生物科学方面），政府应予鼓励。

大学拨款委员会 UGC（University Grants Commission）已经允许"具有大学地位的高等教育机构"（Deemed Universities）在海外设立分校。[5]从这一点来看，《第十个五年计划建议（2002～2007）》希望把这样的方便扩大到所有愿意出口教育的大学中去。《第十个五年计划建议（2002～2007）》提出，对于收入来自海外的大学,在 5～10 年内不应减少政府每年所给予的资助,对这样的大学应给予"软贷款"。

(四) 评论

"入世"不止是对个别国家,而是给所有的国家都带来了挑战,是人类历史上的一次贸易大变革。世界贸易一体化是客观的、不可逆转的历史潮流,人类迟早要跨出这一步。任何一个国家都不可能也无法关起门来发展。目前,在130 个世贸成员中,只有 40 个国家在教育服务贸易方面作了开放承诺,多数为发达国家。[6]印度在国内整体教育力量不是很发达的情况下,承诺放开教育服务贸易(尤其高等教育),不免让人有些吃惊。即使发达国家,如加拿大也未作出像印度一样的承诺。完全放开教育服务贸易极有可能对本国的教育系统造成致命的冲击。在教育服务国际化的趋势下,世界各地反对 GATS 的呼声在高涨。澳大利亚有影响力的左翼报纸 Green Left 就明确提出反对 GATS。[7]印度共产党也对 GATS 持反对态度,号召抵制 GATS。加拿大国内有强烈的呼声要求政府停止脚步不作进一步承诺。2001 年 10 月 29 日,加拿大 British Columbia 教师联盟、加拿大公共雇员联盟、加拿大大学教师协会和加拿大学生联盟等组织联合发表了一份法律评价(legal opinion),要求政府采取谨慎态度。有加拿大学者 Noel Schacter[8]指出,如果没有美国,没有服务工业联盟(Coalition of Service Industries,CSI)[9]的活动,也许根本不会有 GATS,美国等国家的主要目的在于为其服务业出口扫清贸易障碍。因此,有印度学者 Vijender Sharma 认为,印度有点不顾实际,盲目自大。从印度本国的实际情况来看,对印度的指责和批评不能说完全没有道理。毕竟印度人口众多,整体的教育和文化还比较落后。一些深层次的社会和文化问题,如,教育不平等距离的拉大,教育质量差别的悬殊,妇女受教育权的侵害,在印度有可能难以控制。鉴于上述情形,中国在加入 WTO 以及在 GATS 的谈判上保持谨慎态度是可取的。我国加入 WTO 对教育服务的承诺是部分承诺,承诺的具体内容不包括军事、警察、政治和党校等特殊领域和义务教育。除上述外,我国在初等、中等、高等、成人教育及其他教育服务等五个项目上作出承诺,许可外方为我国提供服务。在教育服务提供方式上,对跨境交付的教育服务未作承诺;对境外消费未作任何限制;允许商业存在,但不一定给予国民待遇;对自然人流动,承诺具有一定资格的个人应我方邀请,可以来中国提供教育服务。[10] GATS 是由以美国为主的发达国家推动制定的,他们的主要动机在于借贸易全球化的历史时机,利用自身比发展中国家强大的实力,扩大本国的服务贸易,包括占很大比重的教育服务,其主要的市场目标便是印度、中国等发展中国家。因此,在谈判中和规则的明确中,发展中国家不得不有所警惕,进一步廓清一些 GATS 中涵义模糊的、但却非常重要的词语,如"公共教育(public education)"、"政府干预(governmental authority exclusion)"、"商业性(commercial basis)""竞争(competition)"等词语在 GATS 实施时的含义。

印度政府是以一种自信的态度迎接挑战的。他们认为,放开教育可以缓解公共教育的压力,印度政府在给联合国教科文组织(UNESCO)的报告中指出,印度的高等教育是公立性质的,①这使得政府在财力方面有很大的压力,印度便借 WTO 和 GATS 来扩大教育的私有化和商业化,以减轻政府肩头的沉重负担。印度本国的总体教育水平不能说是发达的,但印度人认为借 WTO 和 GATS 的时机可以提高公民受教育的水准。印度也考虑到了如何关注社会弱势群体,因此计划了一些比较实际的、具体的举措。比如,计划设立专门的教育发展银行专门负责学生的学费和生活费贷款等事宜。印度的 GATS 对策的最大特点就是它的积极主动性。印度不是被动地适应 GATS 的冲击,被动地做出调整,不是单纯地强调顺应国际规则与国际接轨,而是主动出击。在教育出口方面,每年都有大量来自海湾和南亚国家的学生到印度接受教育。印度有良好的高等教育基础设施、先进的技术和科研实验室。印度在工程、生物科技、数学、化学、农业科技、园艺、信息技术等领域有潜在的出口能力,而且已经开始着手准备扩大海外教育市场(例如允许并鼓励本国大学在海外设立分校)。印度打算依托其 IT 和生物技术等高科技优势向海外教育进军,力图建立"世界级"的高等教育,提供"世界级"的教育和培训服务。

最后,面对印度的 GATS 对策,我们是不是应当问一问,中国的教育服务有什么东西可以拿来出口? 怎么出口?

---

① 印度的私立学院接受政府的补贴,但也有一些政府不予补贴的教育机构,尤其是新兴教育机构。

参考文献

[1] Gita Bajaj. Opportunities, not Threats——Challenges to the Education System under the WTO[EB/OL]. 印度报纸 ExpressNewspapers(Bombay): http://www. indian-express. com/ie20020102/ed6.

[2][3][6] Vijender Sharma. WTO, GATS and Future of Higher Education in India[EB/OL]. 印度共产党机关网站"人民民主"http://www. pd. cpim. org/2002/beb24/02242002_edu_wto; 印度政府计划委员会(Planning Commission. Government of India)[EB/OL]. http://planning commission. nic. in.

[4] 印度国家教育计划和管理学会(NIEPA)[EB/OL]. http://www. niepaonline. org.

[5] Higher Education in India Vision and Action Country Paper[EB/OL]. Brough by India National Commission for Cooperation with UNESCO. 印度政府教育部网站[EB/OL]. http://www. education. nic. in/htmlweb/unlighedu. htm#growth.

[7] Viv Miley. Higher Education on the GATS Chopping Block[EB/OL]. 澳大利亚报纸 Green Left: http://www. greenleft. org. au/back/2001/448/448 p13.

[8] Noel Schater. The General Agreement on Trade in Services (GATS)——Why You Need to be Concerned[J]. Education Canada, 2002, (41): 1, 24.

[9] 美国服务工业联盟 CSI(Coalition of Service Industries), http://www. usci. org/publications/papers/09—19—01.

[10] 陈至立. 我国加入 WTO 对教育的影响及对策研究[EB/OL]. http://www. net. edu. cn/20020109/3016846.

(本文发表于《比较教育研究》2002 年 12 期。作者杨伟,时属单位为华东师范大学比较教育研究所)

八、论 UNESCO 与 WTO 在高等教育
国际化进程中的不同倾向

　　作为世界上两大重要的国际组织,联合国教科文组织(简称 UNESCO)和世界贸易组织(简称 WTO),是高等教育国际化的两个重要推动者,也是高等教育国际化的重要平台,对整个高等教育国际化进程有着举足轻重的影响。WTO 的前身"关税与贸易总协定"(GATT)从 1986 年开始的"乌拉圭回合"谈判便力图将教育特别是高等教育纳入服务贸易体系。1995 年开始生效的《服务贸易总协定》(简称 CATS)使这一努力变成了具有国际约束力的文件,美、日、英、澳等国先后加入。UNESCO 更是早在成立之初便开始介入各国的教育事务,在高等教育方面,UNESCO 近年来召开了众多极具影响的国际会议,并推动了多项对世界高等教育发展影响深远的项目。

　　尽管 UNESCO 和 WTO 都是由大致相同的国家组成,但由于它们从成立之日起便基于不同的宗旨,有着不同的任务与国际合作方式,所以近年来,随着高等教育国际化的不断扩展和深入,两者的不同倾向也逐渐浮出水面。

(一)

　　UNESCO 是联合国旗下的主要机构之一,成立于 1945 年,是各国政府讨论教育、科学和文化的一个专门的国际组织,也是国际教育的重要协调和指导机构,其"宗旨在于通过教育、科学及文化来促进各国间之合作,对和平与安全做出贡献,以增进对正义、法治及联合国宪章所确认之世界人民不分种族、性

别、语言或宗教均享人权与基本自由之普遍尊重"。[1]基于此目的,UNESCO 倾向于把教育理解为一种促进国际理解、和平与人权的途径和手段。

在高等教育方面,UNESCO 从成立之日起便一直致力于促进高等教育和国际合作与发展,特别是 1998 年 10 月在巴黎组织召开的"世界高等教育大会"(WCHE),其规模与影响之大,可谓空前,而在会上发表的《21 世纪的高等教育:展望和行动世界宣言》也已成为高等教育国际化的重要宣言。

与 UNESCO 不同的是,WTO 一开始并未涉足教育领域,直到"乌拉圭回合"谈判为止。在这一转变的背后隐含的是 20 世纪末风起云涌的经济全球化浪潮以及教育(特别是高等教育)服务之商品属性日益为人所强调。WTO 本身是一个协调全球多边贸易的国际组织,其前身"关贸总协定"这一称谓便更为鲜明地体现了这一点。"乌拉圭回合"谈判结束后,GATS 的缔结,使服务贸易与货物贸易一样被纳入 WTO 的自由贸易框架,其中教育服务贸易被视作十二类服务贸易中的第五类,列入未来的 WTO-GATS 的多边谈判中。最近"WTO 也正在考虑采纳一系列建议,把高等教育作为其工作的一个重点,以确保高等教育的进出口符合 WTO 协定的复杂规定和法律安排,并且不为众多限制所束缚"。[2]

UNESCO 是一个意识形态和伦理性组织,以促进国际理解和交流、维护世界和平、实现人类的基本权利为诉求,遵循的是人道原则;而 WTO 则是一个世界多边贸易协调组织,其基本原则是建立在市场经济规则的基础之上的,以实现利益的最大化为追求。两大机构在属性、目的和原则方面的差异(表 1)。

表 1 UNESCO 与 WTO 比较

主要方面表现国际组织	UNESCO	WTO
属　性	意识形态和伦理性组织	世界多边贸易协调组织
目　的	人类和平	利益最大化
原　则	人道原则	市场原则

UNESCO 和 WTO 在高等教育国际化进程中的不同倾向是它们自身不同属性的延伸,它们之间的不同倾向则从一个侧面体现了目前在高等教育国际化进程中广为存在的争论、矛盾乃至冲突;比较此二者对待高等教育国际化的不

同倾向,可以使我们更加客观和全面地了解高等教育国际化所涉及的各种问题,根据我国的情况决定我们的立场和方向。

(二)

在了解了 UNESCO 和 WTO 的属性与特点之后,我们将二者在高等教育国际化进程中的不同倾向,简要概括为 6 个方面(表 2):

表 2 UNESCO 与 WTO 在"高等教育国际化"进程中的不同倾向

国际组织 / 主要表现	UNESCO	WTO
约束成员国的方式	借助于通过的宣言或行动纲领,产生道德或责任上的影响与约束	通过自身的多边贸易法律体系强制成员国执行
国际化进程中的主要方式	由下至上	由上至下
对高等教育属性的认识	公共服务	商业服务
对高校学术研究的态度	维护学术自由与自主	要求满足市场需求
主要合作对象	各国政府相关部门、高等教育机构及非政府组织	各国政府相关部门(主要是外经贸部)
发展中国家的地位	主要合作与扶持对象	边缘化或"去中心化"

1. 约束成员国的方式

作为联合国的一个分支机构,UNESCO 的成立反映了二战结束之后世界人民渴望和平的强烈愿望。UNESCO 在其《组织法》中明确指出:各民族之间缺乏对彼此习俗和生活的了解,进而产生种种猜疑与互不信任,是战争爆发的主要根源;而教育、科学、文化的广泛传播,是消除种种猜疑与互不信任的重要途径;"为此,本组织法之各签约国秉人皆享有充分与平等教育机会之信念,秉不受限制地寻求客观真理以及自由交流思想与知识之信念,特同意并决心发展及增进各国人民之间交往手段,并借此种手段之运用促成相互了解,达到对彼此生活有一更全面认识之目的。"[3] 显然,UNESCO 强调的是"国际合作应以真正的伙伴关系、相互信任与团结一致为基础,"[4] 而高等教育国际化正是增进信任与团结的重要手段。所以,在国际教育事务中,UNESCO 往往通过召开各种国际会议或是推动各类合作项目,增进各成员国之间的理解与信任,最终达成共识并促使各成员国朝共同的方向前进。UNESCO 的各类宣言与行动纲领，主要就是基于各国间的共识及行动方向，如《21 世纪的高等教育：展望和行动世界宣言》。但是，当各成员国之间分歧与异议难以调和时，会议与项目的进展就会变得相当缓慢，并充满了各种不确定因素，甚至会导致一些成员国退出，因为各类宣言或是行动纲领的实施，主要依赖各成员国的决心和努力，并不具有强制性。

与 UNESCO 对成员国这种道德与责任上的软性约束不同，WTO 对其成员国的约束则要强有力得多。"WTO 有着更为实在的支配权力，而 UNESCO 等国际组织则是更多地借助于通过的决议或是宣言，来产生在很大程度只是道德或责任上的影响，并不具有强大的约束力甚至国际法效力"。[5] 而 WTO 往往可以施加法律方面的影响，它的成员国必须要使本国的法律符合 WTO 的规定，即使是国家的宪法也不能例外；同样 WTO 也还具有司法方面的效能。例如，最近 WTO 要求巴西改革其电信业的相关法律条款，以允许外国企业更好地进入它的电信业。GATS 体现了各签约国在国际服务贸易中必须遵守的一些基本原则，也是一个重要的法律框架。

2. 国际化进程中的主要方式

约束成员国的方式不同决定 UNESCO 和 WTO 在高等教育国际化进程中所采用的方式也不同。UNESCO 推动高等教育国际化主要是采用"自下至上"的方式，实际上是一个"共识"的凝聚过程。各成员国为了共同的目标而聚集在一起进行磋商，不断产生分歧，弥合分歧，进而达成共识。在这个过程中，各成员国要不断地调整自身的行为，以促使达成共识（比如签订"宣言"或是"行动纲领"），同时也会由于各个成员国的不同要求而制定个别决议或是特别决议。在一定程度上讲，由 UNESCO 主导的国际化进程"基于那些个别议程和特别决议的结合"。[6] 当然这种方式也充满了各种变数，尤其当参与国众多或是分歧难以调和时，会使整个进程变得相当复杂与缓慢。不过这种方式的主要价值在于促进了各成员国之间的相互理解与信任，而这正是高等教育国际化的重要基础。

与强制性的约束成员国方式相应的是，WTO 在推动高等教育国际化的过程中采用的是"自上而下"的方式。在 WTO 的框架下，为达成共识，"参与者不仅要加入文件体系，而且要把这些文件整合成为一个更为规范的共同体系，它表达了他们合作的条件和限制"。[7]这使得各成员国不得不作出让步。而且，事实上在一个像GATS那样已经十分严密的合作框架与文件体系中，成员国能够回旋的余地已经少之又少。WTO本质上是"自上至下"的。WTO于1995年提出的GATS框架中所规定的一些基本原则，是所有希望加入的成员国所必须接受的，并适用于所有服务业。高等教育作为服务贸易的一个重要领域，也不例外。例如，"最惠国待遇"（most-favoured-nation treatment）条款规定对一国作出的减让应自动适用于其他所有成员国。[8]

2002年6月，WTO邀请各成员国提出它们准备解除管制、对外国服务供应商开放的服务业领域，在经过整理的基础上，WTO将组织各成员国进行多边谈判，一旦达成协议，将适用于WTO所有成员国，整个过程预计在2005年结束。"就教育而言，已有31个WTO成员国表示愿意在教育和培训方面降低贸易壁垒，其中有4个成员国明确提到了高等教育，它们是澳大利亚、日本、新西兰和美国，尽管他们的立场相距甚远。"[8]

3. 对高等教育属性的认识

UNESCO与WTO都认为高等教育同时具有"公共服务"与"商业服务"双重属性：UNESCO在世界高等教育大会上承认了这一点；而WTO的总干事也曾在一份关于教育服务的文件中声明"教育通常被认为是一种'公共消费'品，在很多情况下都是由政府当局免费提供或不以成本价提供的"；但他马上又补充道："教育也应当作为一种'私人消费'品而存在，它的价格由提供它的教育机构自主决定。"他同时认为应该让更多的竞争和机构改革来降低高等教育的成本以提高收益，这时，分歧便出现了。

在UNESCO看来，高等教育更为本质的属性是"公共服务"，而对"公共服务"进行类似于商品交易的商业操作是为了拓宽高等教育经费的筹措渠道，进而办好高等教育这项公共事业。在《21世纪的高等教育：展望和行动世界宣言》中的第十四条便是"高等教育这一项公共服务的资金问题"，其中指出"高等教育需要国家和私营部门的资金，但国家的资金是主要的"。UNESCO在1995年发表的另一份重要文件《高等教育变革与发展的政策性文件》中更为明确地指出"过多地要求高等教育机构开展的各种'商业化'活动"是一种危险；因为"社会要求所有真正的高等教育机构,无论它们属于哪一种'所有制'形式,都能行使其作为公众服务的主要职能。"

WTO 认为,高等教育商品化在许多国家已经成为事实,在美国、英国、澳大利亚和新西兰,高等教育已成为一项重要的出口产品,把高等教育纳入 GATS 的框架无需更多的分析与反驳。事实上,人们应该明白,"WTO 的规则与 GATS 从法律上看是一种捆绑物";[9]高等教育一旦成为 GATS 框架中的一部分,就得服从一系列复杂的规定,并直面国际市场。尽管 WTO 不否认高等教育作为公共服务的属性,但在 WTO 的规则之下,高等教育将不得不从自身发展了几个世纪的逻辑中跳出来,去接受 WTO 的规则;而全球的大学也将不得不在市场面前对自身进行重新定位,因为"GATS 和 WTO 的首要目标是要保证各类教育产品和院校都进入市场",[10]进而分解出各种商品要素投入流通。在这种情况下,高等教育作为商业服务的属性将越来越突出,而其作为公共服务的属性却越来越难得到彰显。

值得讨论的是,仅仅依靠市场的力量是否足以支撑整个高等教育的发展?因为"市场是为利益且主要是为短期利益所驱动的",[11]市场规则下所提倡的私人利益固然与整个社会在知识积累、分享以及新知识的生产能力上的长期利益有一致之处,但这只是部分一致。高等教育所担负的社会服务方面的责任以及其作为知识、思想发展"助推器"的角色,也将使高等教育在国际化进程中进退维谷。高等教育的属性问题将成为高等教育国际化进程中最具思辨性与复杂性的问题之一。

4. 对高校学术研究的态度

由高等教育商品化衍生出来的便是对高校学术研究的态度问题。WTO 正在努力推进高等教育的自由贸易,以使各种各样的高等教育产品能自由地从一国出口到另一国。如果以 GATS 来规范高等教育,高校的学术研究将不得不直面市场的压力,接受市场的游戏规则,这是不言自明的。而根据市场的规则,高等教育服务的消费者必须付费,而消费者既然付了钱,那么他们就有权利要求服务的提供者满足其需求。这似乎是最为简单的供求关系及以供求关系为基础的商品交换关系。高校只有提供能满足其全球消费者的服务,才能在全球高等教育市场中立于不败之地。在这个过程中,知识的传授就变成新形式的商品交易;政府作为高校经费主要提供者的角色将被渐渐淡化;而高校却不得不像商业组织那样运作。同时,高校学术界与企业的关系也会日益密切,私人出资赞助的研究将越来越多。这让一些研究者担心会"使科研成果变了质,并影响了学术自由"。[12]

市场的规则日益渗透到大学校园,使高校的学术自由受到了前所未有的挑战。就在 GAST 缔结的第二年,也就是 WTO 成立后不久,UNESCO 通过了《高等教育变革与发展的政策性文件》。这份文件把"扩大学术自由"列为 UN-SECO 未来在高等教育领域的主要任务之一,并强调"尊重学术自由和学校自治,是 UNESCO 在与所有涉及高等教育的伙伴建立关系时所依据的原则之一";在 1997 年 11 月,UNESCO 大会批准了《关于高等教育教学人员地位的建议》,再一次强调了学术自由对于高校及其教师的重要性;在 1998 年的世界高等教育大会上,与会代表纷纷表示了对商业化力量入侵高校后可能对学术自由产生巨大威胁的担心,大会通过的宣言表示:高等院校的确需要"根据社会目前和今后的需要来明确自己的任务",但这些任务必须体现学术自由的原则。UNESCO 总干事松浦晃一郎先生也一再强调,如果高校被商业化的风气所充斥,"那就有巨大的危险,即它们的责任和作用离公共利益越来越远了"。[13]

5. 主要合作对象

各国间的相互了解与信任是推进高等教育国际化的主要基础,因此,在高等教育国际化的过程中,应该发动政府、高校、供应商、师生以及各种涉及高等教育的非政府组织(NGO)共同参与讨论。1998 年的世界高等教育大会有来自180 余个国家的政府及非政府组织参加,共同讨论世界高等教育在 21 世纪的发展。UNESCO 甚至还专门成立了一个高等教育的"非政府组织集体咨询组",来帮助其确定高等教育的发展计划并参与计划的实施。在 UNESCO 看来,高等教育国际化已经与当前的社会、经济以及文化中的种种问题联系在一起,要认清这些问题,需要有更为广泛的国际合作;而"主要的合作伙伴现在是,将来仍然是各会员国、其它政府组织、高等教育机构和非政府组织"。[14]

但这是 UNESCO 的方式而不是 WTO 的作风。尽管一份像 GATS 那样用以规范国际服务贸易的纲领性文件几乎涉及到所有门类的服务业,但 WTO的谈判更加倚重于成员国的商贸部。虽然其它的政府相关部门也十分关心服务贸易谈判与合作的进展,但在谈判中,他们却很少被邀请参与协商,比如教育部、卫生部等。至于非政府组织,在 WTO 的框架下则一向是缺席的,并且逐渐演变成一股反对 WTO 的国际势力,成为国际化进程中另类声音之一。事实证明,GATS 的缔结与推进已经受到了许多来自教育部门、高校师生以及各种与高等教育相关的非政府组织的强烈反对。2001 年 9 月,加拿大大学联合会(AUCC)、美国教育理事会(ACE)、高等教育认证委员会(CHEA)和欧洲大学联合会(WUA)起草并签署了一份共同宣言,强烈反对将高等教育纳入 GATS 的框架之中,并在宣言中指出"高等教育存在的目的是满足公共利益,而并非是一种商品,这是 WTO 成员国通过 UNESCO 以及其他国际或多边组织、会议、宣言所认识到的一个事实"。[15]

6. 发展中国家的地位

世界高等教育体系的不平等本来就十分明显,高等教育国际化的推进加剧了人们的这种担心。有鉴于此,UNESCO 反复强调要促进发展中国家高等教育的发展,并把这一条列为其在高等教育领域内开展国际合作的重要原则。UNESCO 认为,"国际高等教育合作中最紧迫的需要,是扭转发展中国家,尤其是最不发达国家的高校所出现的衰落过程",[16]并强调应采取具体步骤以缩小两者之间的差距;提出要为"创建和加强发展中国家的高等教育机构作出持久的贡献"。[17]为此,UNESCO 在 1991 年决定实施姐妹大学/教席计划。该计划的主要目的是通过加强国际学术交流与合作,重点支持发展中国家及中东欧地区的高等教育机构。在世界高等教育大会上通过的《高等教育改革与发展的优先行动框架》中,促进发展中国家高等教育的发展再一次成为了 UNESCO 关注的焦点。

与 UNESCO 一样,"公平、公正"也一直是 WTO 所倡导的原则,但是长时期以来,发展中国家却发现自己一直处于 WTO 框架中的边缘位置。1999 年在西雅图召开的 WTO 大会期间,非洲统一组织的代表愤而离席,抗议"会议议程没有任何透明度,在重大问题上,非洲国家正在被边缘化,完全被排除在外了"。[18]虽然 WTO 的决议通常要经过统一表决才能通过,但是在许多国家看来,这种一致意见主要是基于先前由美国、欧盟、日本和加拿大达成的四边协议。人们担心中心-边缘(centers and peripheries)的世界经济格局同样会在高等教育界重演,并愈演愈烈。事实上,把高等教育纳入服务贸易体系一直是由国际高等教育服务贸易最为发达的几个工业化国家推动的,其中最主要的是美国、加拿大、英国、澳大利亚等国;而发展中国家在这方面一直处于边缘的地位。而且,"一旦发展中国家的大学屈从于 WTO 所规范的国际学术市场,它们将会湮没于着眼于营利而不是对发展中国家的发展作出贡献的国外院校和教育项目之中";[19]而人才流失会使发展中国家因此而失去大量的人力资源,进而影响整个国家高等教育的发展,并使本国的高等教育体系为几个高等教育输出大国所支配。这样,"中心"将越来越强大,而"边缘"将越来越失去竞争力,使得高等教育国际化成为少数几个国家的舞台。正是因为如此,在 2002 年 11 月,拉美与葡萄牙、西班牙的众多大学在巴西召开了一次大会,与会代表反对 WTO 以 GATS 来规范高等教育,认为这会使发展中国家在高等教育国际化过程中处于不公平的地位,要求各国政府不要就高等教育服务贸易自由化与 WTO 签署任何协议。

(三)

国际化 UNESCO 和 WTO 的共同目标,两者在高等教育国际化问题上的不同倾向是由它们作为国际组织本身的不同属性和任务决定的。通过对两者在高等教育国际化进程中不同倾向的比较和分析,本文似乎可得出下述一些认识。

1. 我国同为 UNESCO 和 WTO 成员国,应该同时借助两大国际组织的平台,努力推进我国高等教育国际化的步伐。其中,UNESCO 的平台有助于我们进一步加深与世界各国高等教育体系的相互了解和信任,在此基础上推动我国高等教育的国际交流与合作;而 WTO 的平台有助于我们借助国际服务贸易规则,结合我国国情,对我国的高等教育体系进行国际化改革。

2. 尽管 UNESCO 更强调高等教育的"公共"属性,而 WTO 更强调"商业"属性,但是高等教育同时具有上述两大属性,是人们无法回避的现实。实际上,高等教育的两大属性都有各自的背景、优势和缺陷,任何片面强调其中一种属性的做法,都将不利于我国高等教育国际化全面和健康的发展。

3. 在高等教育领域,维护学术自由和满足市场需求是一对矛盾。

UNESCO 和 WTO 在这一问题上的不同倾向,实际上为我们处理高等教育国际化提供了两个值得重视的价值参照。过于强调高等教育的市场化,会损害高等教育的学术自由,并危及基础研究的生存和发展;而过分强调学术自由,也会使高等教育脱离社会的现实需求,削弱高等教育体制的竞争力。因此,在制定我国的高等教育国际化政策时,应该对两者都有充分的考虑。

4. 国际化进程是一把"双刃剑"。作为发展中国家,我国在积极参与高等教育国际化进程的同时,应该对这一进程所带来的负面影响有充分的考虑。相对而言,通过 UNESCO 的平台推进国际化进程,有助于维护我国的高等教育主权,使我国的高等教育在持续的国际交流与合作过程中不断发展和壮大;而WTO-GATS 的平台将高等教育作为国际服务贸易中的一项服务,我们应审慎评估开放高等教育服务对本国高等教育体制所带来的冲击,从而决定我国高等教育在 GATS 框架下的开放程度和规模。

参考文献

[1] 联合国教科文组织中国全委会. [EB/OL]. http://www. unesco. org. cn

[2] [9] [10] [19] Philip G. Altbach, Higher Education and the WTO: Globalization Run Amok[EB/OL]. http://www. cihe. com. 2001.

[3] 阿马杜—马赫塔尔·姆博. 联合国教科文组织四十年[M]. 北京:中国对外翻译出版公司,郭春林等译. 194.

[4] [14] [16] [17] 赵中建. 全球教育发展的研究热点[C]. 北京:教育科学出版社,1999. 168、178、169、173.

[5] [8] Marco Antonio R. Dias, Some Aspects of the Impact of Globalization in Higher Education on Developing Countries[EB/OL]. Paper presented at the First General Assembly of GUNI-AP, Zhejiang University, China. http://www. guni-ap. zjedu. org. [2002—09].

[6] [7] Andris Barblan, The International Provision of Higher Education : Do Universities Need GATS? [EB/OL]. Paper presented at the First

General Assembly of GUNI-AP, Zhejinag University, China http://ww. guni-ap. zjedu. org. [2009—09].

[11] David Bloom(2001), Higher Education in Developing Countries : Peril and Promise, [N]. SRHE International News, No . 46 November, 2001, 22.

[12] Philip G. Altbach, Academic Freedom: International Realities and Challenges[N]. SRHE International News, No. 46 November 2001, 18.

[13] 松浦晃一郎. 中国高等教育面临的挑战, 高等教育(人大复印资料) [J]. 2002, 18

[15] AUCC, ACE, EUA, CHEA, (2001), Joint Declaration on Higher Education and the General Agreement on Trade in Services[EB/OL]. http://www. unige. ch/eua/en/activities/wto.

[18] 大卫·杰弗里·史密斯. 全球化与后现代教育学[M]. 郭洋生译. 北京:教育科学出版社, 2000. 97.

(本文发表于《比较教育研究》2004 年 2 期。作者汪利兵、谢峰,时属单位为浙江大学教育学院)

九、WTO 框架与我国学术劳动力市场建设

加入世界贸易组织 3 年后,WTO 到底对中国意味着什么? 在告别了最初对 WTO 的"憧憬"和"恐惧"后,中国社会各界开始更加理性地思考"后 WTO 问题,对于教育来说,WTO 又意味着什么? 随着我国社会主义市场经济体制的不断建立和完善,对 WTO 的认识不断深化,我们应该告别最初对 WTO 危机与机会并存之类的泛化认识,在 WTO 的框架下,更加深入和具体地认识 WTO 规则对教育的影响。

(一) WTO 的核心是全球化市场规则

WTO 是关于国际贸易的总原则,主要是对国际贸易的规定,但它体现的是通过谈判和协商,取消进入限制、反对歧视,进行促进贸易自由化的法律和制度建设。到目前为止,WTO 框架直接针对教育的只是教育服务贸易。按照正在进行谈判的服务贸易总协定(GATS,General Agreement on Trade of Services),教育服务贸易依据流动方式的不同,可以分为 3 类[1]:① 以教育为目的的人员跨境流动;② 课程项目的跨境流动;③ 教育机构的跨境流动。

尽管早在 1998 年,跨境学生流动带来的国际市场贸易总额达到 300 亿美元,仅占全球服务出口总额的 3%,[2]但 GATS 将教育服务纳入共同协商内容仍然引发了人们极大的关注和广泛的讨论。且不论人们能否接受教育服务是一种贸易,仅就贸易存在的条件:减少政府补贴和利益获得,在教育领域中就受到极大的限制。大多数国家的教育,包括义务教育阶段后的高中阶段教育和第三级教育,都会获得政府的大量补贴,而且,这些教育机构绝大多数是非营利机构。因此,GATS 对教育服务

贸易的市场特征了解得非常清晰,在该理事会提交的文件中指出,政府提供的基础教育或许应被列入 GATS 领域内,但由于它不具商业竞争性、无经济意义,所以不予讨论。在讨论教育服务业时,我们将焦点集中在为数虽少却有发展潜力的私人教育。[3]

虽然 GATS 在教育领域的谈判是非常有限的,但 WTO 以及 WTO 框架下的GATS 对于中国来说,其意义远远超过国际贸易领域,它已成为中国市场经济体系中基本制度和规则建设与国际接轨的标准和参照物。因此,中国在加入 WTO 时,其目的远超过对国际贸易的关注,中国加入 WTO 更多地是寻找这样的外力:对中国不利于市场经济的规则和政府行为加以清除,按照完善社会主义市场经济的目标进行市场规则的建设。因此,研究 WTO 对中国各个行业的影响,应该超越贸易的范围,在市场和流动规则建立方面深入加以研究。

(二) WTO 对学术劳动力市场建设的指导意义

既然 WTO 框架存在的前提是市场和流动,那么,教育领域中有没有市场和流动程度较大的地方? 实际上,按照经济学的划分,市场分产品市场和要素市场,前者表现为商品和服务,后者表现为人员和资本。在教育领域内,产品市场表现为课程和教材等,而要素市场包括教师和教育资本。教育服务由于教育机构的非营利特征和政府对学生的大量补贴,贸易的激励受到很大的限制。教育领域的资本流动也由于大多数国家要求资本必须与本国教育机构合作才能开展服务而受到限制。然而,教育领域内另外一个要素——教师的流动,尤其是中等教育后学术人员的流动,虽然也受到劳动力市场分割等限制,但它的流动性和价格传导机制显然在目前阶段要比服务产品市场更能满足流动和利益的条件。

1. 是否存在学术劳动力市场

在很多人眼里,将劳动者,特别是受人尊敬的学者看作和粮食、石油、钢铁一样,可以自由买卖的商品实在有辱人格。著名经济学家、教育经济学的奠基人 T·舒尔茨在提出人力资本概念时,就曾经招致大量的批判,但他坚定地认为,正是提出人力资本的概念,才有助于人们改变“为了保全一门大炮而牺牲一个征兵法免费获得的士兵的生命”的做法[4]。同样,将学者置于劳动力市场之中,有助于改变许多机构将学者看成是私有财产和专属物的现象。

学术人员和学术机构之间构成劳动力市场环境还主要因为它们的关系满足了市场的条件。首先,两者之间要建立联系,需要建立许多机构,如学术评价机构、人事机构等;其次,它们都需要获得足够和有效的信息;再次,也是最主要的,它们之间要确定合同,确定雇佣关系。[5]从这个意义上讲,学术人员与学术机构之间存在着相互作用,他们都在挑选也在被挑选,因此,存在着市场环境。

2. 学术劳动力市场的特点

学术劳动力市场呈现着与一般市场和一般劳动力市场不同的特征。关于学术人员工资的理论就有三个主要的流派。[6]

(1) 高等教育外的因素决定论

持该理论观点的人认为,学术人员在市场中的工资地位取决于高等教育之外的因素,如政治决策的变化、大学拨款公式的变化都会对学术人员工资产生深刻影响。

(2) 市场竞争论

该派理论认为,学术人员宏观层面上工资水平的变化至少部分地由供给和需求决定。不过,该派对学术劳动力市场的结构有不同的看法,一种认为学术劳动力市场存在各种类型和层次的全国统一的学术劳动力市场,它们在吸引人才方面存在同样的竞争。另一种则认为市场是分割的,教育机构被分割成全国性的、地区性和地方性的市场。

(3) 机构因素论

亨利·莱文反对简单的外部因素决定论,他依据产权理论,提出机构内部的因素和工资激励一样,是构成学术劳动力市场的重要内容。因此,他强调要有机构战略,强化内部激励。

以上我们从学术人员工资这个角度对学术劳动力市场的全貌作了一个管窥,由此可以发现,学术劳动力市场中非货币因素影响很大,政策因素、学术劳动力市场的分割、机构内在的因素都会对学术人员的选择产生重要影响,这些构成了学术劳动力市场的独有特征。

3. WTO框架下建立和完善学术劳动力市场的意义

WTO框架下的的谈判GATS内容秉承WTO的原则,对人员流动问题的协商仅限于和服务贸易相关联人员的进入限制、歧视等问题,不涉及与移民有关的流动问题。但对于中国来说，WTO框架为我们提供了建设社会主义市场经济的重要"手册"。

我国正在实施人才战略，大力吸引海外留学人员。目前，吸引措施主要体现为各种优惠措施，但立足长远，要建立一个可持续的机制，就应该着眼于建立一个完善的学术劳动力市场。

在学术人员跨境流动的同时，境内流动也呈现扩大之势。2002 年，我国普通高校增加教师 112 739 人，其中，调入方式所占比重为 42.7%。同时，学科结构优化、高等学校人事制度改革也都迫切需要一个完善的学术劳动力市场作为前提和条件。

为了更好地落实科教兴国战略，我国教育行政部门和各个大学也都在积极制定"十一五"计划期间的高等学校人才战略。人才战略虽然是有关今后 5—15 年队伍建设的远景规划，但多立足采取措施激励人才的成长，缺乏将高级人才与普通人才统一起来，建设大的学术劳动力市场体系的视野；多主张采取超常规培养人才，而缺乏立足制度供给解决人才成长环境问题。有些政策主张，实际上缺乏对依法行政和政府行为的深刻理解，也缺乏对人才队伍建设发展方向的把握。这样，这些政策主张虽然本着良好的政策愿望，却有着干预人才成长规律，人为制造和创造"人才"之嫌。在目前阶段，对优秀海外人才采取优惠措施是必要的，但当我们在进行人才工程建设时，还要考虑这些措施是属于一定时期解决问题的方案还是永久的制度设计。前教育部部长陈至立曾经阐述过中国加入 WTO 对教育行政管理提出的新要求，认为 WTO 有利于进一步转变管理观念、管理职能和管理方式，从程序和实体等方面全方位地推进依法行政，使教育改革和发展走上法治和效率的轨道。[7] 立足长远的人才工程，需要在整体体制框架下，通过建立健全的学术劳动力市场制度加以解决，其前提是首先明确体制重构的思想和制度框架。

（三）WTO 框架下我国学术劳动力市场建设的主要内容

学术劳动力市场涉及许多问题，包括学术传统和行政对学术劳动力市场的宏观调控，但在 WTO 框架下，本文仅就流动的便利、非歧视和自由来讨论我国学术劳动力市场建设的主要内容。

1. WTO 框架下我国学术劳动力市场的理论建设

WTO 是关于贸易的总协定,主要关注产品和服务的流动问题。在 WTO 框架下,学术劳动力市场建设首先需要解决的理论问题如下:

(1)学术劳动力的流动是否有益

在贸易理论中,贸易是没有输家的交易。WTO 对流动便利化、非歧视等原则的崇拜就在于它坚持贸易是"双赢"的活动。同样,在劳动力经济学中,也反映了自由主义的影响。虽然劳动力市场存在分割现象,但同样存在对自由流动的"崇拜",正是在价格机制的导引下,劳动力,包括学术劳动力实现了最优配置。因此,学术劳动力市场的流动可以有效地提高生产力水平。

(2)流动的成本和收益

目前国际上关于学术劳动力市场的研究已经超越了流动是否应该的规范讨论,开始在实证的层次上研究具体的流动行为。有学者为高技术人才的流动建立了一个简单的模型,[8]其基本结论就是高技术人才的流动仍然要付出成本,流动是否成功要取决于成本——收益之间的衡量。

和其他劳动力市场一样,学术劳动力市场中流动的收益也表现为收入的增加,当然,还表现为工作场所的条件、自由度、为控制学术劳动风险而制订的关于学术工作的各种法规和制度的完善程度等非货币因素。[9]流动的成本,包括离开自己熟悉的环境和文化带来的损失和流动的风险。流动成功的必要条件则是收益的增加至少能够等同于流动的成本。

2. WTO 框架下我国学术劳动力市场的规则建设

(1)研究我国学术劳动力市场的结构特征,确定目标结构

在改革开放近 30 年后,改革初期"摸着石头过河"的经验主义的、分散的制度创新开始让位于自觉的、系统化的制度建设。目前,学术人员的流动、人事制度的改革和国家人才工程的不断实施,从不同的角度要求政府提供学术劳动力市场的基本制度,为学术人员的有序流动提供基本规则。

我国经济社会体制改革一直是目标导向型的改革,从体制目标出发,设计改革战略,适时进行制度供给。然而,在转型期间,我国政府在对学术人才成长高度重视的同时,却忽略了学术劳动力市场建设的目标模式研究。对于未来的方向缺乏基本的认识,而由此产生的问题是,一方面大力扶持人才成长,另一方

面又在积极推进高等学校教师聘任制改革,这两个方面的措施最终在什么程度上构成系统的关于学术人员的基本制度建设,我们并不了解、更不清楚目前的选择是否接近了最终的目标,或者是走上了与重构目标相反的方向。

(2) 流动的便利

学术水平的社会评价机制和相互承认是流动便利化的一个根本前提。学术水平的社会评价机制是与单位评价机制相对立的评价机制,它被认为是保证学术自由,减少包括大学在内的机构干预的一项重要制度。相互承认在 GATS 中是建立在协商基础之上的,而学术人员学术水平的相互承认需要以有信誉的社会评价机制为前提。

(3) 非歧视原则在学术劳动力市场中的应用

非歧视原则可以在多种视野下获得支持。在罗尔斯的《正义论》后,又有学者提出“正派社会”的观点,提出在正义社会之前,还有一个正派社会,其首要原则是社会制度不羞辱任何一个人。[10]在经济学中,非歧视原则非常简单,就是让同样的人得到同样的对待,不同的人得到不同的对待。由此看来,非歧视原则不仅包括不歧视外来者,同样包括不歧视已在者。非歧视原则可以有效地降低流动的风险。

改革开放到了目前的阶段,需要将一项项措施、一个个努力串结成体系,形成系统化的制度供给。这种串结的努力需要一个原则,WTO 框架恰恰为我们提供了市场经济体系对于流动的理解和流动规则。WTO 框架有助于我们寻找到人才工程与人事制度改革之间的内在逻辑,建立起学术劳动力市场关于流动的整体规则,而非分割的、多轨的政策。

参考文献

[1] OECD. Cross-boarder Education: an Overview[EB/OL]. http://www.oecd.org.oecddata/

[2] Larsen, K. Martin, J. and Morris, R. (2002),"Trade in Educational Service: Trends and Issues"[J]. The World Economy. 25(6), 849—86.

[3] WTO 服务贸易理事会文件[Z]. 教育服务业. 文件号 S/C/W/49.

1998—9—23.

[4] T·舒尔茨.人力资本投资[A].郭熙保主编.发展经济学经典论著选 [C].北京:中国经济出版社,1998.292.

[5] R·伊兰伯格,R·史密斯现代劳动力经济学[M].北京:中国人民大学出版社,1999.2

[6] James S. Fairweather . Myths and Realities of Academic Labor Markets . Economics of Education Review[J]. Vol. 14,No. 2,p,179—192,1995.

[7] 陈至立.加入 WTO 后中国教育面临的机遇和挑战[N].文汇报. 2002—9—9.

[8][9] Oded Stark. Christian Helmenstein. Alexia Prskawetz. A brain gain with a brain drain[J]. Economics Letter55(1997). p. 228—233,p. 229.

[10] 徐贲.正派社会与不羞辱.南方周末[N].2005—3—10.

（本文发表于《比较教育研究》2005 年 6 期。作者曾晓东,时属单位为教育部人文社会科学重点研究基地北京师范大学比较教育研究中心、北京师范大学国际与比较教育研究所）

十、达喀尔论坛后的世界全民教育：
进展、特点、挑战及前景

（一）达喀尔世界教育论坛和全民教育评估回顾

1998～1999 年，在共同发起 1990 年世界全民教育大会的五个国际组织①的支持下，展开了世界范围内全民教育的 10 年评估，即世界全民教育 2000 年评估。2000 年 4 月，世界教育论坛在塞内加尔首都达喀尔举办。论坛对《世界全民教育宣言》发表 10 年来取得的成就、教训与失败进行了评估和总结。164 个国家的 1 100 多名代表出席了会议，其中有总理、部长、决策人员、政治活动家、专家学者和教师，等等，主要国际组织的负责人也出席了论坛。183 个国家提交了国家全民教育评估报告，报告中谈及了遇到的问题，并提出了今后行动的建议。评估显示，一些地区和国家的全民教育取得了令人鼓舞的进展，这证明全民教育是现实的，目标是可以实现的；而另外一些地区和国家的进展极为缓慢，甚至出现倒退。各国评估报告留下了许多空白，如早期儿童教育、生活技能、识字、非正规教育、质量，等等。正是这些空白，构成本次十年中期评估的关注重点。

达喀尔世界教育论坛被认为是世界全民教育运动新的转折点。会议明确

---

① 联合国教科文组织（UNESCO）、联合国儿童基金会（UNICEF）、联合国开发计划署（UNDP）、联合国人口基金（UNFPA）和世界银行（WB）。

提出了全民教育的 6 个目标和新的时间表,第一次将教育质量单独列为全民教育 6 个目标之一。此外,论坛对建立国际管理与监督机制提出了可操作性的具体建议:即全民教育全球监测报告、全民教育工作组会议和全民教育高层会议及与国际非政府组织召开不定期的磋商会议等机制。

该论坛对过去 10 年世界全民教育进行了深刻的反思,就一些全球教育关注的热点问题展开了专题个案研究,涉及 20 多个国家,因此又被认为是"有史以来对基础教育进行的最为深入的评估活动"。[1]

教科文组织总干事松浦晃一郎在论坛上再次承诺,要致力于建设与本土社会现实结合的教育、没有排斥或歧视的教育、现代的和普遍承受得起的教育,并为每个个体提供多样化和无限知识的教育。①

在达喀尔世界教育论坛上重新确立了全民教育的目标及其完成的时间表,再次明确了全民教育的具体内容,增加了目标实现的紧迫感。达喀尔会议通过的《全民教育行动纲领》(以下简称《达喀尔行动纲领》)提出了实施有质量的教育和免费普及初等教育的目标,还将女童与妇女教育作为优先发展的领域,提出到 2005 年要消除中小学的性别差异,到 2015 年实现所有儿童都能够完成有质量的基础教育。

在综合分析和明确了当前普及全民教育全球现状的基础上,论坛通过了《达喀尔行动纲领》。《达喀尔行动纲领》着重从 6 个方面提出了实现全民教育的目标:① 扩大和改善学前教育,特别针对弱势和处境不利儿童;② 保证 2015 年所有儿童,特别是女童、处境不利的儿童和少数民族儿童接受和完成免费的和有质量的初等义务教育;③ 保证通过平等接受和适当的学习生活技能项目,使所有年轻人的学习需要得到满足;④ 到 2015 年,成人识字率特别是妇女的识字率,提高 50%;⑤ 2005 年,在初中等教育领域消除性别差异,2015 年达到性别完全平等;⑥ 全面提高教育质量。上述 6 个目标基本上是 1990 年宗迪恩会议提出目标的重申和延续,但更加具体明确,更加强调质量。

《达喀尔行动纲领》秉承了《世界全民教育宣言》的基本思想,但汲取了过去

---

① 教科文组织总干事在达喀尔教育论坛上的讲话,WorldEducationForum,Dadar,2000. http://portal. unesco. org/education.

10 年的不足与教训,明确提出,仅有简单的入学是不够的,质量与数量同等重要;指出教育应切实面向需要,要以学习者为中心,同时强调正规与非正规教育之间的平衡与结合并最大限度地利用资源。会议再次体现了国际社会集体的政治意愿和责任感,会议提出,不让一个国家因为经费短缺而不能实现全民教育的目标。

《达喀尔行动纲领》显然在时间安排上过于乐观,从某种意义上说,是教育界人士一厢情愿的产物。

(二) 世界全民教育的新进展

继达喀尔会议之后,在世界范围内又展开了新一轮的全民教育运动,过去十年的努力得到了一定程度的回报,也为目标的实现带来了新的曙光。十年之后,国际社会对全民教育达成高度共识,全民教育成为世界上最不具分歧和争议的话题之一,全民教育指标在某种程度上已成为衡量一个国家教育系统表现如何和是否取得成就的重要尺度。此外,国际社会的努力也达到了新的高度,联合国相继提出的千年发展目标(2000 年)[①],其中有两个目标与全民教育六个目标中的两个完全吻合[②];联合国扫盲十年(2000—2010 年)和可持续发展教育十年(2005—2014 年)也为世界全民教育运动注入了新的活力。

国际社会对全球发展的承诺采取了若干重要举措,其中包括将发展问题纳入国际政治和社会日程。教育,特别是全民教育成为这些承诺的中心组成部分:

2002 年"蒙特雷共识"为捐助方和发展中国家的双边承诺达成了"协议"。

2005 年 9 月世界峰会对实现千年目标的进展情况进行了评估,并重申全民教育作为更大国际努力的一个重要内容。

2005 年 5 月通过的《援助有效性和捐助方协调巴黎宣言》确定了将援助与国家发展进程挂钩的新方式。

---

① 联合国大会决议 55/2 即《千年宣言》,2000 年 9 月 18 日得到 189 个会员国和 147 位国家和政府首脑的一致通过。

② 普及初等教育目标(确定的指标为:小学净入学率、一年级学生达到五年级的比例、15—24 岁识字率)和性别平等目标(确定的指标为:初中和高等教育女童对男童的比例、15—24 岁女性对男性的识字比例、非农业部门妇女就业的比例、国家议会妇女所占席位的比例)。

2006 年 7 月在俄罗斯举行的八国集团峰会再次承诺为实现全民教育目标,加大发展援助的力度和加快债务救济的步伐。

在这样一个国际社会高度关注的领域,各国政府的努力也是显而易见的。2000 年以来,世界全民教育的最大进展是确立了其在各国教育中无可争议的优先地位。

第一,教育权利得到了广泛的认同,教育作为一种权利和义务已基本被所有国家写入宪法或教育基本法。几乎所有国家均签署了一项或数项涉及人权保障或教育权利的重大国际公约或准则,[2]特别是《儿童权利公约》,至 2003 年签署国家高达 192 个。教育公平和机会均等、妇女和女童教育、弱势群体教育等被诸多国家纳入了国家教育发展的规划,成为国家社会经济发展不可或缺的组成部分。

第二,伴随世界全民教育运动发展而凸显的诸如有质量的全民教育、可持续发展教育、终身学习、学习型社会、全纳教育等一系列教育理念得以广泛传播并逐渐被接受,成为国际教育的主流话语,也成为国家教育体系和结构调整以及课程内容方法改革的切入点。随着经济全球化进程的加快和国际竞争的日益激烈,对于人口庞大的发展中国家而言,提高人口的整体素质和将沉重的人口负担转化为可供利用的人力资源是富国强民的捷径,全民教育为实现上述目标提供了可能。

第三,教育质量成为全民教育的主要关注点。由于世界全民教育的推进,基础教育从数量上得到了极大的扩张,教育质量问题日益突出。世界范围内大规模的全民教育运动不仅得到教育工作者的关注,也同时引起了广大公众的注意,其中包括各利益相关集团的重视,因而学习结果或学生学到了什么成为教育焦点问题。此外,随着教育系统招收更多的学生且他们就学时间的延长,教育经费成为公共开支的主要项目,教育系统为此承受着竞争需求的压力和公共支出的严格检查。显而易见,教育质量问题具有很强的经济价值取向,同时引起了广大公众对社会公益事业的关注。质量问题引发的改革焦点是强化教育系统的功能、制定行为标准、提高效率、关注标准化的测量,包括学生在学校学到了什么和提高教师的成效。

第四,早期儿童教育作为全民教育不可分割的基础部分,受到了前所未有的重视,因为早期儿童教育对孩子未来在学校的表现具有很大的影响,特别是对女童入学具有积极的促进作用。

2000 年以来世界全民教育还是取得了不同程度的进展,特别是在全民教育进展缓慢的地区,其增长速度是令人瞩目的,大大超出了曾经的预期。主要表现为:

拉美、加勒比和太平洋地区的学前教育毛入园率,分别为 60.8%、101% 和 71.9%,北美和欧洲地区为 78.5%。世界上约半数以上的国家为 3 岁以下儿童提供了某种形式的正规保育和教育;

发展中国家的小学入学人数比 1997 年增加了 1.56 亿,增长近 27%,其中 1999—2004 年撒哈拉以南非洲和西南亚地区新增加了 2 000 万,分别为 27% 和 19%,阿拉伯地区为 6%;

世界小学净入学率达到 86%,47 个国家实现了普及初等教育的目标;性别平等目标在低性别平等指数的国家取得了长足的进步,在 181 个国家中,2004 年有三分之二的国家实现了小学入学人数男女相同的目标,小学入学的女童与男童的人数比例为 94:100,而 1999 年为 92:100;

升入初中的学生数得到了实质性增长,是小学人数的四倍;

成人扫盲进展尽管缓慢,但世界成人识字人数增加了一亿多,文盲人数从 2000 年的 8.8 亿降至 7.8 亿;

在 70 到 110 个国家中进行的调查表明,作为国家财政支出部分的教育支出得到了增长;

1999～2003 年,为全民教育提供的国际援助增加了一倍以上。[3]

(三) 世界全民教育发展的新特点

2000 年以来,世界全民教育开始步入机制化的轨道,强化了对世界全民教育的进展监测与评估活动,在国际层面建立了以教科文组织为主导的常规全民教育工作机制,即提供全民教育的证据与分析的《全民教育全球监测报告》,确定主要问题和挑战的"工作组会议",强化政治意愿和动员资金以及酝酿进一步行动的"高层会议"。

《全民教育全球监测报告》是国际社会试图建立系统的监测与评估机制的

一个重要举措,目的是为了对世界各地区和国家一级全民教育的进展通过实证研究和国际可比数据进行评估,同时促进国家一级数据采集和分析能力的建设,建立国家对全民教育的监测与评估体系,从而加速推进全民教育目标的实现进程。第一期《全民教育全球监测报告》发表于2002年,迄今已经发表了五期,主题分别为综合进展评估(2002)、性别平等(2003~2004)、教育质量(2005)、扫盲(2006)和早期儿童养护与教育(2007)等。2008年报告的主题将配合十年中期评估活动,对全球全民教育的进展进行全面的总结与回顾。

上述报告由设在教科文组织的一个独立的国际专家组准备。报告拥有全民教育进展方面最为权威的数据来源,这为该报告提供了具有国际可比性的相关信息,被认为是反映了大部分全民教育合作伙伴的集体努力。专家组针对全民教育的六个目标,于2003年提出了全民教育4项发展指数,即普及初等教育目标的初等教育净入学率;性别平等目标的按性别划分的全民教育指数;成人识字目标的15岁以上年龄组的识字率和教育质量目标的小学五年级完成率。其余两个目标由于量化难度较大,未能制定出合适的指数。上述指数的运用增加了报告的监测与评估功能以及国际可比度。

常规机制中最为重要的一环是每年一度的全民教育高层会议,它是保持高层政治意愿和资金动员的有效机制,也是进行南北对话的政策论坛。2000年全民教育评估表明,全民教育目标的实现离不开各国政府和国际组织坚定的政治意愿,为此授权教科文组织总干事每年召开一次小规模的高层会议,邀请若干国家首脑和知名人士、发展中国家的教育部长和发达国家的发展部长以及来自众多国家和国际组织的高层代表出席,共同总结全民教育的进展情况,听取全球监测报告的评估结果,探讨出现的新问题并对进一步推进全民教育的措施作出重要决策。

全民教育工作组会议每年召开一次,该会议集聚了大批的政府与非政府组织的合作伙伴和各国教育专家学者,主要内容是总结全民教育进展情况,探讨在推进全民教育过程中遇到的战略与技术问题,为高层会议作准备。

另外,世界全民教育为国际合作提供了新的机遇,出现了新的合作模式,即"南南合作"与"南北合作"模式,这为世界范围内全民教育目标的实现带来了新的希望,正在成为一股推进全民教育的重要力量。它的优势在于,在广大发展中国家面对共同的挑战、机遇与困难的情况下，相互借鉴和分享发展中国家自身在不同背景下推进全民教育的经验和成功实践包括失败的教训，这或许更适合发展中国家和地区的实际，是一种行之有效的合作方式。在这一合作过程中发达国家的部分财力支持将促进该机制的有效运作。9 个发展中人口大国[①]在该领域拥有比较优势，在继续致力于共同的行动同时，可以利用它们的经验与专家帮助进展缓慢的发展中国家来实现全民教育的目标。

(四) 未来的挑战

1. 尽管入学人数的增加已超过人口的增长，但世界上仍有 1 亿适龄儿童失学，约占学龄儿童总数的 18%，其中 70% 在撒哈拉以南非洲地区、南亚和西亚，57% 是女童。50% 的初中适龄青少年不能进入中学学习。此外，大多数国家的学前教育毛入学率仍低于 50%，处境不利地区的儿童和弱势群体基本被排斥在外；城市的在学率大大高出农村地区。

2. 世界上仍然有 7.8 亿成人文盲，其中大部分是女性并居住在农村地区。根据教科文组织的统计数字，9 个人口大国中成人文盲人口位居前四位的均在亚洲，特别是南亚国家：印度 34%、中国 9.08%、孟加拉 6.5% 和巴基斯坦 6.4%。在最不发达国家，两人中有一人是文盲。在非洲撒哈拉以南地区、阿拉伯国家、南亚与西亚地区的成人识字率只有 60%，经济合作与发展组织 (OECD) 国家的成人识字率高达 99%。

3. 60 多个国家在初等教育阶段仍然存在着男女童入学不均衡问题，有些地区女童面对着的是高度不平等的受教育机会；而在中等教育阶段，有 56 个国家却是男童入学不足。有 94 个国家未实现 2005 年消除性别差异的目标。

4. 作为普及全民教育和质量保证主力军的教师的地位、待遇和培训机会等在过去十余年几乎没有任何改善。在非洲地区，由于艾滋病等流行病的传播，教师已严重减员，以至于有些学校由于教师的匮乏而不得不关闭学校。此外，在诸如南亚等国家，女性教师严重匮乏，在相当程度上影响了女童的入学和学习。

---

① 教科文组织 9 个人口大国全民教育计划发起于 1993 年。这 9 个国家是：印度、中国、巴基斯坦、孟加拉、印度尼西亚、尼日利亚、埃及、巴西和墨西哥。

5. 若要在 2015 年以前实现全民教育目标,资金缺口仍然巨大,发展中国家除最大限度地动员国内资金以外,估计每年尚需要 120 亿美元的外部援助,仅基础教育和性别平等目标预计每年将需要 70 亿美元。八国峰会承诺加大对基础教育的支持力度,到 2010 年每年为 33 亿美元。尽管过去几年中全民教育投入资金在持续增长,总计尚有 76 亿美元的资金缺口。也有专家认为,教育改革比经费支持更为重要。[4]

6. 由于以上种种原因,教育质量的低下和不均衡便不可避免。学习过程中的学生流失、辍学和复盲现象普遍存在,即使完成初等教育的学生,掌握和能够运用知识的状况也令人担忧。世界银行等国际机构认为,初等教育完成率比净入学率更能体现教育质量的水平。根据世界银行的推算,发展中国家小学学龄儿童的初等教育未完成率接近 40%,大大超出教科文组织组织公布的数字。南亚和撒哈拉以南非洲地区的状况最为严重,只有不到四分之三的学生最终能达到小学五年级水平。① 当然,诸如识字等问题不仅仅是教育质量的问题,还与贫困、社会不公、丧失人的尊严等问题密切相关。功能性文盲恰恰是教育质量低劣的产物,已逐渐成为深受关注的问题。针对学习成果等体现质量的监测与评估日益受到重视,但尚处在研究探索阶段。

根据 2007 年全民教育全球监测报告,截至 2015 年,将有 40% 的贫困国家难以如期取得全民教育目标。有 23 个国家的净入学率不升反降,80 多个国家仍维持收费教育。对于大多数国家而言,每年保证 5% 的入学增长率并持续 15 年,就能够实现全民教育目标;另外一些国家则需要每年以 10% 的速度增长,才能实现目标。许多低收入国家,三分之一强的儿童即使在学 4～6 年也只掌握有限的阅读技能。辍学问题依然严重,在 91 个提供数据的国家中,有 30 个国家读到小学五年级的儿童不足 75%;在那些教育扩张迅速的国家,师生比不断增高;②在许多低收入国家,缺乏师资培训和教师条件差直接对教育质量产生不良的影响;几乎没有国家达到建议的年均 850～1 000 学时的教学时间。

国际社会面临的挑战依然严峻,最大的挑战实际上是教育质量的挑战。

---

① 接受五至六年初等教育才能够达到可持续的读写算水平。
② 学生班级数不超过 40 为好,参见世界银行"快车道计划"制定的标准。

2000 年达喀尔世界教育论坛突出了"有质量全民教育"的概念并将其作为全民教育的六个目标之一，国际社会对教育质量问题的重视程度可见一斑。

（五）实现有质量的全民教育的前景

全民教育及其目标的提出是建立在"教育可以给自身带来变革和发展"的信念基础上的，[5]正如教科文组织总干事松浦晃一郎在达喀尔会议上所言，"基础教育是使所有国家取得民主的文化和政治稳定的惟一希望，是在尊重人权基础上的人类发展的基础和不可或缺的条件"。① 尽管挑战巨大，但仍有乐观的理由。首先，国际社会和国家领导层表现出了强烈的政治意愿并一再对实现目标作出承诺，在国家层面所作出的各种努力也是切实有效的，这为实现全民教育的目标提供了有力的政治支撑。自 2000 年开始每年举办的全民教育高层会议即是证明。此外，国际组织和发达国家对全民教育所作的承诺，在很大程度上为实现全民教育的目标提供了技术保证。至少从以上两个方面，人们看到了实现全民教育的政治和经济的可能性。另外，公民社会、非政府组织包括社区的基层参与为实现全民教育目标提供了可行性。事实上，许多国家包括最不发达国家已表示，在政策指导和承诺下，将加速推进全民教育的步伐。

有研究表明，在低入学率国家，一旦最初的入学高潮过后（大约 10 年间），这些国家将有能力依靠自己的资源保持发展。同时，在外部资金的支持下，它们会大大提高儿童入学率和教育质量，并减少教育直接费用支出。

众所周知，教育在人类社会整个发展进程中不是一个独立的因素，它是无法单独地冲破贫困和文化的制约以及传统的束缚的，因此说它是一种催化剂更为恰当。要改善教育，特别是实现全民教育的各项目标，还要依靠经济、社会和文化的持续变革，需要与社会不公和落后的文化宣战，上述种种都是相互关联和彼此交织在一起的，如女童、妇女教育更多的是需要文化和宗教模式以及传统观念的变革，而不仅仅是教育本身的问题。

从数字指标和发展现实上看，2015 年实现全民教育六个目标显然是不容

---

① 教科文组织总干事在达喀尔教育论坛上的讲话，World Education Forum，Dadar，2000. http：//portal. unesco. org/education.

乐观的,2005 年的性别平等目标已经落空。根据《达喀尔行动纲领》,2015 年普及初等教育目标意味着至 2015 年所有儿童均已完成初等教育,也就是说,所有儿童要在 2008 年均进入小学一年级学习,这显然是乌托邦。但数字并不能说明一切。应当看到,在世界范围内实现真正意义上有质量的全民教育不是一蹴而就的,需要全人类共同付出艰辛努力,需要在不断更新观念的过程中达成新的共识,这将是一个漫长的过程。

历史表明,没有一个国家的成功不是通过教育其人民而取得的,教育是可持续发展和减少贫困的关键。为此,我们应坚定不移地将教育置于全球和国家发展的中心位置。我们的共识是有质量的全民教育是全民终身学习的基础;全民终身学习是 21 世纪教育的关键,是实现更为有质量的生活和人性化社会的希望。

参考文献

[1][5] JOSEF Muller. From Jomtien to Dakar,Adult Education and Development[J]. Col. 55,Hamburg,2000. 34,37.

[2] Katarina Tomasevski. Manual on Rights-Based Education[R]. UNESCO Bangkok,2004,5—6.

[3] 联合国教科文组织.2006 年和 2007 年《全民教育全球监测报告》.全民教育高层会议公报,2005 年和 2006 年[EB/OL]. http://portal. unesco. org/education.

[4] Doris Bertrand. Achieving the Universal Primary Education Goal of the Millennium Declaration[M]. Joint Inspection Unit,Geneva 2003.

(本文发表于《比较教育研究》2007 年 8 期。作者董建红,时属单位为浙江大学)

十一、教育研究的国际视野

——联合国教科文组织教育研究机构的比较分析

(一) 联合国教科文组织及其教育研究机构概况

联合国教育、科学及文化组织(United Nations Educational, Scientific and Cultural Organization, UNESCO)属联合国专门机构,简称联合国教科文组织。该组织创建于 1945 年 11 月,1946 年 11 月正式成立,同年 12 月成为联合国的一个专门机构,其总部设在法国巴黎。联合国教科文组织的宗旨是:通过教育、科学和文化传播,于人之思想中建设和平,促进各国间合作,对世界和平与安全作出贡献。[1]

UNESCO 是各国政府间讨论教育、科学和文化问题的国际组织,其主要机构有大会、执行局和秘书处。大会为该组织最高权力机构,每两年举行一次会议,决定该组织的政策、计划和预算。执行局为大会闭幕期间的管理和监督机构。秘书处负责执行日常工作,由执行局建议并经大会任命的总干事领导秘书处工作。截至 2005 年 3 月,该组织拥有 191 个会员国。

中国是 UNESCO 创始国之一。1971 年,中国恢复在联合国的合法席位。1972 年,中国恢复在教科文组织的活动并当选为执行局委员,此后一直连任这一职务。1979 年,中国联合国教科文组织全国委员会正式成立。2005 年,在巴黎召开的 UNESCO 第 173 届执行局第一次会议上,中国教育部副部长、中国联合国教科文组织全国委员会主任章新胜当选为该组织执行局主席。

为了开展国际性教育研究,促进成员国的教育政策和实践,UNESCO 先后设立了一些教育研究机构,并吸收一些独立的教育研究机构加入这一组织。目前,UNESCO 框架下的六个教育研究所和两个教育研究中心为:国际教育局(International Bureau of Education,IBE),设于瑞士日内瓦;国际教育规划研究所(International Institute for Educational Planning,IIEP),总部设在法国巴黎;联合国教科文组织终身学习研究所(UNESCO Institute for Lifelong Learning,UIL),设于德国汉堡,前身为联合国教科文组织教育研究所(UIE);教育信息技术研究所(IITE),设于俄罗斯莫斯科;非洲能力建设国际研究所(IICBA),总部设在埃塞俄比亚的斯亚贝巴;拉丁美洲和加勒比海地区国际高等教育研究所(IESALC),设于委内瑞拉加拉加斯;国际职业技术教育与培训中心(UNEVOC),设于德国波恩;欧洲高等教育中心(CEPES),设于罗马尼亚布加勒斯特。[3]作为 UNESCO 教育部门的主体协助 UNESCO 成员国处理教育问题。作为 UNESCO 的有机组成部分,这些研究所和中心集中于一些关键的教育领域,如课程发展、教育规划与改革、能力建设、扫盲教育、高等教育、职业技术教育、信息技术在教育中的运用等。UNESCO 教育研究机构,不论是单独行动还是合作行动,都旨在通过生产和传播信息、研究和追踪趋势、监控进展和评估需求、政策对话和发展、能力建设和改革以及技术援助与培训等来支持 UNESCO 的有关教育动议。这些教育研究机构规模较小(一般为 20 人～30人;国际教育规划研究所例外,有研究人员约 90 人),自治程度较高,具有明显的国际化、重视网络发展伙伴关系的特征。它们针对具体的教育问题提供帮助,如重建后冲突地区的教育系统、促进通过教育防治艾滋病等。虽然这些研究机构相对独立,但它们共同为 UNESCO 的各类教育计划特别是全民教育(Education for All,简称 EFA)计划作出了巨大贡献。

此外,UNESCO 还设有统计研究所(UIS),该机构是 UNESCO 的统计办公室,也是联合国关于教育、科学、技术、文化和传播的全球数据的保存和处理中心,它与 UNESCO 各教育研究机构保持着较为密切的合作。

在 UNESCO 的教育研究机构中,历时最长、影响最大的三家机构为:国际教育局、国际教育规划研究所、联合国教科文组织终身学习研究所。一些国际著名教育家和学者,如皮亚杰(Jean Piaget)、库姆斯(Philip H. Coomhs)、默克

(Walther Merck)分别为这些机构的创建和发展作出了卓越贡献。本文主要以这三个教育研究所为基础,对 UNESCO 教育研究机构的主要活动进行评述和比较分析,并总结对我国教育研究事业的借鉴意义。

(二) 联合国教科文组织教育研究机构的主要活动

联合国教科文组织各教育研究机构的主要活动与其使命密切相关,并受到后者的制约。

国际教育局(IBE)的使命是:作为一个教育内容和方法发展的国际中心而运作;在世界各区域的课程变革和发展方面建立网络,以分享专业知识,提升国家能力;引入现代课程设计和实施方法,提高实践技能,促进教育政策的国际对话。[4] 国际教育规划研究所(IIEP)的使命是:加强 UNESCO 成员国规划与管理其教育系统的能力,主要活动包括培训、研究、技术支持、网络发展与伙伴关系、传播与文献服务等。[5] 联合国教科文组织终身学习研究所(UIL)的使命是:满足世界各地个人和社群的需求,促进各种类型的教育和学习得到认可、尊重及可获得,不论这种教育或学习是正规的、非正规的还是非正式的。[6]

在开展教育研究之外,IBE 和 IIEP 都与政府、国际组织、非政府组织和学术机构进行伙伴合作,提供技术援助、培训、政策支持和广泛的信息资源。在收到成员国、非政府组织、公民社会组织及私人部门的要求后,UIL 通过政策导向研究、能力建设、网络发展、出版和技术服务,对这些教育需求作出回应,帮助应对人类面临的挑战。

归纳起来,UNESCO 教育研究机构的活动主要包括五个方面:研究、培训、咨询、出版与文献服务、举办论坛。

1. 研究

作为教育研究机构,研究是 UNESCO 框架下教育研究机构的当然职责,也是其核心活动。

在世界范围内发布关于教育系统以及课程和课程发展过程的高质量的、最新的信息和分析,是 IBE 的主要活动之一。目前,IBE 的一项主要研究就是每年组织编写出版 UNESCO《全民教育全球监控报告》(EFA Global Monitoring Report),以评估世界各国在履行 2015 年前为所有儿童、青年、成人提供基本教育的职责情况。IBE 围绕课程问题出版了一系列工作论文,如《21 世纪初学校美育课程的教学时间和地点》《中等教育的多样化:比较视角的学校课程》等。IBE 近年的研究在《比较与历史视角的学校知识:变革中的中小学课程》(School Knowledge in Comparative and Historical Perspective:Changing Curriculain Primary and Secondary Education)一书中得到了较为集中的反映。[7]

IIEP 将研究作为发展知识基础的途径。为了促进其培训项目,追踪教育规划领域的最新方法和知识,IIEP 开展研究活动,它的研究集中于教育发展中的政策问题和教育规划与管理中的技术及方法方面。IIEP 重点研究的领域包括基础教育入学机会、教育质量监控、教育财政与管理、高等教育与专业训练等。另外,IIEP 研究还包括紧急状态的规划教育、教育中的道德与腐败问题等新领域。2007 年 6 月,UNESCO 发布了 IIEP 经过几年调查研究完成的报告《学校与大学腐败:如何解决》(Corrupt Schools,Corrupt Universities:What Can Be Done)。该报告指出,全球范围内形形色色的教育腐败现象对教育系统造成了严重损害。报告给出了教育腐败的定义,列出了教育腐败的分类和表现,并就如何杜绝教育腐败提出了行动方案。[8]

UIL 的研究坚持政策导向、国际化的特色,实际上这也是 UNESCO 各教育研究所和中心共有的研究特色。与 UIL 促进终身学习政策与实践、关注成人与继续教育,特别是边缘化弱势群体的识字、非正规教育和其他学习机会的工作重点相一致,UIL 开展终身学习、成人教育、扫盲方面的研究,并出版研究报告。[9]UNESCO 教育研究机构的研究具有一个鲜明的特点,就是注重经验调查与国际比较相结合。

除了上述研究之外,UNESCO 教育研究机构还就一些研究课题组织世界各地的专家学者合作进行研究,并出版相应的研究报告。

2. 培训

培训是 UNESCO 教育研究机构的另一项基本活动。

IBE 致力于发展、促进课程专家的世界性网络和实践共同体(COP)。目前,来自约 80 个国家的 660 余名课程专家参加了 IBE 课程专家实践共同体的活动,活动范围包括从分享信息和经验、合作研究项目以及国家、区域和全球层次的培训和技术合作,等等。[10]IIEP 将培训作为其基本的活动。截至 2006 年底,160多个国家的近6 000名教育规划者和管理者参加了IIEP的培训课程。综合性最强的培训活动是IIEP在巴黎和布宜诺斯艾利斯的基地举行的年度高级培训项目,这一项目为来自世界各地的高层参加者提供为期9个月的培训。在这一项目之外,IIEP发起的培训活动还包括一系列其他的形式:专业课程和小型互动式研讨会;面向教育规划领域的特定人员(国家、地区和地方层次的教育规划者,大学管理者,非政府组织官员等)的培训;远程教育,即正规教育与培训的补充方式;培训材料的设计和传播。[11]人员培训是UIL发起或组织的能力建设的重要形式,也是它向成员国提供技术支持的重要形式,有助于该机构的核心目标,即推动成人教育、非正规教育和扫盲目标的实现。2005—2006年度,UIL的实地项目在63个国家实施,来自158个国家的3 000余名实践者、专家和决策者参加了UIL的活动和网络发展动议。[12]作为UNESCO成员国,我国先后派出一些教育研究人员和教育管理人员参加UNESCO教育研究机构举办的各种重要培训活动。

3. 咨询

UNESCO教育研究机构的咨询又称为技术援助或技术支持,它是各研究所和中心的主要活动之一。

IBE在课程变革和发展的特定需要方面提供咨询服务和技术援助。IBE近年开展的主要咨询活动包括:与联合国儿童基金会(UNICEF)和联合国驻科索沃特派团合作的科索沃课程发展;阿富汗课程和教科书开发者的能力建设;对波斯尼亚-黑塞哥维那中小学教育课程开发者的培训;一些非洲国家的课程发展和贫困削减;等等。[13]IIEP将咨询称为"技术支持",以其作为将教育规划转化为实践行动的基本途径。IIEP对UNESCO成员国提出的教育规划与管理领域的特定问题要求作出回应。它的咨询或技术支持采取多种形式,包括选派专家组织特定课程,实施双边的、多边的或国家财政支持的客户定向项目等。这些活动得到了IIEP研究和培训的信息支持,并丰富了IIEP自身的知识基础。近年来,IIEP的技术支持项目在以下一些方面作出了贡献:制定巴勒斯坦教育部五年计划,改进塞内加尔中学教师的管理,重建柬埔寨内战后的教育体系,改革中亚转型国家的教育预算程序,等等。[14]UIL向成员国提供的技术支持主要包括咨询服务和项目评价。UIL的咨询服务和项目评价服务于它发起或组织的教育方面的能力建设,包括人员培训、教育内容革新、新技术使用、创新学习策略传播等多种形式,旨在促进扫盲工作和非正规教育的发展。

4. 出版与文献服务

作为国际化的研究机构,UNESCO 各教育研究所和中心重视出版与文献服务,以此推动世界范围内特别是 UNESCO 成员国之间的交流与合作。

除在全球范围内出版关于教育系统以及课程和课程发展过程的高质量的、最新的信息和分析报告外,IBE 还收集、传播这类最新的信息和分析。它提供广泛的信息资源和材料,包括网络数据库、主题研究、出版物、国别报告以及中小学防治艾滋病教育的课程材料和方法。IBE 还保存了一些特藏品、教育文献和课程资料,包括关于 20 世纪上半叶学校系统、教育观念、教育运动方面的历史材料。[15]IIEP 出版众多文献,1963 年以来出版了 1 400 余册书和研究报告,出版物所涉主题广泛。IIEP 文献中心为教育规划与管理领域的研究人员和专业工作者提供重要的资源,该中心收藏世界各地出版的 3 万册与教育规划相关的书、报告、期刊、视频材料和 CD-ROM。[16]UIL 文献服务中心及图书馆是世界上收藏成人与继续教育文献性最强的一家图书中心,收藏了 62 500 余册书和文献、150 种现行期刊。UIL 创建了成人学习、文献服务和信息网络(ALADIN),联结全球约 100 家专业文献中心。UIL 发布终身学习、成人教育、扫盲方面的众多研究、报告和信息资料。自成立以来,UIL 出版正规和非正规教育的理论与实践比较方面最著名的国际期刊《国际教育评论》(International Review of Education),还出版《成人学习的非洲视野》系列教材、国际成人教育大会后续文献以及 UNESCO/UIL 国际扫盲研究奖获奖者的著述。UIL 还汇集了世界各地国家扫盲运动的海报。[17]

UNESCO 各教育研究机构都设有内容丰富、运行良好的网站,这些网站通常都提供了各机构出版物和文件的免费全文电子文本。为反映其广泛的活动,UNESCO 各教育研究所和中心一般都定期出版简报或通讯,每年数期,使用英文、法文等几种文字出版。

5. 举办论坛

UNESCO 本身就是一个各国政府间讨论教育、科学和文化问题的国际组织,在这一框架下,其下属各教育研究机构积极举办国际性的教育论坛,促进教育领域,特别是教育政策领域的国际对话。

IBE 致力于推动、促进决策者和其他利益相关者在教育政策、战略和改革方面的国际对话。IBE 举办国际教育论坛由来已久,1934 年以来它多次组织国际教育大会(International Conferenceon Education),这是各国教育部长之间世界层次政策对话的主要论坛之一。IBE 的合作伙伴,如研究者、实践者、政府间组织和非政府组织的代表都积极参加这一政策对话。1994 年、1996 年、2001 年、2004 年分别举行了第 44 至 47 届国际教育大会,会议主题分别为"国际理解教育的评价与透视"、"增强变革世界中教师的职责"、"学会共处的全民教育:内容与学习策略——问题与解决办法"、"为所有年轻人的高质量教育:挑战、问题与优先事项"。[18]网络发展是 IIEP 致力于建设个人和机构能力的一种重要方式。IIEP 努力支持它所发起的网络,这些网络发挥不同的作用。亚洲培训和研究机构网(ANTRIEP)旨在加强 18 个成员机构的能力;南部非洲教育质量监控协会(SACMEQ)将该地区 15 个国家的教育部长联系起来,就监控和评价教育质量进行合作;拉丁美洲教育、劳动力和社会融入网(REDETIS)促进信息传播和交流,通过结合基础教育为工作作准备,促进向工作世界的转变以及社会融合。IIEP 还与许多国家的教育部和教育机构签订了合作伙伴协议。IIEP 的网络发展活动旨在产生多种效果,促进南南合作。UIL 的活动与实现全民教育(EFA)和千年发展目标(GMD)相一致,并密切配合联合国扫盲十年计划(UNLD)、可持续发展教育十年计划(DESD)、联合国扫盲增能行动(LIFE)的目标,围绕这些目标组织了有关教育论坛,其中影响最大的是国际成人教育大会。

(三) 借鉴意义

在联合国教科文组织框架下的各教育研究机构中,历史最悠久的 IBE 于 1925 年建立,其他较早建立的还有 IIEP 以及 UIL 的前身 UIE,有些则是 20 世纪 90 年代后期以来才建立的。这些教育研究所和中心关注方面有别,影响程度不一,但是都体现出广阔的国际视野,共同致力于为 UNESCO 成员国,特别是发展中国家服务,关注全民教育,积极为实现教科文组织乃至联合国的教育目标作贡献。例如,IIEP 创建的宗旨为对 UNESCO 成员国,特别是发展中国家新的需要和迫切问题作出回应。40 多年来，IIEP 坚持这一宗旨，为UNESCO 成员国服务。又如，UIL 回应 UNESCO 成员国的要求，优先关注非洲、最不发达国家、9 个人口大国的成人与继续教育。

UNESCO 教育研究机构的工作重点、服务对象虽然与我国教育研究机构存在较大差别，但是其运作模式对我国教育研究事业具有一定的借鉴意义。

1. 分工明确，协作互助

UNESCO 框架下的教育研究机构分工较为明确。IBE 的工作重点在教育内容和方法方面，它致力于促进课程的变革和发展，并且通过组织国际教育大会促进教育政策的国际对话；IIEP 的工作重点很明确，就是加强 UNESCO 成员国规划与管理其教育系统的能力；UIL 主要是为了促进各种类型的教育和学习，它的工作重点在成人教育、非正规教育和扫盲；UNESCO 其他教育研究机构也有各自的工作重点。具有较明确的分工，工作重点突出，才能体现各教育研究所和中心的专业性，从而保障和提高机构的运作效率。

这些教育研究机构虽然具有各自较明确的分工，但是作为 UNESCO 框架下的组织，它们协作互助，保持着较密切的关系。这些机构紧密配合联合国和UNESCO 的教育目标，积极对 UNESCO 成员国，尤其是发展中国家的教育需求作出回应，帮助应对人类面临的重要挑战，如维护和平、保护环境、可持续发展、削减贫困、能力建设等。其中的几家教育研究机构还从不同的方面帮助经历战争的地区，如前南斯拉夫部分区域、阿富汗等地重建教育系统，促进通过教育防治艾滋病等，并围绕这些问题进行合作。

2. 与时俱进，不断调整

UNESCO 根据时代发展的需要，适时地增设新的教育研究机构。随着人类迈向信息社会，为了加强在教育中运用信息与通信技术的能力，UNESCO 于1997 年在俄罗斯建立了教育信息技术研究所。为了增进非洲教育机构运用教育管理、课程发展、教师训练、教育项目传输模式的最新研究成果和该区域教育所需的新技术的能力，UNESCO 于 1997 年在埃塞俄比亚建立了非洲能力建设国际研究所。为了给各国和各区域，特别是最不发达国家和发展中国家提供改进职业技术教育所需要的知识和技术援助，2002 年国际职业技术教育与培训中心在德国这一职业技术教育发达的国家应运而生。此外，为了促进拉丁美洲和加勒比海地区、欧洲,特别是中东欧的高等教育发展和改革,UNESCO 在有关国家分别建立了两个区域性的高等教育研究中心。

在保持各教育研究机构的基本活动的同时,UNESCO 还根据教育发展的需要,不断调整原有机构的使命和工作重点。例如,终身学习研究所原名教育研究所,虽然成立五十多年来作出了巨大的贡献,但是其工作重点不够突出,称谓较为笼统。2006 年,该所正式更名为联合国教科文组织终身学习研究所,法律地位从一家以德国为基础的研究机构发展为一家完全的国际研究机构,工作重点从以促进成人教育、非正规教育、扫盲教育为主发展为促进广义的终身学习。该所的转型反映了构建学习型社会的世界教育发展趋势。

3. 组织健全,注重参与

UNESCO 教育研究机构重视组织建设,注重民主、平等、积极、广泛的参与。各教育研究所和中心一般都拥有较大的自主权,其中 IBE 和 IIEP 是自治程度最高的研究机构,二者还拥有独立的标识。对于 UNESCO 教育研究机构而言,拥有较高程度的自治,既有历史形成的原因,也是为了保障各机构的运作效率。

为了鼓励平等、积极的国际参与,UNESCO 教育研究机构纷纷设立了理事会或董事会之类的管理机构,这些管理机构一般都实行代表制,体现了较广泛的参与性。IBE 理事会由 UNESCO 大会选举的 28 个成员国的代表组成,负责管理 IBE 的活动。理事会至少每年举行一次例会。在 UNESCO 总干事召集15 名及 15 名以上成员的要求下,理事会可以举行特别会议。为了有效地实现 UNESCO 的目标,保持灵活性并对新挑战作出迅速反映,IIEP 设立了一个小规模的代表制管理委员会。这一管理委员会的 12 名成员经选举或任命产生,包括经济学者、教育专家以及与 IIEP 使命相关的某些领域的权威专家。在这12 名成员中,拉丁美洲、亚洲、非洲、阿拉伯国家至少各拥有 1 名代表,并有 4名代表来自联合国不同机构。UIL 理事会由世界范围内聘请的 12 名教育专家组成,理事长为 UNESCO 总干事,并由总干事负责聘任其他教育专家。该理事会每年举行一次会议,旨在回顾过去工作,规划未来政策。

参考文献

[1] Jones, Philip W. International Policies for Third World Education [M]. UNESCO, Literacy and Development. London: Routledge & Kegan Paul, 1988.

[2] [3] Comparative Education Research Centre, The University of Hong Kong. UNESCO's Institutes and Centres for Education[Z]. CERCular (CERC Newsletter), 11(1), 2006: 6,6—7.

[4] [10] [13] [15] IBE. Text of the International Bureau of Education. [2006—09—20].

[5] [11] [14] [16] IIEP. Text of the International Institute for Educational Planning. [2007—03—28].

[6] [9] [12] [17] UNESCO-UIL. Text of the UNESCO Institute for Life-long Learning. [2007—05—05].

[7] An E-interview with Christopher Strebel of IBE, [2007—08—24]. Benavot, Aaron & Braslavsky, Cecilia(eds.). School Knowledge in Comparative and Historical Perspec-tive: Changing Curricula in Primary and Secondary Education[J]. Hong Kong: Comparative Education Research Centre, The University of Hong Kong, and Dordrecht, Netherlands, Springer.

[8] Hallak, Jacques & Poisson, Muriel. Corrupt Schools, Corrupt Universities: What Can Be Done[R]. Paris: International Institute for Educational Planning, UNESCO. 6 June, 2007.

[18] Intemational Conference on Education [EB/OL]. http://www.ibe.unesco.org/policy/ice.htm, [2008—08—11].

（本文发表于《比较教育研究》2008 年 1 期。作者蒋凯,时属单位为北京大学教育学院）

十二、欧盟与东盟高等教育政策演进比较

（一）欧盟与东盟高等教育政策演进的共性

1. 欧共体与东盟成立初高等教育政策的局限

从成立至 1973 年以前，欧共体文件所涉及的教育政策内容都非常少，唯一与教育相关的内容是 1958 年的《罗马条约》，其中包括了一些教育领域外的一般职业培训原则且并不作为条约的正式部分。一直到 1973 年欧共体的一次会议，教育才得到重视，作为讨论重点，1974 年成立了第一个教育机构，至此，才与科学有机地结合起来。1976 年的欧洲行动计划第一次出现高等教育措施，包括"联合学习计划""短期学习访问""教育行政人员计划"等。[1]该计划虽然只是一个总体框架基础，却是一个里程碑。为协商该计划，欧共体理事会教育部长会议形成了召开会议的惯例，并为"伊斯拉莫项目"（IRASMUS）、"林瓜语言项目"（LINGUA）、"欧律底克项目"（VRIDICE）和"阿莱瑞恩项目"（ARION）等实施奠定了基础。

东盟在成立初的三个基础性条约指涉的教育政策也是极少的，1967 年《曼谷宣言》和 1976 年《东南亚友好合作条约》只提出"在教育、职业、技术和行政方面采用培训和提供研究条件的方式相互援助"；第三个文件《东盟协调一致宣言 I》可以看到教育内容的增加和一些具体的可操作性条件，即在第四部分的"文化与信息"内容中提到了三条有关教育的规定[2]。1977 年东盟第二次首脑峰会和第一次教育部长会议成为东盟教育史上的里程碑，因为教育首次被纳入教育部长政策领域范围，《联合公告》强调开发人力资源、教育与就业的重要性，并

制定了一些教育计划。

可以说,两区域组织成立初从政策制定到对教育的重视都是不够充分的。两区域组织教育合作只限于政府间的职业培训,联合行动十分有限。

2. 欧盟与东盟介入教育领域的方式

欧盟与东盟介入教育领域基本以首脑会议颁布的宣言、公告、行动计划和项目,提供援助或资金等形式为主。20 世纪 70 年代末至 80 年代中期,欧共体主要通过项目来落实教育政策,开展成员国间的教育合作。1987 年《欧洲单一法案》生效,该法案确立了教育在欧共体科技与人力资源技能和潜能方面的作用,成为欧洲制定教育政策的中心目标。1992 年签署的《欧洲联盟条约》确立了欧盟在教育上的地位,从制度上规定了欧盟在社会基金的权能范围,欧盟通过社会基金顺利介入和参与到成员国的教育活动中。在社会基金运作的过程中,欧盟建立与成员国政府、地方政府和利益群体在内的多层次互动关系,从而提高了其在教育政策领域中的影响力。项目上,欧盟利用有限的基金项目和管理权限对成员国相关政策进行引导,对成员国教育决策起到了鼓励和推动作用,达到落实欧盟教育政策理念的目的。管理上,成立了专门的机构,通过欧盟机构和成员国代理组织实施。欧盟委员会通过苏格拉底计划委员会和莱昂纳多计划委员会的辅助来实施及共同管理高等教育计划。[3]在博洛尼亚进程中,为了与 2010 年建立的欧洲高等教育区(EHEA)质量框架保持一致,欧盟委员会通过三级学位制度、高等教育质量保障网络、学位认证框架等三个强有力的措施和改革,使欧洲高等教育质量保障框架一步步深入,内容不断丰富,为欧洲内外学生和学者的流动与合作,创造一个更可比、更兼容、更具吸引力和竞争力的环境及一个更宽阔透明、高质量的课程与文凭认证程序。

东盟介入教育方式的标志是 1977 年东盟第二届首脑会议及第一次东盟教育部长会议首次启动教育项目计划,提出建立“东盟大学”设想。《马尼拉宣言》(1987)和《新加坡宣言》(1992)确立高等教育在人力资源开发与人才培养中的作用。1995 年成立的“东盟大学网络”组织作为高等教育专门机构和东盟基金,颁布《东盟大学教育网络章程》,明确了高等教育目标和方向,对组织结构、职能、目标、经费预算管理等进行了规定;[5]同时还启动了东盟内部与对话伙伴国项目,设立了东盟学习、虚拟大学与在线学习、学生与教师交换、高等教育质量保障、东盟一体化等 12 个项目,有利地推动了成员国间与对话伙伴国的关系与合作,逐渐建立与国际接轨的高等教育质量保障体系,并积极探索东盟学分互换与文凭互认系统,为东盟学术共同体建设奠定基础。

可见,欧盟与东盟都借助基金项目和管理机构等来推行教育政策以实现自己的目标,把高等教育作为培养社会经济发展所需要的人才、提高公民素质、推进科学研究与发展、服务区域经济一体化和开辟统一劳动力市场的重要手段,为促进人员流动、增进区域发展、建构区域认同提供了合作平台和条件。

3. 欧盟与东盟高等教育政策的价值目标:建构区域认同

区域认同薄弱是任何一个联盟都存在的问题,欧盟与东盟也不例外。如何处理国家和区域间的规范、价值、身份与利益,即认同问题,使人民的忠诚从国家层面转移到区域层面,形成区域意识,这是两区域组织面临的最大问题。在这一点上,两区域组织所采取的措施有相同之处,都藉以首脑会议或教育部长会议颁布宣言、公告、或章程发布高等教育政策,以行动计划或项目实施政策促进各国教育合作。欧共体在 1973 年《詹尼报告》中提出:"未来欧共体政策必须涵盖教育部门;教育应具有一种'欧洲维度'"(European Dimension),"欧洲维度教育"成为欧洲教育政策制定的重要理论依据。伊莱斯姆项目实践报告中的内容增强了年轻人的"欧洲公民意识"。1999 年的《博洛尼亚宣言》第 6 条行动策略中再次重申,"通过课程开发、交际合作、流动计划、整合学习计划、培训和研究等措施,发展'欧洲维度高等教育'"。[7] 因此,"欧洲维度教育"实际是欧洲认同教育。2005 年 5 月《欧盟宪法条约》先后在法国和荷兰全民公投遭到否决,使欧洲一体化进程严重受挫,引起了欧盟领导人的深刻反思。[8] 从表面看,《宪法条约》受挫固然与欧盟对宪法解释不够、宣传不力有关,但其深层根源依然与"欧洲认同缺失"密切相关。因此,欧委会从这一事件更清醒地认识到,欧盟一体化建设应建立在协调民族国家利益基础上,在保留民族国家认同的同时,必须加强"欧洲认同"建构,培养欧洲人民共同意识,才可能实现欧洲一体化。

东盟认同建构与高等教育政策发展历程是协同并进的。在东盟一体化背景下,东盟认同建构是高等教育政策的基础和最高目标追求。培养"东盟伙伴意识"自 1976 年在《东盟协调一致宣言Ⅰ》提出,到 1992 年《新加坡宣言》确立高等教育政策作为东盟认同手段。在建构"集体认同"中,东盟以追寻同处于东亚文化圈、儒家思想文化和相似的传统历史、文化作为认同建构的根源和基础，把共同体作为演化和社会化活动的专门空间，培养区域意识。通过高等教育传播区域主义开放、合作、相互认同的思想观念，建构共有文化知识及集体认同观念，实现它所承诺的"建立一个稳定、繁荣、和平和一个福利社会共同体"[9]的价值观念。20世纪末21世纪初东盟在启动共同体建设的同时，提出加快东盟认同建构，制定一系列高等教育具体实施计划。在2009年的《东盟社会—文化共同体蓝图》中界定了"东盟认同"概念。总之，东盟一体化进程不同阶段所制定的高等教育政策，都围绕解决不同阶段"东盟认同"建构问题。高等教育政策的变动随着东盟认同建构一步步深入和演进，两者始终保持紧密联系和一定张力，推进东盟一体化的发展。

可见，欧盟与东盟高等教育政策的价值目标也是异曲同工的。

4. 欧盟与东盟高等教育政策的发展趋势：构筑区域学术共同体

欧盟与东盟高等教育政策具有相似的发展趋势，即构筑区域学术共同体。1999年，《博洛尼亚宣言》宣布在2010年建立欧洲高等教育区（EHEA），目前已进入第10个年头并取得了举世瞩目的成绩，先后召开了6次部长级会议，签署国达46个，在不同建设阶段明确了不同的目标，尝试了以下高等教育的创新：① 改革欧洲高等教育体制。建立了本科、硕士、博士三层次结构的国际通用高等教育体系；② 开辟欧洲高等教育区和研究区。把教育和研究相结合，把博士生培养纳入高等教育体系，作为继本科和硕士后的第三级体系；③ 建立并实施了欧洲学分转换累积系统与文凭补充。保证了欧洲学生的流动效率与就业率；④ 制定了欧盟质量保证（ENQA）、网络质量保证标准和方针，明确进程的定期评估制；建立了"欧洲高等教育质量保证注册机构"和协商论坛。[11]这些措施有力地推动了欧洲高等教育学术共同体的构建和一体化发展，为欧洲高等教育区建设奠定了坚实的基础。

东盟学术共同体构筑始于1995年的"东盟大学网络"（ASEAN University Network，下称AUN）建设。1998年《河内行动计划》提出向"东盟大学"建设迈进。[12]AUN董事会多次召开会议，要求成员思考如何使AUN"战略性迈向2015年的共同体"。在2006年11月的第21次AUN董事会会议及2007年11月举行的第22次会议上，"东盟大学"建设摆上了日程，重点讨论了"东盟大学"

建设的实质性问题,如"东盟大学"是否要重新建立校园还是维持现有发展状态,如何加强和整合"东盟大学"现有网络项目和成员大学的合作等。[13]目前AUN已经成为一个社会广泛承认的高等教育机构,正在努力创建一个积极而享有盛誉的高等教育共同体。AUN的扩展工作在加速,AUN扩展网络标准及实施办法也在完善,合作项目在有条不紊地实施中;与伙伴国家相关项目已建立和实施。AUN是未来"东盟大学"或东盟学术共同体建设的基础和准备。

两区域组织高等教育趋势有相同之处,不过欧洲高等教育已迈出一大步,而东盟才开始起步。

(二) 欧盟与东盟高等教育政策演进的差异性

1. 历史宏观背景差异。

欧洲高等教育政策制定与世界宏观历史背景有密切联系:① 出于政治的考虑与解决难民问题;② 欧洲一体化建设对人才的诉求;③ 缓解石油危机造成的经济和就业压力,满足适龄青年对高等教育的需求;④ 应对全球化挑战与争夺人才。此外,中世纪以来一直引领大学和文化革命的欧洲,最近50多年来,在教育标准和研究方面已经远不如美国具有竞争力和创新意识。根据欧洲委员会2002年公布的世界名牌大学的排行榜,排名前50名的大学中,美国有35所,欧洲只有牛津、剑桥、伦敦大学和荷兰的乌德勒支大学榜上有名。[14]在高等教育吸引力方面,从20世纪90年代以来,世界各国到欧洲学习的学生人数远不如美国的大学。为扭转这一倾向,使欧洲高等教育与学术卓越重新达到顶点,高等教育改革成为迫切要求。

东盟高等教育政策制定的宏观背景:① 东盟成立初期,各国政治动荡,经济发展较落后,共产主义影响在蔓延。东盟合作主要目标是政治联合共同对付大国威胁和共产党势力。② 构建独立的教育体制,摆脱殖民地宗主国教育体制和模式的影响。③ 东盟由于不赞成建立超国家机构,实施的是软性教育政策,在各国政府间灵活推进。

2. 制定过程的差异。

欧盟高等教育政策演进是渐进的。1973年教育主动融入科学政策领域;1976年教育联合行动计划出台;80年代初开启系统的高等教育合作项目;80

年代末,号称"高等教育旗舰"的伊斯拉谟项目每年促进近百万大学生与学术人员的流动;90 年代整合到更全面的苏格拉底计划中;1999 年启动博洛尼亚进程,开始分阶段有步骤地实现 2010 欧洲高等教育区目标。因此,欧洲高等教育政策演进过程遵循连贯、延续与一步步整体推进的原则。对比欧盟,东盟高等教育政策演进却显示出阶段跳跃性特点,直到 1992 年决定建立 AUN,才真正确定高等教育目标。1967 年到 1991 年期间,没有任何较大的高等教育改革和行动计划;90 年代中后期出台了一系列行动计划和措施,以加快东盟认同建构步伐与高等教育政策实施,但因为以往实施项目与活动分散在各个领域,导致高等教育政策缺失协调性和一致性,合作深度和广度都有限;90 年代末到新世纪,东盟高等教育政策的演进显然出现了拐点,制定的计划与措施循序性和连贯性增强。一方面,在秉承以往高等教育政策的同时,对高等教育政策进行了调整和整合,从更为宏观的层面和整个东盟考虑高等教育全面规划。另一方面,政策更隐含着把提高高等教育标准和扩大就业渠道、发展终身教育与加强职业技术证书学历认证联系在一起,在改善和提高高等教育质量的同时,增强评估的制度和实施,使东盟高等教育系统具有统一的参照和兼容性,以加大东盟公民的流动,为开辟东盟统一市场和劳动力市场作准备。

(三)欧盟与东盟高等教育政策决策的独特性

1. 欧盟教育政策的辅助性原则

由于教育并不在欧盟专属权限的范围内,而是适用于支持、协调或补充行动领域,因此,欧盟教育政策决策适用于"辅助性原则"。依据 1996 年欧盟委员会发布的白皮书规定:"教育辅助性原则"可以帮助成员国在不同情况下采取不同的行动:① 共同行动要支持和补充国家层面行动;② 任何决定都要在合适的层次做出;③ 只有当其他层次的个人、家庭和政治权威无法行动时,最佳层次的政治机构才可以行动;学习型社会必须由个人行动来承担,其他的责任可以由成员国、地区或其他分权的领域来承担。与此同时,欧盟委员会又强调,成员国需要在欧洲层面进行合作,使欧洲成为具有竞争能力的实体。[15] 上述规定清楚地表明成员国在高等教育决策的核心地位和自主权力,成员国可以根据情况自主采取行动,也说明欧盟在高等教育决策中最终决定权在成员国,欧盟的行动起到支持和辅助作用,而成员国应从大局出发,主动配合与实施欧盟的行动计划,为欧洲一体化目标实现共同努力。

2. 东盟高等教育政策决策的"东盟方式"

"东盟方式"是东盟政策决策基本原则,自然成为东盟高等教育政策决策原则并影响其决策过程。"东盟方式"不赞成建立超国家机构组织,主张协商一致性、灵活性和政府间合作。从实践过程看,东盟在建构体系的过程中,不论是从决策机构还是从执行机构的设置和运行规则来看,都倡导着一种无核心的机制,从制度上保障每个成员绝对平等地位,不存在领导和服从关系,对防止出现霸权主义确实起到积极作用。在高等教育领域,AUN 组织结构设置、活动形式和决策原则仍遵循"东盟方式",决策由董事会、成员大学校长/学区长/副校长、AUN 秘书处协商一致共同决定,高等教育活动方式如各种会议、演讲比赛、文体娱乐活动由各国轮流举办,学生与教师交换及合作研究等经费由各国负担、认缴和分摊,质量保障措施分工合作,研究工作室分别设立于不同国家并各负其责等。它促进了各国的合作行动与交流,也有利于东盟意识的培养。

(四) 结语

欧盟与东盟高等教育政策发展显然不在一个层面上,欧洲政治经济一体化已进入中高级阶段,高等教育一体化也在快速推进,高等教育政策组织结构完善,职能分明;组织目标前瞻性强且切合实际,计划周密且前后连贯成一体可持续强,并有渐进的阶段性评估;项目与配套经费充足,政策措施与计划实施到位,落实有效。东盟正处于一体化建设的初级阶段,由于基础薄弱且起步低,高等教育政策出现跳跃式发展;又由于各国高等教育水平相差太大,加上资金不足导致政策在各国实施推进缓慢,统一行动计划与合作项目开展有限;但成立 10 年后意识到,东盟认同与意识的形成是一体化发展的关键,于是把高等教育政策作为建构东盟认同的手段,以认同建构来促进高等教育政策的改革与发展,使它们协同为东盟一体化建设服务。

欧盟与东盟都存在一个深层次的问题,即民族国家与区域化组织的冲突与抗争问题。在教育问题上,无论是欧盟、东盟还是其他国际组织都会碰到教育主权的争论问题,说明虽然近代大学是国际性的,但是 20 世纪以来的现代大学却具有更鲜明的民族性。一方面,高等教育系统必须服从于国家利益,国家政府才会为高等教育支付经费。在区域化组织的政治、经济、文化生活中,国家仍然是最主要的行为体,对于绝大多数民族、国家来说,无论是跨国公司、区域组织还是国际组织乃至全球化浪潮,都只不过是一种国际背景。另一方面,国家利益在国际社会中建构,国际社会中的政治、文化、规范、共有观念可以改变一个国家的政策行为,而且还可以更深程度地建构一国的身份和利益。规范的内化不仅表现它在一国取得合法性,而且意味着它在该国将得到自觉遵守,而不是迫于国际和国内的压力。从欧盟教育辅助性原则看,它维护了欧洲一体化结构内成员国主权的独立与平等及超国家权力之间的平衡,却并没有结束或缓解超国家权力与国家主权之间的抗争。欧盟委员会和欧洲议会努力加强超国家层面的权力,欧洲理事会和部长理事会则会强调国家主权。这一动态关系,决定了随着欧洲一体化进程的深入,欧盟高等教育政策发展将同时伴随着成员国的赞许声和他们呼唤法律的反对声。

东盟在高等教育政策发展过程中,始终坚持贯彻东盟意识,并按照东盟方式行事。然而,从社会结构的角度看,作为政治文化上的建构,东盟意识和东盟方式远远落后于欧盟组织在这方面做出的成绩。东盟意识还处于表面层次的社会政治文化意义,东盟方式中的行为规范和决策机制还停留在宏观层面,各成员国都充分认识到地理位置和一体化潮流决定了彼此在竞争中合作的关系,区域的力量给国家带来的利益比国家单靠自身力量所谋求的利益要大得多。但在涉及本国利益如领土、经济、宗教、教育主权等方面时,有些国家则表现出强烈的民族主义倾向,甚至完全摈弃东盟意识。由于成员国之间缺乏具体完整的观念结构,调控内部成员国行为可操作性规则不强,这与东盟方式的不干涉、无核心与结构缺失有关系。

参考文献

[1] Hans de wit. European Integration in Higher Education:The Bologna Process Towards European Higher Education Area[J]. International Handbook of Higher Education(Ⅱ),Springer,2006. 463—465.

[2] Declaration of ASEAN Concord,Indonesia [EB/OL]. 24 February,1976. http://www. aseansec. org/5049. htm. [1976—02—24].

［3］Treaty on European Union［EB/OL］. http：//eur-lex. europa. eu/en/ treaties/dat/11992M/htm/11992M. html＃0001000001. ［1992—07—29］.

［4］［7］The Bologna Declaration of 19June，1999. Joint Declaration of the European Ministers of education ［EB/OL］. http：//www. bologna-bergen2005. no/Docs/00-main-doc/9907BO-LONDON-DECLARATION. pdf. ［2006—01—10］.

［5］Charter of the ASEAN University Network ［EB/OL］. http：// www. aseansec. org/8724/htm. ［1995—11—15］.

［6］Ryba，Raymond. Towards a European Dimension in Education. In-tention and Reality in Europe Community Policy and Practice. Comparative Review，1992(1). 转引自李晓强. 欧洲一体化背景下的教育政策研究［D］. 北京师范大学,2006.50—58.

［8］李光.欧洲宪法危机透视［J］.社会观察,2005,(6):31—32.

［9］ASEAN Vision 2020［EB/OL］. http：//www. aseansec. org/5228. htm.［1997—12—15］.

［10］The Blueprint of ASEAN Social-Culture Community（2009—2015）［EB/OL］. http：//www. asean. org/22336. pdf. p. 1,6.［2009—03—01］.

［11］London Communique(pdf)［EB/OL］. http：//ec. europa. eu/bologn-coredocument. lasso.［2007—05—18］.

［12］Ha Noi Plan of Action in Ha Noi Declaration of 1998［EB/OL］. ht-tp：//www. aseansec. org/8754. htm.［1998—12—15］.

［13］AUN-Bot Meeting. ASEAN University Network Activity［EB/OL］. http：//www. aun-sec. org/about-bot. html.

［14］杨守廉.欧洲高等教育问题不少.现代教育报［N］.新闻周刊,2005—11—04.

［15］［英］弗兰西斯·斯奈德.欧盟联盟法概论［M］.宋英译.北京:北京大学出版社,1996.51.

（本文发表于《比较教育研究》2009年10期。作者董建红,时属单位为广西大学外国语学院）

十三、"全民学习"愿景下的教育资助
——《世界银行 2020 教育战略》述评

1963 年，世界银行出台了第一个正式的教育文件《世界银行及国际开发协会在教育领域的政策提案》，提出世界银行应该资助一些教育项目，从而为一些国家的经济发展作出贡献。[1]将近半个世纪以来，世界银行出台了包括 1971 年的《教育部门工作报告》、1995 年的《教育领域中的优先投资与战略》、1999 年的《教育部门战略》等在内的一系列教育战略文件，其教育资助的理念方针和指导原则也随着世界银行对教育领域认知的更新而不断向纵深发展。2011 年春季，世界银行推出《全民学习：投资于人民的知识和技能以促进发展——世界银行 2020 教育战略》，提出了"全民学习"（Learning for All）的战略新愿景，规划了未来 10 年世界银行在教育领域的关注重点和实践动向。本文将从背景意义、目标内容、实施与评价、与以往战略不同的特征及动向等几个维度对该战略进行分析解读。

（一）《世界银行 2020 教育战略》的出台背景与现实意义

尽管自 20 世纪 60 年代以来世界银行就开始投资于全球教育发展，其教育贷款也从 1968 年的 1.63 亿美元上升到了 2010 年的 49.45 亿美元，[2]但其现实与理想之间仍然存在巨大差距。在世界银行看来，目前全球教育的严峻形势主要表现为投入与产出不成正比，即"充足的教育，匮乏的学习"（More Schooling, But

Little Learning)。虽然与 20 年前相比,发展中国家的教育投入大幅增加,但距离千年发展目标提出的"普及基础教育"还相差甚远,并且缺乏对教育产出学生学习结果的关注。目前,国际盛行的 TIMMS 和 PISA 测试结果显示,无论是已经达到或没有达到千年发展目标的国家,学生的学习能力水平都同样处在比较低的水平。世界银行同时也指出,能被选中进行国际测试的学生数量毕竟只是非常小的一部分,还有辍学的学生无法参加测试,结果是否更差、形势是否更严峻不得而知。

全球教育目标与发展现实的差距已经使世界银行有了深切的危机感,与之伴随而来的还有世界银行内外部环境的变革。从外部的角度来看,金融危机之后发达国家经济的缓慢复苏使得官方发展援助(Official Development Assistance,ODA)预算在未来几年面临下滑风险,而不断更新的信息技术改变着人们的生活、交流和就业,如何使教育更好地帮助人们适应现代化社会的快速发展,如何利用现代化的信息技术去促进教育提升等,都需要重新思考。从内部来看,面对新形势世界银行迫切需要明确一个教育愿景,提高教育资助率,并以此为基础与其他国际组织和国家加强在教育领域的战略合作伙伴关系。正是这些内外部的多重变革,促使世界银行重新思考全球教育发展问题,制定面向未来 10 年的全新的教育战略,对世界银行 2011~2020 年间的教育战略方向、投资教育的优先事项、技术支持和政策咨询进行总体规划与布局。

(二)《世界银行 2020 教育战略》的核心目标与重点内容

1. 核心目标

世界银行认为"全民学习"(Learning for All)是一个国家经济长期增长和减贫的关键,《世界银行 2020 教育战略》围绕实现"全民学习"这一目标愿景进行实施,并对"全民学习"进行了简要的解释和界定。

(1)"全民学习"的内容

世界银行认为,虽然学习成果的测量通常是通过阅读和算术技能来体现,但能帮助人们过上健康、满意生活的知识和能力要宽泛得多。社交、沟通、团队合作、解决问题的能力以及一些劳动力市场上需要的、与特定职业有关的技能都应包含在全民学习的内容中。

（2）"全民学习"的机会提供方

"全民学习"并不仅仅与学校教育有关,幼童的营养健康状况和认知能力的发展也十分关键,它们决定着当儿童到达入学年龄时是否具备适应学校学习的能力。因此,世界银行倡导"全民学习"的机会提供方应该不限于学校或者其他教育机构,也不限于本国政府,而是需要各个国家、社会各个部门的通力合作。

（3）"全民学习"的对象

全民学习不仅包括在校学生,也包括那些辍学青少年。青少年辍学的原因往往是贫困或没有收入来源。因此,应提供机会除了帮助他们巩固学校里能学到的基本知识和能力之外,还要帮助他们掌握额外的技术和职业技能。

2. 重点内容

《世界银行 2020 教育战略》的重点在于,为了实现"全民学习"的目标,不能只关注教育投入,还必须提高学习效果。在《世界银行 2020 教育战略》中,世界银行规划了以下未来 10 年的两大重点事项:

（1）从国家层面加强教育系统的能力建设

对于教育系统的内涵,世界银行也给出了自己的解释,教育系统主要由这几个核心要素组成——学习机会的提供方（包括政府机构、公共和私人机构、个人、社区和宗教组织等）、学习机会（包括提供给儿童、青少年和成年人的学习机会）、学习的课程（包含正式和非正式课程）。从利益的角度来划分,教育系统还包含受益者和利益相关者。如何使教育系统在现有资源条件下变得更加有效率,世界银行认为,关键是要加强教育系统的治理、管理、资金制度和激励机制等方面的改革,从而推动教育系统内的职能、权力和责任关系明确,布局合理、监测有效,保证资源的科学分配。此外,对质量保证、学习标准、补偿方案、预算制定等一系列政策和法规的执行和实施程度如何,决定了这些教育活动是否能得到资助,是否能得到有效监测,以及是否会产生积极的后果,而所有这些又共同决定了能否有效实现教育系统的目标。[3]同时,世界银行承认过去主要投入在学校硬件、教材和师资培训上的做法,只能扩大教育系统的体系结构和容纳量,在《世界银行 2020 教育战略》中世界银行将更加关注教育系统的运行效率。

（2）在全球层面为国家教育改革建立一个高质量的知识数据库

世界银行认为,建立一个高质量的教育知识数据库十分有必要。这里的教育知识数据库主要指教育监测与信息系统（Education Management Information Systems，EMIS）。它的主要作用在于：①通过可靠的和可比较的数据来衡量学习结果，监测教育系统的性能表现；② 为政策方案提供理论和实践依据，提高教育系统的运行效率。世界银行回顾和总结了过去 20 年来在世界银行的大力资助下，全球教育知识数据库所取得的重大进展和存在的问题。

重大进展主要体现在数量方面：① 国家数量增加。越来越多的国家已经响应世界银行的号召，建立起或改进本国的教育知识数据库；② 样本数量增加。越来越多的学校、学生和家庭的信息被各自国家的教育知识信息库纳入其中；③ 参与国际测评的国家增加。越来越多国家的学生参与国际测评考试，如 PIRLS、PISA、和 TIMSS。[4]

存在的问题主要有：① 后续维护和使用。由于缺乏对技术人员的系统培训，教育知识数据库的维护和使用并不理想。② 信息覆盖面。发展中国家的教育知识数据库往往忽略了中等后教育以及非政府教育机构和非正式教育提供者的信息。[5]

在对成就与不足进行总结的基础上，世界银行提出，在未来 10 年内将继续倡导和资助国家建立、完善教育知识数据库，支持发展中国家利用该系统工具服务于政策制定和资源分配，提升教育改革的实际效果。

（三）《世界银行 2020 教育战略》的实施途径与评价指标

1. 实施途径

长期以来，世界银行致力于发展援助主要通过 3 种途径：知识咨询与政策建议；对国家进行资金和技术支持；建立战略合作伙伴关系。世界银行指出，对于《世界银行 2020 教育战略》来说，每个实施途径都会有面向未来 10 年的具体行动的重点。

（1）知识咨询与政策建议

从支持系统执行的角度出发，世界银行推出了被称作"教育结果的系统评估与基准测试"（System Assessment and Benchmarking for Education Results，SABER）的一揽子方案。该方案正在开发一项全面的系统诊断工具，以全球已有的一些标准和那些表现出色国家的最佳实践为依据,评估国家教育系统及其分支系统的性能和有效性。这一方案将弥补教育系统机构数据缺失的巨大差距。通过该系统诊断工具生成的国家情况报告将有助于对这些国家的教育系统有一个简要、直观和客观的认识。这不仅对这些国家自身的教育改革具有指导性,而且也能提高世界银行教育援助的有效性。

世界银行与教科文组织的统计研究所共同完善了全球入学率和学业完成率等教育指标。世界银行将继续帮助各国改善其教育监测与信息系统(EMIS),完善教育知识数据库。由于目前对 EMIS 系统的最佳做法还没有形成国际共识,世界银行将确定国家 EMIS 系统的最佳准则和实践指南,并制定相应的工作人员培训模块。未来 10 年,世界银行将支持国家增加学习评估数据、采取技术手段进行监测,并将这些评估结果服务于教育决策。[6]除了在本国进行学生学习结果评估,世界银行还将鼓励国家参与国际或地区性的学习测试,以丰富和完善全球的教育知识数据库。

世界银行指出,各国政府、国际机构和研究人员在研究那些政策方案最具成本效益的问题上付出了很多努力,越来越多的评价研究利用实验方法来估计政策改革和教育投入的影响,但这些研究大多只涉及到具体的教育投入和具体的政策改革,如学校教师数量的增加或是否应该取消学费等。《世界银行 2020教育战略》将更多地关注整体的教育体制改革,如一个国家的学习评估机制、教育财政分权机制等。因此,世界银行倡导的教育分析和评价研究将更多地从宏观角度出发。

(2)资金援助和技术支持

为了帮助各国加强教育系统能力建设,世界银行会提供资金援助和技术支持,主要有 3 个侧重点:

① 反馈机制 世界银行将设立一个资助实践和资助效果之间的反馈机制,这一机制将从系统的角度出发,侧重于学习目标的实现。这意味着各国政府从世界银行得到的资金援助将越来越着眼于和立足于以改善学习结果为目标的教育系统性能的提高。[7]

② 教师政策 世界银行将继续对教师问题给予高度关注,主要支持那些

为了改善教师队伍的必要激励政策,比如职前和在职培训等,世界银行将给予较大比例的资金援助。

③ 多部门途径　世界银行认为,教育投资应具有战略意义和具有选择性,世界银行对一个国家教育事务的参与,是立足于整个教育系统(例如该国的学习需求和减贫的需要)以及教育系统的相关方面(例如卫生、营养、农业和工业、水和交通、环境等领域)。世界银行将不断提高与多部门合作的知识和技能。事实上,在这一方面世界银行已经迈出了第一步,在 2009 财年世界银行有 40% 以上教育贷款由教育部门和其他部门通力完成。

(3) 战略合作伙伴

提高和改善全球教育这一目标的实现所面临的挑战是巨大的,世界银行将与多边和双边机构就知识产品、投资业务与方案倡议等方面建立战略合作伙伴关系。特别是与 UNESCO 和 UNICEF 等联合国机构合作,促进千年发展目标和学习目标的全球承诺得以实现。此外,世界银行将致力于与一些双边组织和私人基金会、全球和地方性的技术机构、民间社会团体等建立伙伴关系。这些伙伴关系将对全球教育资源的发掘、调配,以及改善国家内部教育决策起到重要作用。世界银行也会对私人捐助者给予重视,以发挥他们在充实教育资金、提供专门知识方面的重要作用。

2. 评价指标

《世界银行 2020 教育战略》的成效如何,将通过一系列重要的性能和效应指标进行衡量。下表列出了 8 项具体的性能指标,反映世界银行帮助各国加强教育系统能力建设的行动和取得的成绩。此外,还有 5 个效应指标,用来衡量世界银行的援助行动与国家主导的政策措施这两者的综合效应。每一项性能指标都产生自世界银行采取的具体行动。这些具体的行动将取决于不同国家的具体情况和能力。值得注意的是,世界银行将《世界银行 2020 教育战略》的实施分阶段进行。在开始实施的前三年,《世界银行 2020 教育战略》的重要事项主要是知识性活动、工作人员的能力建设,以及受援国所需要的技术支持和财政援助这些内容(表 1)。

表 1 《世界银行 2020 教育战略》性能及效应评价指标表(2011～2013)

重要事项	性能指标	效应指标
知识性活动(知识咨询与政策建议)	教育子系统诊断工具的可用性 采用系统方法进行分析评价的政策措施的数量 技能测量工具的开发是否超过识字和算术测量工具的开发	参与系统诊断的国家数量 申请和使用技能工具、收集和使用数据库的国家数量
世界银行工作人员能力建设	是否基于系统方法进行员工提升计划,以及参与员工培训的人数 是否基于系统方法培养业务骨干组	取得满意结果的贷款数量 使用了多部门途径的贷款数量
世界银行的技术支持和对外援助	基于结果的贷款项目发放数量 包含了学习评估或者支持参与区域/国际性学习评估的教育系统的国家数量 进一步接近千年发展目标并获得了世行资金和技术援助的国家数量	在千年发展目标方面取得重大进展的国家数量

资料来源:根据《世界银行 2020 教育战略》内容整理。

(四)《世界银行 2020 教育战略》的特征与动向

1. 明确目标

相比过去几个教育战略文件中对教育公平和质量的宽泛追求,《世界银行 2020 教育战略》更加明确地提出了旗帜鲜明的"面向全民学习"的目标愿景,并且对"全民学习"这一概念从内涵、范畴、对象等几个方面给出了自己的界定,并将今后所有教育投资活动纳入了实现"全民学习"的目标框架之下,建立了充分的合理性。

2. 清晰理念

尽管世界银行自 20 世纪 60 年代就开始涉足教育资助,并出台了一系列教育战略文件,但只有在《世界银行 2020 教育战略》中,世界银行才提出了紧密围绕千年发展目标、鲜明而有针对性的教育资助理念,即:未来 10 年的教育资助,世界银行将努力做到"尽早投资,明智投资,面向全民投资"(Investing early, Investing smartly, Investing for all)。

3. 关注整体

与以前出台的教育战略相比,《世界银行 2020 教育战略》不再强调某一个具体的教育分支的重要性,比如 1995 年的《教育的优先发展事项》中对基础教育的强调、2005 年教育战略中对高等教育的强调等都不再出现。从该新战略的核心内容可以看出,世界银行今后 10 年的教育资助主要立足于受援国的教育系统整体,将从更为宏观的角度出发去支持教育发展的指导思想。

4. 细化评价

尽管以往的教育战略文件中也包含了要建立标准、监控效果的内容,但都没有像这一次有具体的评价指标和操作方法配套出台。为了保证《世界银行 2020 教育战略》的切实执行,世界银行开发了一系列用以对教育战略的性能表现和结果效应进行监督评价的指标系统。其中,8 项性能指标主要在监控过程,5 项影响指标主要评价结果。

除了以上呈现出来的几项新特征,本次教育战略也沿袭和重申了一些世界银行一贯坚持的方针动向,最突出的莫过于世界银行对自身组织"转型"的看重。自 20 世纪 90 年代开始,世界银行一直在致力于树立一个"知识银行"的形象,增加其在发展援助事业中与受援国开展"知识合作"的比重,并且提出了"知识银行"的概念:"我们没有多少钱消除贫困,所以不要只为了钱来找我们,而是为了我们高质量的意见建议来找我们。"[8]而 2010 年的《世界银行年度报告》则以"新世界的新世行"为主题,诠释了世界银行积极进行组织改革、服务于新兴的多极化全球经济的愿望。[9]在《世界银行 2020 教育战略》中,世界银行把建立和完善面向全球教育的知识数据库作为两大重点事项之一,将之置于十分重要的地位,再次向世界传达了世界银行改革转型为"知识银行"的信息与决心。

参考文献

[1] 张民选. 国际组织与教育发展[M]. 上海:上海教育出版社,2010.

204—205.

[2][9]世界银行集团.世界银行 2010 年度报告[R].华盛顿:世界银行出版社,2010.6—7,2.

[3] COREHEG. Education Sector Strategy 2020:Tertiary Education[R]. Background Paper for the Education Sector Strategy 2020, The World Bank, Washington,DC. 2010.

[4][5]Porta Pallais,E. and J. Klein. Increasing Education Data Availability for Knowledge Generation[R]. Background Paper for the Education Sector Strategy 2020. The World Bank,Washington,DC. 2010.

[6]Edu Tech Group. ICTs&Education:Issues and Opportunities[R]. Background Paper for the Education Sector Strategy 2020,The World Bank, Washington,DC. 2010.

[7]Steiner—Khamsi,G. The Economics of Policy Borrowing and Lending:a Study of Late Adopters[J]. Oxford Review of Education 2006,32(5): 665—678.

[8]World Bank 1999b. World Development Report 1998/99:Knowledge for Development[M]. Oxford University Press,NewYork. P17.

(本文发表于《比较教育研究》2011 年 10 期。作者闫温乐,时属单位为华东师范大学教育科学学院,上海师范大学国际与比较教育中心)

十四、透视国际组织教育政策背后的运作逻辑

——以世界银行和经合组织为例

　　作为著名的两个国际组织,世界银行(WB)和经合组织(OECD)所制定的教育政策(本文把政策视为一种文本和一种实践,前者包括正式声明和研究报告,后者包括教育援助等)对世界各个民族国家教育的方向和发展有着重要影响。本文在回顾这两个国际组织教育政策发展演变的基础上,认为权力分布和新自由主义理念是国际组织教育政策背后的两大运作逻辑。

(一) 世界银行和经合组织教育政策的发展演变

　　"二战"以来,主要的国际组织,如联合国教科文组织、世界银行、经合组织等,都以自己所擅长的一些方式,就自己所感兴趣的话题和领域来制定国际政策。特别是自 20 世纪 90 年代以来,为了和全球化的进程保持一致,国际组织扩大了国际政策制定的范围。教育作为国际组织所关注的重点领域之一,教育政策也得到了国际组织的重视。

　　目前,世界银行有 184 个成员国。自 1944 年成立以来,世界银行一直积极参与教育政策的制定。1962 年以来,世界银行经常和国际货币基金组织(IMF)一起合作,实施贷款项目。这对借款国的教育政策有很大影响。在 20

世纪 90 年代,世界银行的教育援助①约占世界教育援助的 27％,占所有国际组织教育援助的 40％。对非洲国家来说,在这个时期,世界银行提供的教育援助占非洲政府教育经费的 16％。[1]目前,世界银行是最大的教育项目贷款提供者,自成立以来已经为 88 个发展中国家提供了教育援助和政策咨询等服务。但世界银行巨大的教育援助并不是它的最大作用,它的最大作用是它和 IMF 对外部资助机构的影响。

经合组织是世界的"富人俱乐部",其成员国出产的商品和服务占世界总量的 2/3。经合组织有 30 个成员国,并和中国、印度等 70 多个发展中国家建立了合作关系,对全球政治、经济领域有重要影响。[2]经合组织的教育政策制定和研究有半个多世纪的历史,起初是每年都会发布一个对成员国教育制度介绍和分析的"国家报告"。不过,后来经合组织采取了"专题分析"的形式,不再着重分析民族国家的教育制度,而是形成一个专家解释问题并提出建议的专题报告。教育技术、学校管理、高等教育、成人教育、终身学习、学前教育等领域,都曾受到经合组织的关注,并成为它的研究专题。这标志着经合组织教育政策的领域和范围在逐渐扩大。

(二)国际组织教育政策中的权力分布

全球化是在经济和政治领域的全球性决策。当前重要的政策和决策都是在国与国之间的权力博弈中制定的,受权力分布的影响极大,这使得非对称、不透明成为国际政策制定的主要特点和核心特征。国际组织越来越感兴趣的教育政策也是如此。

在权力的分布中,非对称是世界银行的主要特征。比如,世界银行各个成员国的表决权由各成员国认缴的股本来确定。5 个国家(美国、英国、德国、法国和日本)占 37.4％的份额,其中美国占 16.4％。如果加上其他一些发达国家的份额,经济发达国家所占比例超过 50％。[3]此外,世界银行的决定权在理事会和执行董事会手中。理事会是世界银行的最高权力机构,由成员国各指派

---

① 世界银行的教育援助一般分为三种:一种是软贷款,也称为"信贷",指条件优惠的贷款,包括无息贷款;一种是硬贷款,也称为"贷款",指普通条件的贷款;一种是无需偿还的贷款。不过赠款较少,以前两种援助为主。

1 名理事和 1 名副理事组成。在理事会下设立的执行董事会,是世界银行真正的决策机构。执行董事会的 24 名董事中,其中 5 名由最大份额国家(即美国、英国、德国、法国和日本)委派,另外的 19 名董事从其他成员国按地区分组选取产生。[4]这样,经济权力就被转化成了投票权力。另外,不透明是世界银行的另外一个显著特征。世界银行有一个公开的秘密,即世界银行的行长一般都是由美国政府任命,而 IMF 的行长都由欧盟任命。正如诺贝尔经济学奖获得者、世界银行 1997 年~2000 年的首席经济学家斯蒂格利茨(Stiglitz)所指出的,这两个行长都是"在门背后选出的"。他批评道:"这两个组织并不能代表它们所服务的国家,它们被西方发达国家的商业和财富利益所控制。"[5]

经合组织也是相类似的。在经合组织,权力分布的不对称是和成员国的经济贡献相联系的,而经济贡献又是和国家经济规模紧密相关的。因为经合组织的年度预算是由各成员国根据一个与其经济规模相关的公式,按比例捐助。这就使得 8 国集团(G8)中的 7 个国家(美国、英国、法国、德国、意大利、加拿大、日本)贡献了几乎 80％的捐助,其中美国占 25％,日本占 23％。[6]而经济贡献的多少相应地转化成了决策权的多少。学者帕帕多珀卢斯(Papadopoulos)的研究表明,在 20 世纪 80 年代,美国和英格兰的代表对经合组织施加压力,试图使经合组织在研究议程上优先考虑"基本技能",以加强这一时期美国"回到基础"运动以及英国"国家课程"的实施。同时,经合组织的最大捐助国——美国还要求经合组织实施基于学生成绩表现指标的比较研究。帕帕多珀卢斯和合作者访谈了经合组织的教育研究和革新中心(CERI)的职员后,写道:"为了改善和提高教育质量,美国,特别是美国教育部,经常向经合组织施加强大和持续的压力。美国据说施加了很大的压力,以非常直接的方式和语言来说服经合组织实施一个收集、统计和分析教育'投入和结果'的项目,涉及方面包括课程标准、财政花费、学习成就、就业趋势等。而教育研究和革新中心的工作人员对此的反应是震惊和怀疑。他们都认为,在教育方面,尝试定量化指标是不专业的设想,这将简单化和歪曲经合组织的教育体系,也将被成员国所拒绝,因为经合组织共同的兴趣是教育服务。"[7]不过,尽管经合组织最初对用指标来衡量教育持怀疑态度。但是,在美国的一再要求下,教育研究与革新中心别无选择,于 1988 年启动了"国际指标与教育评估系统",并于 1991 年出版了第一本《教育概览》。

可以看出,世界银行和经合组织的话语权和投票权都是由各个成员国的经济实力以及对组织的财政贡献来决定的。

(三) 新自由主义理念对国际组织教育政策的影响

作为一种理念,新自由主义提倡自由企业、自由市场和自由贸易,认为国家的干预必须保持在最小化,因为国家的过多干预被认为是破坏了市场的工作。斯蒂格利茨指出,新自由主义侵入了所有的主要国际组织,这不仅与 20 世纪 80 年代美国和英国政府的直接政治压力有关,而且和自由市场的话语渗透相关。[8]世界银行和经合组织也不例外,深受新自由主义影响,在政策制定上深深地打上了新自由主义的烙印。

1. 世界银行

世界银行的政策通常可以被描述为"华盛顿共识",不仅是因为它的总部在华盛顿,而且也是因为它对新自由主义政策的促进。学者琼斯(Jones)认为,世界银行是新自由主义和私有化的代言人。[9]具体来说,世界银行在以下三个方面体现了这一特点:

(1) 关注经济自由化

经济自由化成为世界银行的政策重点,其中的主要手段是广受非议的结构调整贷款。① 这些贷款的目的在于改善借款国的商业氛围,取消贸易和投资限制,促进出口,增加商品流动,削减公共费用,减少财政赤字。世界银行认为,结构调整贷款能获得积极效果,可以引起"滴流效应"(trickle down effect)。② 但是,很多研究表明,结构调整贷款并没有促进社会发展,反而引起了进一步的经济衰退、社会不均衡、贫困和政治不稳定等现象。另外,世界银行经常利用特殊时机(如经济大危机、独裁政权或自然灾害等)来推广它们的结构调整贷款。比如,东南亚 1997 年经济危机后,世界银行在东南亚实施了一些结构调整贷款。

---

① 结构调整贷款,又称纯政策性贷款,旨在支持和帮助借款国在宏观经济、部门经济和机构体制方面进行全面的调整和改革,以克服经济困难。这类贷款使用有严格、苛刻的条件,若借款国未能按预定的条件执行,第二批贷款就停止支付。这类贷款执行期短,一般为 1 至 2 年。

② "滴流效应",即当经济增长到一定程度之后,对穷困者所能提供的生产要素的需求会增加,导致这些生产要素价格提高,这样经济发展的成果最终会"滴落"到穷人身上。

据统计,结构调整贷款在世界 80 多个国家实施。但是,在大多数实施国家,它不仅扩大了富人和穷人之间的收入差距,还造成了生产力和消费主义的价值观在所在国家和地方文化中大行其道。[10]

虽然世界银行的结构调整贷款不是和教育直接相关的,但是通过相关的要求和规定,它对借款国的教育体系有重要影响。很多结构调整贷款都要求减少公共部门的花费,下放财政权力,增加学杂费,促进私立教育。这导致了教育费用的削减。例如,在 1980 年到 1993 年间,和结构调整贷款相关的 50 多项教育政策中,只有 6 项教育政策号召增加教育支出。[11]另外,在 20 世纪 80 年代,在拉丁美洲和非洲,和没有实施结构调整贷款项目的国家相比,实施结构调整贷款项目的国家其教育费用下降更多。在这两个洲,没有实施结构调整贷款项目的国家其教育费用分别减少了 29％和 14％,而实施结构调整贷款项目的国家其教育费用则分别减少了 50％和 67％。[12]

（2）追求人力资本

新自由主义重视人力资本,认为教育体系必须产生人力资源来促进经济发展,确保经济增长。受这一思想影响,世界银行的另外一个政策重点就是对人力资本的追求。世界银行认为,它提供或支持的教育投资必须满足所在国人力资本的需要。因此,1962～1980 年,世界银行优先考虑建立技术和职业培训机构,放弃和"纯科学"、艺术或人文甚至是图书馆建设相关的教育政策,因为这些都被认为是几乎没有效益的学术活动。[13]于是,在 20 世纪 70 年代,当西方发达国家忙于建立综合性中学时,世界银行仅仅投资中等职业教育,关注重点是教学的技术和技能。同样,在 20 世纪 80 年代,当西方开始大规模地扩张高等教育时,世界银行却增加了对基础教育的贷款项目,并试图提高发展中国家高等教育的学杂费。学者琼斯的研究显示,在 1990 年,世界银行 70％的教育项目要求增加基础教育的入学率,67％的教育项目要求减少对中等和高等教育的投入,56％的教育项目要求增加学校的学杂费,56％的教育项目要求发展私立教育。[14]

（3）效率至上

从 20 世纪 80 年代以来,世界银行确定的教育援助项目都是有资金申请和监管条件的,也就是说,受援国必须按照世界银行的要求去做,比如必须强调投资效率,必须坚持小政府、大社会和成本分担等原则。作为市场经济的倡导者,世界银行提倡削减教育投入,实行高学费和贷款制度,鼓励教育私有化等,这是它在各个地区乃至全球通用的主张。自 20 世纪 90 年代以来,世界银行已经确立了新自由主义教育政策的主导地位:学校管理的权力下放、择校、私立部门的更多参与、教师的绩效工资、对教育结果的管理和评估。[15]

不可否认,新自由主义理念提高了教育资助的效率,也带来一定的进步。但是,这种新自由主义理念也有一些不足。这表现为:一方面不能满足不同国家的实际需要;另一方面,这种资助的意识形态过于明显,招致了许多发展中国家和学者的批评。[16]不过,尽管招致了很多批评,但发展中国家仍旧需要世界银行的贷款或者积极的评价,以便带动其他国际投资者的投资。

2. 经合组织

作为一个以推动经济发展为己任的组织,与教育对个人发展和社会进步的作用相比,经合组织更看重教育的经济功能。新自由主义理念在以经济发展为主旨的经合组织中也占据了上风,在以下两个方面有所体现:

(1)重视教育质量和教育绩效

教育质量问题一直吸引着经合组织的关注。20 世纪 80 年代以来,经合组织越来越关注教育财政投入的绩效、成员国教育发展的水平以及成员国教育发展水平在全球竞争中的地位。经合组织的一个创新路径是在各成员国每年例行的教育统计之外,组织国际性的教育成就测验,向成员国政府提供清晰的数据资料和比较分析报告。其中,影响最大的国际测评是"国际学生评估项目"(Programme for International Student Assessment,PISA)和"国际成人素养调查"(International Adult Literacy Survey,IALS)。在许多国家,教育部长在宣布教育改革时,都会引用 PISA 和 IALS 的数据。当前,经合组织的成员国都不敢忽视这两个项目,特别是 PISA 的数据和建议。

21 世纪初,通过绩效指标来保障教育质量已经成为经合组织的主流管理理念。有学者指出,经合组织的一项重要教育工作就是推动"绩效文化"。他们进而批评道:"就当前的形式而言,绩效在很大程度上被简化成对学生或系统结果的量化测量,或越来越多地被用来比较各国的教育系统。这可能使教育目的变得空洞无物,成为一批批数字或是图表上的一个个记号。"[17]

（2）追求人力资本

在新自由主义的影响下，对人力资本的追求也成为经合组织教育政策的核心。从 1961 年舒尔茨提出人力资本理论以来，经合组织非常重视"人力资本"的概念，因为它"有力地强调了在以知识和能力为基础的经济中，人变得多么重要"。经合组织一直认为教育是重要的人力资源投资，把教育看作是产生人力资本，进而促进成员国经济发展的主要工具。

在 20 世纪 80 年代，和流行的新自由主义理念相一致，经合组织开始促进对教育中费用-效率、基本技能和学生成就的关系的研究。从 20 世纪 90 年代开始，新技术、终身学习、高等教育质量、教育指标以及特定学科学生的成绩表现也成为经合组织的关注热点。经合组织的教育政策和报告在许多国家引起了巨大反响和争论，成为很多国家制定教育政策的出发点。经合组织的这些政策和报告有一个共同点，即它们都反映了经合组织对人力资本的重视。经合组织在不同的声明中都提出了相同的教育改革目的，认为："国家的财富很大程度上从它们的人力资本中获益良多。为了在快速变化的世界中成功，每个人需要在他的一生中提高自己的知识和竞争力。教育体系需要重视形势只利用先例，并增加在学校之外继续学习的能力和习惯。"[18]

在这种思想和观点的指导下，经合组织密切监督教育的表现，通过制定绩效指标和收集数据，开展大规模教育统计，比较各国的教育效能，跟踪教育发展趋势，试图通过教育体系来扩大人力资本。PISA 和 IALS 项目就是经合组织测量和追求人力资本的两个重要工具。

（四）结语

当前，全球化进程不可避免，教育政策制定也不再仅仅是民族国家内部的事情。在此过程中，国际组织的作用将日益提升，国际组织介入各国教育事务，形成跨国性的教育政策，而这些跨国性教育政策又往往引导了各国教育发展的方向。

可以说，国际组织在教育政策制定中发挥了越来越大的作用。世界银行和经合组织已经成为重要的教育政策研究者、制定者和实践者，它们提出的一些政策和理念推动了世界很多国家的教育变革。例如，世界银行和经合组织对知识经济和创新能力的提出和倡导,使得教育质量提升、创新能力培养等观念得到各国政府的重视,并促使知识经济的浪潮席卷全球。学者琼斯认为,世界银行对教育影响更大的是世界银行作为一个"理念的传播者",而不仅仅是作为一个教育援助机构。[19]经合组织亦是如此。

国际组织并不是完美无缺的,正如本文所描述的,很多国际组织的政策制定程序是非对称和不透明的,制定的政策受新自由主义理念的影响较大,过分强调经济自由化、人力资本、效率、质量和绩效等,而很多学者的研究和实践已经证明新自由主义存在着很大的负面性,特别是无限制的经济自由化引起了经济危机(例如非洲、阿根廷、巴西、俄罗斯、波兰、印度尼西亚、韩国、马来西亚、菲律宾等)。因此,我们要意识并认识到国际组织的这种双面性,要积极地利用它们的资源,并提出本国的诉求,扩大本国的影响,同时也要提高警惕,坚持自我,采取正确的立场。

参考文献

[1][11][15] Alexander,N. Paying for Education:How the World Bank and the International Monetary Fund Influence Education in Developing Countries[J]. Peabody Journal of Education,2001(76):285—338.

[2][17] Henry,M. et aJ. The OECD,Globalization and Educational Policy[M]. Oxford:Elservier Science Pressfor Pergamon&IAU Press. 2001. 48. 160—161.

[3][5] Moulsios,S. International Organisations and Transnational Education Policy[M]. Compare,2009(4):467—478.

[4][16] 张民选. 国际组织与教育发展.[M].上海:上海教育出版社,2010. 195,209.

[5][8] Stiglitz,J. Globalisation and Its Discontents[M]. London:Penguin Books. 2002. 18—19. 55.

[7] Papadopoulos,G. Education1960~1990:he OECD Perspective[M]. Paris:OECD. 1994. 181—182.

［9］［19］Jones,P.　The United Nations and Education:Multilateralism, Development and Globalization[M]. London:Routledge Falmer. 2005. 115. 94.

［10］Klein,N.　The Shock Doctrine:The Rise of Disaster Capitalism[M]. NewYork:Metropolitan Books. 2007. 276.

［12］Reimers,F.　Education and Structural Adjustment in Latin America and SubSaharan Africa[J]. International Journal of Educational Development, 1994(2):119—129.

［13］Heyneman,S.　The History and Problems in the Making of Education Policy at the World Bank1960—2000[J]. International Journal of Educational Development,2003(3):315—337.

［14］Jones,P.　World Bank Financing of Education[M]. London:Routledge Falmer. 1992.　162.

［18］OECD.　Progress and Output Results of the Programme of Work 2002 to 2006:Meeting of OECD Education Chief Executives[J]. Copenhagen: OECD. 2005(9).

（本文发表于《比较教育研究》2011 年 10 期。作者孔令帅,时属单位为上海师范大学教育学院）

十五、重新审视国际社会共同达成的"全民教育目标":让权利变为现实

(一)引言

本文的目标有以下方面:重新审视目前对"全民教育目标"的认识理念,这些理念是指导国际社会进行教育投入的关键因素;对 2000 年以来"全民教育目标"的实施进展作出评价;对 2015 年后"全民教育目标"可能出现的发展变化作出预测。

"全民教育目标"和"千年发展目标"(Millennium Development Goals,简称 MDGs)为教育投入提供了一个为联合国成员国所制定的框架,并且构成了全民教育的体系结构。它帮助一些国家确立国内发展的重点,强调将教育权利给予全体公民的重要性,鼓励更大范围的教育参与和性别平等,促进了大量外部教育资金的筹集,如果没有全民教育,这些资金是不可能的。在 2015 年即将到来之时,目前正是重新审视在全民教育框架下承诺了什么、取得了什么成绩、什么还没有做到的重要时刻,也是认识新出现的优先发展重点,对国际和国家层面目标作出新的调整的机会。如果这个过程可以有效进行,那么将有助于联合国秘书长在 2013 年 12 月推出新的教育计划,以及目前联合国正在进行的多项重塑"全民教育目标"和"千年发展目标"的计划。

（二）现状

2000 年以来，全民教育 6 个目标（表 1）的进展是显著的，但在那些已实现大部分目标的国家和那些到 2015 年最后期限感到时间紧迫的国家之间存在着差距。联合国教科文组织于 2012 年 10 月 6 日在约翰内斯堡最新发布的《2012 全球全民教育目标检测报告》（EFA Global Monitoring Report）提供了各国"全民教育目标"现状的数据。

表 1　全民教育目标和千年发展目标

全民教育目标
目标 1：扩大并改善综合性的儿童早期保育和教育，尤其是那些最弱势和处境不利的儿童。
目标 2：确保到 2015 年，所有儿童，尤其是女童、困难条件下的儿童和少数民族儿童，都能接受和完成免费的、高质量的初等教育。
目标 3：确保所有的青年和成人的学习需求得到满足，能平等地获得必要的学习和掌握技能的机会。
目标 4：到 2015 年，使成人脱盲人数，尤其是妇女脱盲人数增加 50%，让所有的成年人都有接受基础教育和继续教育的平等机会。
目标 5：到 2015 年，消除初等教育和中等教育中男女不平等现象，实现男女平等，重点确保女童能充分、平等地接受和完成高质量的基础教育。
目标 6：全面提高教育质量，确保人人都能学好，所有人都能达到可测的学习成绩，特别是在读、写、算和基本生活技能方面都能达到一定的标准。

"全民教育目标"1（EFAG1）：早期儿童发展目标（Early Childhood Development，ECD）和学前教育得到了扩大，但是普遍由私人提供，价格决定了教育的数量和质量。这种形式的学前教育会导致来自不同家庭背景的儿童在进入小学后产生学业差距，这种差距甚至会持续到高年级阶段。

"全民教育目标"2（EFAG2）：虽然所有地区的小学入学率都有显著提高，但在某些贫困地区依然很低，来自农村家庭的儿童、移民子女、孤儿以及其他遭受歧视的社会群体被排斥在小学教育之外。此外，仍然有一些脆弱国家远远没有达到普及小学教育的目标，许多儿童出勤率低，有些学生严重超龄，在 6 年级毕业之时没有掌握一些基本技能。

"全民教育目标"3(EFAG3):满足青年和成人的学习需求目标远远没有达到。接受中等教育对很多来自极度贫困家庭的少年来说仍然是奢望。来自贫困家庭的孩子从中学成功毕业的机会仅是来自富裕家庭孩子的1/5,甚至1/10。在许多低收入国家,大学生主要来自2/5的富裕家庭。在许多国家,成人教育与正规学校教育脱节。

"全民教育目标"4(EFAG4):虽然世界大部分地区的文盲率大大降低,但是仍然跟不上人口增长的速度。当小学教育不能保证所有的毕业生都能获得持续的识字能力时,就会导致新文盲进入成人阶段。

"全民教育目标"5(EFAG5):消除性别差异。各国在消除中小学阶段性别差异方面已经取得了巨大成功。大多数国家的性别平等指数(gender parity indices)在小学阶段为0.96~1.04之间,表明男女学生的差异值只有4%,甚至更少。但是在少数低收入国家,通常是那些脆弱国家,女童依然不成比例地被排除在学校教育之外。然而,一些发达国家的高等教育阶段的情况却大相径庭,女生的入学人数超过了男生。另一些国家,女童的入学年龄通常比男孩低,但在青春期后却辍学较多。另外,一些社区继续以入学率无法统计的方式使女童处于劣势。一些国家,男青年不能获得就业技能或没有继续接受进一步教育和培训的资格。

"全民教育目标"6(EFAG6):对提高教育质量的投入通常体现在学生的考试成绩,这方面的投入是巨大的,但是其效果与人们的期望还不完全一致。许多国家没有可以对成绩进行时间跨度比较的标准化考试,即使有标准化考试,也比较令人担忧,因为许多学生的学业成绩低于国家标准,而且许多学生到四年级仍缺乏阅读能力。此外,国际测试结果也呈现惊人的差异,表明国家之间和国家内部富裕人群和贫困人群之间存在巨大差异。

(三) 对"全民教育目标"的批评

除了上述对取得的成绩和面对的突出挑战进行评价外,对"全民教育目标"比较一致的批评意见主要包括以下几点:

1."全民教育目标"2(提高小学入学率)和"全民教育目标"5(消除性别差

异)受到的关注多于其他目标,因为它们容易转化为可测的目标。

2. 对普及小学教育(一个完整周期的基础教育)的投入多于发展中等教育和第三级教育的投入。

3. "全民教育目标"的设定没有考虑到不同国家处于不同的发展阶段,对于一些国家适合的目标对于另外一些国家而言已经实现了。

4. "全民教育目标"忽略了在普及教育的同时提高教育公平,应该将更多平等的机会变为现实,缩小最富裕群体和最贫困群体以及其他不同社会群体在教育参与程度和取得教育成就方面的差距。

5. "全民教育目标"无视学习成绩,普及入学而没有掌握核心技能等于没有入学。

6. 2000年以来,性别平等已经得到很大改善,男女之间的差距也在缩小;新的策略可能需要同时给男生、女生都提供公平的机会。

7. "全民教育目标"忽视了对基础设施的投入,目前仍然有许多学校没有固定的校舍,校园内缺乏基本的设施——缺少干净的水和卫生设施,没有足够的学习材料。

8. "全民教育目标"表现出目标制定者与实施者的脱节,国际层面的权威大于国家层面的权威.目前仍不清楚谁应该对所取得成就的具体方面(如政策、教育参与、人力和物力资源、学习过程、学习结果等)负责。

9. "全民教育目标"被认为是一系列理想的结果而不是发展的处方,因此,全民教育目标不利于制定与国家发展愿景和局限相关的教育规划。

(四) 最近的发展

2000年以来,诸多发展冲击了"全民教育目标"以及其相关性问题。以下是社会背景的改变对2015年后"全民教育目标"调整的影响:

1. 全球金融危机已经前所未有地导致了国家间资本的改变、许多富裕国家的经济衰退,并且打击了新兴经济体发展的信心,导致其认为经济增长比以权利为基础的发展更加重要。

2. 地缘政治发展的再平衡化。20国集团(Group of Twenty Finance Ministers and Central Bank Governors,G20)、金砖四国(Brazil,India,China,and

Russia,BRICs)、主权财富基金(Sovereign Wealth Funds)以及不同形式的国际贸易金融体,以前所未有的规模进一步整合国际经济。

3. 环境的可持续性发展受到了高度重视,人们逐渐认识到:人类活动可能会影响气候,经济活动的产品增加了有限地球资源的负担。

4. 日益严重的全球问题包括跨境安全和国家内部安全。这些问题导致了教育现实与生计情况、劳动力市场、青年的合法愿望之间的不匹配。

5. 由于经济上和政治上的原因而产生的临时性的和永久性的移民数量越来越多,可以根据这种情况,重新规划教育投入的模式,促进国际认证和国际课程的融合。

6. 加大普及中等教育的力度。越来越多的小学毕业生有继续学习的需要。人们逐渐认识到以知识为基础的经济增长需要接受小学层次以上的教育。

7. 所有地区的高等教育都处于快速发展的状态。但是,最贫困的国家却出现了教育参与(财富、性别和其他社会排斥)与劳动力市场吸收、经济问题之间新的不平衡。

8. 我们需要新的、更好的"全民教育目标"。对毛入学率和净入学率的追求,导致了对教育质量的忽视和大量超龄儿童的教育问题的存在,性别平等指数隐藏了男女生之间的人口差异。

（五）对教育的持续关注

"全民教育目标"和新修订的"千年发展目标"有许多正当的理由对教育投入持续关注。如果用扩展公平入学理念来衡量,普及基础教育仍然存在一定差距,但扩展后的入学理念将有助于将权利变为现实(Make Rights Realties)(表2)。①

---

① 对扩展后的入学理念及其实施的12点计划的详细阐述,请见《将权利变成现实:入学、升学和公平问题研究》(Lewin KM,2012),可在 http://www.create-rpc.org 网址下载,并参见其他75篇有关全民教育的文章。

表 2　扩展后的入学理念

所有的儿童都应该：
1) 在 6 岁时或小于 6 岁入学
2) 有机会接受系统的学前教育，为学校生活作好准备
3) 在 6 年学习中逐年升级，留级最多一次
4) 至少保障 90% 教学天数的出勤，一年应多于 180 天
5) 能升入初中阶段，完成 9 年基础教育
6) 在不超过 40 人的班级中学习，学校应提供清洁用水、卫生设施、基本设施、采光与照明、供暖和通风系统和足够的学习材料
7) 由接受过训练的教师进行教学，并保证 95% 以上的出勤率。生师比应保持在 40：1 或更少
8) 达到不落后所在年级两年的成绩标准要求
9) 学习经历不受到以下方面的阻碍：儿童早期的营养不良、发育障碍和可预防的衰弱性疾病
10) 小学校与学生家庭住址的距离应在 30 分钟的路程内；中学校与学生家庭住址的距离在 60 分钟的路程内，有相应的交通设施，并且是可负担得起的

在一些地区，被排斥的是贫困人口和女性，在一些贫穷国家，受到排斥的是那些由于社会、种族、语言等原因而被边缘化；还有残疾人、年长者、偏远地区和农村地区群体、城市移民、无家可归者、文盲等弱势群体也被边缘化。许多学生是"隐性的被排斥者"，表现为虽然入学但出勤率很低、超龄、学业成绩低下，以及这几种因素的集合。

首先，如果以扩展的入学理念来衡量，那么没有接受真正意义上的基础教育的儿童数量要大大超过《2011 全民教育目标全球监测报告》（2011 EFA Global Monitoring Report）中所提到的 6 500 万。除了从来没有接受过教育的儿童（在大多数国家只有少数人），在完成学业之前就辍学的儿童数量要比所统计的年龄组"不上学"的人数要多，因为存在多年的超龄学生。其次，在低入学率的国家和地区，学生日常的出勤率可能低至 50%，而在最糟糕的情况下，还伴随着教师的缺勤率，占到超过 25% 的教学日。而达到标准化考试所规定的成绩标准的儿童比例最近才明了。测试结果表明，有一半以上的学生在小学毕业时所达到的成绩比 6 年级学生应该达到的成绩标准要晚两年或更多年。

考虑到这些因素,那些失学的儿童,以及不能完整地完成一个基础教育周期从而导致没有真正意义上进行学习的儿童,几乎确定在全球超过了3亿。失学儿童的人数需要根据晚入学、超龄、学业不良、未能完成初中的数据而加以调整,使数据统计既能体现那些没有入学的,也能反映出那些入学但却是"隐性的被排斥者"。

与2015年后的"千年发展目标"①相联系,在新的全民教育目标框架下,继续将发展投入的重点放在教育上;还有其他明显的理由(但不限于此):

第一,其他"全民教育目标"并没有按照预期的设想得以完成。许多国家仍然在早期儿童发展、青年人学习技能、扫除成人文盲、消除性别差异、提高教育质量方面面临挑战。来自富裕家庭的学生和来自贫困家庭的学生在学习结果上仍然存在着巨大差距。这种差距也体现在富裕国家和贫困国家之间。这种差距不仅会影响消除贫困而且会影响社会公平和可持续发展。

第二,对于全民教育的投入带来了小学入学率提高,进而又会带来对小学后的教育需求的增加。例如,为应对小学教育的需求,需要更多的中学毕业生成为教师,由于小学教育已经不能满足进入现代劳动力市场的要求,需要小学毕业生继续接受更多的教育与培训。

第三,可测的数据表明,完成小学教育、接受中学教育有利于降低孕产妇和婴儿死亡率、艾滋病及其他疾病的发病率,保障儿童健康及营养。

第四,教育投入对社会流动、减少贫困家庭数量都有积极影响,能够为穷人提供更多的进入劳动力市场的机会和有薪酬的就业机会。在所有国家,教育投入与更多的投入是成正比的。

第五,在大多数经济体中,经济增长依靠更多的人力资源和技能上的投入,而基础教育是获得生计、就业与培训的前提,学习上的保障有助于提高生产力。

第六,高附加值和以知识为基础的经济方面的国际竞争力,依靠知识、技能

---

① 千年发展目标共有8项目标,其中目标2是普及小学教育——保证到2015年,确保任何地方的所有男童及女童都能完成全部初等教育课程;目标3是促进两性平等,并使妇女增权——到2015年,在小学和中学教育中消除性别差异,在各级教育中消除这种差异。

和能力的提高,以及抽象推理、分析、语言沟通能力、科学技术的应用,而这些能够最有效地通过高质量的中等教育、高等教育和培训来获得。

第七,我们需要均衡的公共教育投入模式,从而最有效地运用有限的资源和机会,提高对青年的期望,促进社会正义和稳定。

第八,随着越来越多的学生有机会接受更高层次的教育,需要在教学和课程方面增加投入,以应对新的学科学习的成本效益和应用性为主导的考试的需求。

第九,教育预算通常是一个没有发生战争的国家首要或第二项的国家支出。新的教育投入的重点应该现实地考虑到:现有的资源,以及在目前低收入国家和一些中等收入国家典型的成本结构下普及高层次教育是不可能的。如果要达到现有的或新的"全民教育目标",就应该在每个孩子的教育成本、教师工资、家庭教育成本方面进行改革。

(六) 修改"全民教育目标"的几种选择

以上提出了一系列与重新审视全民教育目标相关的问题,指出了迄今为止所取得的成绩和存在的问题,以及对全民教育目标的批评,论述了 2000 年以来社会环境发生的变化,以及增加教育投入必须依然是新"千年教育目标"和"全民教育目标"突出内容的原因。

关于修订"全民教育目标"有几种不同的选择:维持现状(status quo)、渐进性地修改(evolutionary reform)、较为激进的修改(radical reform)、精简"全民教育目标"(EFAG lite)、"全民教育目标"加强版(EFAG heavy)、废除"全民教育目标"(EFAG rip)(表 3)。

维持现状是一个可能的修订过程的结果,但缺乏清晰的其他视野,在一群迥然不同的利益相关者中达成一些共识。虽然并不是令人兴奋的或是创新的结果,但至少会保持"全民教育目标"已经形成的势头,鼓励人们去完成许多未完成的目标,但对"全民教育目标"的批评没有作出多少回应。

表3　全民教育目标修改选择方案

方案	基本思路	优势	劣势
维持现状	全民教育目标不进行重大修改,只是将完成期限延后(延期至2025年)	保持其连续性和熟悉程度,不需要改变国际援助框架,资助重点保持不变	没有实现目标的原因可能保持不变;环境和重点的变化可能被忽视
渐进修改	扩大全民教育目标的范围及平衡性,使其涉及其他二级教育内容,以更好的指标评价更多可测的成绩	建立在现有框架和成就上,扩大二级部门的支持的覆盖面和程度,适应2000年以来的变化	固定在现有教育投资的发展范式中,失去打破惯常的部门规划的机会
激进修改	打破现有框架,支持不同组织者和主题;以国家分类为基础;与认知神经科学和学习有关	有机会"打破常模",催生教育投资和发展的新模式;为成本效率和教育在发展中的新角色提供创新空间	存在接受程度低的风险;存在与2015年后的千年发展目标融合的问题;与发展资助机构的期望的互动问题;新发展愿景的稳定性和真实性问题
精简版＋地区/国家性指标	高水平的教育二级目标与地区/集团目标相联系,在筹集国家和国际性的资金中,重视地区不同情况	允许地区和国家分类的多样性,反映国家不同成就和国家发展战略;提倡"南南合作",尊重多样性	地区/国家类型可能难以与全民教育目标达成共识;发展伙伴的上层结构可能会也可能不会考虑到地区和国家分类的需求
加强版	详细说明的目标和成绩指标,与国际资助挂钩	资助的标准化、清晰化和与效率相联系,详细的要求	缺乏具体情况的相关性,有限的弹性,要求的分散
废除	放弃全民教育目标框架;返回到国家间达成的双边和多边的具体项目	将更多的控制优先权交给国家政府,提高问责	增加交易成本,失去捐赠者之间的协调和合作;降低激发高水平承诺的能力

　　"全民教育目标"的渐进修改方案,考虑到了最严厉的批评,将修改后的目标的主导权由资源提供者和实施者共享。但是这需要明确优先考虑的重点,再次平衡全球目标,以反映新的经济增长重点、收入、社会公平以及可测的成绩,政府要行使作为最终提供者的责任,领导和管理更好的实践。

　　激进的修改对于争论和吸纳外界的意见是有吸引力的。任何事情都是可以设想的,但是将可以选择的方案概念化、使目标获得广泛的支持、并且与富裕和贫困社会都相关却是富有挑战性的。新的愿景还必须解决低入学率国家与发展伙伴的关系,因为全民教育一直关注由单边或多边机构提供发展支持。新的风险和建立新的伙伴关系的愿望是否能够产生共识? 从学习科学和认知中建立目标有用吗?"全民教育目标"是否应该有更多的教育内容? 地区性的和地方性的目标有什么优点? 是否应该从国家和发展伙伴实现目标的情况,转变为以社会群体在其他层次上的目标实现的情况,作为分析单位?

　　精简"全民教育目标"的方案打开了建立分层性的地区性目标和其他同类型目标的可能性。这可能要求目标能够更加适应不同的社会环境和多样化的评估,来反映一段时间不同的实现进度。精简方案的意义是建立一个弹性框架来反映不同国家的社会背景,但又能够与形成多边和双边援助支持的决策相一致。

　　"全民教育目标"的加强版是将国际上达成共识的目标与具体目标相联系,并且与成绩有关的协议联系在一起,当取得可测量的成绩时才给予资源。减少与环境相关的具体目标,倾向于对共同目标的承诺可以提高责任和效率,但这也可能鼓励狭隘地追求只有加以评估的教育结果。

　　废除"全民教育目标"是不太可能的。低入学率国家和发展伙伴需要共同的目标。可以说,它们既需要国际层次的目标,也需要国家层次的目标来筹集资源、评估进度,并在一个日益全球化的世界推进发展的议程。当然,以一些集体达成的目标来取代"全民教育目标"也是可能的。

　　"全民教育目标"与"千年发展目标"息息相关。大多数现有的"千年发展目标"都有教育维度,但如果没有改变现实所需要的知识、技能和社会认识的投入,该目标将无法实现、或是取得的进度很慢。关于 2015 年后"千年发展目标"的讨论与新"全民教育目标"的关系是一个关键问题。

上述表 3 所提及的可能出现的方案,可以用来组织讨论,也可以提供一个与 2015 年后"全民教育目标"相关的教育发展和发展援助目标。

本文所提出的问题可以帮助思考如何在研究后形成一个新的"全民教育目标"的产生。

(本文发表于《比较教育研究》2014 年 2 期。作者柳基斯,时属单位为英国苏赛克斯大学;译者李文婧;校者王璐:教育部人文社会科学重点研究基地北京师范大学国际与比较教育研究院)

十六、向知识银行转型

——从教育战略看世界银行的全球教育治理

全球教育治理是全球化时代在政府间国际组织推动下得到全面发展的一种特殊现象。作为当今国际政治经济舞台最具影响力的机构之一，世界银行①（World Bank，以下简称"世行"）虽然在1989年《撒哈拉以南非洲：从危机到可持续增长》（Sub-Saharan Africa：From Crisis to Sustainable Growth）的报告中首先提出"治理"（governance）的概念，并积极致力于全球治理的实践，但在教育领域其活动和作用却颇为有限。"就全球教育治理而言，在国际层面最重要的机构是联合国教科文组织"，但是在"全球教育治理的主体不断朝向多元化方向发展"[1]的大趋势下，特别是在战后全球经济一体化与自由化进程中，世界银行、世贸组织（WTO）、八国集团（G8）等也都开始涉足全球教育治理，都尝试采取了大量的教育多边主义措施。[2]"世行"作为其中的一员开始不断关注教育问题，完善自己的教育治理模式，在由金融机构向知识银行转型的同时，也为全球教育发展做出了越来越独特而又重要的贡献。本文试图透过世行1999年、2005年以及2010年分别发布的《教育战略》（Education Sector Strategy，以下简称《1999年战略》、《教育战略更新-实施全民教育、拓展视野、实现效益的最

---

① 世界银行是世界银行集团的俗称，"世界银行"这个名称一般用来指国际复兴开发银行（IBRD）和国际开发协会（IDA），世行集团除包括上述两个机构外，还包括国际金融公司（IFC）、多边投资担保机构（MIGA）和国际投资争端解决中心（ICSID）。

大化》(Education Sector Strategy Update: Achieving Education for All, Broadening our Perspective, Maximizing our Effectiveness,以下简称《2005 年战略》)、《全民学习:投资于人们的知识与技能以促进发展—世界银行集团 2010 年战略》(Learning for All: Investing in People's Knowledge and Skills to Promote Development,以下简称《2010 年战略》)三个教育战略文件,来描绘和考察世行全球教育治理模式的演变图景。

(一)世行全球教育治理的发展历程与比较优势

世行是"二战"的产物,其最初的使命是帮助欧洲国家和日本的战后重建,而后演变为与各合作伙伴共同致力于消除贫困以及改善人们的生活质量。前世行行长佐利克(Robert Bruce Zoellick)曾将世行的职责描述为:"推动实现一种包容性和可持续的全球化,即消除贫困,促进环境友好型发展,以及创造个人机会与希望。"[3]尽管人们通常认为世行没有公开和法定的教育职权,但实际上世行确有特殊的教育授权,其主要体现在将扩大学生入学和改善教育成果作为消除贫困的一个手段。20 世纪 60 年代,时任世行行长的尤金·布莱克(Eugene Black)就指出,对于欠发达国家的经济进步来说,没有什么比通过广泛的教育促进人力资源的发展更为重要。[4]世行在后来的一份重要文件《综合发展框架》(Comprehensive Development Framework)中也强调指出,可持续发展除了需要强劲的经济表现,还取决于很多社会和结构性的因素,而教育是其中的重要组成部分。[5]

1962 年,对突尼斯中等学校建设项目的贷款标志着世行教育议程的正式启动。起初,教育项目只是基础设施项目的一部分,仅限于基础设施建设以及提供物资资产。而后随着世行教育活动的不断扩大和深入,教育议程开始获得自主权,而且越来越得到关注。[6]20 世纪八九十年代,教育政策成为世行的重要议程,其侧重点转向强化初等教育的公共投资,实行成本补偿政策,促进教育系统的权力下放,以及加强私人对政府教育供给的补充和完善。20 世纪 90 年代后,世行开始关注学生的学业成果,提倡建立公私伙伴关系,以及将高等教育作为提升竞争力和促进全球知识经济发展的重要途径。在政策转向的同时,世行也日益关注国际社会共同面临的重大教育问题,其中最突出的就是在 1990 年世界全民教育(EFA)大会上,世行作为 5 个发起机构之一,开启了世界全民教育运动,由此世行的全球教育治理进入到一个全新的发展阶段。在其后的"全民教育计划快车道行动"(EFA-FTI)中,世行也一直发挥着领导多边捐助框架的作用。截至本世纪初,世行已实施 1 539 个教育项目,累计投资达到 689 亿美元。[7] 目前,世行已成为当今国际教育领域最大的发展资金来源。[8]

基于上述发展,世行实际上已具备 5 个方面的优势:① 可以聚集和运用全球与跨国知识;② 可为重要而艰难的政策和实施任务提供专业人员和专业知识;③ 可以通过自身和其他资源来筹集资金,即利用作为大部分发展中国家最大外部资金来源的身份,鼓励其他合作者赞助优先项目;④ 世行与经济和财政部门保持着密切联系,这使得它可以采取跨部门的方式,影响关键的决策者;⑤ 在消除贫困、提升受教育者健康状况和把握劳务市场机会等领域拥有丰富的经验。[9]世行曾在《2005 年战略》中进一步分析认为,世行可以凭借其分析和技术优势影响国家政策和战略,帮助客户国把教育整合到国家政策和制度框架之中;同时,世行可以凭借强大的全球存在、世界范围内的地理覆盖和经验发挥其在倡导和知识共享方面的作用,可以利用其广泛的号召力,在协调各捐助方和开展项目活动上发挥领导作用;此外,私营部门通过国际金融公司的参与有助于客户国获得更多的资源,建立与多样化教育服务需求相适应的公私伙伴关系,促进劳动力市场的适切性。[10]世行作为一个金融机构在国际金融界拥有重要的影响力,与各国财政经济部门有着密切的联系,而且世行以发展中国家作为主要客户群,重点关注贫困人群和弱势群体,努力将教育治理与经济发展整合起来,这些都体现出世行在国际组织中的比较优势。正如有学者所评价的,世行正成为发展中国家知识革命的倡导者,全球创造、共享和应用减贫和经济发展所必需的前沿知识的促进者和"知识银行"(knowledge bank)。[11]

(二) 世行全球教育治理的战略目标与战略重点

在世界银行全球教育治理模式的形成过程中,存在着延续与调整两条主线。世行的战略目标是相对稳定的,而战略重点是不断变化调整的。这种变与不变,可以保证世行在多变的环境中以一种从容的姿态应对变化,并及时调整活动和组织本身,从而拓展发展空间。

1. 战略目标

长期以来,世行一直以经济理性作为教育战略目标的指导。正如一些学者所指出的,世行是以经济理性来处理各种政策问题的。[12][13]世行认为,教育领域存在的核心问题是教育与经济需求的脱节以及教育提供效率和效益的低下,因此这种主导理性是符合其解决核心教育问题所需要的。世行在全球教育治理的初期一直以人力资本理论来佐证其教育投资的合理性,并着力通过运用该理论,建立教育与工作质量以及国家经济发展水平之间的密切联系,来回应教育与经济需求脱节的问题。世行主要以公共选择和新公共管理理论的观点,来解决教育效率和效益的问题。世行主张在教育系统采取非集中化的决策方式,强化选择、竞争和质量,以及鲜明的私人提供教育服务的偏好。如今,在知识经济成为主流观念并广为接受的趋势下,世行更是认为生产、选择、适应、经营和使用知识的能力决定着一个社会经济的可持续增长和生活水平的改善。[14]虽然知识经济并不被认为是世行履行使命的一个明确而连贯的理论基础,但是它的确成为世行新的教育"口头禅"(mantra)。[15]

上述思想在世行教育战略的战略目标中得到了明确的体现。世行《1999年战略》指出,世行的教育使命是帮助有关国家制定和实施扩大入学和改善教育质量的战略举措。[16]教育战略的目标是实现有质量的全民教育,也就是确保所有人都能够完成有质量的基础教育,获得阅读、计算、推理和社会交往等基本技能,以及拥有贯穿终身的继续学习高级技能的机会。[17]《2005年战略》在继承的基础上有所拓展。该战略两个主要目标就是全民教育和知识经济,即帮助客户国实现全民教育目标和千年发展目标(MDGs),以及通过构筑全球市场竞争和培育经济增长所需的高水平技能与知识,加强教育在知识经济中的基础性作用。[18]《2010年战略》则基于"早投资"(invest early)"明智投资"(invest smartly)"为全民投资"(invest for all)的投资新理念,明确提出在未来10年内在发展中国家实现"全民学习"(learning for All)。世行新战略目标指向的不只是学校教育,而是学习。在世行看来,发展的动力最终取决于个体在校内外以及从学前贯穿到劳动力市场的学习。增长、发展和减贫依靠的是人们所获得的知识与技能,而不只是坐在教室的年限。在个体层面上,文凭可以打开就业的大门,但真正决定其生产能力以及适应新技术与新机遇能力的是劳动者的技能。对社会来说,劳动力的技能水平比平均受教育水平更能影响经济增长率。[19]

2. 战略重点

围绕"全民教育"与"全民学习"的核心教育诉求,世行教育战略重点随着外部环境的变化不断做出新的调整与修正。世行的战略重点内容逐步由关注具体问题到关注整体,宏观性的视角逐渐凸显。

世行《1999 年战略》指出,未来全球优先发展的战略主要集中在"四个政策方向":① 面向女童和最贫困人群的基础教育;② 早期干预,即促进儿童早期发展和启动学校卫生计划;③ 创新教育实现方式,即采用远程教育、开放式学习和利用新技术开展学习等;④ 教育体制改革,即制定学业标准、改革课程和评价制度,加强教育治理和分权化改革,发挥政府以外教育提供者和投资者的作用。[20]

到了《2005 年战略》,世行在延续"全民教育"目标的同时,更强调推进与知识经济发展相适应的教育,从对基础教育的关注转向对发展整体性教育系统和基础后教育的关注。世行不再强调具体领域的教育问题,而是将战略重点确定为三大主题:① 将教育融入到国家整体发展的视角之中,强调教育战略必须成为国家加强经济竞争力和社会凝聚力的综合性举措的一部分。战略应有助于培养适应地方和全球市场需求转变的劳动力;促进教育与经济政策之间的互补与协调;利用高等教育构建创新体系,培养社会所需的高技能专业人才。② 通过采取着眼于教育部门各方面发展的系统性方法拓展其战略议程,敦促有关国家加快实现千年发展目标,加强义务后教育开发国家参与全球市场竞争所需的高级技能。③ 采取以结果为导向的教育干预措施,实现效益的最大化。包括构建学习评价能力系统;将教育结果指标纳入援助计划和减贫战略中;运用效果评价细化教育战略;设立以结果为导向的员工—客户联合学习项目。[21] 此次,世行描述了教育与其他社会经济部门之间的互补关系,赋予教育更多的社会性目标,同时强调社会其他部门对教育部门政策的支持;增加了所关注的教育具体领域,高等教育进入了世行关注的视野,教育全局观凸显;明确了以结果为导向的方向,提出由各层次指标组成的结果框架概念,通过(对外)建构国家教育评估能力和(对内)强化评估教育投资干预,体现以结果为导向的战略方向。

《2010 年战略》的中心思想是"全民学习",强调不仅要对"投入性要素"进行投资,而且要促进国家教育系统的改革,构建能够有力指导国家教育改革的全球知识基础。世行教育战略着重指向贫困和弱势群体、创造发展机会、促进全球集体行动以及加强治理,这实际上与世行制定的后危机时代的战略方针是一致的。[22]《2010 年战略》提出的两大教育战略方向分别是:在国家层面改革教育体系以实现预期的教育结果,在全球层面打造有关教育体系的高质量知识基础。世行认为,"教育体系"包括一个国家中可获得的各种学习机会,无论是由公共部门还是私营部门提供或资助的(包括宗教、非营利和营利性组织)。它包括正规的和非正规的项目,以及这些项目中所有的受益者和利益相关者(教师、培训人员、行政管理人员、雇员、学生及其家人,以及雇主)。它还包括约束该体系的规则、政策和问责机制,以及维持该体系的资源和财政机制。改革教育体系第一是要确保投入的有效使用,以促进学习,在资金和结果之间建立明确的结果反馈过程,将资金和技术援助重点放在促进学习成果的体系改革上。第二是要打造高质量的知识基础,世行着力打造教育监测和信息系统(EMIS),完善、支持利用数据库服务于政策制定和资源分配,以提升教育改革的实际效果,"结果"和"评价"得到了极大的重视。[23]

(三) 世界银行全球教育治理的实施工具

世行全球教育治理的目标与重点依赖于运行机制得以落实,这其中包括相对稳定的组织基础和一系列不断调整的实施工具。世界银行的教育援助贷款(包括无息贷款和赠款)主要来自国际开发协会,其资金渠道主要是捐赠国提供的捐助。就教育而言,世行人类发展网络(HDN)设有教育部门(educationSector)负责世行的教育事务。世行的教育使命主要通过贷款和技术援助来实现。但事实上,越来越多的国家所需要的并不只是资金,而是寻求知识服务。这一点在世行的教育项目中也得到明确的体现,最显著的变化是世行对校舍、设备等"硬件"的投入已从 20 世纪 60 年代的近 100%,下降到 20 世纪 90 年代末期的 45%,同时对培训、技术援助、教材开发和系统改革等"软件"的投入则大幅增加。[24]

在最近几个教育战略中,世行在使用传统借贷工具的同时不断强化采取知识性和技术性的实施工具。在《1999 年战略》中,为履行帮助客户国制定和实施相关战略举措以实现其教育目标的使命,世行制定了"关注客户"、"全面地分析和有选择地行动"、"关注发展影响"、"运用好知识"、"与其他伙伴进行高效的合作"等 5 条操作原则,并据此确定了具体实施工具:① 借贷。世行推出结构调整贷款、适应性项目贷款、学习与创新贷款和高负债穷国债务计划等一系列新的、可以为援助教育部门提供更多灵活方式的借贷工具。其目的在于将教育政策和实践更好地整合到经济社会发展计划之中。② 知识。世行开发了能够生产、获得、提取以及传播有关教育发展知识的教育知识管理系统(EKMS),旨在构建一个知识库,将大学、基金会、非政府组织及其他双边和多边组织等合作伙伴开发的最佳发展知识纳入其中。该系统关注的重点是通过提供信息和建构知识提高教育部门职员的效率,以及更直接地服务于客户国和合作伙伴。③ 人力资源。世行认为教育部门的职员是最宝贵的财富,对其进行投资,开发其潜能,促进专业成长,至关重要。世行教育部门人力资源发展的重点是开展价值观、态度和行为教育,综合技能培训以及探索职员新的聘任形式。④ 评估。世行通过内部的执行评估局(OED)和质量保证组(QAC)检查和评估教育工作,并帮助教育部门的职员寻求改善绩效和影响的方法。[25]

在《2005 年战略》中,世行继续对知识技术性工具给予高度的重视,所采取的实施工具包括:① 知识。促进政策对话和采取其他干预措施的完善的知识基础,尤其是支持国家层面上的跨部门分析、影响评估以及建立有关学业成绩和关键教育指标的可靠数据,在全球层面上开展学生学习评价和改善教育成果的政策研究。② 能力建设。加强客户国相关机构的能力建设,提升教育部门官员相对于财政或其他部门在推进教育发展中所发挥的重要作用,同时通过深化改革、改善治理、增强问责和激励机制加强教育机构的发展。③ 伙伴关系。尽可能加强在项目方法上与其他援助方的伙伴关系,确保所采取的政策对话、分析支持、能力建设和财政等干预措施得到协调,并通过采购、财务管理、监测和评估等项目实施过程的协调节约成本。④ 贷款。通过提供财政援助不断加快筹集资源,确保放贷建立在可靠的知识基础之上,使贷款资金成为政策改革的杠杆,发挥贷款对整个教育支出的催化作用。[26]

在《2010 年战略》中,世行进一步将教育战略的实施工具明确为三类:

一是"知识生产与交流",其中包括:① 系统评价和基准设定工具,即通过提供系统评估和基准设定工具来评估一个教育体系提高学习成果的能力；② 学习评价，即对学生学习和成果的评价，将涵盖阅读和计算的基本能力，以及批评思维、问题解决和团队合作等其他技能；③ 影响评估和分析工作，即为政策制定和干预措施提供服务，并通过知识交流与辩论促进跨国和跨组织学习的开展。

二是"资金援助和技术支持"，其中包括为加强系统提供技术和实践支持，即为预期可能加强国家教育体系和促进学习目标的举措提供重点支持；实行结果为导向的房贷；采取跨部门的方法，即通过与卫生、社会保护部门联系为家庭提供安全网，对教育提供保护，同时加强世界银行和国际金融公司的合作，增强和提高对私营部门在教育领域作用的了解。

三是"战略合作伙伴"，即在国际和国家层面上，通过加强与联合国各专门机构、捐助国、私营部门、公民、社会组织的关系来改善教育系统。[27]

通过对比可以发现，世行教育战略实施工具图谱在呈现出不断拓展的趋势之后，又对工具进行了新的整合，而且世行对于知识提供、技术援助等非金融工具的重视也日益显著。

（四）世行全球教育治理的问题与局限

尽管世行根据内外环境的变化，对全球教育治理进行不断的调整，但在走向教育治理专业化以及向"知识银行"转型的过程中，依然存在不少问题与局限。

首先，从世行的组织结构和资金来源看，世行必然会受到大国的影响。世行在制定国际政策时的核心特点就是权力分布的非对称和不透明。非对称指的是世行成员国表决权由认缴的股本来确定。在世行真正的决策机构执行董事会中，英、法、美、德、日等 5 个股本份额最大的国家占据着常任董事的席位，其他 19 名董事则由 180 多个国家按地区分组选举产生。[28] 在世行成员国中，八国集团的投票权达到 45％，148 个发展中国家的投票权加在一起则不到 40％。[29] 这表明，世行话语权更多地掌握在发达国家手中，发达国家拥有更大的政策空间。所谓不透明是指世行行长一直是由美国总统任命的美国白人男性公民担任。不过，随着新兴经济体的崛起，特别是我国成为世行第三大股东，这种格局将有所改变。中国财政部长谢旭人曾表示，世行新的投票权改革将有助于提高发展中国家的代表性和发言权,使世行治理结构变得更加公平与合理。[30]

其次,与大部分"二战"后建立的国际组织类似,世行也受新自由主义理念的支配。世行教育治理的运行机制遵循着这一基本理念:将教育改革定位为与经济结构保持同步,教育的首要目的是满足经济发展对合适劳动力的要求。[31]从教育战略来看,世行通过教育关注经济自由化的倾向明显,从结构性贷款到通过削减公共部门教育经费来完善教育体系,世行始终支持教育市场化改革;它主张通过发展职业教育、基础教育来发展人力资本,并强调要培养适应劳动力市场的技能。正如有学者所指出的,世行正日益成为干预主义者,[32]大量的结构调整项目都包含着宏观经济和财政政策的新自由主义"药方"。[33]这些项目直接或间接地影响了发展中国家的教育系统,推进了这些国家新自由主义倾向的教育改革。[34][35][36]另外,世行所秉持的效率至上原则在《2005年战略》中的以结果为导向的投资,以及在《2010年战略》中的系列绩效、结果、影响评价指标中都得到清晰的体现。

(五) 中国与世行合作的新时代

从1980年恢复在世行的合法席位并接受第一笔教育贷款开始,中国通过世行的教育合作平台不断学习来自世界各国的教育经验,同时中国也开始以教育经验传播者和分享者的身份活跃于世界教育舞台之上。30多年来,中国从受援国到捐助国,从普通成员国到第三大股东国,中国与世行的关系已进入新的时代。为了更好地利用好世界银行这个全球教育治理的平台,认识和了解这个组织的运作模式已是尤为必要和迫切。

作为世行重要的战略合作伙伴,中国应更加积极地参与世行的全球教育治理,为我国教育争取更多的国际资源,充分利用世行全球教育治理所创造的机遇与经验,同时还应与他国积极分享我国教育的发展与实践经验,开拓我国教育交流与合作的国际空间。同时应意识到,世行的全球教育治理有其潜在的目的和特定的理念,尤其是新自由主义思想、经济理性和市场倾向也具有不利的影响。当然,我们有理由期待,伴随着内部治理结构的变革和对外治理的成熟,世行将在全球教育治理格局中发挥更重要的作用;我国也可以通过世行搭建的世界教育平台更好地驾驭和把握与世行的合作关系,更好地发挥作为股东国的领导作用。

参考文献

[1] 杜越.联合国教科文组织与全球教育治理[J].全球教育展望,2011,(5):61—62.

[2] Mundy,K. Global Governance,Educational Change[J]. Com-parative Education. 2007,43(3):342—347.

[3] Zoellick,R. B. An Inclusive&Sustainable Globalization[EB/OL]. http://web. worldbank. org/WEBSITE/EXTERNAL/NEWS/0,contentMDK:21504730—pagePK:34370—piPK:42770—theSitePK:4607,00. html. [2012-10-06].

[4] [7] [19] [22] [23] [27] The World Bank:Learning for All:Investing in People's Knowledge and Skills to Promote Development[R]. Washington:The World Bank. 2010. 46,46,1—3,1—3,5—7,8—9.

[5] [9] [16] [17] [20] [24] [25] The World Bank. Education Sector Strategy[R]. Washington:The World Bank[J]. 1999,vii,21,9,vii,29—33,viii,37—43.

[6] [33] [35] Mundy,K. E. Retrospect and Prospect:Education in a Reforming World Bank[J]. International Journal of Educational Development 22,2002(5):483—508.

[8] Heyneman,S. P. The History and Problems in the Making of Education Policy at the World Bank 1960—2000[J]. International Journal of Educational Development,2003,23(3): 315.

[10] [18] [21] [26] The World Bank. Education Sector Strategy Update[R]. Washington:The World Bank. 2005. 27—28,5,8—12,77—78.

[11] [31] Beech,J. Who is Strolling Through The Global Gar-den? International Agencies and Educational Transfer. In Cowen,R. and Kazamias,

A. (Eds.)International Hand-book of Comparative Education[M]. London and New York：Springer. 2009. 346,346.

[12] Rao,V. and Woolcock,M. The Disciplinary Monopoly in Development Research at the World Bank[J]. Global Governance,2007,13(4):479—484.

[13] Weaver,C. The World's Bank and the Bank's World[J]. Global Governance. 2007,13(4):493—512.

[14] World Bank. Constructing Knowledge Societies：New Chal-lenges for Tertiary Education[R]. Washington,DC:World Bank,2002. 7.

[28] 张民选. 国际组织与教育发展[M]. 上海：上海教育出版社，2010. 195.

[29] Payne,A. The Global Politics of Unequal Development[M]. New York:Palgrave MacMillan. 2005.

[30] 刘洪,刘丽娜. 中国财政部长说世行投票权改革具有重要意义[EB/OL]. http://news. xinhuanet. com/world/2010_04/26/c_1256279. htm. [2010—04—25].

[32] Marshall,K. The World Bank：From Reconstruction to Development to Equity[M]. London:Routledge. 2008.

[34] Bonal,X. Plus ca Change...：The World Bank Global Education Policy and the Post-Washington Consensus[J]. International Studies in Sociology of Education,2002,12(1):3—21.

[36] SAPRIN. Structural Adjustment：The SAPRI Report-ThePolicy Roots of Economic Crisis, Poverty and Inequality［Z］. London：Zed Books. 2004.

（本文发表于《比较教育研究》2013 年 4 期。作者阚阅,时属单位为浙江大学教育学院,北京师范大学国际与比较教育研究院；作者陶阳,时属单位为浙江大学教育学院）

十七、国际组织需要什么样的人？

——联合国专门机构专业人才聘用标准研究

（一）为什么关注联合国专门机构专业人才的聘用标准？

近年来，随着中国经济和社会的快速发展，国际社会要求中国承担更大的国际责任的呼声越来越强。而另一方面，我国在国际组织中的人才储备却十分薄弱，长期处于代表名额不足（underrepresented）的行列。根据联合国秘书处最新公布的数据显示，2013 年在联合国秘书处就职的工作人员共有 41 237 人，其中中国人为 450 人，其中具有高级职位的人员仅为 11 人，而非常任理事国的新兴经济体印度，凭借其语言优势和政府的系列支持政策，在联合国秘书处就职的工作人员多达 602 人，占据联合国大量核心岗位要职，其中高级官员为 9人。此外，日韩两国工作人员总数虽不及中国，但高级官员分别为 14 人与 7人。[1]这与我国日益提高的国际地位极不相称。我国亟需全面、系统地了解联合国系统的人才标准，并建立起一整套国际组织人才培养、储备、输送与任用的体系，提升中国在重要国际组织中的影响力和话语权。

以往的研究已经较为系统、全面地分析了国际公务员本身的发展历史、职业特性以及当今国际公务员制度中存在的若干问题。① 有些国际组织还开展了员工胜任力模型研究,如联合国秘书处就开发建立了"联合国未来胜任力模型"作为联合国秘书处职员招聘和考核的重要依据。[2]基于"联合国未来胜任力模型",联合国工业发展组织[3]、国际知识产权组织[4]也开发了自己的胜任力模型。有些国际组织虽然没有建立起比较系统的胜任力模型,但它们强调了其理想职员的特点。不少中国学者通过典型人物传记的方式分享了国际组织需要的一些人才特质,但对于联合国系统中影响最大的专业机构的专业人才缺乏系统、实证的研究。本研究选取了 15 个联合国专门机构招聘网站 2012 年 3 月 1日至 2012 年 8 月 31 日期间发布的 674 份 P 职和 D 职的招聘说明书,然后采用最大差异抽样法(maximum variation sampling)[5],按照招聘机构类型、职级,共抽取了 134 份样本,进行编码分析。同时研究者还通过面对面或网络视频方式,选取了 6 名国际公务员和 2 名国际组织外部专家进行了半结构访谈。他们既熟悉国际组织的人才聘用标准,又亲身经历中国教育或对中国教育有一定的了解,其中有 2 位为外籍人士,其余 6 位均为中国人。访谈时间共计 366 分钟,录音脚本字数达 77 875 字。录音脚本与 134 份招聘说明书均导入 NVivo10,进行人类学内容分析法(ethnographic content analysis,简称 ECA),发现国际组织需要的人才应具备以下五方面的素养。

(二) 联合国专门机构专业人才的素养要求

1. 价值观——国际组织职员的内在文化认同

联合国诞生之初就怀揣着"维护世界和平,增进人类福利"的理想。这种理

---

① 如戈尔(S. L. Goel)等对国际公务员的起源和发展作了较为详细的介绍(具体参见 Goel ,S. L. (1984),International civil service principles practice and prospects. New Delhi:Sterling Pub, Private Ltd);亚当·罗伯特和本尼迪克特·金斯伯里(Adam Roberts & Benedict Kingsbury)等讨论了国际公务员民族性与独立性的两难选择(参见 Roberts,Adam & Kingsbury,Benedict. (1993),United Nations, Divided World:The UN's Roles in International Relations 2nd edition. New York:Oxford University Press Inc.);哈瑞·沙曼和艾捷特·巴纳吉(Murari R. Shama & Ajit M. Banerjee),威廉·米勒(William J. Miller)等讨论了国际公务员管理上面临的挑战(参见 Shama ,Murari R. & Banerjee,Ajit M. (2009). United Nations International Civil Service:Perceptions, Realities and Career Prospects, New Delhi:Academic Foundation 和 Miller,William J. (2011). Managing the Masses:Human Resource Management on a Global Scale. Public Administration Review)。

想在联合国随后的发展历史中留下了深深的烙印,并逐渐形成了正直、尊重多样、崇尚专业的价值观。这些价值观是国际公务员从事各项工作的原发动力,如果不能从根本上认同这些价值观念,就很难真正成长为一名优秀的国际公务员。

（1）正直

正直(integrity)是联合国所强调的三个核心价值观之一,经常出现在招聘说明书中。例如,在 134 份专门机构样本中,有 11 份直接提到了"正直"。日常生活中,"正直"常用来形容一个人公正无私、刚直坦率。但在联合国工作环境中,"正直"具体表现为三个方面:① 遵守国际公务员的行为标准,② 认同联合国的工作使命,③ 具备崇高的道德。早在 1954 年,国际公务员制度咨询委员会就编撰了《国际公务员行为标准》指导国际公务员的遴选与专业工作。2001年顺应时代发展的需要有所更新,共包括 50 条行为准则,分别从指导原则、工作关系、骚扰、利益冲突、与成员国的关系、与公众的关系、与媒体的关系、资料的利用与保护、安全与保障、外界活动与馈赠等各个方面详细说明了国际员工的行为准则。[5]从事人力资源管理工作的 E 女士也反映,大部分人选择留在国际组织工作的一个很重要的原因就是"使命感"。"我们每隔一年对员工作一次调查,问大家是否认同世行的使命、觉得在世行工作比较自豪,基本上 99％的员工都认同这个。"可见,认同联合国的工作使命是一个人选择并长期为联合国效力的根本动力。

（2）尊重多样

联合国系统是一个全球性机构,最大的特点就是其文化多样性,因此"尊重文化多样性"最为重要。在联合国驻华总部工作的 C 女士认为,在联合国中工作应该有一种"开放"的心态。"你不能拿你自己的那种固有的价值观念来衡量别人的反应……只有这样,你在处理事情上才能够比较公正,比较有效率。"此外,作为倡导性别平等的表率,联合国在招聘时特别重视女性地位,例如,在联合国工业发展组织的招聘说明书中,一般会注明"特别鼓励来自各会员国的女性申请职位"。联合国不仅每年的职员发展报告中都会单列出女性的相应数据,而且在职位晋升的过程中也会充分考虑女性的这一性别因素。

（3）崇尚专业

"崇尚专业"是联合国系统,特别是其中的专门机构所秉持的一项重要的价值观。大多数被访者选择在联合国工作,很重要的一个理由是联合国为他们提供了很好的专业发展环境。在联合国秘书处从事口译工作的 B 先生说,"如果说,口译工作有巅峰的话,我认为,联合国的口译工作可以算是一个巅峰。在联合国这样一个广阔的平台上会涉及很多不同的主题,从世界政治经济文化,包括像最新的科技发展和法律等,各种议题都会在联合国的论坛上出现。所以我觉得,联合国的翻译是一项非常有挑战性的工作,能够通过考试成为联合国的合格的翻译也是一件非常光荣的事情。"

2. 思维方式——国际组织员工的基本工作方式

联合国专门机构对于专业人员所强调的思维方式主要有三种:结果取向、客户取向和团队取向。其中,"结果取向"是最重要的工作取向,在 134 份专门机构样本中,共有 70 次强调员工要有"结果取向"的意识。

（1）结果取向

所谓"结果取向"就是指工作时必须目标明确,并能带领团队,保质保量地完成任务,如果遇到阻碍,就要想方设法克服困难,并能积极主动地承担任何后果。"结果取向"在世界银行中强调得尤为突出,是员工聘用和考核时的重要评价项目。从事人力资源管理工作的 F 女士所言:"世行的评价方式是基于结果的评估。每年我们作工作总结和下一年的工作计划时,都要讲在哪几个领域,你取得了哪些成绩? 不管事情多难,我们要看结果,办成还是没办成。"

（2）客户取向

所谓客户取向就是要始终把客户放在第一位,与客户接触,识别客户需求,满足客户需求并对客户反馈进行积极的回应。如 C 女士反映"比如说,要开展一个项目,你不能光说我们联合国想做这个事儿,我们怎么怎么样,你要知道与你合作的成员国的相关部门他们是怎么想的,整个的国家的宏观政策是什么样的。然后你要说服他,你怎么能帮他达到他想要的目标。"

（3）团队取向

团队合作在国际组织的日常工作中十分重要。如 F 女士所言"每一个事情,不是你个人的,而是一个团队合作的,因此要有团队精神……应该说,适应这种文化很容易,但是你要不断地补充你自己,不断地学习新的东西,掌握业务的规程和要求,然后把这些东西能够很好的组织在一起,更好地为我们的客户提供最佳的服务。因此,你和地方团队的合作就非常重要。"

3. 个性特质——国际组织员工的个人外交魅力

联合国专门机构专业人员需要具备六个方面的特质:灵活开放、抗压、外向、尽责、敏锐和注重细节。其中,"开放性"和"抗压性"是最重要的两种特质。在 134 份专门机构样本中,56 次提及国际员工必须具有"灵活开放"的特质,51 次提及要具备较强的"抗压"能力。

(1) 灵活开放

首先表现在处事灵活,如能够适应环境或工作上的变化,并对这种变化持欢迎态度,为人机智,对别人提出的要求能够作出迅速、有效的回应。专门机构还特别重视应聘者的创新特质。C 女士在工作中就是个喜爱创新的人。"我觉得可能也跟个人性格有关系,我不太喜欢总干一件事儿……假如说我必须上 6 次课的话,我比较喜欢上 6 门不同的,多开拓一些新的东西最好。"

(2) 抗压

联合国专业人员需要承受多种压力,体现在如下几个方面:能够同时担当多种任务,适应紧张的工作时间安排,能够适应出差、加班的工作,应对工作上的挑战,承担繁重的工作任务,并能迅速恢复工作状态。如对于在总部工作的 B 先生来说,日常的工作并不很忙,"一般是一个星期不会超过 7 场(口译)(约 21 个小时)"。但每到秋季联合国总部举行大会时,也必须要加班加点。联合国的工作看似高高在上,实际上工作环境常常很辛苦,有时甚至有生命危险。G 先生讲述了他自己在联合国的工作经历。"我记得 UNICEF 有一次让我去柬埔寨的乡村工作,当时战争还没有完全结束,很多联合国的工兵队都在排雷,金边的总部一直和我们保持着联系,告诉我们几号公路应该从左边走还是往右边走,以避免雷区。当时,联合国给我们买了好多保险,我们随时要做好受伤和牺牲的准备。"再如 D 女士还提到不断更换工作地点给家庭生活带来的不便,她说:"其实一名国际职员必须考虑是否能接受那种四年一换地方的工作方式,你的家庭是否支持你这种工作方式,有人各方面都符合条件,但是,考虑到这种工作方式,最后就放弃了。"

（3）外向

这也是国际员工必须具备的一种重要的特质，特别是要积极"主动"（initiative），134 份招聘说明书中 30 次提及这一概念。所谓主动就是不能凡事都被人驱动着进行。正如 B 先生所言，在联合国中工作要能"在需要的时候也必须知道如何去求助，知道自己怎样去求助，找谁去求助……联合国的工作方式就是如此，往往上级设立一个目标，要求你达到这一点，具体怎样达到这一点，就需要充分发挥你的各项能力。没有人要求你一定要做什么事情……没有人规定你几点钟必须做什么事情，都是你自己的安排，但是你必须朝着目标想尽各种办法。"此外，外向还表现在具有积极的态度、有信心和充沛的精力。

（4）尽责

这主要表现为负责、谨慎、可信并能保质保量完成工作。E 女士认为中国人"责任心是非常非常强的，这点至少是比很多国家的人有优势。因为中国人很爱面子，所以他一定会努力把事情做好。"

（5）敏锐

主要表现为对多样文化、性别和政治都要保持一定的敏锐感。如 C 女士提到，她在柬埔寨在编写外语培训教材时，就处处小心。"因为你是联合国的工作人员，你要特别注意这些问题……你举的例子是不是有政治上的倾向性？你为什么讲个中国的例子？没有讲新加坡的例子？"

（6）注重细节

这是国际组织员工专业素养的重要表现。如联合国发言人代表的甚至不仅仅是一个国家，而是联合国这个庞大、权威的国际组织，因此联合国也有自己的着装风格。联合国官员常着蓝色——蓝色条纹西装，白衬衣，红色丝绸领带。一次联合国秘书长安南的新闻发言人弗雷德里克·埃克哈德穿着这身陪同安南到普林斯顿大学演讲，埃克哈德走进办公室寻求帮助，一位院长的秘书抬头看到他，然后说，"噢，能表现出权威的衣服，我们这儿不常看到。"埃克哈德解释说，作为一个政治发言人，他处在新闻的中心，甚至能够制造新闻，人们会根据其外观来评价他和他的老板。[7]类似的例子在外交场合比比皆是。

4. 国际可迁移能力——国际组织员工的核心胜任力

所谓国际可迁移能力就是指不论在任何国家、任何职位从事任何工作都需具备的基本能力,联合国专门机构专业人员需要具备以下 6 个方面的国际可迁移技能:交流技能、人际交往与合作技能、计划与组织技能、科技技能、学习技能和管理技能。

(1) 交流技能

联合国专门机构在招聘时,经常要求或鼓励应聘者能够使用两种或以上语言进行交流。联合国六种官方工作语言(英语、法语、西班牙语、阿拉伯语、俄语、汉语)也基本上是联合国专门机构的工作语言。其中,英语、法语最为重要。此外,许多专门机构还设定了专属工作语言,例如,国际劳工组织的语言是"英语、法语、西班牙语",国际农业开发基金会的工作语言是"英语、阿拉伯语、法语、西班牙语",但仍然是在六种官方工作语言范围之内。除了语言和种类上的硬性要求之外,专业人员的其他交流能力更为重要,具体包括以下几个方面: ① 专门机构要求专业人员能够用口头、书面形式进行交流,而比较重要的口头交流形式包括协商、作口头报告、在公众面前演讲,另外还包括劝说、采访等技能。书面形式主要指能够撰写相关报告或文件。交流应该符合哪些标准? 专门机构认为,交流应是有效、清晰、简洁的,这是最重要的交流标准。另外,准确可信、能够阐释复杂的问题、易理解、及时、有吸引力、客观也是不容忽视的交流标准。② 专门机构专业人员的工作环境比较复杂,需要与不同的对象合作共事,他们必须能够与不同的对象进行交流。例如,与不同利益相关者交流(如国家机关人员、非政府组织工作者等)、与某组织高层人员进行"政策对话"(常见于世界银行和世界卫生组织招聘说明书)、与具有不同文化背景的人进行交流、与不同职位层级的人交流,还能就专业问题与非专业人士进行交流。③ 一个合格的交流者还需学会倾听。例如,专业人员可以在交流中需要尊重他人观点、并能够综合各种观点,可以通过提问去澄清问题并表示对于对方谈话的兴趣,能够正确理解他人的信息并作适当回应。

(2) 人际交往与合作技能

人际交往是合作的基础,在这一部分技能中也占有最显眼的位置。人际交往具有丰富的内涵,包括但不限于以下行为表现:具有一定的交往途径、能在多元环境下维持工作关系、信任他人、与机构内外的人保持联系、能够影响他人并了解一个人的行为对他人可能产生的影响。当然,人际交往的一个重要方面就是要具备合作精神和合作能力,能够与具有不同文化背景的人、多种利益相关者(如非政府组织、行业专家、政府人员)、与不同职位级别的工作人员合作(特别是高层人员)、与机构内外的人员合作、与来自不同学科背景的人合作。除此之外,专业人员需要能在合作中灵活地进行角色转换,既能够做领导、又能做队员,如既能独立工作、又能参与团队合作。

(3)计划与组织技能

主要包括战略性思考、分析、计划、资源调动与整合、时间管理、组织协调和付诸行动。D 女士在访谈中强调"组织协调能力"是国际公务员必须具备的一种能力。E 女士也提到了与计划与组织能力相似的"执行能力",她说,"我们重视执行能力,他是否能够执行,他之前的经验是否能够显示出他的执行能力,或者说能够推动事情发展的能力。"

(4)科技技能

大多数专门机构在招聘时都要求应聘者具备计算机素养,主要指能够使用办公软件或其他与职业有关的专业软件。但科技技能并不局限于对于计算机的使用,专门机构还要求专业人员积极地采取技能完成任务,跟得上现有技术的发展,还要了解技术的局限性。

(5)学习技能

主要包含分享知识、跟得上专业和职务上的新发展、寻求所需知识完成任务三个方面。如在世界银行工作的 E 女士在学习上有很大的驱动力。"我一进来的感受是自己能力不足,还有许多需要学习的地方。不管是语言能力、交流能力、人际交往能力,等等,都会觉得稍微有些不足,然后就会迫使自己去好好学习。国际组织是一种很锻炼人的平台……当然这个平台上也有很棒的人和事,你会从他们那里会学到很多的东西。"同时,联合国为新员工提供了非常丰富的学习资源,包括面对面的培训项目,主题涉略艾滋病、性别、伦理、旅行、急救等"多方面的内容。F 女士表示,"(世行)员工的培训非常多。因为我们同时号称是知识银行……非常重视自身的能力建设,每年有各种各样的培训,以新员工的培训为例,分为好几个层次,有办公室做的、有人力资源部做的、还有东亚区做的……对世行业务的培训也分为很多层次,比如入门的、低级的、中级的、高级的,我们内部各种各样的培训几乎每天都有。"除了传统的面对面培训,世界银行还为员工提供了一个内容丰富的网络信息平台、免费图书馆和相关的制度支持。世行内部还有一个"学习委员会"(Learning Committee),"世行的每一个人,包括秘书,明年想在哪几个方面学什么,申请多少钱,只要学习委员会通过,单位就给报销。"

（6）管理技能

这并不仅仅是具备管理职责的高级职员才应具备的能力,联合国专门机构各级职员都应具备这样的能力,主要表现为以下几个方面:建立和促进团队合作、决策、领导力、绩效管理技能、具备复杂环境下的管理见识、自我管理、受权和建立信任。比如就"决策能力"而言,E 女士表示:"我们特别重视这个判断力,因为我们每天都面临很多选择,需要作出判断。决策能力与技能不一样,技能是可以培养的,可以通过短期培训建立起来;而决策能力跟他的成长经历甚至是家庭的影响都有关系。"

5. 专业知识——国际组织员工的安身立命之本

联合国专门机构要求专业人员具备两类知识,一类是个人知识,即个人具有的与所从事的工作息息相关的专业知识、能力等;一类是组织知识,这类知识往往与工作环境有关。

（1）个人知识

常常表现为满足学历要求、满足经验要求、具备专业知识和专业能力、提供专业意见,有时还要具备多领域的知识和研究经验,某些岗位还要求应聘者是某行业的专家,有成果出版,有时还要求有教学经验。总的来说,联合国专门机构对于经济学、医学、管理学、工程学、法学、政治学、会计学方面的人才需求量较大。大多数职位要求应聘者至少具有硕士学位,但也有例外,万国邮政联盟发布的职位大多要求应聘者具备学士学位即可。联合国专门机构对于工作经验年限通常有相应的要求。大多数机构要求高级职员应聘者应具备至少 10 年的工作经验,要求中级职员应聘者具备至少 5～10 年的工作经验,要求初级职员应聘者具备至少 1～5 年的工作经验。联合国特别注重员工的专业背景,倾向于聘用某一专业领域的专家。如 A 先生所言"我博士研究作的就是发展研究,在博士阶段我研究了英国援助项目的一些影响,随后我在一所大学获得了教职,还是作教育和发展方面的研究。因此,英国一些政府部门会找我做事情,一些其他的机构也会让我做些事情,包括 UNESCO。"

（2）组织知识

大多数岗位都要求应聘者具备国际工作经验，通晓国际工作规则，如果应聘者曾经有在相关国家的工作经历，则会对应聘非常有帮助。如 A 先生说，"UNESCO，总部设在巴黎，当然它带有一些法国的特点。世界银行则是很典型的美国风，组织的行事方式与组织所在地特点有些相似。所以你的问题就是你怎样与美国人相处，怎样与法国人相处，怎样与英国人相处。"再如 E 女士介绍了世界银行的矩阵式管理及其相应工作规则。"我们的组织结构跟很多其他的国际组织是不一样的，因为世行强调项目为主的结构，所以我们是采用矩阵式。每个人都会有一个实线的团队，还有一个虚线的团队，实线的团队是你的直系上下级，虚线的团队是与你业务相关的平行部门，如果搞不清楚这个组织结构，员工的日常工作就会受到很多挑战。"另外，国家层面的工作经验（如曾在某国家机关工作）、与多种机构合作的工作经验（如非政府组织）也是非常具有吸引力。如 F 女士所言"世界银行的窗口单位是国家财政部、国家发改委和教育部。我在教育部有那么多年的工作经历，了解整个教育部的运行机制，政策过程，还有一些人脉关系，这一点很加分"。

（三）对我国国际化人才培养的启发

国际组织员工是当代国际化人才的典型代表，随着中国经济的快速发展和国际地位的不断提升，未来中国必然需要越来越多高质量的国际化人才为经济、社会和文化的发展服务。然而，国际化人才的培养不是一蹴而就的，应从小抓起，也不仅仅是开设几门外语或者"世界文化之旅"之类的国际理解课程，特别是在基础教育阶段更没有必要单独开辟一条道路专门培养国际化的人才。国际化人才应该与现有的人才培养体系有机结合，在日常的教育教学活动中不断提升学生的竞争力。以联合国专门机构专业人才的聘用标准为参照依据，我国人才培养有一些较为明显的传统优势，如个人基础知识扎实，正直、有责任心；但同时也有很多方面需要改进，如合作创新的思维方式、积极主动的工作态度等等。特别值得一提的是，我国目前的人才培养体系中对于学生的"国际可迁移能力"的培养还有待改进。当然，诸如组织、计划、决策、风险承担、人际交流、科技意识、学习意识这一系列的"国际可迁移能力"不是单独开设一门课程就能完成的，也不是传统的以"知识传授"为核心的教育形态所能达成的，需要一个新形态的教育思想来承载这些"可迁移能力"的实现。

　　国际组织的这一系列人才聘用标准其实反映的都是"全球胜任力"的思想内涵。因此,本研究认为有必要将"全球胜任力"(global competence)上升为未来我国国际化人才战略思考的高度,思考当下中国教育国际化,特别是基础教育国际化的发展方向。尽管近年来,我国基础教育国际化的发展速度飞快,各学校积极地引进国际优质教育资源,开展丰富多彩的国际教育交流与合作活动,不少学校开设 AP 课程、IB 课程、A-Level 课程,但"判断学校课程是否国际化不应将引进多少国际课程作为评价的唯一标准,而应给学生多样化的选择和国际理解的机会;要强调课程的高选择性、现代性和探究性,突出学科前沿知识、交叉内容、边缘学科和新兴学科领域的知识。"[8]为此,研究者提出以下几点意见:① 将"全球胜任力"的概念纳入到学校人才培养目标的体系之中;② 充分创设各类"微课程"资源,利用各种活动教育形式来培养学生的"国际可迁移能力";③ 将"全球胜任力"的内涵融入到各级各类的课程实施与课堂教学活动中;④ 全面提升教师的"全球胜任力"意识;⑤ 改革现有的评价标准和评价方式,将"全球胜任力"的元素融入其中。

参考文献

　　[1] UN General Assembly Secretary-General. Composition of the Secretariat: Staff Demographics[A/68/356][R/OL]. http://daccess-dds-ny. un. org/doc/UNDOC/GEN/N13/462/86/PDF/N1346286. pdf? OpenElement 2014—05—12.

　　[2] 滕珺,曲梅. 联合国未来胜任力模型分析及其启示[J]. 中国教育学刊. 2013(3):5—7.

　　[3] UNIDO. UNIDO Competencies Part One: Strenging Organizational Core Values and Managerial Capabilities[EB/OL]. http://www. unido. org/fileadmin/media/documents/pdf/Employment/UNIDO-Competency Model-Part 1. pdf. [2011—11—25].

　　[4] WIPO. Our Competency Model [EB/OL]. http://www. wipo. int/erecruitment/en/competency. html. [2011—11—25].

　　[5] Johnson, B. & Christensen, L. Educational Research Fourth Edi-

tion: Quantitative, Qualitative and Mixed Approaches [M]. California: SAGE Publications, Inc.: 236.

[6] 国际公务员制度委员会. 国际公务员行为标准[EB/OL]. http://icsc. un. org/resources/pdfs/general/standardsC. pdf，[2013—11—02].

[7] [美]弗雷德里克·埃克哈德著. 为联合国发言[M]. 浙江大学出版社，2010. 6—7.

[8] 周满生. 基础教育国际化的若干思考[J]. 教育研究，2013(1):68.

（本文发表于《比较教育研究》2014 年 10 期。作者滕珺、曲梅、朱晓玲、张婷婷，时属单位为北京师范大学国际与比较教育研究院）

人员流动与跨文化教育

一、美国的留学生教育现状及其比较研究

本文拟介绍美国留学生教育现状,分析影响外国留学生未来进一步流入美国的因素。除了众所周知的美国经济发达、科技先进以及各派遣国的政治经济等客观因素以外,本文着重分析美国联邦政府及高等院校所采取的吸引留学生的政策。尽管现在有许多国家采取措施竞相招收外国留学生,然而,在今后许多年内,美国仍将是世界上接受留学生最多的国家。

(一)美国留学生教育的现状

"二战"结束以来,美国一直是世界上接受留学生最多的国家。根据美国国际教育协会最新出版的"门户开放:1994～1995"统计表明,1994～1995 学年度,有 452 635 名外国留学生在美国 2 758 所高等院校学习[1]。笔者将根据在美国学习的留学生的国别、院校分布、专业领域及其层次,分析美国留学生教育的现状并进行比较研究。

1. 留美外国留学生的地区及国别

留美外国留学生几乎来自世界各国。在过去的 40 年中,赴美求学的外国留学生数稳步增加,留学生的国别却不断变化,往往是此起彼伏,纷繁交错(表 1)。

世界上每一个地区都向美国派遣了大量的留学生,只是各个国家所派留学生的比例在不断变化。

80 年代中期以来,一半以上的在美外国留学生来自亚洲国家,1994～1995学年度,亚洲在美留学生占 57.8%,这些学生主要来自中国、日本、中国台北、印度、韩国,依次排列。1954～1955 年度,亚洲在美留学生仅占 29.7%,当时拉丁美洲及加拿大分别占 24.7% 及 13.8%,而现在已降至 11.8% 及 4.6%。

东欧及前苏联诸共和国已成为美国招收留学生的新来源。例如,1994~1995学年度,俄罗斯向美国派出4 832名留学生,是前一年的3倍多。东欧及前苏联其他共和国也向美国派出了更多的留学生,1994~1995学年度,哈萨克斯坦向美国派出267名留学生,前一年仅为40人;乌克兰派出792人,前一年为313人。

表1 1954~1955 至 1994~1995 赴美外国留学生所属地区

	1954~1955	1964~1965	1974~1975	1984~1985	1994~1995
非洲					
留学生数	1 234	6 855	18 400	39 520	20 821
百分比	3.6	8.4	11.9	11.6	4.6
亚洲					
留学生数	10 175	30 640	58 460	143 680	261 623
百分比	29.7	37.4	37.8	42.0	57.8
欧洲					
留学生数	5 205	10 108	13 740	33 350	64 727
百分比	15.2	12.3	8.9	9.7	14.3
拉丁美洲					
留学生数	8 446	13 657	26 270	48 560	47 074
百分比	24.7	16.6	17.0	14.2	10.4
中东					
留学生数	4 079	9 977	23 910	56 580	30 327
百分比	11.9	12.1	15.5	16.5	6.7
北美					
留学生数	4 714	9 338	8 630	15 960	23 537
百分比	13.8	11.4	5.6	4.7	5.2
大洋洲					
留学生数	337	1 265	2 650	4 190	4 526
百分比	1.0	1.5	1.7	1.2	1.0
总人数	34 232	82 045	154 580	342 110	452 635

注:根据"门户开放"1990~1991,1994~1995编制。

注:本表所列学生总数包含国籍不明者。

世界各国在利用美国高等教育方面的差异很大。通过比较我们可以发现，90年代初，在美国高校中最多的是中国学生。同样，在中国出国留学生中，70.8%在美国。作为其亚洲政策的一部分，澳大利亚正在努力吸引更多的中国留学生，目前有14.9%的中国出国留学生赴澳大利亚学习。此外，欧洲国家主要集中精力扩大双边交流，他们没有力量招收更多的中国留学生。

中国赴美留学生绝大多数攻读研究生（82%），大约25%的中国赴美本科生攻读商学。中国留美研究生主要攻读自然科学（33%研究生阶段）工程类特别是电力工程（21%）、数学及计算机科学（14%）。这些专业加起来吸收了三分之二的中国留学生。当美国合格的申请者人数减少之际，这些留学生支撑了许多大学的自然科学及工程学系。如果没有中国学生，对美国高等教育将是沉重的打击。

日本留学生组成了在美外国留学生的第二大群体，他们发展很快。1994～1995学年度，日本在美外国留学生总数中跃居首位，为45 276人；中国退居第二，为39 403人。他们学习的方式与中国学生及其他外国留学生不一样。商业管理专业一直是日本学生最喜欢的专业，但是对美国商业训练感兴趣的学生数正在减少。他们对工程学的兴趣也已衰退。许多日本学生认为美国大学在这方面没有更多可以传授给他们的。日本学生赴海外学习的模式在许多方面与美国学生相似。他们来美国是为了语言训练，加深对这个国家的了解，而不是学业的进步。他们喜欢集中于美国几所院校，特别是那些与日本有校际关系的院校，一般是全自费，并集中于高校校园内以便相互支持。美元与日元比值的变化使得日本学生在美国生活更加容易。未来日美学生交流值得美国注意，事实上，美国已作出努力以促进两国间的学生交流[2]。

非洲学生已几乎从美国的外国留学生中消失。过去10年中，美国的国际发展机构削减培训拨款，导致美国的非洲留学生锐减。未来美国的非洲留学生将进一步减少。在过去几十年中，非洲大学与美国高校所建立起来的某种联系已逐渐中断。这一方面归咎于这些院校自身内部的变化，另一方面是由于美国高校寻求全自费外国留学生。

拉丁美洲问题研究专家认为,美国与拉美国家的留学生交流将保持现有规模。目前,拉丁美洲留学生占所有在美外国留学生的八分之一。传统上,拉丁美洲富裕家庭送子女去美国攻读学位,这是拉美学生赴美的主要形式,这一形式将保持下去。

伊朗及沙特阿拉伯是中东两个主要留学生派遣国。然而,自石油输出国组织的影响高峰期之后,这两个国家的留学生迅速递减,而且这一锐减趋势将持续下去。在埃及政府支持下,埃及学生不断流入美国。1994~1995 学年度,埃及在美留学生为 1 577 人。事实上,埃及主要是利用富布赖特项目派遣博士后学者赴美国攻读。赴美攻读的埃及学生主要是自费或由政府资助,这些学生往往比较成熟,他们来美作短期学习,选择收费适中的院校。1994~1995 学年度,以色列留美学生只有 2 692 名学生,不可能有大批学生涌入美国学习。

2. 留美外国留学生的院校分布。

1994~1995 学年度,美国的 3 546 所高等院校中有 2 758 所有外国留学生。不同国家的学生选择在美国不同地区求学——亚洲学生一般去西海岸、东部及北部;拉美的学生一般去南部及西南部;斯堪的纳维亚半岛的学生愿意去威斯康星及明尼苏达求学。美国学生集中的院校,外国学生也愿意去。

1994~1995 学年度,美国最好的 10 所院校招收的外国留学生占全国所有留学生的 8.3%,最好的 20 所院校占了 14%。1990~1991 学年度,美国最好的 10 所院校招收的外国留学生占全国所有留学生的 8.8%,最好的 20 所院校招了 14.6%。美国最好的院校招收的留学生比率不是在上升而是在下降。1984~1985 学年度,美国最好的 10 院校招收的外国留学生是全国所有留学生的 21.4%,最好的 20 所院校招了 27.4%。外国留学生的院校分布源于派遣国政策的倾斜,马来西亚政府在率先与南伊利诺斯大学、卡邦代尔主校区建立关系之后,着意把他们的学生派往到更多的美国院校。

当然,美国各大学招收的外国留学生人数差距很大。表2选择了1954～1955年度以来,一些主要年份留学生最多的几个院校。最引人注目的是在这些年份中接受外国留学生最多的院校学生的变化。总的说来,有博士学位授予的院校留学生数较多。

表2　1954～1955 至 1994～1995 **美国十所留学生最多的院校**

1954～1955		1964～1965	
院校名称	人数	院校名称	人数
哥伦比亚大学,巴纳德学院及师范学院	1 254	纽约大学	2 986
纽约大学	946	加州大学伯克莱分校	2 588
密执安大学,安阿巴主校区	810	哥伦比亚大学,巴纳德学院及师范学院	2 353
加州大学伯克莱分校	798	威斯康星·麦迪逊大学	1 290
哈佛大学	721	霍华德大学	1 258
伊利诺斯大学芝加哥主校区	594	宾夕法尼亚大学	1 232
南加州大学	569	密执安大学,安阿巴主校区	1 181
明尼苏达大学明尼阿波利斯校区	530	明尼苏达大学双城分校	1 149
康纳尔大学	488	伊利诺斯大学厄巴拉分校	1 137
威斯康星·麦迪逊大学	477	哈佛大学	1 054
1974～1975		1984～1985	
院校名称	人数	院校名称	人数
南加州大学	2 111	迈阿密溪谷社区学院	4 316
霍华德大学	2 066	南加州大学	3 761
哥伦比亚大学,巴纳德学院及师范学院	1 905	得克萨斯大学奥斯汀分校	3 286
威斯康星·麦迪逊大学	1 869	威斯康星·麦迪逊大学	2 901
明尼苏达大学双城分校	1 679	哥伦比亚大学,巴纳德学院及范学院	2 773
加州大学伯克莱分校	1 571	俄亥俄州立大学主校园	2 606
得克萨斯大学奥斯汀分校	1 533	北得克萨斯州立大学	2 570
迈阿密溪谷社区学院	1 485	南伊利诺斯大学卡邦代尔分校	2 565
纽约大学	1 474	波士顿大学	2 462
哈佛大学	1 414	休斯敦大学主校园	2 424

（续表）

1990～1991		1994～1995	
院校名称	人数	院校名称	人数
迈阿密溪谷社区学院	5 757	波士顿大学	4 734
南加州大学	3 886	南加州大学	4 259
得克萨斯大学奥汀分校	3 867	威斯康星·麦迪逊大学	3 964
波士顿大学	3 633	纽约大学	3 832
威斯康星·麦迪逊大学	3 565	俄亥俄州立大学主校园	3 760
宾夕法尼亚大学	3 122	得克萨斯大学奥斯汀分校	3 753
哥伦比亚大学	3 077	哥伦比亚大学	3 644
俄亥俄州立大学主校园	3 021	哈佛大学	3 410
伊利诺斯大学香槟分校	2 967	宾夕法尼亚大学	3 168
加州大学洛杉矶分校	2 921	伊利诺斯大学香槟分校	3 064

　　注:本表根据"门户开放"1990～1991. 　1994～1995 编制。

　　留学生如此分布的状况能够持续下去吗？说句实话,没有人说得清。因为这种分布绝大部分取决于学生个人的选择,因此在提出这个问题之前,必须有学生为什么选择这些院校的系统信息,但这样的信息实在太少。留学生在院校中的广泛分布是学生流动中最显著的特点。

　　如果考虑一下外国留学生流动的减少会带来什么样的变化,这也许是有建设性意义的。知名院校总是有超过他们所能接受的申请者。由于现在美国各院校之间联系广泛,同时,外国人又对美国院校的差异缺乏了解,故难以估计外国留学生分布情况。外国留学生数的急增,更难以预料留学生的分布状况。

　　必须强调的是对于大多数美国院校来说,招收留学生并不是个问题,申请者远远超过被录取者。校方也只能控制学生流入的一部分,因为招生办公室主要控制本科生的流入,研究生的招生主要是系及学院决定而不是招生办。总的来说,留学生流入的决定因素取决于学生的意愿、院校的接受能力以及派遣国的情况。

　　3. 留美外国留学生的专业领域

　　绝大多数的外国留学生来美国并不是为了学习人文科学及纯科学学科,是为了接受商业、工程学、物理学、数学及计算机科学等方面的训练。学习这些领域的外国留学生占外国留学生总数的 56%。1994～1995 学年度统计表明,商学仍是外国留学生最青睐的专业。如果把那些纯粹学习语言者也加进去,这将包括三分之二以上学生。随着为最不发达国家培养留学技术人员的减少,现在只有2%的外国留学生接受农业方面的训练,3%的外国留学生接受教育学方面的训练。很显然,美国先进的科学技术吸引了绝大多数的外国留学生。

表3表明,外国留学生在研究生阶段主要是接受科学及技术方面的教育,本科阶段主要是商业方面的训练,研究生中学习工程类的人数最多。这一倾向在博士阶段也很明显。国家研究会的资料表明,这一倾向持续不变,呈上升趋势。外国留学生之所以选择这些专业,不仅因为他们追求实用学位,还因为美国大学在这些领域处于世界领先地位。许多观察家认为,美国的这种声誉正逐渐下降。

表3　1990～1991学年赴美留学生所学专业(%)

专业领域	学生层次		
	本科生	研究生	其它
农学	0.9%	3.5%	0.1%
商业及管理	26.5	14.7	7.2
教育学	1.9	4.6	1.1
工程学	15.3	23.0	5.0
美术及应用美术	5.5	3.8	3.0
卫生科学	3.5	4.7	2.2
人文科学	2.2	6.2	1.1
数学及计算机	9.1	10.4	2.9
自然科学及生命科学	4.6	14.2	1.9
社会科学	6.5	9.5	1.7
其它	13.0	4.4	4.4
英语语言	0.1	1.0	59.7
不明者	10.6	0.0	9.7
总数	100.0	100.0	100.0

注:本表根据"门户开放"1990～1991编制。

4. 留美外国留学生的层次

美国一些院校限制外国留学生本科生的招生数。一些州立大学,例如加州大学系统的一些院校,招收外国留学生本科生与招收外州学生受同样规则的制约。在加州大学系统的大多数学院中,外国留学生本科生占所有本科生的一小部分。

世界上一些国家和地区主要向美国派遣本科生。许多加勒比海及中美洲国家、除新加坡、台湾和香港地区之外的东南亚国家、撒哈拉沙漠以南的非洲国家以及中东的土耳其仍向美国派出大量本科生。亚洲国家主要向美国派遣研究生,而拉丁美洲国家正相反,主要派遣本科生。总的印象是,如果一个国家缺少知名的高等院校,它将向美国大量派遣留学生;如果本国有实力强劲的知名高等院校,而且这些院校的毕业生能获得好的工作机会,学生及资助者都不会觉得美国的大学文科教育有吸引力。实际上,在许多这样的国家,文科教育一般在高中阶段进行,大学阶段学习更加专业化。美国文科教育不足以作为求职教育的一部分。

未来的本科留学生教育的情形将如何?从长远来看,随着各国本科生教育的发展,毕业生取得好的工作机会的渠道畅通,本科生赴美留学的人数将大大减少。然而,要下这一结论需十分慎重。

我们注意到,香港本土的本科生教育已有很大发展,可是,申请来美攻读第一学位的香港居民不是减少而是逐渐增多。1965年,香港的两所大学只能提供1 000个第一学位的就读机会(只占同龄人的2%)。1990~1991学年度,香港大学及工学院经费管理委员会所资助的5所第三阶段教育院校提供了7 250个第一学年第一学位的就读机会,占同龄人的8.5%。到1994年,政府计划扩大一倍,增加到15 000个,为18%的这一年龄段人提供受教育机会[3]。与此同时,1991年7至12月,美国驻香港总领事馆签发的留学生签证比上一年同一时期增加了10%。

美国本科留学生教育的扩大有赖于马来西亚、印度尼西亚以及中国台湾省等国家及地区市场的出现,这些国家及地区自身的教育资源很有限,有需要受西方教育的精英阶层存在。这些国家及地区的政府及其殷实之家,有经济能力把学生送到美国,因为80%的本科留学生是自费或家庭资助,5%的学生是由母国政府资助。美国越来越多的院校倾向于招收全自费外国留学生。

外国研究生中博士生的增加特别明显。国家研究会的报告表明,"在 1960 至 1989 年之间,非美国公民获得博士学位者从 1976 名上升至 8 195 名,增加了 3 倍多"。在美国人对博士学位的追求锐减之际,外国博士生人数激增。正如鲍恩及鲁登斯廷所指出的:"自 1980 年以来,外国博士学位获得者数目的激增正好抵消了同一时期美国博士学位获得者数量的递减。自 1980 年以来,博士学位获得者数目的基本稳定是一种误解。美国公民在各学科取得博士学位的人数直至 1986 年一直在递减"。[4]国家研究会的数据表明这种锐减一直持续到 1989 年[5]。

博士教育只反映了研究生教育的一部分,它不包含职业及应用教育,也不包括那些不攻读博士学位者。如果把这些也加进去,可以显示出外国留学生对美国的研究生教育是何等重要。外国学生在研究生中所占比例是引人注目的。纽约州 19 所有博士学位授予权的大学中,外国留学生在研究生中所占比例为 12%,这比本科生中外国留学生所占比例的两倍还多。在那些研究型大学中,外国留学生在研究生中所占比例更高。上述 19 所大学,外国留学生研究生与本科生之比为 3∶10;加州大学长滩分校外国留学生研究生与本科生之比也是 3∶10;加州大学系统内,外国留学生研究生与本科生之比为 2.5∶1;宾州大学外国留学生研究生与本科生之比为 3∶1;美国常春藤联合会会员院校外国留学生研究生与本科生之比为 4.3∶1。

(二) 外国留学生与美国经济

当人们谈到美国的对外出口时,主要指的是实物出口。出口对于美国公民来说是工作机会及经济利益。粗略算来,每 10 亿美元出口可创造 16 000～17 000个就业机会,每出口 6 万美元创造一个工作机会。教育是美国少数几个呈上升趋势的出口项目。美国高等院校已成为美国第五大从海外获取利益的行业。

1993 年,外国留学生的学费对美国经济贡献是 68 亿美元(比 1992 年增加 10%,是 1986 年的 2 倍),1994～1995 学年度为 70 亿美元。更为重要的是,美国商业部的最新数据表明,外国留学生每年在美的消费增加 5 个亿。除了 68

亿的学费收入外,美国政府估计外国留学生在美国城市及大学花费了 38 个亿。因此,外国留学生对美国整个产值、美国人的收入及就业作出了巨大的贡献。

许多论述留学生流入的经济方面的论著。[6]都强调外国留学生学费收入的重要性,这是留学生给美国社会所带来的额外经济收入,美国一些作者甚至论证说大学应低收费以鼓励学生来美求学。另一方面,一些州政府认为外国留学生应与外州学生同样付学费。事实上,正是类似的政策破坏了外国留学生流入英国。澳大利亚把所收的留学生费用的一部分用于补贴外国留学生,表明了一种温和的政策。

在过去五年中,没有外来资助的外国留学生一直占外国留学生的 67%,1994~1995 学年度为 68.4%。与派遣国负责国际交流的官员交谈表明,对新近富裕起来的亚洲国家、拉丁美洲富裕家庭来说,美国的高等教育是十分昂贵的。欧洲国家的大学官员及学生表示美国的大学不断上涨的学习费用是个问题。其次,如果现在欧洲国家实行的把助学金改为贷款的政策继续下去,美国大学的高额费用将成为一个沉重负担。再者,如果美国政府进一步加强对外国留学生个人所得征税,人们将难以估计此政策对留学生流入美国造成什么样的影响。

目前,美国高校在改变招生及入学政策,着眼于那些全自费、不对学校提经济要求的学生。这一政策转变使得以下这一倾向更加明显:来自贫穷的非洲、亚洲及一些发展中国家的学生逐渐减少。

(三)制约外国留学流入美国的因素

美国国际教育协会 1994~1995 学年的统计数字表明,在美国高等院校注册的外国留学生有 452 635 人。这个数字比 1960~1961 年的 53 107 人增长了752%。然而,年度增长并不均衡,有些年度增长率降至 1%,1994~1995 学年比上一年只增加了 0.6%,而亚洲学生比前一年有所减少,这是近 20 年来的第一次。爆炸性的增长如 1970 年比 1960 年增长 172%;1980 年比 1970 年增长125%;可是 1990 年比 1980 年只增长 25%;1994~1995 学年比 1990~1991 只增长 11%。在过去的 5 年中,美国外国留学生数的增长比八十年代慢得多。

1960~1961 学年度,美国高校中外国留学生只占全体学生总数的 1.4%;

而 1990～1991 学年度,外国留学生占 2.9％;1994～1995 学年度,外国留学生占约 3％。尽管外国留学生数逐年增长,他们在美国高等教育中的比例仍然只占一小部分。

制约外国留学生流入美国主要有以下几个因素:

1. 许多国家都极力扩大招收留学生[7]。欧洲的法国对其前殖民地及其他欧洲国家一直很有吸引力,其优势在于招收高技术及高质量的学生。法国社会所关注的是如何管理从其前殖民地涌入法国的移民,要尽快扩大留学生数量并不太可能。80 年代,法国的外国留学生一般保持在 12 万人,这其中一多半来自非洲。法国人的本土心理制约留学生的流入。另一方面,1985 年至 1989 年间从欧共体其他国家去法国的留学生增加了 39％。

目前,德国正在尽力招收更多的留学生,特别是高科技领域的外国留学生。传统上,德国主要从希腊、奥地利、土耳其、美国、伊朗及韩国招收留学生。德国因其从前在印度尼西亚有经济及教育投资,也从印尼吸收留学生。尽管如此,德国要求其学生掌握英语以便在国际大家庭中能行动自由。东欧的许多地区都以德语为其交流的语言,德国亦将在这一地区扩大招生。此外,德国正在加紧扩大德语的影响力,以便使更多的外国留学生适应在德国的学习。

多年来,英国一直是一个有巨大潜力的国家,特别是在吸引英联邦国家的学生方面。然而 70 年代末、80 年代初以来,英联邦内部学生交流锐减,这主要是因为英国政府引入价格双轨制,要求外国留学生支付全部学习费用,实行"全费政策"。这一政策立即抑制了留学生的流入。事实上,仅就马来西亚而言,美国是这一政策的得益者。马来西亚经历了一个大量派出留学生的阶段,派出了 3 000 名留学生赴美国 541 所院校学习[8]。英联邦国家内部反对双轨制价格政策的呼声十分强烈,英国政府不得不恢复给予英联邦国家中最不发达国家的奖学金项目。在过去的五六年中,英国政府及院校采取新的政策及措施,招收了更多的外国留学生。

有两个国家与美国竞争招收亚洲留学生,一个是澳大利亚,自 80 年代后期起,加紧在亚洲国家招收外国留学生;一个是日本,一直在亚洲国家招收留学生。两国政府都明确认可扩大招收外国留学生。澳大利亚政府正在实行一种政策,用外国留学生的学费收入设立"平等与优异奖学金项目",以便招收更多的外国留学生。澳大利亚招收留学生的政策颇有成效,1993 年,澳大利亚高校57.6 万学生中,有外国留学生 61 013 人,占全体学生的 10.6%。日本有雄心勃勃的招收外国留学生特别是亚洲学生的计划,这一计划得到政府基金的有力资助。1991 年,在日本留学的外国学生有 4.5 万,到 20 世纪末,日本政府计划招收 10 万外国留学生。

2. 美国院校经费缺乏,无力资助外国留学生。美国源于经济压力,许多院校不愿意资助外国留学生特别是本科层次的外国留学生。海外招生团的报告表明,越来越多的院校只是对全自费的学生有兴趣。招生团常去那些父母能支付子女教育费用的富裕国家和地区,招生路线是日本、香港、韩国、台湾,甚至包括泰国及印度尼西亚。招生团的路线不包括印度、巴基斯坦、斯里兰卡及其他一些发展中国家,那里的"全自费"生源很有限。

3. 随着学成回国的发展中国家留学生的逐渐增多,发展中国家的教育体制得到发展和完善,培养人才的能力增强,使这些国家逐渐立足本国培养人才,减少向美国输送留学生。

4. 一些发展中国家经济迅速发展,给受过高等教育的人提供了更好的就业机会,使得许多人不再急于来美国攻读学位。1994~1995 年中国赴美留学生比上一年减少了 11.2%,这是因为中国近年来经济迅速发展,国内有很多机会,留学不再是唯一出路。

(四) 美国留学生教育的未来展望

伦敦大学教育学院莫里·伍德尔在评价大量学生涌入美国这一现象时,曾经指出:"这源于派遣国政策的变化,而不是美国留学生政策的任何改变"[9],然而,有些变化与派遣国无关,却与其他接受国有关。

在预测未来留学生招生情况时,切记美国不是唯一留学生输入国。传统的流动方式是殖民地国家的学生流向宗主国的大学。法国、英国、哥斯达黎加及印度在传统上起到了为本地区其他国家培养大学生的作用。未来学生流向美国的趋势,将在很大程度上取决于这一传统教育联系框架内所发生的变化。

目前,美国接受全世界在国外高校学习的 1 127 387 名外国留学生总数的35%,所占比例比其他国家高得多(法国 13.7%,德国 10%,加拿大 3.1%)。

美国在未来国际学生市场的吸引力不仅取决于传统模式,而且受到地区性交流协议及一些国家十分成功的交流政策的挑战,例如澳大利亚、德国及日本。然而,所有这些协议及活动都是地区性的,而不是世界范围的。

笔者认为,在今后许多年内,美国仍将是世界上接受留学生最多的国家,这主要有以下原因:

1. 除了对其他国家及地区的影响之外,美国的高等教育自身很有魅力,这是由于美国高等教育的高投入使其具有很大的吸引力。

2. 美国高等教育因其相对的投入、众多不同种类及层次的院校,及其较大的开放性使其在国际留学生教育中占有重要地位。其他国家的高校很少能象美国高校那样多样化并对留学生如此开放。

3. 美国高等教育的另一个显著特点是研究生教育与本科教育分离。在美国,学生不需要、许多院校也不同意学生同时接受本科教育及研究生教育。此外,英语作为世界语的作用也不可低估,在那些英语不作为教学语言的国家,学生也必须学习英语,这对美国十分有利。

4. 为了招收优秀生,美国许多研究机构在理科及数学学科方面越来越依赖外国留学生。有关未来外国研究生的流向问题是各大学校长及系主任考虑最多的。缺乏合格的美国学生申请者以及美国学生在数学及理科方面准备不足都是研究生院所考虑的因素。为了更好地服务于科学并为将来的研究队伍培养合格的人才,研究生院的教授们认为在理科及工程类学科必须录取最好的学生,最好的学生往往是外国留学生。

美国许多科学及工程类系科的教授普遍认为,他们吸引高质量学生的声誉及能力有赖于他们现在所培养的学生质量。这种状况在高级研究阶段特别明显,因为许多外国留学生在第一、二年的助研及博士后阶段之后,不能再享受美国政府的资助。这些受过专业训练的劳动大军是成功研究的后备军。反过来,这又将决定系科成员及系科自身的影响。正如一位自然科学系主任所说:“最好的学生阅读国际定期杂志来决定选择哪所院校。由于设备陈旧,我们已经处于困难境地。降低研究生教学质量将是灾难性的。”在自然科学及工程类系科,外国留学生的重要性超过了数字所能列举的。如果没有外国留学生的流动,美国最好的研究生系科的培训及研究能力将会处于严重危机之中。因此,美国许多大学及研究机构都愿意设立一定数量的奖学金项目,以便招收优秀的外国留学生。

注释

[1] A 38 The Chronicle of Higher Education. Nov. 10, 1995.

[2] Norman J. Peterson and John Skillman, Shifting the Balance: Increasing U. S. Undergraduates in Japan, A report to Culcon, 1992.

[3] Marsha lee, IIE advis or in Hong Kong.

[4] William G. Brow m and Neil l. Rudens tine, In Purs ui t of th e PHD(Princeton, N J: Princeton University Press, 1992), 28.

[5] Delotes H. Thurgood and Joanne M. Weinm an, Summary Report 1989: Doctorate Recipients from United States Universities. National Research Council, Office of Science and Engineering personnel (Washington, DC: National Academy Press, 1990), 56.

[6] See, for instance, Committee on Foreign Students and Institutional Policy, Foreign Studen ts and Institutional Policy, Chapter 4; Donald G. Ehrensberg, "The Flow of New Doctorates" Journal of Economic Literatu re 30 (June 1992), pp 830—875; John Fielden and Hew Dalrymple, "Flexibility in Setting Fees" in Williams, Kenyon, and Willi ams, Readings in Overs eas Student Policy, P115—120; C. D. Throsby, "The Financial Impact of Foreign Students Enronllments" Higher Education 21 (April 1991), 351—358.

[7] For a review of the exchange policies of Great Britain, France, Germany, Japan, Australia, and Canada, see Alice Chandler, Oblig ation or Opportunity: Foreign Student Policy in Six Major Receiving Countries (New York: Institute of Intrnational Education, 1989).

[8] Report on Malaysian Students Entering U. S. Educational Institutions —1987(Kuala Lum pur: Mlaysian—American Commission on Educational Exchnge, 1987). 3.

［9］Maureen Woodall，"Government Policy Toward Overseas Students：An International Pers pective" in Gareth Williams，Martin Kenyon，Lynn Williams，eds，Readings in Ov rs eas Studen ts Policy（Lond on：Overs eas Students Trust，1987），29.

参考文献

［1］The Chronicle of Higher Education. Nov. 10，1995

［2］International Challenges to American Colleges and Universities［M］，1995，By American Council on Education and The Oryx Press.

［3］Open Doors 1990～1991，1991～1992，1992～1993，1993～1994，1994～1995.

（本文发表于《比较教育研究》1997 年 4 期。作者夏亚峰，时属单位为中国驻美使馆教育处）

二、WTO 与我国的留学低龄化

改革开放以来,在政府"支持留学、鼓励回国、来去自由"方针的指引下,我国成了世界上最大的留学生派出国。到 2001 年,出国留学人数累计已将近 46 万,其中回国者约占三分之一。他们对祖国的社会主义建设作出了巨大贡献,社会各界对此普遍给予充分的认同与肯定。然而,近几年来,随着经济全球化浪潮的汹涌到来,我国留学生出现了低龄化的现象。据统计,近 3 年来,18 岁以下的少年留学生每年以 40% 的速度增长,其中甚至有 10 岁左右的"娃娃留学生"。仅北京自费低龄留学生就有 1 000 人左右。[1]毫无疑问,随着中国加入 WTO 和经济的全球化,这种现象将有增无减。对此,很多人表示担忧并提出了异议。政府有关部门甚至作出了禁止义务教育阶段学生出国留学的规定。

那么,应当怎样认识和处理低龄学生的留学问题? 西方人才国际流动经济学对成人留学和人才国际流动进行了较深入的分析。尽管少年留学与成人留学有许多不同之处,但并无本质的区别。本文将运用西方人才国际流动经济学的一些基本理论,对低龄留学问题从理论与实践的结合上进行探讨。

(一) 低龄出国留学的动因分析

西方专家们指出,普通移民、大学生出国留学和高级人才外流的动机是复杂的、多种多样的。然而,他们最基本的出发点不外乎以下四个方面:更高的收入;更好、更多的学习和专业发展机会;更高的生活水平;更适宜的学习和工作条件。移民者将对不同国家中这四种因素中的每一个进行比较和分析,以便选择自己的外流地点。另外,个人爱好、环境状况以及迁移费和迁入国的生活、学习费用等,也对个人流向抉择有重要影响。当然,不同学科的专家对影响人才流动因素分析的侧重点和结论并不相同。比如,社会学家在调查时发现,外流人员大都把寻求良好专业发展机会作为流动的首要目的,而认为生活条件好坏和收入多少相对说来并不那么重要。经济学家认为,人才流出的首要动机是获取更多的收入,享受更美好的生活。[2]

低龄者指未成年的孩子,他们出国留学与人才流出是有区别的,其动机与成人外流也并不完全相同。但是,据调查,低龄留学的直接目的大多是为了数年后能在迁入国接受高等教育,即低龄留学是成人留学的准备阶段。实践已经证明,发展中国家的青年学子自费到发达国家留学,其中的许多人甚至大部分人是将其作为毕业后留在该国定居和工作的敲门砖或入门卡。因此,尽管不少低龄留学者的家长声称,他们的孩子出国是因为国内教育比较落后,想到国外接受更先进的教育,或者国内高校入学率太低,出国后将来会有更多的学习机会,等等,但本质上都是为了将来能在国外大学学习作准备,进而为长期或永久定居和工作作好铺垫。因此,从本质上说,低龄者留学与青年人留学的动机并没有多大区别,依然受外迁四大因素的制约,只不过是目标期长远些罢了。

(二) 低龄留学对经济产出的影响

西方教育经济学家主要通过人才外流所产生的福利效应(Welfare Effects),特别是长期福利效应来探讨这一问题。为此,他们创立了人力资本理论模型、民族主义理论模型和国际主义的理论模型。

1. 人力资本理论模型

由于人力资本理论分析的对象主要是已经具有了人力资本的成年人的国际流动,而低龄留学者本身尚未拥有人力资本,因此,这一理论难以直接运用。但是,该理论的某些观点,对探讨低龄留学的经济效应仍有启发意义。

人力资本理论认为,人才和劳动力的国际流动,实际上是在国际范围内人力资源的重新配置和优化过程,某些国家因经济总量不足或产业结构失调而形成的人力资本过剩(即受过教育者的大量失业),必然造成边际生产率下降,是人力资源的巨大浪费;如果这些教育失业者能适时迁往他国获得就业和更好的发展机会,那么将提高该国的边际生产力,从而促进经济增长。即是说,人才从人力资源相对过剩的国家迁往他国,对其本身并没有造成什么损害,相反,却增加了迁入国相对不足的人力资源,进而增加了该国的经济总量。这种跨国的人才流动是调节国际范围内人才余缺的重要途径,是增加世界经济总量或福利的重要手段。当然,如果一国外流的人才不是该国相对过剩的人力资源而恰恰是其急需的短缺人才,那么,这种人才外流无疑会对该国的经济增长造成危害。

低龄留学者尚在求学阶段,尚未拥有多少人力资本,还算不上人才,他们的出国留学不会立即对迁出国和流入国的经济增长产生多少影响。由于这些留学者接受高等教育后很大一部分会滞留在求学国,因而会对该国的经济增长产生正效应。至于对流出国,基本上不会产生什么负面影响,因为这些低龄留学者是在国外接受的高等教育甚至是中等教育,他们的人力资本主要是在国外形成的。如果其中一部分人将来能返回故国,将会增加该国的人力资本,从而有利于其经济增长。当然,这种理论分析的一个假设前提是,低龄留学者的派出国是一个劳动力和人力资源极为丰富甚至过剩而不是短缺的国家。显而易见,按照人力资本理论的观点,低龄留学对流出国经济增长并无负面影响,从长远来看,还存在着产生正效应的极大可能。

2. 民族主义理论模型

持这种理论观点的人认为,目前的人才国际流动格局是不公平的,它有利于流入国而不利于流出国。他们指出,一个国家的纳税人资助高等教育机构的教学活动或资助公民到国外学习,指望由此带回国外的科学技术和先进管理经验,推动国家的工业化和现代化。然而,这些人却流往国外或滞留国外不归,在那里享受"奢侈"生活,并为发达国家锦上添花,国内的工业化和现代化却因人才短缺而毫无起色。显而易见,人才外流对该国经济增长是负效应,对流入国却是正效应。

根据这一理论,如果低龄留学者是由公费派送的,而这些人学成后大部分滞留在流入国,那么,这对流出国显然是不公平的,必将损害流出国的利益。相反,如果低龄留学者是由家庭送出的,那么情况则有所不同。首先,家庭出资并不直接损害其他纳税人和公众的利益;第二,即使是这些低龄留学者将来学成后留在他国,也不会损害其故国公众的利益;第三,如果其中的部分人,哪怕是小部分人将来学成回国或以其他各种形式为本国提供服务,将会对流出国产生积极效应。

我国低龄留学者的目的地主要是澳大利亚、新西兰、英、美、法等发达国家。这些国家都实施比较完善的真正意义上的义务教育,即上学者不仅不需支付学杂费和书籍费,而且还可能享受某些福利计划,如校车计划、免费午餐计划等。未成年人到这些国家求学,如果上私立学校或语言学校等特定学校,理所当然地需自付各项费用。但是,如果进入公立学校,那么,他们将与目的国的儿童一样免费享受义务教育的各种权利,从而由流入国而不是流出国为他们提供义务教育所需的经费和资源。即是说,无论低龄留学者是进入私立学校还是进入公立学校,他们的外流客观上都为中国节省了一笔教育经费开支。以 2001 年为例,当年全国普通小学生均预算内教育事业费开支 645 元、普通初中为 931 元、普通高中为 1 471 元。[3]假如同年全国分别有 1 万小学生、1 万初中生和 1 万高中生出国留学,那么一年中节省的预算内教育经费开支分别为 6 450 万元、9 310 万和 14 710 万元,总计 3.05 亿元。考虑到低龄出国者大都来自大中城市,而城市的生均经费远远超过全国平均数,因而所节省的教育经费会更多。以北京为例,2001 年其普通小学、初中、高中的生均预算内教育事业费开支分别为 2 437 元、3 139 元和 3 943 元。[4]如果仍按各 1 万人出国留学计算,那么一年将为北京纳税人节省教育经费开支 9.5 亿元。上述统计分析表明,如果低龄留学者所需费用,是由其家庭负担,或者由流入国政府负担,而不是由中国纳税人负担,那么,从纯经济的角度考虑,对我们并无损害之处。

反对低龄出国留学的重要理由之一是,这些留学者将巨额的教育培养费从国内带到国外,削弱了国内的教育投资或需求能力。这种说法有一定道理,但并不全面,也不一定中肯。首先,这笔资金仅仅是潜在的教育投资而不是现实的教育投资,只有具备了一定的条件,它才可能变成现实的投资。其次,国内优质教育严重短缺,为数不多的最好的中小学,基本上都是选拔性最强的公立学校,最优秀的学生无须交纳巨额费用即可进入,而资质较差者,即使家财万贯,大多也难以享受优质的公立教育。再则,民办学校费用较高,但民办学校起步晚、起点低,真正优质的普通民办中小学实属凤毛麟角,难以满足众多的志向高远的学生家长的需求,因此,当今的民办学校无力大量吸纳这笔巨额教育资金。最后,目前国内高校入学率虽有大幅提高,但与发达国家相比仍有巨大差距,而且,优质高校十分有限,因此,高考竞争异常激烈。低龄留学者,通常并不是天资和能力俱佳的学生,面对未来不确定的大学教育机会,他们才选择了出国留学的路径。上述分析表明,只有在国内兴办起大量可以满足"富人"教育需求的优质民办普通中小学,才能把这笔巨额教育资金留在国内,变成现实的教育投资。然而,短期内难以实现这种条件。

3. 国际主义的理论模型

这是某些西方教育经济学家根据广泛流行的要素收入边际生产力理论创立的一种模型。这一理论宣称,在现实世界中,所有的人所获得的收入均等于他们对国家或工厂企业产出所贡献的价值。因此,高科技人员也好,一般劳动者也罢,他们对整个社会所做贡献都恰恰等于社会付给他们的收入,除此而外,他们并未对社会提供更多的东西,即是说,人们的工作和生产并未产生外部效应。

根据这一理论,一个人或少量高科技人员流往国外,既没有改变留在国内者的福利,也未使流入国居民的福利增加,因为迁往它国者获得的收入恰恰是他们贡献给社会的价值,拿回了他们增加的产出。然而,由于流入国的生产率通常高于流出国,因此,人才流动增加了整个世界的福利和财富,有利于整个人类。故此,某些人把这种从世界范围内审视人才流动效应的理论称作"国际主义理论"。这种理论否认劳动的外溢效应,无疑是错误的,然而,它的某些论断对我们分析低龄留学的经济效应仍有启发意义。

该理论模型的一个重要假定前提是人才培养所需费用由学生家长和私人承担。这一假设涉及到家庭和政府资助青少年教育的代际责任性质和目的问题。在西方国家,关于资助子女教育的代际责任性质,有两种截然相反的观点。一种观点认为,儿童及其教育,是一种投资行为;当孩子成年后为他们年老的父母提供服务和福利时,其父母便获得了收益或回报。如果这些孩子是依靠父母的资助在国外求学并最终留在国外,那么,他们既可能对父母不管不闻,抛弃自己对父母的责任,也可能更好地履行其责任,因为他们的收入比他流出国时更高。另一种观点则认为,儿童及其教育是一种消费行为,抚养和教育子女是每一代父母的道义责任;每一个生产代或每一代生产者的责任不是面向他们的父母而是面向他们的孩子。根据这种观点,如果移民国外的高学历者也将孩子带往国外,并在那里养育他们,或资助其子女在国外留学,那么,这些家长同样是在尽自己的代际责任。在现实中,尽管教育主要是由政府而不是由父母资助的,但有关代际责任性质的观点同样是适用的。根据教育是投资的观点,如果受到留学资助的孩子成年后能回国服务或提供其他的有价值的服务,那么,他们便尽到了回报纳税人的责任。相反,如果他们只为流出国提供服务,那么,他们便放弃了自己对本国纳税人的回报责任,进而损害了他们的利益。根据儿童及其教育是消费的观点,留在国内的儿童的福利并未减少,因为移居国外者把他们的子女也带到国外,从而把资助子女教育的责任也带到了国外。不少专家指出,一般说来,儿童和教育是一种投资的观点,在发展中国家往往占主导地位;儿童及其教育是一种消费的观点,则在发达国家中占主导地位。

这种国际主义的理论观点在一定程度上,可以用来考察分析我国的低龄留学问题。

在我国,儿童及其教育是投资的观点由来已久,所谓"养儿防老"即是这种观点的生动写照。无疑,家长资助的留学子女长大成人后通常可能有以下几种情况:1) 返回祖国工作,承担起赡养老人和回报纳税人的责任;2) 留在国外工作,但为留在国内的父母提供足够的赡养费;3) 将国内的父母接到国外,以尽赡养之义务;4) 将父母双亲留在国内,部分或完全放弃回报老人的责任。显而易见,从经济的角度看,前3种情况对中国经济没有什么负面影响,而第4种情况,不仅是不道德的,而且把赡养老人的责任推给他人或是普通纳税人,有损于国内的经济福利。在现实中,由于低龄留学现象刚刚冒出,未见实例,但考察自费或公派成人留学者,以上四种情况均有所反映。我们当然鼓励、支持前三种而反对第四种情况的出现。

儿童和教育是消费的观点在我国传统中也有体现,随着"独生子女时代"的出现,很多家长更把培育子女"成龙成凤"视为自己的责任。按照这种观点,父母把孩子带到国外,在那里养育他们,资助他们求学,或是出钱送子女到国外留学,都是尽父母对孩子的代际责任。在这种情况下,对中国经济福利并无直接的不利影响。但是,在现实中,一些家长是用非法收入来资助孩子出国留学的,虽然他们尽了对子女的代际责任,却应当受到谴责,因为它不仅败坏了社会风气而且有损于国内经济发展。

（三）经济全球化将加剧我国留学低龄化的趋势

西方人才国际流动理论对人才跨国流动、对出国留学、甚至对低龄出国留学动机的研究和探析，其结论是可信的。毫无疑问，对良好物质和学习、工作条件的向往和追求是流往国外的主要动机。然而，这种动机并不是现在才有，而是早已存在。那么，为什么只是在最近几年才引发低龄留学的热潮呢？对此，西方人才国际流动理论未能给以科学的回答。

笔者认为，留学低龄化的最深刻的根源在于经济全球化以及与之伴生的教育国际化。

经济全球化将整个世界经济变成一个统一的大市场。设计、生产、经营、行销等整个经济运行过程，已经跨出地界和国界。几十家、几百家巨型跨国公司在很大程度上控制了世界各地的经济活动。与此相应，服务于这些经济活动的各种人才，特别是高级专门人才，更多更经常地进行跨国流动、跨国配置，从而出现了人、财、物和信息汹涌澎湃跨国流动的宏伟景观。

人才国际流动的洪流加速了教育国际化的步伐。所谓"教育国际化"就是"国际间相互交流、研讨、协作、解决教育上共同问题的发展趋势"，[5] 而教育国际化的最主要的内容和表现形式之一就是留学。留学，对留学者来说，是人力资本增值的最有效途径；对流入国来说，是积累高级人才，建立高级人才储备库，有效实施人才国际配置和优化的最有效手段和途径。因此，力图主宰和影响世界经济的发达国家，近些年来大力推进教育国际化，大力吸引国外留学生甚至娃娃留学生。发展中国家的一些"富户"，不仅把自己已进入成人行列的子女送到国外留学，而且为了抢占先机，及早与国际教育"接轨"，以至于把自己未成年的子女也送到国外学习，从而在国际教育市场上出现了大批娃娃留学生。这正是留学低龄化趋势最深刻的经济、政治和社会根源。

我国正式加入 WTO 后，尽管我国对义务阶段的教育没有作出开放的承诺，但是，在"境外消费"方面，我们也未做任何限制，即是说，我国的受教育者到另外的 WTO 成员国留学将不受限制，同样，WTO 其他成员国的公民到中国境内接受教育也不受限制。这意味着，我国居民不管其年纪是大是小、是男是女，均有权到 WTO 其他成员国中去接受教育。这是我国政府公开作出的承诺,是不得违背的。

加入 WTO 就意味着我国已经正式地、全面地、深深地卷进了经济全球化之中,成为世贸组织的真正一员。WTO 的最大特点之一,就是把教育作为服务贸易的重要组成部分而纳入整个世界经济贸易体系之中,从而使教育更深地打上了产业的烙印,受到市场经济规律的更大制约。毫无疑问,随着时间的推移,不仅我们的经济与其他国家,特别是发达国家更紧密地联系在一起,而且我国教育国际化的步伐也将大大加快。无庸讳言,在当今世界,所谓教育国际化,在很大程度上就是西方化、美国化。因此,在空前重视人力资本积累和人才竞争的时代,我国及其他发展中国家的大批年轻人,甚至未成年人纷纷踏上留学发达国家的路途,就是理所当然、不可逆转的潮流了。

(四) 政策选择

按照西方人才国际流动的理论,政府出资派出低龄留学生必然对派出国产生消极的经济福利效应,而自费留学则有所不同。一般说来,自费低龄留学生对本国经济福利并未产生不利影响;从长期来看,还可能产生一定的积极作用,况且它也是经济全球化的必然产物。那么,对自费低龄留学就可以大力倡导、积极支持了吗? 当然不可。因为低龄留学不仅会产生经济效应,还会产生社会政治文化效应,应当对此进行全面的考察和分析。鉴于小小年纪就到国外生活、学习,因此与成人留学相比,低龄留学的非经济效应的负面影响可能更明显。首先,留学低龄化有可能对国民的民族自豪感、自信心产生消极影响,"外国的月亮比中国圆"一类的盲目崇外的思想有可能进一步增长。其次,留学低龄化有可能对中华民族优秀传统文化的继承和发扬产生不利影响,小小年纪就浸泡在国外文化的海洋中,不少人将来很可能成为"数典忘祖"的人。这些分析并不是纯粹逻辑推理,看一看 20 年来我国成人留学的轨迹,这一点就不难理解了。

尽管我们很难对这些消极影响进行量化,也很难对其综合作用进行准确判断,但对这些消极影响也不能估计过高。第一,我们不应低估中华民族传统文化强大的亲和力、凝聚力。历经千年沧桑和近百年深重民族苦难的中国仍能保持其文化的传统性、完整性,充分证明了这种文化的强大生命力。第二,我们坚信社会主义祖国强大的吸引力。中国现代化进程的巨大成就和光明前景是威力无比的磁石。游离海外、对祖国前途漠不关心者只会是极少数。散落在世界各地的 3 500 多万华人、华侨心系祖国,通过各种途径为中国现代化建设添砖加瓦,成为"振兴中华"的一个重要方面军,证明了这一点;解放初期,大批留学者抛弃国外优越生活和工作条件回到新中国,在艰苦环境下为祖国作出卓绝贡献的行动,证明了这一点;改革开放后的出国留学者,近年来大批回国,纷纷建立回国人员创业园,成为知识经济时代先锋的行动,证明了这一点。2002 年 8 月 13 日,据《北京青年报》报道,目前回国创业的海外留学人员已达 14 万人,留学生创业园已有 60 多个,创办的企业将近 4 000 家。

尽管从经济效应看,低龄留学有积极作用,但从非经济效应看,与成人留学相比,其消极影响更明显,因此,政府对低龄留学的政策应当有别于一般留学政策,其基本指导思想应当是"顺其自然、适当指引、鼓励回国"。所谓顺其自然,就是既不要鼓励,也不要禁止。不鼓励,是因为其非经济的负面效应比较明显,未知因素较多;不应禁止,是因为小部分国民有这种需求,而政府无权剥夺,同时,禁止也将违反加入 WTO 政府所作的国际承诺。所谓"适当指引",是政府不能放任自流,应当及时为国民提供有关留学的准确信息和各种背景资料,尽量减少低龄留学者所遇到的种种困难,防止上当受骗。"鼓励回国"是我们的一贯政策。

无疑,增加政府教育投入,加大教育改革力度,为国民提供更多的优质公共教育资源,是缓解留学低龄化的重要途径。大力支持民办教育,创办更多的优质民办中小学,是大量吸收教育资金,减少低龄出国留学的重要手段。积极开展中外合作办学,把国外优秀的教育资源引进来,变"国外留学"为"国内留学",也可以使一些人放弃出国留学的计划。

参考文献

[1] 廖厚文.北京晨报[N].2001—11—15.

[2] 曲恒昌,曾晓东.西方教育经济学研究[M].北京师范大学出版社,2000.294—295.

[3][4] 2001 年全国教育经费统计[Z].教育部财务司.

[5] 顾明远主编.教育大辞典(上)[M].1997.751.

（本文发表于《比较教育研究》2002 年 12 期。作者曲恒昌,时属单位为教育部社科重点研究基地、北京师范大学比较教育研究中心,北京师范大学国际与比较教育研究所）

三、英国高校学生的国际流动

自 20 世纪 90 年代起,"高等教育国际化"这个词就吸引了我们的眼球。到今天,尤其是中国加入世贸组织之后,国际化已经成为学术界研究的热点。学生的国际交流主要指大学生在国际范围内的流动,这是高等教育国际化潮流中最活跃的因素之一。学生国际流动既是展示高等教育国际化程度的一个重要指标,也是工业化国家高等教育体制中重要的发展策略之一。世界留学生的人数是高等教育国际化最明显的表现。据世界留学生组织调查统计,21 世纪初期,有 150 万学生在他国学习。英国的海外留学总人数已达 22 万,英国留学生总数在世界各国留学生比较中居第二。这些留学生是跨越国界的知识"携带者",是全球性科学文化的传播者,也是全球思想交流最重要的部分之一。

(一) 历史回顾

英国高等教育国际化的思想渊源可以追溯到 800 多年前。1167 年,由于英法两国之间的矛盾,巴黎的英国学者全部归国,在英国牛津成立了"总学"(studium generale),故牛津大学也被称为"巴黎之女"。[1]可见,继法国巴黎大学创立 20 年后产生的牛津"总学"其成立本身就具有借鉴性和跨国性。"大学"的英文是 university,词根是 univers,意思是无所不包,具有普遍性。由这个词根引申出的另外一个词是 universe(宇宙)。大学的含义本身就是尽可能的广泛,尽可能的普遍。当年的牛津、剑桥大学没有教授职位,只有教师的基尔特(guild,即行会)。师生来自欧洲各地,地域观念十分淡薄,跨国的"游教"和"游学"之风在整个欧洲都十分盛行。大学以拉丁语为共同的教学语言,由共同的宗教联系在一起,学生可以到各地大学学习课程,大学相互承认授予的文凭。

到十七十八世纪,英国实现了"日不落之梦",建立了一个势力范围几乎遍及全球的殖民大帝国。大英帝国的教育和知识殖民政策也随之在全球广泛推开。17世纪,英国及其殖民地美国相继建立起了一批以英国大学为模型的高等学院。1640～1701年间,哈佛学院的6任院长中有3位来自牛津大学,12名校董事中有7名牛津大学校友、1名剑桥大学校友。所以,哈佛学院甚至被称为"设在海外的英国学校"。[2]殖民地时期,威廉·玛丽学院(1700年)等9所学院先后成立,这些学院都以英国大学为范例,在课程设置、教学语言、教学内容和教学方法等方面几乎完全照搬了英国大学当时的办学模式。正如美国教育家阿特巴赫(Altbach)所说,"不到一个世纪以前,美国的学院和大学还毫无疑问是欧洲特别是英国的知识殖民地"。[3]

英国教育家纽曼(J. H. Newman,1801～1890)认为,"大学的这一称谓包含着许多互不相识的人从各自不同地域而来,聚在一处的意思"。[4]"不同地域"说明了大学的国际特性,为来自各国家、地区的教师和学生提供了汇集学习的平台。在这种国际化理念的鼓励下,英国大学纷纷聘请外籍教师,招收外籍学生,显现了一种广泛的国际教育和科研交流的趋势。此外,英国高校还陆续设立了一些奖项,对外籍学生开放。1899年英国富豪罗德斯在牛津大学设立奖学金,赠给海外留学生,美国青年领取该奖学金达1 200多人。牛津大学老校友西塞尔·罗兹1902年遗赠了一笔"罗兹基金",其中每年有96名奖学金名额给美国学生,15名给德国学生,资助学生到牛津大学就读。前美国总统克林顿1968年大学毕业时,就获得罗兹奖学金赴英国牛津大学学习。

(二) 现状分析

1934年,英国议会设立了第一个专门的国际交流与合作的机构——国际教育研究所。此后,国际交流不断发展。到1970年,英国有留学生24 606人;1979年留学生达到8.8万人,仅次于美国和法国。自1980年开始,英国政府大幅度削减教育经费,取消了对海外留学生的学费优惠措施,并实行"全费政策"(full cost fees),迫使高校将海外留学生市场作为一个重点开发目标。根据高等教育统计局的数据,1995～1996年间,在英国的外国留学生人数达

196 346名,占世界留学生分布份额的 12.3%,名列第二位,仅次于美国。[5]1991 年达到 8.81 万名,1992～1993 年 9.59 万名,占英国高等学校学生总数的 10%。特别是 1993 年,英国正式废除了高等教育双轨制,所有多科技术学院升格为大学以来,英国留学生的增长速度更快。1995～1996 年间留学生人数比 1989～1990 年间增加了 127%(图 1)。

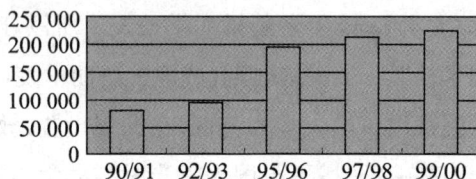

图 1　英国 1990～2000 年留学生人数图

资料来源:MelKelly, Centre Administrator, International Centre for Higher Education Management(ICHEM) from the Association of University Administrators(AUA)

英国高等教育国际化之所以能走在世界前面,与强有力的欧共体(即欧盟) 的大力推动和协调是分不开的。早期,英国人对于加入欧盟、欧元市场以及在教育中引入"欧洲维度"的态度十分谨慎。[6]在欧洲,教育成为各国普遍讨论的、与其政治、经济密切相关的一个问题。为了促进欧共体成员国学生之间的交流,欧共体于 1976 年正式设立了一个《联合学习项目》(JSP),随后制定的《可米特项目》(Comett)和《提姆普斯项目》(Tempus)促进了高等教育领域更为密切的合作,增加了学生、教师和研究人员的交流,更多的成员国之间相互认可学生在其他成员国所取得的学术成绩、证书和学习时间。[7]《伊拉斯谟项目——欧洲共同体促进大学生流动计划》(ERASMUS)旨在促进高等学校之间联系。1993 年,欧盟委员会通过了在教育中引入"欧洲维度"(european dimension)的绿皮书,其重点在推行跨国教育行动政策。1995 年,欧洲理事会提出了两个五年教育行动计划,统称《苏格拉底项目》(Socrates);此项目包括《伊拉斯谟项目》 (Erasmus)、《林瓜语言项目》(Lingua)、《夸美纽斯项目》(Comenius)等 8 个有关教育的项目。[8]在 20 世纪最后 10 年里,欧共体成功地实施了各种推进高等教育国际化的项目。在这些项目中,英国取得了卓越的成就,仅 2000 年,欧洲 15 国进入英国的留学生就有 23 756 名。

（三）动因与选择

阿尔特巴赫教授认为，高等院校积极开展国际化的原因主要有 3 种：1）维护它们对第三世界大学的影响；2）出于利他的动机；3）出于他们的知识优越感。[9]笔者认为，英国教育界对院校开展国际化的原因更突出"利己"因素。

第一，高校相信国际化能够增加教育价值和文化价值。不少高校教师都认为，来自其他文化背景和教育体系的学生必然要把他们的文化传统和教育背景带入英国教育。这样必定会扩展本地学生的知识视野，增加教师科学研究的宽度，丰富课程内容。留学生除了在教室参与各民族特有的文化观点碰撞外，还介入一些科研项目，参加课外活动，以多种方式影响着大学。英国本土学生也能扩大交往圈、了解他文化、增加跨文化的感性认识和敏感性。虽然不断有呼声认为给留学生全额奖学金是赔本生意，但是决策人认为，留学生不仅学到了科学技术的"明确知识"，更重要的是学到了思维方式、行为方式、价值观等"默会知识"。这些知识在他们身上涂抹上了想洗都洗不掉的油彩、打上了永远消除不了的烙印，其深远的文化影响是难以估量的。奖学金大部分都以学费、培训费、生活费、交通费等形式在英国国土上消费了。同时，培训他国学生还能够帮助其他国家的社会发展，为全球化政治和经济稳定作出贡献。[10]

第二，经济利益的驱动是高校积极招收留学生的动因。英国政府积极开拓留学生市场、积极对外交流，大大推动了高等教育国际化的进程。英国高校设法多招收留学生，既可以弥补因政府减少教育经费造成的经费不足，还可以自由支配留学生所缴的学费。1980 年撒切尔政府贯彻大量削减教育经费的政策，仅 1981～1982 年和 1983～1984 年，英国大学的经费就被削减了 11％～15％，[11]但英国高校转而采取贸易方式，参与国际留学生市场竞争以扩大影响赚取学费。贸易办学方式提高了大学的积极性，加速了留学生的增长，成为高等教育国际化新的动力。经过 10 多年的努力，英国高校不仅走出了因政府教育经费削减造成的困境，而且从海外学生身上收取的费用每年也有近 10 亿美元。1999 年，仅英国 79 所大学外国留学生带来的收入就高达 7 亿英镑。[12]1999 年 7 月，英国总理布莱尔在议会宣布，要在未来两年内吸引大量外国留学生，目的是扩大英国在留学市场中的比例，以此作为刺激英国经济的一个手段。

第三，吸引留学生有利于发展教学。表面上看，大量留学生的到来增加了学校的负担和教师的工作量。事实上，由于英国师生比例偏低，有些大学中也存在人浮于事的情况，所以，留学生的到来反而扩大了师生比，促使人员配置趋于合理，充实了班级规模，有效地利用一次性消耗的教学实验用品，也降低了高校教职工的就业压力。大学不需要为本科和本科以下的留学生增添额外的教师和设备。它们向海外学生收取的是全额成本学费，而实际上教学的开支只是边际成本，这样就获取了全额成本与边际成本之间的差额。此外，还有一些大学把留学生安置在一些本国学生不太愿意去的学科，在此情况下，留学生可以"填补"一些需求不大学科的空缺，甚至使之延续发展。由此，英国著名教育经济学家威廉姆斯（Williams）认为，英国高校的国际化，包含着通过"出售教育和研究服务"、"增加收入"和"机会"的过程。[13]

从英国大学缘起、演变、发展历史来看，英国被认为是各国留学生心中的一棵长青树。1994 年，英国高等教育信息服务信托局（HEIST）对 14 个非欧盟国家的 1206 位留学生进行的调查表明，外国学生选择英国作为留学国家的主要原因有两个：语言因素和教学质量因素。[14]

第一，特殊的语言优势。语言是国际化进程中同质化的必要工具，是文化传播的频道。英语是 12 个国家约 4 亿人的本国语言；在世界 89 个国家里，英语或是一种通用的第二语言，或是广泛学习的语言，2000 年，全世界讲英语的人超过 15 亿。[15]

在语言方面，英国具有明显的优势。2001 年 4 月在伦敦召开的国际性英语语言学研讨会上，语言学家指出，世界上总共有三分之一至四分之一的人（约 15 亿～20 亿）使用英语；英语已成为现代语言的基础，而且还会不断发展。由于英语是世界多数教育体制主要的"第二语言"，并且绝大多数学生都选择讲英语的国家留学，由此产生了留学的辅助品"英语产业"。[16]教育大臣布莱克·斯通把英语学习市场称作英国"最重要的资产之一"。她认为，仅在中国学英语的人数比全世界英语为母语的人加在一起还要多。为了满足需要，英国加强了独立于课程外的特殊英语训练，相继成立了牛津强化英语学校等 9 个语言学校，为留学生提供高水平的英语教学服务。在"英语为第二种语言"项目中，剑桥大学地方考试委员会（UCLES）直接管理下的剑桥英语和雅思（IELTS）等考试起到了推波助澜的作用。每年有 50 多万人参加剑桥英语为外语的考试。剑桥英语考试已经成为世界上众多的大学、公司和国家级教育权威机构认可，它被大学、语言学校、国立学校等机构作为衡量学习者语言水平的有效方法和标准。

第二，一流的教学质量。英国的教育因其优质教学而在全世界享有盛誉。英国实行了一套独特的质量保证体系，从提供给学生的服务与帮助到教师队伍的素质，每所院校和高等教育机构都得接受政府严格的监督检查。高等教育评估是英国保证其教育质量、监督高等教育的重要手段。与世界各国相比较，英国高等教育评估体系是比较完善的，而且的确对质量的提高起了很大作用。英国高校的小型课堂和导师个别辅导制度，也是英国高等院校一直受推崇的因素之一。学生的导师由品学俱佳的研究人员担任。导师制要求学生每周与导师见面一次，将自己一周内研究和撰写的论文向导师汇报，这种学习方法能启发学生独立思考，鼓励、督促学生上进。

除此之外，英国的教育水平、师资力量、办学规模和科研成果，英国大学严谨的学风以及英国社会比较保守的社会风气，对一些亚洲国家的留学生和家长也有很大的吸引力。

（四）策略措施

事实证明，英国采取的一系列措施极大地吸引了外国留学生。具体有如下几项：

1. 颁布优惠政策

英国政府正在把教育当作一种产业向全世界推广，对世界各国申请留英的学生实行了诸多优惠政策。比如，欧盟国家的学生不必支付他们在英国的教育费用。凡是申请超过半年以上留学签证的学生，英国政府都给予免费的医疗保险；进一步扩大奖学金的发放范围及发放量；学生除了向学校申请奖学金，还可以向其他机构申请。英国政府规定允许海外学生每周打工 20 小时，寒暑假可以打全工。在英国留学签证半年以上，其配偶可以赴英国陪读、找工作等。英国政府希望 2005 年能吸收全世界四分之一的留学生，欧盟以外国家来英国受高等教育的国外留学人数能增加到 5 万。

从 1996 年起，英国政府逐渐调整了对中国留学生的政策，采取更为宽松和开放的弹性政策,中国到英国的留学生比例在不断上升。1996 年以前,到英国的中国留学生主要来源是国家公派,1996 年剑桥大学才首次出现了 6 位中国自费留学生。1997 年,在英国的中国留学生人数约 5 000 人,而到 2000 年,留学人数就突破了 10 000 人大关。

2. 提供奖学金

英国现行的奖学金制度有 3 种:政府奖学金、学术团体奖学金和高校奖学金,这些奖学金吸引了不少留学生。Tom Bruch 认为英国建立的一系列奖学金促进了英国高等院校国际化的进程。[17] 1994～1995、1996～1997、1998～1999 三个学年度中,英国海外发展管理局(ODA)、英国教育及科学部(DES)等 6 个部门,就以英国理事会奖学金(BCF)、英国切佛宁奖学金(BCS)、海外研究学生奖学金(ORSA)等 6 个奖项,授予 23 504 名学生奖学金。[18] 1999 年,可供留学生申请的奖金学名额达到 3 200 个,英国教育大臣布莱克·斯通透露,英国还将为留学生增设 1 000 个奖学金名额。

3. 开展境外办学项目

根据英国的高等教育政策,高等学校拥有办学自主权。办学模式有两种形式:1) 与国外同行共建一所大学,共同进行教学和科研;2) 在境外与一所大学联合培养学生。2001 年,英国伯恩茅斯学院与我国北京市劲松职高达成联合办学协议。劲松职高全套引进伯恩茅斯学院西餐厨师、国际酒店管理、美容、美发四个专业的高等职业教育课程,实现了留学本土化,大大降低了教育成本。[19] 英国一直很积极地推进在国外设分校和与国外大学"结对子"项目。据不完全统计,1997 年,英国在希腊、西班牙、马来西亚、新加坡、香港等国家、地区就有 20 个合作办学项目。

4. 设置最新课程体系

课程的国际化是高等教育国际化中一个最基本的重要因素。学生获得知识的途径是通过正规课程而得到的。课程常被人们看成是高等教育的"黑匣子",世界各地,特别是在一些不发达的发展中国家,有一种声音认为西方大学的标准课程在许多情况下与留学生的需要不完全相关,是一种培养"新型意志"的方式。但是英国不少大学教授都理直气壮地认为,知识是无国界的,不论学生来自哪一个国家,他们都应该接受最先进的知识、学到世界一流的科技,如果要学习本国文化传统就不应该到另一个国家去学习。然而,英国还是积极参与了欧盟的"欧洲模块课程"与"整合式语言课程"计划。

5. 设立高校国际交流办公室

为了吸引留学生,英国大多数高等院校都成立了国际交流办公室,其主要职责就是采取多种渠道招收外国学生。比如,到有留学生潜力的输出国举办英国教育展览,雇佣当地机构为留学中介机构、在当地进行广告宣传等。2001 年 3 月 3 日,英国驻上海总领事馆文化教育处协助上海教育国际交流协会主办的"2001 英国教育展"在上海举办,近 90 所院校及教育机构参展。[20]此外,英国海外学生托管会(OST)也作了许多工作,在尝试影响政府的过程中取得了一些成果。英国文化委员会教育与培训中心主任尼尔·坎帕声称,2001～2002 年度,中国赴英国留学攻读本科以上学历的人数为 10 332 人,是 1998～1999 年度 3 850人的 3 倍,创下历史最高记录。这个成果主要得益于每年在中国举办的英国教育展。

(五)启示

英国牛津大学校长鲁卡斯认为,国际化并不意味着应该允许大学的学术像快餐连锁店一样在世界的各主要城市都有。文明是非常精确的国家特有的文化混合体,大学最主要的功能之一是保持那些国家特有的文化,并促使它与其他文化进行有益的碰撞与理解。[21]在这方面,英国政府和院校及时把握国际化特征,把国际化合理部分与具有悠久历史的本土化相结合,实施了多项有益于留学生的政策和措施,使留学生构成了英国院校的一项重要资源,同时也提供了有价值的专门知识和跨文化观念。英国高校学生国际流动的实践有助于我们对中国高校开展国际化的理解。

在国际化进程中,留学是高等教育中一个重要的课题。如何使留学变成"大生意"是各国正在努力的方向。应该说,留学处在一个全球性的、经济的、科技的和政治的不平等大背景中。"教育国际化"使不少学者担心:教育的西化会不会被国际文化霸权主义所利用?[22]

但是应该明白,国际化绝不是所有教学内容、教学思想、文化价值观都要与西方或美国的模式一模一样,各国社会自身的文化传统和自主意识远比其他国家的影响要重要得多，否则，世界就不是现在这个多姿多彩的模样。从输入国的角度看，促进人员的无国界性流动、吸引留学生是有利于教育发展的；而从输出留学生国家的角度看，往往会产生"文化霸权"、流动单向性、精英外流等忧虑。要求大家持相同的观点既是不可能，也是不合理的。只有各自持不同的观点，走到一起来"对话"，从而达到一个新的"融合"，形成新的共识，人与人、大学与大学、国家与国家的理解才是可能的。"外来"形式中只有适应于中国本土环境的那一部分才可能被吸收和改造，所以对文化控制和文化依赖的忧虑不会像一些保守人士所预测的那么大。应该说，国际化的同时也是本土化的过程，鲁迅先生说过"民族的就是世界的"。高等教育国际化一方面要保持本土民族的特色，使本土化最终成为国际化的一部分；另一方面要把国际化的合理部分有机纳入本土社会，使合理部分最终成为本土的一部分。高等教育国际化的最终目标就是把这两方面融洽地结合在一起。

参考文献

[1] Nathan Schachner. The Mediaeval Universities[M]. Edinburgh：T. and A. Constable LTD. University Press，1938. 188.

[2][5] 陈学飞主编. 高等教育国际化：跨世纪的大趋势[C]. 福州：福建教育出版社，2002. 31,123.

[3][9][16][美]菲利普·G·阿特巴赫. 比较高等教育：知识、大学与发展[M]. 北京：人民教育出版社，2001. 44,36,215.

[4] 单中惠，杨汉麟主编. 西方教育学名著提要[C]. 江西人民出版社，2001. 258.

[5] 从统计数字看世界高等教育[J]. 教育参考资料，2000，(1—2).

[8] Urich Teichler. The Role of the European Union in the Internationalization of Higher Education[A]. The Globalization of Higher Education[C]. ed. by Peter Scott. Buckingham：SRHE & Open University Press，1998. 90—91.

[7] The European Commission：Socrates：Community action in the field

of education[DB]. http://europa. eu. int/comm/education/socrates. html.

[10] [14] [17] Tom Bruch and Alison Barty. Internationalizing British Higher Education[A]. The Globalization of Higher Education [C]. ed. by Peter Scott. Buckingham：SRHE & Open University Press，1998. 21,19.

[11] 王承绪,徐辉. 战后英国教育研究[M]. 南昌:江西教育出版社, 1992. 323.

[12] 张晓. 中国留英学生缘何大量增加[N]. 光明日报,2000—8—16.

[13] G. Williams. Changing Patterns of Finance in Higher Education [C]. Buckingham：Open University Press. ，1992. 6—10.

[15] [美]约翰·奈斯比特. 2000 年大趋势[M]. 北京:中共中央党校出版社,1990. 143—144.

[18] HESA. Higher Education Statistics Agency [DB]. www@hesa. ac. uk. Student Mobility on the Map：Tertiary Education Interchange in the Commonwealth on the Threshold of the 21st Century，Published by UKCOSA, The Council for International Education.

[19] 张治中. 社会经济需要发展中等职教[N]. 中国教育报,2002—3—11:(3).

[20] 上海教育国际交流协会(SEAIE). "英国教育展览"专刊[Z]. 2001.

[21] 北京大学百年校庆高等教育论坛论文集. 21 世纪的大学[C]. 北京: 北京大学出版社,1999. 183.

[22] 教育国际化与本土化研讨会综述[J]. 教育理论与实践,2000,(8).

（本文发表于《比较教育研究》2003 年 5 期。作者张建新,时属单位为北京大学教育学院）

四、全球化视域下多元文化教育的时代使命

随着现代科学技术的快速发展,交通和通讯变得十分便捷,信息和观念的交流与传播日益加快,生产、贸易、消费的国际化程度日益提高,进而把我们带入了一个全新的全球化时代。全球化进一步促进了社会交往的跨国流动,不同国家、不同民族,因其地理、历史、语言等方面的差异,在价值观念、宗教信仰、风俗习惯等方面形成了独特的文化认同,构成了丰富多样的文化。不同文化的特殊性及其差异性在全球化背景下更加凸现出来。各种文化相互碰撞、影响、冲突与融合变得更加激烈,充分展示了世界文化的多样性。如何保持世界文化的多样性发展方向,培养人们对多元文化世界的适应力,进而促进世界和平,无疑是多元文化教育在全球化时代的新使命。

(一) 全球化与多元文化

全球化是一个整体性的社会历史变迁过程,它是在经济一体化的基础上产生的世界范围的一种内在的、日益加强的相互联系;它是人类不断跨越民族、国家的地域界限,超越制度和文化的障碍,经过不断的冲突、融合,进而形成一个不可分割的有机整体的发展过程。全球化又是一个充满矛盾的过程,它包含一体化的趋势,同时又含有分裂化的倾向;既有单一化,又有多样化;既有集中化,又有分散化;既是国际化,又是本土化。[1] 全球化是统一性与多样性并存的过程,一方面,它伴随着资本主义生产方式的确立和扩张,形成金融资本在国家间快速自由流动的一体化经济世界,另一方面,它又是不同政治文化、民族传统之间广泛、全面的接触以及这种接触所带来的文化间冲突,促进碰撞与交流基础上民族化的形成。

一方面,世界一体化进程日益加快,国际合作更为密切,国际竞争更加激烈,任何国家都无法游离世界,独自进行经济、政治、文化改革,另一方面,信息社会的到来使得每个国家、社会集团和个人都越来越处于一种开放的状态之下,各种文化不断渗透与融合。在这种竞争与比较的格局中,每个社会与个人都在寻求新的突破,于是各民族纷纷走出自己的模式,开始接触其他民族的文化模式,世界文化呈现既一体化又多元化的发展趋势。随着文化意识与交往手段的发展,人们对世界上各种文化的了解不断加深,随着文化交流的发展,生活在异文化中的人越来越多,各种文化的人混居,必然导致各种文化的相互渗透,任何一种文化都不可能不受他文化的影响,不可能不吸收他文化成分而构建自身。不同文化正是在频繁交往和相互影响的过程中不断冲突与融合。

多元文化的发展蕴含着对文化的几个基本假设:首先是文化的平等性,社会是由不同民族、不同群体所组成,社会成份的多元化决定了文化的多元化,各种文化都有其独特的价值,并无优劣贵贱之分,因而各种文化都有平等的生存权和发展权;其次是文化的交往性,多元文化是在一个区域联合体、社会共同体和集体群体等系统中共存的,并在系统结构中存在着一定相互联系的文化,交流和交往是多元文化形成的必要条件,也是它存在的基础;第三是文化的差异性,各民族或集团在长期的历史发展中,通过其独特的生产和生活过程而逐渐确立起来自己的文化,不同民族或集团的文化各具特色,表现出多元发展的特性。即使是在同一性质的群体、集团的社会内,由于区域发展的不平衡,社会各阶层在社会中的地位和作用的不同,文化的自我更新、创造、变革的内在机制不同,使同一性质的文化在同一社会的不同区域、不同社会阶层、不同历史时期,表现出一定的差异性,从而形成了文化的多样性发展;第四是文化的内聚性,不同的文化之所以能共存于一个共同体内,其重要原因就在于各种文化不仅承认了彼此的差异性,更重要的是它们也发现了彼此间的共性和各种文化间相互借鉴的可能。从这个意义上说,多元文化的实质就是提供处理两种以上文化间相互关系的态度,维护多元文化赖以存在的同一体的手段和方法。

(二) 多元文化对教育的促进

教育具有选择、传递、保存、改造和创造文化的功能,并对矛盾冲突的多种文化具有整合作用。教育与文化间唇齿相依的关系,使教育中各个方面都深深打上文化的烙印。多元文化无孔不入地渗透到教育过程中,对教育产生深刻的影响,促进了民主的教育观念、多元的教育体系和多元文化教育的发展。

1. 民主的教育观念

多元文化作为一种全新的价值观念和方法,越来越出现在国际合作和我们的日常生活中,它预示着一种新的人类价值观念的出现和形成,要求人们从传统的一元式思想方法转变到多元式思想方法。

多元文化的核心是承认文化的多元性,承认文化之间的平等和相互影响。因此,人们对现实世界的认识应当是多样的,应该从多视角出发认识和理解世界。多元文化发展的实质是文化的交流、碰撞、冲突、适应、重构和融合,是价值观、思维方式和行为方式甚至是世界观的交流、冲突和碰撞。因为文化不是单纯的社会现象,它代表着不同群体、不同族群的生存内涵。在文化交流中,各种文化无非是在与外在世界的联系中重新调整、定位彼此的价值取向、生存方式和行为选择。认同一种文化,就是认同一个民族,认同一种价值观,从而导致文化融合。拒绝一种文化,就是拒绝一个民族,拒绝一种价值观,导致文化冲突和民族冲突。因此,多元文化为当今世界提供了一个在统一系统内的多观念共济、多向度思维、多方法实践、多途径选择、多方面发展和多价值评价的方法。[2]

多元文化的核心观念是文化差异与机会均等,它正视文化差异的现实,坚持世界不同的团体都拥有基本的权利,不同阶层、不同文化的人都应被接受、被理解;它尊重每一种文化的价值,更积极强调文化的主体性、相对性与互补性,主张学校教育应当依据正义与公平,促使不同种族、阶层、性别、宗教的学生能平等地接受教育,能发挥所长,相互欣赏、包容、学习并丰富彼此。多元文化正是通过正视和尊重文化差异,强调机会均等,以削弱优势族群的同化心理,提供弱势人群成功的发展道路,消除公平的民主理想与不公平的社会现实之间的落差。这与民主的教育观念是一致的,即教育要确保来自不同种族的受教育者均可获得平等的受教育机会,而且可以在已有的知识体系与课程建构中融入更加广泛的种族观与民族观。可见,多元文化是推进教育民主的重要力量。

2. 多元的教育选择

多元文化要求我们把多样性、差异性、复杂性、不确定性贯穿在教育过程中,给教育发展提供更多的选择性、多样性和创造性,给个体表现自己独特的个性和发挥创造性提供巨大的活动空间。它不仅表现为学制上的多元、学校类型上的多元化,还表现为培养目标、课程内容、教学模式等方面的多元化。

随着经济全球化进程的日益加快,各国之间科技、文化、教育的交流与合作日益频繁,而这种合作与交流的基础就是民族性、多样性和价值多元性。在这种背景下,追求多样性已成为社会发展的大趋势。多元文化主义坚持认为,在世界范围内,各国有着不同的文化因素,异国之间的文化应该保持积极的交流和相互的充实,由于现代各国都不同程度地面临着多元化的现象,教育也随之被设计成能促进对文化多样性的尊重、相互理解与丰富的过程。进行这种教育的真正方式不应是局限于提供一些补充性内容,或局限于辅助性教学活动或某些学科,而应是推动学科教学和整个学校的结构的改革。这种教育要求教育工作者和所有有关的合作伙伴,包括家庭、文化机构与传媒共同负责,在教育环境中促进尊重文化的多样性及增强理解,其目的应是从理解自己人民的文化发展到鉴赏其他国家的文化,从而使学习者能够鉴赏世界性的文化。

具体而言,教育多元表现在以下几个方面:① 教育目标的多元。从全面发展的教育观上看,德、智、体、美全面发展的教育目标适合于全体的受教育者,但就个体而言,每个人的先天禀赋、后天素养、家庭环境、文化知识和见识、能力、品德都是不同的,希望获得自身追求和特点的全面发展,即个性的全面发展。因此,我们落实教育的目标就必须带有多元性的趋向。人是依赖于多元化的社会而存在的,社会的急速发展使人的需求也在迅速变化和发展,人必须适应社会的多元化的经济状态、政治状态、文化状态以及各种不同的发展方向;② 课程内容的多元。教育目标的转换需要课程内容必须作相应的转换,除社会发展的多元化趋向外,课程内容还必须依据国家、民族、地域的特点来进行调整。特别是有关教材的多元化问题,它反映的是课程内容的变化,所以要更加注意其调整,无论从内容上、体例上都要向着多元化方向发展;③ 教育手段与方法的多元。在现代的教育手段上,人们已经不仅仅满足于单纯的老师讲授、学生被动接受的方式,而是借助于学生们喜闻乐见的方式,采用灵活多样的教学手段,辅以高新科技的各类媒介进行多姿多彩的教育形式。这种开放的状态使学生不仅喜学、乐学,而且还会用最快捷的方式找到自己所需要的信息,利用最快的方式进行掌握和处理；④ 办学形式的多元。由于经济的发展及社会的需求，办学形式由过于单一的学校教育和义务教育发展到校外和非义务教育，特别是以民办教育的发展作为学校教育的补充，使社会教育出现了前所未有的多元状态。随着人们需求的加强，现在出现了终身教育、继续教育、职业技能教育、老年教育、娱乐教育等多种教育形式，这些不同形式的教育可以满足不同阶层、群体的教育需求。

3. 多元文化教育

多元文化教育是 20 世纪六七十年代西方国家民族复兴运动的产物，经过几十年的发展，各国都有着各自的多元文化教育的信念、教育政策和实践。全球化时代多元文化的不断显现，无疑有力地推进了多元文化教育的发展。多元文化教育的根本目的在于通过改变整个教育环境的教育改革运动，使来自不同人种、民族、社会集团和群体的学生都能享有平等的教育机会和教育条件。

早期的多元文化教育多是在一国之内进行，如美国、加拿大、澳大利亚等国的政策各不相同，但是到 20 世纪末期，全球国际化的趋势已日益凸现，归属不同文化体系的人们间的交往日益频繁，于是加强对不同文化体系的了解，促进交往的平等尊重成为迫切需要。因此，把对异国或不同文化体系的了解纳入多元文化教育已成为必然。为了应对这种新的形势需要，多元文化教育也逐渐跨越国界，出现了如国际理解教育、国际环境教育、地球市民教育等方面的理论和实践。多元文化教育是"基于对民主的珍视和信仰，在有文化差异的社会中和多种文化相互依存的世界中确认文化多元化的一种教学和学习取向"，[3]是在多民族的多种文化共存的社会背景下，通过改革教育环境，使各民族的文化平等发展，各民族学生在其中享受教育平等和学术公平的教育。[4]

多元文化教育伴随现代世界多元文化的不断发展而发展，包含着内涵深刻、意义深远的全球性敏感问题，涉及全世界所有的国家和公民，涉及教育的所有方面及其整体改革。它的全球信念、国际理解和全民教育观念体现了当今世界先进的教育价值观，旨在通过全面改革教育，实现真正的民族平等，彻底消除歧视和偏见，使各民族的公民都能平等、充分地发挥自己的才能。正如美国多元文化教育家班克斯所言，"多元文化教育是一种思想，一种哲学观点，一种价值取向，一种教育的改造行动和一种改变教育的惯性结构为主要目标的课程"。[5]

（三）多元文化教育的时代使命

现代化加速了全球化进程，全球化更加凸现多元文化。多元文化教育正是在这样的时代背景下顺势发展的。因而，多元文化教育理应坚持多元视野和个性指向，进行结构统整，以培养所有学生进入多元文化世界的适应力与发展力，促进世界文化的多样性发展、文化间的相互尊重和世界和平，承担起全球化时代的新使命。

1. 培养学生跨文化适应力与发展力

多元文化教育不是专门针对某些社会成员的特殊教育，而是全民共同参与的教育。它在体制上去除文化偏见与种族歧视，在课程内容中融入不同群体的历史和文化，在教学中反映不同群体的认识与沟通形式，有助于培养学生在多元文化社会中的社会批判能力、反省能力和实践能力。因此，多元文化教育是提高年轻一代跨文化适应力和发展力的教育。它不仅倡导对自己民族优秀文化传统的热爱、珍视与自豪感，同时倡导对其他民族优秀文化传统的尊重、理解与接纳；它传播世界各民族的文化，肯定各民族的文化特色，宣传一种开放的文化观和多元的文化价值体系，摒弃惟我独尊的单一文化观，引领人类努力超越狭隘的民族主义的羁绊，共创丰富多彩、绚丽多姿的多元文化世界图景；它让人们学会反思自己的文化，理性地看待自己的文化，突破情感上与地域上的局限，弘扬自己民族的优秀文化传统，同时也充分汲取世界文明的成就，丰富、充实和促进世界文化图景的繁荣和发展。可见，多元文化教育通过对跨文化精神的传播、熏陶与培植，以开阔的文化视野，帮助学生学会审视自己的文化，并正确看待世界文化，平衡情感与理性的天平，是培养跨文化人才的重要途径。首先，多元文化教育通过对世界各民族文化的传播，开阔学生的文化视野，让他们了解、鉴赏本民族文化的历史渊源与文化精粹，同时也了解、鉴赏世界文化的起源、发展及精神实质；其次，多元文化教育在传递世界各民族文化知识的同时，还贯穿文化观的渗透，培养跨文化意识，让学生不仅具有对本民族文化的深刻理解以及由此而生的民族自豪感和认同意识，而且具有对所有文化的尊重、宽容与接纳的意识，培养开放的文化观；此外，多元文化教育的实施过程也是一个与本民族文化及世界文化的情感交流的过程，通过让学生掌握文化间的对话、交流和理解,培养积极的跨文化情感,养成参与民主决策的社会与政治的能力,提高在多元文化碰撞与冲突的局面下能够敏锐把握文化动向、调整自身观念与行为的跨文化适应力与发展力。

2. 促进世界文化的多样化发展

随着经济全球化程度的提升,各民族的文化都将被带入全面的交往之中,形成一个多元文化的局面,而不同文化间的交往越频繁,人类与生俱来的家园意识和对自身文化的归属感与认同感就越强烈。事实上,在交往中不同文化的冲突不可避免,甚至随着全球化的不断深入,冲突还会加剧。但是,不同文化的融合和互补依然是世界文化发展的主流。各民族文化都将在与他民族文化的交往中吸收他民族文化的精华来优化自己民族的文化,进而又会出现不同文化的相互融合趋势。全球文化也就会在冲突和融合的交互中走向与经济全球化相适应的新阶段。这一发展过程离不开教育这一重要途径,离不开教育对文化的选择、传递与传播,并通过教育探索与引领世界文化新体系的建立。所以,多元文化教育应当在对各民族自身文化的传递过程中,渗透着对其他民族文化的传播、沟通、理解与尊重,建立起开放的、平等的文化观,使人类文化图景在统一性与多样性中达到平衡。多元文化教育通过对国际化与民族化关系的协调,有益于建立世界新的文化体系,从而丰富和促进文化的多元发展;通过国际间不同文化的传播与保护,有益于促进各民族文化的相互借鉴与共同发展;通过加强国际间不同文化的对话与交流,有益于促进各民族文化的相互理解、消除种族歧视、减少文化偏见。

3. 促进文化间的相互尊重和世界和平

国家间交往程度的加深,文化的多元化趋势日益明显。多元文化教育的使命在于教会学生懂得人类的多样性,同时还要教他们认识地球人之间具有相似性并是相互依存的。多元文化教育在本质上是在教育领域实现国际性与民族性的内在统一。它教育公民尊重所属文化体系,使公民产生强烈的文化认同感和民族自豪感;教育公民面对其他文化能够欣赏自由的价值,能够尊重不同人、不同民族和文化的尊严和差异,能够将自己的价值观和自己所属的文化体系相对化,发展尊重自由的能力和面对挑战的技能;教育公民能够在相互理解、尊重差异的基础上,以完全平等的地位与他人、他民族、他文化展开持续而深入的交往,发展同他人进行交流、分享和合作的能力。多元文化教育使人们学会如何通过教育来预防冲突,遏制战争,创造和平,创造幸福,创造未来。多元文化教育通过增进各民族了解,有益于缓和民族矛盾、稳定社会秩序;通过对各民族文化的保护与传承,有益于民族文化应对世界范围内的文化冲击,促进民族文化的更新与进步;通过增强民族凝聚力,促进国家的强大与民族的昌盛;通过倡导对他民族文化的承认、理解与尊重,促进民族之间、国家之间、民众之间的宽容、沟通与尊重,促进人类和平。

参考文献:

[1] 俞可平,等. 全球化与国家主权[M]. 北京:社会科学文献出版社,2004.1.

[2] 牟岱. 多元一体文化概论[J]. 中国社会科学院研究生院学报,2000,(3):73.

[3] Christine I Bennett. Comprehensive multicultural education:theory and practice(4th ed.)[M]. Boston:Allyn and Bacon,1999. P11—17.

[4] 谢宁. 全球社会的多元文化教育[J]. 国外社会科学,1995,(5):23.

[5] Banks J. A. &Banks, C. A. M.. Multicultural education issues and perspectives(2nd ed.)[M]. Boston:Allyn and Bacon. 1993,2—26.

(本文发表于《比较教育研究》2005 年 12 期。作者陈时见,时属单位为西南大学教育学院)

五、新世纪国际留学市场中的法国

(一) 留法教育的历史回顾

大规模的留学教育运动是从第二次世界大战之后开始的,尽管两次石油危机使得西方国家经济状况衰退,但世界各地留学生总数在 1970～1980 年的十年间增加了 1 倍,达到 100 万人左右。[1] 根据联合国教科文组织的统计,1996年,有 140 万学生在国外学习。进入 21 世纪后,随着科学技术的不断更新,知识经济的出现,以及全球化趋势的影响,一个国家的社会经济发展水平和国民的教育程度的联系越来越紧密。特别是发展中国家对教育有着非常急迫的需求,他们的教育人口也比较多,但接受高等教育的比例仍是相对比较低的。这种需求与供给之间的差距也就促使了留学教育市场的形成。另一方面发达国家高等教育大众化已经达到一定程度,且其高教资源相对丰富多样甚至有所剩余。发展中国家与发达国家这种需求与供给之间的矛盾,就形成了国际教育市场中的教育输出国和教育输入国。

法国作为西方高等教育发祥地之一,出现过跨国际、跨文化教育的先驱——巴黎大学。13 世纪,巴黎大学以两种组织形式基本固定下来,一种是为大家所熟悉的以学科为特征的四个学院(Quatre Facultés),一种就是以学生原籍和语言为标志的四个"民族团"(Quatre Nations)。这四个民族团是:诺曼底民族团、庇卡底民族团、英格兰民族团和法兰西民族团。这些民族团的划分界限并不是十分严格,如英格兰民族团中不仅有英格兰人,还有日尔曼人和斯堪的纳维亚人。来自欧洲各地的师生普遍采用拉丁文传授知识,用拉丁语进行交谈。由此可见,早期的巴黎大学就具有国际性。第二次世界大战前夕,外国留学生占巴黎大学学生总数的四分之一。[2]

第二次世界大战之后,尤其是 20 世纪六七十年代以来,法国一直是接受外国留学生最多的国家之一。根据联合国教科文组织的统计数据,1962 年法国接收外国留学生的数量居于世界第三位,达 23 089 人,占本国大学生数量的 8.2%,占全世界外国留学生的 8.7%。1968 年名次居世界第二,仅次于美国,共 36 500 人,占本国注册大学生的 7.2%,占全世界外国留学生的 8.5%。[3] 从以下表格中可以看出,从 1971～1972 学年到 1991～1992 学年的 20 年间,法国接待外国留学生数量呈现不断增长的趋势(表 1)。

表 1   1971～1972 学年至 1991～1992 学年法国接纳外国留学生数量表[4]

外国学生/学年度	1971～1972	1976～1977	1981～1982	1984～1985	1986～1987	1991～1992
综合性大学的外国学生数	35 038	96 407	113 977	133 484	126 762	137 278
综合性大学外国学生数比例	6.6%	11.9%	12.9%	14.1%	13.1%	11.1%
其它高等教育机构的外国学生数	6 648	10 966	12 816	15 915	13 066	25 851
其它高等教育机构的外国学生数比例	11.3%	6.8%	10.8%	11.1%	9.4%	5.2%
外国学生总数	41 686	107 375	126 793	149 399	139 828	163 129
大学生总数	589 219	97 3581	1 002 092	1 093 356	1 109 199	1 734 256
外国学生占大学生总数比例	7.1%	11%	12.7%	13.7%	12.6%	9.4%

1993～1994 学年法国大学接纳外国留学生的数量达到历史以来的最高记录,139 563 人。从此以后,这个数字就不断下降,回落到 1997～1998 学年的 121 624 人。外国学生占全国大学生的比例也由 1993～1994 学年的 10% 跌落到 1997～1998 学年的 5%。1985～1986 学年至 1997～1998 学年,外国留学生的数量和比例以及变化幅度如表 2 所示:

表 2   1985～1986 学年至 1997～1998 学年法国综合性大学外国留学生数量表[5]

学年度	1985～1986	1989～1990	1992～1993	1993～1994	1994～1995	1995～1996	1996～1997	1997～1998
外国学生数	131 979	131 654	138 477	139 563	134 418	129 761	125 205	121 624
每年比例变化		+5.1%	+1.1%	+0.8%	−3.7%	−3.5%	−3.5%	−2.9%
外国学生比例	13.6%	11.8%	10.7%	10.0%	9.4%	8.9%	8.6%	8.5%

除了数量的下降,从外国学生的国籍来看,也存在着明显的地区不平衡性。1997～1998 学年的外国留学生中,23%来自欧盟国家,50%来自非洲国家(其中 27%来自马格里布地区),全部学生的 58%均来自法语国家或受法语影响很深的国家(如黎巴嫩与罗马尼亚)。1996 年,所有在国外留学的拉美学生中,只有 10%在法国;而所有在国外留学的亚洲学生中,只有 2%在法国,相比之下,却有 62%的亚洲学生选择在美国留学。[6]可见,法国接待外国留学生受其历史背景和其对外政策倾向影响很大,忽视了国际留学教育中最大的一块市场——亚洲尤其是中国。

(二)法国留学教育新政策分析

针对法国在国际留学教育市场中的弱势,法国教育界、政界、工商界人士纷纷呼吁应采取措施,改变这一状况,提高其在高等教育国际市场上的竞争力。为此,法国政府出台了一系列措施。

1. 制定吸引外国留学生的新政策

法国政府一直非常重视本民族文化的保护,这是其外交政策的重要组成部分。它将大量资金投入法语教学和法国文化在国外的传播。但在 1998 年以前,法国政府并未从战略高度上认识到推广法国教育的重要性,所以也并未明确制定出旨在吸收外国留学生的宣传政策和措施。法国大学凭借自己悠久的历史、深厚的学术传统以及源于法国政府充足经费的支持,不屑于在教育市场上推销自己。尽管与英、美、澳等国家大学的高昂学费相比,法国大学有很明显的优势,但由于其"营销"上的相对沉默,在国际高等教育市场上的影响力、知名度和吸引力方面,远远不能和采取商业方式大张旗鼓对自己进行宣传的英语国家大学相比。针对这一状况,1998 年 11 月,法国外交部与国民教育研究和技术部宣布成立联合性专门性机构——法兰西教育署①负责在海外推广法国教育,加强法国与世界各国的教育与科技交流,协调法国高等教育机构向国外提供的留学项目,并采取相关措施为外国学生赴法国深造创造条件。[7]机构成立后积极加强对外宣传,参加世界各国的教育沙龙和教育展览,介绍法国教育制度和大学并促进和重点国别之间的教育合作。这里特别值得指出的是与中国合作的开拓。1999 年 9 月,法兰西教育署与中国国家留学基金管理委员会在北京签署合作议定书,着手建立长期稳定的合作关系。根据议定书,双方积极合作,根据中国社会和经济发展的需要,同时考虑法方学校的学科特色和接受能力,选派中国具有高中以上学历的学生和在职人员赴法国攻读学位或进修。[8]初步计划在中国招收 1 万名学生赴法留学。

　　2. 提高对外国留学生的接待质量

　　与美、英、德等西方国家相比,外国留学生在法国的境遇比较差,主要表现在注册难、找房难、打工难,这些问题长期得不到解决的根本原因是:法国主管部门分散而且极不协调。与留学事务有关的有如下部门:外交部及其驻外使馆负责制定入境政策及入境签证的签发,教育科研部制定学生交流政策并负责对外签署交流合作协议,大学事务中心(包括国家一级的 CNOUS 和地方一级的 CROUS)及国际学生事务中心(原来的 CIES 现在改名为 EGIDE)主管学生食宿、奖学金,还有内政部及各地警署制定居留政策和办理居留手续。所有这些机构从来没有统一制定外国留学生接待政策或签署有关合作协议,甚至同一部门内部的做法也不统一。为了改变这一局面,教育科研部与外交部于 2002 年 3 月联合成立了外国学生接待委员会,委员会由教育部、外交部、大学校长委员会、大学校校长委员会、学生事务管理机构等组织的代表及资深人士组成。外国学生接待委员会的秘书处就设在法兰西教育署,该委员会的工作目标是:协调各机构间的工作;促进行政信息发布;评估各有关机构的工作效率。[9]

　　法国不同于美、加、澳这样的移民国家,没有大规模输入技术移民的传统,对移民潮进行严格控制政策,对外国学生申请赴法签证产生了负面影响。法国留学生申请签证的手续烦琐,等待时间漫长,学生办理居留证通常需要等待三个月以上,而且必须每年延期一次。针对这一情况,为提高吸引接待外国留学生的质量，法国内政部采取了一系列新措施。1998 年 5 月，法国内政部颁布了 98—349 号外国人入境法国在法国居留以及申请避难权的新法案。根据这一法案，法国内政部从 1998 年底开始，要求其驻外机构在签发入境签证上简化手续，为外国学生、教师赴法留学、科研提供方便。这项措施起到了立竿见影的效果，以中国为例，1997 年法国驻华使（领）馆颁发签证 495 个，1998 年法令颁发后，签证数量迅速增加到 1 097 个，1999 年为 2 685 个，2000 年为 3 828 个，2001 年 5 026 个，2002 年预计达到 8 000 个。一旦取得学生签证，办理居留证就顺理成章，而不必通过重重关卡。在此基础上，针对外国留学生打工难的状况，2002 年 1 月，法国内政部和就业部又再次发布两条政令，允许外国留学生在学业中进行半日打工，学业结束后，只要提供雇佣证明，就可以改变身份，变学习居留为工作居留。

3. 积极推广法语以便克服语言障碍

法语是一门美丽的语言，但随着二战后法国经济的衰弱，法语在世界上地位的衰弱也不可避免，在全球化日益明显的今天，英语取代法语成为国际通用语言。美、加、澳这些以英语为母语的国家，推广其语言文化有着得天独厚的优势，他们通过 TOEFL、GRE、IELTS 等考试来选拔外国留学生。而在法国留学则必须再学习一门艰深的语言，这使得许多向往法兰西文化的学子望而却步。不得不说，昔日上流社会引以为荣的高贵的法语成为今天法国推广高等教育的一大障碍。针对这一情况，深为本民族语言文化而骄傲的法国人采取了许多积极有效的措施。过去大量的投资、多年来海外法语教学的经验，其实已经是很坚实的基础；散布在全球的法语联盟（又称法语文化协会），在 138 个国家建立了 1 085 个法语中心，并接受了超过 35 万的法语学员。在亚洲，法语联盟建立了 69 个法语中心，招收 5.3 万多名学员。[10] 在中国大陆地区，法语联盟采取了与有关院校合作办学的形式，在北京、上海、武汉、广州等地开设了法语培训中心；除了单纯的法语教学之外，法国教育部、外交部还通过一些合作项目，从单纯的语言教学向语言与专业相结合的方向拓展，如在北京大学、中山大学、武汉大学开设了双向学士学位课程，将法语专业与经济专业相结合，培养两用人才，取得了很好的效果。1999 年以来，中国赴法留学的需求明显增加，中国有法语教学点的高校也纷纷开办法语培训班，除了正规培训法语专业学生外，还吸引成人学校的学生前来学习。

在推广法语教学的同时,法国大学接受外国留学生也逐渐放开了语言的限制,在奖学金发放的标准上,法语也不再是必要的条件,主要看申请人的专业水平。如果申请人的专业合格,可再安排他们接受法语的强化培训。另外,法国的一些大学,尤其是工程师学校和商校,一部分课程采取英文授课的方式。如路桥学校的 MBA 课程,完全是用英文讲授的。这些新的做法,有利于吸引外国学生,使他们更加适应法国独特的教育环境。

4. 积极推进大学体制和学位制度

法国高等教育体制是典型的双元制,面向大众开放的综合性大学和相对封闭、针对精英教育的大学校并存。各类高等教育机构所颁发的学位文凭也相当复杂,弄懂整个体制的情况、在这个体制中找到适应自己水平的教育阶段并非易事。法国教育界一方面通过教育展,在法国驻外使馆文化处设立信息点,加大宣传攻势,消除人们对法国教育体制的陌生感;另一方面,拓展高等教育机构的国际交流,建立和国外的校际合作关系,在校际协议的框架下吸引外国留学生。

这方面大学校比大学起步早,做法也更有成效,如法国四所中央学校与中国四所高校(清华和西安、上海、西南交通大学)开展 4+4 强强合作项目,法方接待中国二年级学生在法国学习两年,回中国继续两年后获得中国的硕士文凭和法国的工程师文凭,在有限的时间内拿到两个含金量较高的文凭,同时保证学生学成回国,因此受到中方院校和学生的欢迎。对法方来说,因为中方合作院校质量较高,赴法学生亦须参加选拔,故学生质量能得到很好的保证。法国的综合性大学也越来越意识到国际合作的重要性,采取了比以前更为积极的态度。除了双边项目合作之外,一些国际合作项目的实施也吸引了很多学生。如法兰西教育署执行的 N+1 项目,即一名学生可以通过该项目相对简便的申请方式同时向多所法国著名的工程师学校提出入学申请,最后由他本人选择最适合自己且提供条件最为优厚的学校。除能享受到法国优质的工程教育外,法国企业界对此项目的参与也使学生毕业后有着较好的就业前景。

继欧盟国家教育部长"波伦尼亚宣言"中确立了欧盟统一的高等教育学制后,法国教育部于 2002 年 4 月 8 日正式颁布第 2002—482 号政令,开始在全法高等教育机构中参照欧盟的"3—5—8"学制,在"学士(3 年)－硕士(5 年)－博士(8 年)"的框架下调整教学培训计划,并引入欧洲学分转换制度(European Credit Transfer System, ECTS),虽然具有法国特色的各种学位、文凭在短期内不会消失,但外国学生有了较为简单、一目了然的参照体系,不会被复杂的教育体制搞得一头雾水。此政令的颁布也将有利于法国向欧盟教育制度的统一的方向迈进,更好地促进欧盟内部的学生流动。

(三) 政策效果与结论

据法国《世界报》报导,2001～2002 年度,法国各种高等教育机构接受外国留学生 19.5 万人,仅综合性大学就接受 15.9 万人,比 2000～2001 年度增加 1.8万名,占全体注册学生的 10%～15%。在第三阶段即研究生阶段中,有 29%攻读 DEA 学位的学生,15%攻读 DESS 学位的学生是外国留学生。法国新任外交部长德维勒潘总结说:"四年之内,法国接受外国留学生数量增加了 30%,在欧洲国家中仅次于英国"。来自各大洲的学生数量都有所增加,其中比例最大的非洲学生(50%)数目增加到 8.1 万人,比上年度增加 1.2 万名;来自亚洲的学生共 2.4 万名(其中中国学生 5 500 名),比上年度增加 3 000 名;东欧国家学生共 1.6 万人,增加 2 000 名;美洲学生 1.1 万名,增加 1 000 名。[11]由此可见,法国政府自 1998 年以来采取一系列政策措施取得了立竿见影的效果,使得赴法留学学生的数量在短期内有了大幅度的提高,外国学生国籍及地区的分布结构也有所调整。但从政策的长期效应来看,有以下 3 点值得特别指出:

1. 如何突出地方政府与大学在国际留学市场竞争中的作用

法国作为一个中央集权国家,中央政府对教育有一定的宏观调控权,所以,外交部、教育部等政府部门采取相应措施,自然非常重要。但毕竟"留学教育"的具体操作在于大学本身,作为参与国际教育市场的真正主体,法国各类型的大学和高等院校如何充分发挥出自己的主动性和积极性乃至创造性,是法国参与国际留学市场竞争的最终决定性因素,如果对此没有深切的体认,仅仅是在宏观层面上做文章,恐怕未必能取得良好的效果;中央政府的功用如果能更好地定位在提升大学兴趣、促进大学参与、乃至协调大学力量,形成法国大学界的整体合力以参与国际留学市场的竞争的态势的话,那么法国的竞争力定当令人刮目相看。

2. 如何处理精英教育与大众教育关系的问题

自拿破仑以来的法国教育体制一直是一种双轨性体制,培养少数高层次精英分子的大学校与面向大众的普通大学教育并存。为了保证大众获得大学教育的权利,法国的普通大学教育一般是免费的,这意味着政府要有大量的财政补贴投入。而当代法国对世界敞开其高等教育,意味着外国留学生同样获得了法国公民接受几乎免费的普通大学教育的权利,而法国不但不可能从外国留学生身上获得经济利益,甚至要向外国留学生提供与法国学生同等的各种社会福利和补贴。国家经济实力的限制使得法国不可能支出大笔的费用来无偿培养外国留学生,所以法国的策略是希望选拔精英人才赴法留学,通过留学而刻上浓重的法国文化烙印,以实现法国长远的政治、经济与文化利益。表面上,法国对全世界敞开了高等教育的大门,但实际上并不可能对所有外国人都无条件地欢迎。例如,1999 年以后大量的中国学生赴法留学,法国政府在兴奋之后认为,一部分中国留学生质量无法得到保证,所以开始把"质量问题"提上议事日程,计划开设留法审核部,对申请赴法自费留学的中国学生的语言水平和学术资格进行审核,以保证法国对留学生的培养将来能获得最大效益。

3. 如何打好法国文化牌值得思考

诚然,与当今世界通用语言"英语"相比,"法语"自然有其劣势。然而法国文化历史悠久,是欧洲文化的正宗传人,如何将不利转化为有利,利用好"法国文化"这一可以挖掘出很多闪光点的潜在优势,充分吸引世界各地向往"法国文化"与"西方文明"的学子,实在是大有文章可做。

参考文献:

[1] 菲利普·库姆斯. 世界教育危机[M]. 赵宝恒等译. 北京:人民教育出版社,2001. 329.

[2] 参见李兴业编著. 巴黎大学[M]. 长沙:湖南教育出版社,1988.

[3] CARTER, William D. Les études à l'étranger et ledéveloppement de l'enseignement, Principes de la planification de l'éducation[R]. IIPE, les Pres-

ses de l'UNESCO,1974. 15.

[4][5][6] Assemblée Nationale,rapport No. 1806 de la Commission des finances,de l'économiegénérale et du plan:"rapport Claeys",22 septembre 1999:L'accueil de sétudiants étrangers en France:enjeu commercial ou priorité éducative?

[7] 叶隽. 法国与国际留学教育市场[J]. 国际高等教育研究,2000,(4):26.

[8] 国家留学基金管理委员会项目合作与咨询部编:法国项目[Z]. 北京:1999. 1.

[9] 中国驻法国使馆教育处编:法国教育动态[Z]. 2002,(1—5):9.

[10] 法语文化协会[EB/OL]. http://www. alliancefrancaise. fr.

[11] Nathalie Guibert. L'université franç aise sé duit enfin les étrangers,31，aoû t2002，le monde，Paris.

（本文发表于《比较教育研究》2003 年 5 期。作者安延,时属单位为北京教育部国际合作司欧洲处）

六、跨越国界的高等教育

目前,全世界大约有 200 万离开自己国家到国外学习的留学生。最近的研究显示,到 2025 年,这一数字将增长到 800 万。由于各种原因,希望学生出国留学的国家在过去的一、二十年中呈增多趋势。工业化国家已经意识到,有必要让自己的学生出国学习,增强全球化意识,从而在全球经济竞争中占据有利地位。例如,欧盟已经制定了政策,鼓励学生在欧盟内部跨国学习。随着欧盟的扩大和"博洛尼亚计划"(Bologna initiatives)的实施,欧盟国家的学术结构将更趋和谐,跨国学生的数量也将大大增加。

另外,在一些国家,中等后教育的容量已经不能满足学生的入学要求。总体而言,世界范围内学生的流向是由南向北,即从发展中国家流向北方富裕国家。目前,全世界接受中等后教育的学生有超过一半在发展中国家,在未来的几十年里,这一比例还将增加。这些人口高增长国家常常不能满足国内的教育需求,于是它们将越来越多的学生送到海外学习。北方富裕国家的中等后教育机构有较大的教育容量,而且由于在课程和科学话语(scientific discourse)中占据着统治地位,在当代学术市场上享有不可置疑的声誉和实力。

对于那些留学生输入国而言,国际高等教育堪称一笔大买卖。例如,外国学生每年能为美国带来 120 亿美元的收入(其中有三分之二的学生其学习费用由学生本人及其家庭支付)。在当前美国经济紧缩的大环境下,这部分学生非常受欢迎。而且,外国留学生不仅仅是来占据教育空间的,他们还为一些关键领域增加了高素质人才的数量,从而提升了美国的全球竞争力。在一些研究生专业中(例如工程学、计算机科学等),外国学生甚至在博士生中占据了大多数。

目前,美国共有 586 000 名外国留学生(占全世界留学生总数的四分之一以上),这使其成为全球第一大留学生输入国。美国吸引的留学生数量超过了三个最大的竞争对手(英国、德国和法国)所吸引留学生数量的总和。赴美留学生主要来自发展中国家和新兴工业化国家,其中有 55% 来自亚洲(排名前五位的留学生输出国和地区分别是印度、中国、韩国、日本和中国台湾地区)。

然而,随着经济和政治形势的变化,对美留学生输出国的情况也发生着变化。例如,伊朗曾经是最大的对美留学生输出国之一,但自从巴列维国王政权垮台后,就再也没有伊朗学生到美国求学。印度尼西亚的经济最近陷入困境,再加上由 9·11 事件引发的一些问题,该国向美国输出的留学生在去年一年中减少了 10%。同一时期,与美国素有较强学术联系的沙特阿拉伯和科威特向美国输出的留学生减少了 25%,阿拉伯联合酋长国向美国输出的留学生减少了 16%。与此同时,一些主要的亚洲输出国——尤其是印度(该国在 2001~2002 年度取代中国成为最大的对美留学生输出国)和韩国,则在一定程度上补偿了留学生数量的减少。尽管如此,目前尚不清楚 2002~2003 年的数字是一个长期可持续的模式还是只是短期的调整(令人惊讶的是,尽管在 2001 年发生了 9·11 事件,2001~2002 年度赴美留学人员的数量还是增长了 6.4%),但可以肯定的是,美国在全球高等教育市场中的统治地位已不再无可置疑。

(一)"推"与"拉"

很多国家对学生的跨国流动颇有兴趣,但究竟是什么原因使学生离开自己的国家? 学生是被各种各样的力量"推"到别的国家去的。由于教育容量不足以及有时入学要求过于严苛,许多学生虽然才华横溢,但却无法进入当地的大学。这类学生常常发现,进入外国的优秀大学反而比进入本地大学容易一些。很多最优秀的学生寻求留学海外是因为"世界级"的大学非常之少,发展中国家几乎没有这样高质量的大学。还有一些学生出国留学是因为在国内无法学到想学的专业,在研究生层次这种现象尤为突出。大多数发展中国家在硕士和博士层次提供的学习机会极为有限,而且所能提供的学习计划也极少具有国际竞争力。

一些社会和政治因素也会将学生"推"离自己的国家。在一些情况下,歧视性的招生政策(例如马来西亚针对华裔学生而专门给予马来族学生的优惠政策)会使学生不得不求学他国。学生出国学习或者是为了躲避国内的政治压迫及其他方面的压迫,或者是为了追求学术自由。还有一些学生出国是为了逃离不堪学生运动、教师罢工、政府施压之重负的学术系统。

由于众多原因,大多数出国求学的学生被"拉"到了美国。人们通常认为,美国拥有全世界最好的学术体系。一些学生认为,外国学位(特别是美国学位)所带给个人的荣耀要高于本国的学位。同时,很多学生发现不选择生源的美国高校其入学难度要低于本国学校,因此,越来越多的留学生被吸引到一些声望较差的四年制大学和较好的社区学院。这样,美国学术体系的各部分都对外国学生形成了"拉"力。不仅如此,这个国家本身也是一种吸引力——这里不仅有着丰裕的物质生活,其文化更是遍播全球。

相当一部分学生留学海外是为了在留学国谋求职业并定居。美国是这类留学生的首选目标,因为美国有着庞大而多样化的经济体系,雇主们愿意雇用合格的外国人,而且包括学术在内的很多领域能够提供可观的薪水。但是要想量化这部分留学动机则比较困难,因为极少有人会承认他们赴美留学的目的是为了移民,尽管来自一些国家的留学生的不返回率(non-returnrates)已经表明了这一点。例如,据估计,来自中国和印度的留学生在完成学业后选择留在美国的比例分别介于 $66\%\sim92\%$ 和 $77\%\sim88\%$。

美国高校也主动采取措施促进学校的国际化,例如招收外国学生、建立合作交流项目以加强大学之间的联系等。这些措施增进了跨国界的学生流动。尽管赴美留学的学生数量庞大,但在美国四年制高校本科生总数中,他们只占 2.7%;在研究生中,他们的比例也只有 13.3%,这一比例大大低于其他主要的留学生输入国中外国研究生的比例。

(二) 9·11 事件及其启示

9·11 事件之后,美国高等教育在世界上所扮演的角色并没有发生根本性的改变。美国的学术和研究体系仍然保持着世界第一的地位,各国学生仍然视美国为留学首选地。美国的巨大容量和多样性仍然是使其具有特别吸引力的重要因素。

　　然而,变化也是存在的。显而易见,一些模糊难辨,还有一些尚未显现。在全球留学生数量持续增长的总趋势下,2002～2003 年度赴美留学生的数量却处于停滞状态;与此同时,其他一些国家所接纳留学生的数量则获得了大幅增加。这些在高等教育(尤其是研究生教育)上越来越商业化的国家正享受着美国日益不友好的留学环境为它们创造的利益机会。现在,赴美留学之路已变得障碍重重,留学生们已经对美国政府严格、多变、刚愎,甚至有时反复无常的政策(如签证规定、向政府部门报告等)提高了警惕。此外,美国国土安全部(Department of Homel and Security)实施的学生与交流访问者信息系统(Sevis)以及新增的收费项目更是加重了外国学生的负担。更为糟糕的是,关于这些困难的各种传闻也起到了与事实同样大的破坏作用。很多准备出国留学的学生和他们的家长听到这些传闻后,将美国排出在选择范围之外。

　　最近的调查显示,有留学意向的学生认为美国目前的安全程度要低于澳大利亚和英国等国。但由于 9·11 之后美国没有再发生较大的恐怖袭击,关于安全问题的担心并不十分突出。尽管美国的留学生事务官员注意到,人们对安全问题的关注日益增加,但目前已经身在美国的外国学生却反映感觉相当安全。这说明,担心主要来自外部。9·11 事件发生后,只有为数不多的外国学生离美回国,而且他们中的大多数后来又返回美国继续学习。

　　国际高等教育市场绝非一池静水。主要的竞争者们都愈来愈重视吸引留学生到本国大学学习,它们把美国给外国学生设置的障碍视为对自身有利的条件。澳大利亚现已成为一个锋芒日盛的留学生吸收国,英国和新西兰紧随其后。这几个国家都把吸引外国学生前来留学作为增加国家收入的一个重要手段,都制定了积极的留学生教育政策以图减轻地方高等教育的财政负担。

　　"博洛尼亚行动"在欧洲引起的变化虽然朝向另一个方向,但同样不可忽视。更多的欧洲学生可能会更倾向于选择在欧盟内部留学,因为这里学费相对较低,而且欧盟的"共同学术空间"(common academic space)使跨国学习变得较为容易。一旦在五六年后全面运作起来,欧盟很可能会转向欧洲之外去吸引非成员国学生到其成员国留学,一方面是为了增加经济收入,另一方面也是为了帮助实现其外交政策。

（三）美国人在海外

到海外留学的美国人也呈增加趋势，但增加速度较为缓慢。2001～2002年度，留学海外的美国人为 161 000 人，这一数字比 2000～2001 年增加了4.4％。这种增加趋势已经持续有 10 年左右。长久以来，美国高校（特别是那些享有较高声望者）一直宣称，要在本科教育中培养学生的国际意识，如果可能，还要为学生提供出国经历。美国人已经认识到，在一个经济全球化的时代，美国学生有必要对整个世界有一定的认识。尽管如此，四年制高校本科生中到国外学习的学生比例仅为 0.2％。

赴海外留学的美国学生的行为不同于赴美留学的外国学生。出国留学的美国学生绝大多数是本科生，他们几乎从不在国外拿学位。相反，赴美留学的外国学生多为研究生和专业学生，他们中的大多数会在美国获得学位。一般而言，美国学生大多在大学三年级到其他国家去经历"文化体验"，接受语言训练，而非学习学术知识。近年来，美国学生到海外学习的平均时间已经缩短到了一个夏季甚至更少；许多批评者同时指出，这些学习计划的学术标准也在降低。与此相反，到美国留学的外国人极为注重学术和专业训练，他们追求的正是美国学位的知识与声望价值。

长期以来，出国学习的美国人乐于选择的国家很少变化。大多数美国人选择去富裕国家（在最受青睐的 9 个国家里，只有墨西哥是非工业化国家）。其中，62％选择欧洲作为目的地。英国、西班牙、意大利和法国集中了一半美国学生，其他一些与美国有移民或其他联系的国家（例如希腊和以色列）也吸引着一部分美国学生。与此形成对比的是，2001～2002 年度只有不到 3％的美国学生去了非洲。

（四）新跨国主义（transnationalism）

高等教育机构也加入到了跨国流动的行列之中。我们已经处于一个高等教育跨国化的时代：一个国家的学术机构在另一个国家建立分支，不同国家的大学合作实施学术项目，高等教育经由远程技术传播到世界各地。这些方面的发展将影响到学生的跨国流动。

　　与学生流相同,跨国学术与教育项目的动向也是由南至北。就课程、学术方向以及师资等方面而言,这些合作项目几乎无一例外地由来自北方发达国家的学术与教育机构主导。即使合作项目所在国的教学语言并非英语,教学语言往往是主导机构所在国的语言(多为英语)。通常,合作项目所在国很少作出努力去使来自发达国家的模式适应该国的需要或传统,它们只是原封不动地引进一些项目和计划。举个非学术界的例子,尽管马来西亚的汉堡包必须使用伊斯兰教的合法牛肉以满足该教的宗教要求,但马来西亚的麦当劳汉堡包与芝加哥的麦当劳汉堡包毫无区别。

　　在跨国高等教育方面,澳大利亚和英国一直是先驱,美国只是最近才成为这一领域内的一支主要力量。在跨国高等教育合作中,既有中等后教育机构之间的合作,也有教育机构与有意进军这项新教育产业的公司或企业家的合作。例如,澳大利亚一些大学已经与马来西亚、南非和越南的学术机构和私人公司建立了合作关系,从而可以在这些国家颁发澳大利亚学位。一个学生可以无需踏上澳大利亚国土就获得澳大利亚的学位。此外,根据一些特许协议,在颁发本校学位的情况下,发展中国家的院校可以使用发达国家大学的教学计划。各国政府都把跨国教育视为增加高等教育收入的一条途径,各院校也是如此。国际合作计划正在为越来越多的学校带来可观的经济收入,尽管这类学校目前为数不多。毫无疑问,许多大学在海外设立分校或开办跨国项目的最大目的是为了增强自身实力。

　　尽管美国的学术机构并没有在跨国教育中占据显要位置,但它们在这一领域中存在已久。一些美国大学,如波士顿大学(Boston University)和韦德纳大学(Widener University)很早就在海外开设了分校,为美国人(包括美国驻外武装力量中的工作人员)和外国客户提供服务。还有一些外国高等教育机构借美国认证和赞助之名得以运营,贝鲁特美国大学(American University of Beirut)就是一个典型的例子。20世纪70年代,十几所美国大学在日本开设分校,希望能从当时繁荣的日本经济和学术市场中获利。但除一两所之外,这些学校绝大多数都不是美国最有名望的大学,因此日本教育界并不十分认同它们的分校。当日本的泡沫经济破灭后,这些分校也随之遭遇了严重的经济与生源危机。现在,无一所能幸存。这一案例说明,高等教育的海外扩张是一项风险事业。

虽然如此,在过去的几年中,美国高等教育机构已经探索出了一条新的、更成熟的路子来进行全球扩张。芝加哥大学(The University of Chicago)商学院在西班牙巴塞罗那设有一所分校,该分校可颁发芝加哥大学的工商管理硕士(MBA)学位,其课程中安排有一段时间在芝加哥大学校本部进行学习。芝加哥大学和宾夕法尼亚大学(University of Pennsylvania)沃顿商学院(Wharton School of Business)正在新加坡建立分校。在保加利亚、阿塞拜疆和塔吉克斯坦等国家,美国大学正在帮助建立越来越多名为"美国大学"(American University of...)的高等学校。这些学校能够得到美国认证机构的认证。

在一些情况下,美国高等教育的海外扩张愈来愈明显地表现出商业性质。几年前,以色列开放了其教育市场。为满足当地需求,一些美国高校与以色列企业家合作,在教师教育领域和一些其他领域开设了学习计划。这些美国学校的声望都比较差,有些甚至质量低劣,它们亟需从海外生源身上获得资金来源。不久,出于对教育质量低劣以及主办机构监督松懈的担忧,以色列有关部门紧缩了国际合作办学的渠道。盈利性高等教育提供商西尔文学习公司(Sylvan Learning Systems)正走出一条高等教育海外扩张的创新之路。该公司已经在墨西哥、西班牙和其他一些国家买下了几所学校。目前还不清楚这些学校将与美国学校进行合作还是将在美国获得认证。毫无疑问,美国的高等教育出口将获得增长,并将对美国整个高等教育产生难以预计的重要影响。

通过服务贸易总协定(General Agreementon Tradein Services,GATS)的实施,在全球高等教育服务市场中开办贸易,可能会增加跨国教育的机会,但同时可能带来诸多相关问题。如果得以实施,服务贸易总协定将解除一些对跨国高等教育的限制,这将有利于美国学术机构和公司在海外开办学习计划和建立分支机构。但是目前还无法预见这些变化将给国际学生流动以及美国大学的具体政策带来何种影响。

代表政府立场的美国商务部和盈利性的私人高等教育提供商对服务贸易总协定表示欢迎,而美国教育理事会(American Councilon Education)等组织及学术界则普遍对此协定表示反对。它们主要担心,由服务贸易总协定带来的竞争与市场化倾向将对美国高等教育的传统价值观产生不良影响。人们普遍认为,高等教育不能像钢铁或香蕉一样作为商品在国际市场中进行交易。高等教育界还有人担心，服务贸易总协定实施后，发展中国家将丧失对高等教育进口的控制能力，从而使其自身的高等教育自治权遭到损害。种种争论仍在继续，服务贸易总协定的可能影响也仍旧复杂莫测。

远程教育也是跨国教育的一部分。目前，跨国远程高等教育规模尚小，但其学生数量正在迅速增长，学生规模将持续扩大。远程教育学位在全球工作市场中能得到承认吗？如果答案是肯定的，会不会有大量的学生不愿再跨越国界，而是选择通过因特网进行学习？这些问题的提出将有助于确定日益发展的远程教育技术对跨国学生流可能产生的影响。

（五）结语

在迅速扩大的国际学习市场中，美国正面临着强有力的竞争。竞争者们拥有一些显著的优势，它们制定有与国际学习和跨国高等教育相关的政策和计划。这些国家早已设定目标，实施政策，并且鼓励学术机构吸引外国学生。相比之下，美国却从未有过全国性的国际高等教育政策，联邦政府也极少提供足够的支持。现在，美国的确有了全国性的政策，但它们全都是负面的——政府以国家安全为名设置了种种障碍，使外国学生和学者的赴美之路变得困难重重。作为美国政府政策的执行者，美国驻各国使馆的"第一线"工作人员则向有意留美的学生传达着最具负面影响的信息。更为严重的是，美国提供给海外学生的联邦奖学金的数量在去年出现了下滑。传统上负责美国高等教育政策的州已经变得不再关心甚至敌视外国留学生，尽管这些学生为地方经济带来了可观的收入，并且为公立大学提供了廉价助教与助研人员的来源。因此，在一段时期内，美国政府很可能不会出台鼓励国际交流的公共政策。

国际学生流动已形成这样一幅画面：全球学生数量显著增加，主要留学生输入国之间的竞争愈加激烈，技术对学术计划的实施影响日增，但这种影响仍不明晰。由于其容量、重要性及其学术体系的优越质量，美国仍将在所有这些发展变化中处于主要地位。但是，美国是否仍能保持其竞争力和领导地位则另当别论。

参考文献

［1］Altbach，Philip G.（2002）．Globalization and the University：Myths and Realitiesinan Unequal World［M］．Seminarium 807—836.

［2］Altbach，Philip G. and Patti McGill Peterson，eds. ，（1999）．Higher Education in the 21th Century：Global Challenge and National Response［Z］．NewYork：Institute of Intemational Education.

［3］Davis，ToddM.（2003）．Atlas of Student Mobility［Z］．NewYork：Institute of International Education.

［4］Koh，Hey-Kyung（2003）．Open Doors：Reportion International Student Exchange［R］．NewYork：Institute of International Education.

［5］Student Mobility or the Map：Tertiaiy Educat on Exchangein in the Common wealth on the Threshold the 21th Cetuty(2000)［Z］．London；UK-COSA：The Council for International Education.

（本文发表于《比较教育研究》2005 年 1 期。作者菲利普·阿尔特巴赫，时属单位为美国波士顿学院国际高等教育中心；译者郭勉成，时属单位为教育部人文社会科学重点研究基地北京师范大学比较教育研究中心）

七、中国的知识流散
——海外中国知识分子间的交流网络

在比较教育发展史上，多以民族国家为基本的分析单位。这在一定的历史背景下是可以理解的，例如在 20 世纪，当民族国家刚刚形成，或当欧洲一些主要的民族国家在世界各地进行反抗帝国主义的年代。然而，随着新千年的到来，全球化和知识经济两个因素交织产生的作用促使我们不得不重新认识民族国家作为比较教育基本分析单位的地位。

（一）知识流散与国际知识神经网络（INKNs）[①]

贝内迪克特•安德林（Benedict Anderson）曾提出"想象的群落"（imagined community）的概念，这一概念对于理解流散的群落（diasporic communities）的现实有一定的作用。在某种意义上，对于许多流散人来说这样的群落必然是想象中的，因为流散人群落中的许多人都是在完全脱离祖国的情况下长大，他们对祖国的了解来自那些从长辈那儿继承而来的、褪了色的或者是僵化的概念。这种对昔日故土的碎片化的理解，使得这些流散人呈现出（文化上的）杂交特点，成为（不同文化的）夹心人。

尽管在理解教育的差异时，对民族国家这一分析单位的重视并没有减退，但是当代的比较教育研究已开始考虑到全球移民，尤其是那些高技术人群移民

[①] INKNs：International Neural Knowledge Networks，INKNs。

的影响。近年来研究中对高级人才迁移的充分关注,进一步反映了知识经济时代的变化。全球范围内,包括那些流散群落内部的知识流动,对我们传统的空间和地域概念提出了挑战。人才外流至少在某种意义上源于文化、经济全球化所带来的差异。"人才外流进一步加剧了发达国家与发展中国家发展的鸿沟,这是由于前者将后者的技术人员吸引过来造成后者本处于弱势的人力资源更为枯竭。"[1]现在南北半球之间在科学方面的差距是巨大的,并且由于上述原因这种差距还在进一步扩大。以下数据可以反映这个问题:北半球从事研究与发展的人员(科学家和技术人员)占总人口的比例是南半球的 10 倍,且研发占GDP 的比例是南半球的将近 4 倍。另外,已审批的专利有 97% 属于欧美国家,他们联同东亚的新兴工业化国家发表的科学论文占发表总量的 84%。[2]除此以外,即使在中心国家当中,也可以区分出中心和边缘。举例来说,美国的科技研发占整个工业社会在这方面投资的近一半,相当于其他七大工业国家的总和。

这对南半球国家的技术人员尤其是学术界人士形成了一股强大的吸引力。虽然衡量该现象发展程度(特别是在科学技术领域)的手段得以改进,但传统的研究都低估了这种现象,因为传统研究主要是基于库存指数(stock data),即在某一时间点上流入本国的海外技术人员的数量,或者是流动指数(flows data),即已经进入某一国的技术移民。然而,美国国家科学基金会主持的一项研究表明,在美国和法国工作的国外出生的科学家有 2/3 是在美国获得的博士学位。此外,只有一半的国际博士生或攻读博士后的学者在(完成学业后)两年内回到他们的祖国。事实上,那些来自中国和印度的留美学习者,返回祖国的比例低至 10% 到 12%。在 20 世纪 90 年代末,在美国获得博士学位的中国学生大约有一半留在美国寻求并获得了继续深造或工作的机会。美国国家科学基金会于 2001 年公布的一个报告表明,对于流散的知识分子而言,美国是一块最大的磁石,它在科学和工程领域尤为倚仗国外学者的贡献。

这里有几点值得注意。首先,中国学生在美国大学里是一支最大且增长最快的国际学生队伍,且集中在研究生阶段并且是在科学和工程领域。其次,在美国的中国大陆学生数比排在第二和第三位的中国台湾和印度加起来的学生数还多。再次,中国目前的经济腾飞已经在一定程度上扭转了人才外流的局面。为了国内的发展,中国政府已经利用机会吸引中国在海外的学者回国。1992 年,中央政府颁布了"支持出国,鼓励回国,保证来去自由"的留学政策。另外,由教育部主持的"春晖"计划,由李嘉诚和教育部合力资助的"长江学者计划"等都已经开始实施并发挥作用。不过,虽然有这些努力,中国公民尤其是年轻的和受过高等教育的人员外流的情况仍然持续增加。在 1978 年到 2002 年间,约有 580 000 学生和学者在国外学习和接受培训,却只有 160 000 回国。事实上,自从 20 世纪 90 年代以后,中国国内一流大学的优秀毕业生便开始大量流向国外。例如,北京大学物理、化学和生物系毕业的学生有 40% 自费出国留学。中国最好的大学和研究机构年轻而出色的研究人员外流的情况也十分显著。一个潜在的事实就是中国至少是暂时地流失了"最好的、最聪明"的人才给发达国家。尽管回国率在增高,而且中国高教剧烈扩招,但这个群体过大的流出量也会超过高科技人才的产生量。从长远来讲,这样持续的人才外流将会减慢中国发展的速度,因为人力资源已成为知识经济发展的中心发动机。

(二) 全球化形势下知识流散的新形势

以上数据表明,出国留学已成为一种移民的渠道,越来越多的留学生走这样的道路,从而使技术移民的规模升级。然而,这些数据也同样低估了这种现象的程度以及它对南半球国家,即对绝大部分技术劳动力的流出地造成的冲击。南半球国家那些受教育程度高的人,可能在本国没有找到充分发挥才能的工作,或是渴望更好的、更有成就的生活,或缺乏他们在北半球国家所能拥有的权利和自由,通常会向往一片更绿的"牧场"。以上这些因素综合在一起,在今天这个全球移民涌动的时代,许多发达国家纷纷制定旨在选拔技术人员的项目。而与此同时,对其他类型的移民例如政治避难者设置了越来越严苛的障碍。例如,德国、美国、加拿大和澳大利亚颁布专门吸引高层次技术移民的政策。实际上目前澳大利亚申请永久居住权最大的群体(通向公民资格的第一步)由国际学生组成,他们通过在澳的学习获得额外的移民加分。

这样的人才流动给流出国带来的不仅仅是损失。在大多数发展中国家特别是在菲律宾和墨西哥,由于人才流散伴随而生的由海外汇入的款项,目前已经超过了官方获得的海外发展援助资金,从而抵消掉一部分用于培养那些外流的高级技术人才的公共投资的损失。据世界银行估计,全世界正式汇款的总额在 2001 年达到 723 亿美元,但是非正式的来源会迅速提升该数目。目前的趋势表现为暂时移民(temporary migration),这意味着越来越多的包括从事科技研发的高水平人才开始回流。许多人带回了国内需要的技术、知识、关系网,这对他们祖国的发展是十分有利的。在中国知识分子流散数目和比例的变化上,这一点则表现得非常明显。近些年由于中国经济的腾飞、开放程度的增加,回国率有显著提高。不过正如上文所示,人才外流的现象仍在持续。在以色列的俄罗斯犹太人流散也表现出相似的情况,"推-拉"因素都在起作用。

不过,这里必须作进一步的说明。首先,对那些选择回国的知识分子来说,他们的回归之路并非顺畅。这一现象在东亚国家和地区尤为明显,在儒家文化主导的社会里,普遍存在着根深蒂固的等级制观念、论资排辈和嫉妒的现象,不大接受那些持有国外学历回国的人的新观点。其次,那些选择留在国外的人,不仅通过回国,而且越来越多地通过虚拟的方式和国内经常保持联系。

其实选择留在国外的知识分子愿意、也能够通过越来越多地运用复杂的知识神经网络为国内的研究和发展作贡献。他们每天都可以通过电子方式提交论文、提出建议和与同行建立联系。他们可以与同一语言背景和具有相同研究兴趣的同行共同撰写论文,完成研究课题。这样,身在国外的他们可以贡献许多研究所需理论上的、经验上的,以及语言、文化上的技能。在这一意义上,对于流出国来说,流散海外的知识分子与其说是一种负担不如说是一种资源。因此,人才流出国建立激励机制鼓励留学人员回国作贡献,应该仅仅只是应对人才外流问题的一个方面。

需要再一次指出的是,全球化造成的差距也是显而易见的。美国国家科学基金会最近一篇关于网络基础设施(cyberinfra structure)的文章强调网络建设具有越来越重要的影响,并指出那些不能迅速调整并对之加以利用的国家将会落后。作者认为,网络能够在相当大的程度上减少距离、时间和学科界限的限制。计算和可视性等各方面的新方法不仅仅可为国内的研究者共享,事实上,在全球交流的时代,虚拟的研究社团变得越加重要,网络本身就是国际性的:"现在收集社会学、生物学和物理学领域关键数据可以通过在线远距离实现"。[3]对比较教育学者来说同样如此,远距离获取具体而准确的数据以及当代政策和实践信息的能力,是当代研究至关重要的因素。

这一点在科学和工程领域或许表现得最为明显,国内和国际的"联合实验室"越来越受到认可。然而有必要再一次强调进行这样的合作当中的不平等——据美国国家科学基金会估计用于开发超级计算、数据储存能力和相关的技术设备的费用每年不少于 99 亿美元,而这笔费用只有美国,也许还有欧盟有实力考虑实施。尽管存在这样的差距,对于发展中国家来说,开发复杂的国际知识神经网络的潜力仍然是巨大的,而且有可能缩短空间距离、提高质量以及节省提出研究方案的时间。

(三) 澳大利亚的中国知识分子流散

全球知识网络的阶层化突现了这样一个事实,即知识分子仍在大规模地从南向北流动。正如索利曼诺(Solimano)所说的那样,由于发达国家从发展中国家吸引研究人才,以牺牲发展中国家为代价,发达国家原本发达的知识基础变得更加牢固,因此这进一步加剧知识创造和应用在全球范围内的不平等。由于知识和技能上存在的巨大差距,中心和边缘国家之间这种结构上的不平等使得不同社会通过知识网络进行平等交流变得不太可能。全球知识网络越来越多元化的特点意味着知识分子流散可以在缩小南北科学差距方面发挥一定的作用。知识转移是吸引流散知识分子政策的关键,旨在加强知识密集和欠密集国家之间联系。比方说,乔伊(Choi)指出任职美国高等教育机构的许多亚洲背景的学者和他们祖国的科研同行以及研究机构保持密切的学术联系。

这一发现是否适用于其他的知识分子流散?散居在外的知识分子究竟怎样与祖国、与其他的散居知识分子群体保持学术联系?下面的研究是关注广大的中国知识分子流散群落的,它研究的背景是澳大利亚这个相对比较发达、吸引了大量知识分子、学者和学生,但同时自身也面临人才外流问题的国家。这项研究选择澳大利亚一所始建于 19 世纪、精英"八校联盟"(Group of Eight)之一的大型研究型大学。一个世纪以来,这所大学在澳大利亚的教学和科研方面发挥了重要的领先作用。加强国际交流与合作成为该校发展的一项重要策略。这所高校长久以来和中国合作,目前拥有许多来自中国的学生和学者。通过学校及学院网页上的信息,我们获取任职该校来自中国大陆的学者的相关信息。

研究采用目的性抽样,因为我们设想被调查者在与其他的中国移居国外者和中国大陆人员的关系网中发挥了积极的作用。研究对象由 6 人组成,通过半开放式深度访谈,我们试图揭示和分析他们个人对于和祖国国内、以及海外的中国学者合作的看法。

从总体上来说,被调查者表示有兴趣与中国学者,尤其是大陆的学者保持联系。本研究中的 6 位被调查者都与祖国大陆的同行建立了学术上的联系。被访谈者欣赏中国学术研究的质量,勤奋踏实的研究习惯以及谦虚的态度,另外还有与其他中国人打交道的相对轻松和熟悉。显然,共同的文化和语言背景使这种学术交流变得更加密切。这种与祖国合作的许诺和意愿支持了最近的另一项研究。学者们运用"阴-阳"的理论模式,揭示了中心国中由于那些散居知识分子的存在可以识别出边缘来,同时由于这些知识分子现在能够利用新的通讯技术,来自中心的资源可以被边缘国加以利用。因此,中心和边缘的鸿沟在某种程度上得到缓和,因为前者的实力对后者的发展有帮助。和先前有关亚洲知识分子流散问题的研究显著不同的是,没有一个被访者与中国台湾、香港或新加坡的同行保持联系。有趣的是,尽管被调查者与祖国保持学术联系,但有四人表明他们与大陆的学者在专业领域没有任何具体的合作项目,或缺少合作成果。他们谈到了影响这种学术交流的许多因素:

1. 影响学术合作的因素

他们认为学术地位、性别、共同的研究兴趣和领导管理水平等因素,都会对合作的质量造成影响。首先是学术地位的影响。有两位女性被访者提到,在开展学术合作之前建立自己的事业十分重要。她们认为,合作的机会和范围都取决于专业职称,而晋升的机会则取决于她们个人的研究能力。其次是研究兴趣。有三位被访者都认为他们的研究领域在国内缺乏发展是制约他们与国内合作的一个因素。最后是领导水平方面的影响。这一因素对中国的海外学者和国内的学术合作的影响既有积极也有消极意义。有三位被调查者回忆他们与大陆代表团接触的经历时指出,代表团访问之后往往缺乏后续工作,结果是,他们至今仍不清楚究竟应该如何与国内机构建立合作关系。被调查者们认为,他们与华裔学者尤其是与大陆学者的交流情况充其量就是在积极和消极的两个极端之间徘徊的连续体。尽管他们有兴趣与中国学者合作,但学术地位和研究兴趣是两个决定性的因素,兴趣相同的学者间的交流是自然而发的。在与国内的机构和个人联系方面,领导方面的支持和大陆同行的认可也是非常重要的。

以上发现支持早先乔伊的研究结论。她认为具有高级职称的学术人员有更多的机会发展专业合作关系,因为他们的地位更稳固,这就确保了他们能更容易获得和利用资源。此外,她认为发展中国家因为经济基础较薄弱而无法利用西方知识,这使他们难以吸引高度专业化的合作。在此意义上,本国学术界的全面发展是动员与利用其海外学者专业知识与技能的必要前提。根据乔伊的观点,中国学术界缺乏专业性是其边缘化的标志。这一观点在下文中会得到进一步阐释。[4]

中国领导的管理水平则是使被调查者与大陆建立合作关系变得复杂的重要原因。关键是中国高等教育机构的领导要对学科发展的前沿有较透彻的了解,否则,要物色和吸引高层次的人才就很难。领导管理水平如果不提高的话,即使有大量的资金投入,要建设世界一流大学也是一纸空谈。对高科技人才的重视不能只是虚夸的、没有实际意义的空口号。对大多数中国代表团来说,主要的目标,至少是提上日程的,是如何增进双方的理解,为将来合作建立联系。这里的问题是,访问结束时并不意味着代表团的使命就此结束。

2. 边缘化

边缘化这一概念凸显了(被调查者们)中国对国际知识网络的成果缺乏接触,贡献也很有限,特别是对大陆学者与同行们的学术交流合作非常有限的这样一种情况的认识。它还反映了(被调查者们)对于中国学术界总体上在获取资源、学术氛围和学术传统方面水平较低的一种感觉。

尽管有一些分歧,但被调查者们基本上都认为中国在国际知识网络中的参与是有限的。他们指出,最有影响力的期刊总体上都是来自北半球,特别是美国。他们还指出,大陆学者在那些国际知名期刊中的影响仍不太显著。许多(但不是所有的)大陆学者的论文不能发表的主要原因是其质量不够高。有两位被访者认为大陆研究者对其所研究领域的最新信息缺乏了解是影响合作的重要原因。此外,还有两位被访者认为语言是限制大陆研究者发表论文的又一重要因素。正如研究者所料,大多数被访者都认为目前中国学术界的学术氛围对中国学者的科研造成了负面影响。两位被访者认为在处理质和量的关系上存在问题。他们指出大陆学者倾向于发表更多的论文,却不是更好的论文。有三位被访者提到,中国学术界倾向于强调应用性的研究,在基础研究上花费的精力则较小。当然,这在今天的中国是可以理解的,因为中国经济的迅速发展带来了更多赚钱和创业的机会。另外,两位被调查者还提到,学术研究在很大程度上受到学术传统的影响,教师对学生的影响也很重要。这就是为什么大陆学者总是以一种简单的、不那么精密的方式从事科学研究的原因。不过,所有的被调查者都认为随着越来越多的海外学者的回归,中国学术界从事研究的方式会有所改善。

3. 阶层化

本研究发现,研究资源的缺乏对大陆学者在学术研究上影响力有限,这一发现证实了先前研究的成果,而关于世界经济对国际知识网络的影响的研究揭示了两者之间直接的因果关系。

中国情况亦如此。尽管中国经济在过去的 15 年间飞速发展,但发展的成果分配很不均衡,有些地区的经济仍陷于落后的泥沼之中,受教育率低和非常贫困。高等教育的发展成果和投资,也在全国范围内分配得极不均衡。所以,尽管越来越多的大陆学者将会在国际知识网络中扮演更加积极的角色,他们将几乎是无一例外地来自中国最优秀的高校,然而在可预见的未来,大多数中国学者仍将处于边缘地位。

被调查者深刻认识到中国高等教育发展的阶层化程度,并表达了对其影响相当一致的看法。有两位被访者对中国大学的学术研究表示了高度的欣赏。此外,有两位被调查者特别提到了中国高等教育不同学科间不平衡发展的影响。其中一位被访者认为这限制了他在所研究的领域与大陆同行建立学术联系。

中国高等教育阶层化的结构随着中央政府实行选择性的政策(例如著名的"211"工程和"985"工程)而更为突出。为实现建设世界一流大学的目标,政府以牺牲相对较弱的学校为代价,将急需的资源倾注于重点大学。作为工程的一部分,吸引有国际教育背景的教授是一个重要指标。这就是为什么在整个中国高等教育仍然落后的情况下,有些研究型高等教育机构能够拥有最好的设施和海外教育背景的学术人员，以最高的国际水平运作的原因。

这一现象高度反映了中心和边缘现象在全球范围和国家内部都存在的事实，同时也反映了经济因素以及中国的国家发展重心。阿尔特巴赫（Altbach）曾指出，尽管世界学术界顶级的地位仍然为北半球国家领先的研究型大学占据，但是诸如中国这样的新兴工业化国家的一些大学正在接近世界一流研究型大学的水平。[5]事实上，在越来越激烈的竞争背景下，高等教育的结构正向着多元化方向发展。即使在中心范围内，也有中心和边缘的区分，例如，美国的"常春藤盟校"、英国的"罗素大学集团"（Russell Group）和澳大利亚的"八校联盟"都属于中心的"中心"。

（四）结论

语言使用的熟练程度、引文检索体系的偏向性和中西方研究方式的差异等因素造成中国大陆学者在国际学术界处于边缘地位，这一研究发现支持了先前关于第三世界学术的研究。研究发现表明，最具影响力的学术刊物，绝大多数在北半球编辑，仍将作为衡量学术研究效度的要素，而因为普遍缺乏对语言的熟练使用和对西方研究系统的熟悉，发展中国家的学者处于明显的不利处境。[6]

关于中国海外知识分子的学术和专业水平对中国发展的重要性的研究结果再一次支持了流散知识分子选择的主流研究，这些研究提出了"选择"（option）这一概念，认为高技术人才的大量外流对流出国来说，即便有时是暂时的损失，但同时是一种巨大的、潜在的可资利用的资源。从世界范围内的相互联系性日益加深的角度来看更是这样，特别是在全球信息和通信技术日益密集的时代，学术研究界尤为如此。

流散的概念，刻画了海外知识分子的那种中间状态（in-betweenness），对教育研究以民族国家为理所当然的分析单位提出了质疑。知识流散的发展，或者说国际知识神经网络，将进一步促使我们重新考虑民族国家这种分析单位。对教育研究者而言，应根据不同的研究前提，采用新的科研方法体系。与此同时，教育研究者应结合新型、密集型的通信技术，引领在自然科学和社会科学领域进行研究的新方法，以及为祖国的研究和发展作贡献的方式，流散知识分子群落可以在其中发挥重要的作用。

参考文献

［1］Organisation for Economic Cooperation and Development（OECD）（2004b）. Tradeand Migration［R］. Building Bridges for Global LabourMobility. Paris，OECD(pp. 89).

［2］World Bank［Task Force on Higher Education and Society］（2000）. Higher Educationin Developing Countries［R］. Washington，WorldBank.（pp. 69）.

［3］National Science Foundation［NSF］（2002）. Revolutionising Science and Engineering through Cyberinfrastructure［R］. Report of the National Science Foundation Blue Ribbon Advisory Panel on Cyberinfrastructure.（Draft）.（pp. 1）.

［4］Choi，H.（1995）. An International Scientific Community：Asian Scholar in the United States［M］. Westport，CT：Praeger.

［5］［6］Altbach，P. G.（2004）. Globalization and the university：Myths and realities in an unequal world［R］. Tertiary education and management，10（1），3—25.

（本文发表于《比较教育研究》2005 年 12 期。作者安东尼·韦尔奇,张振,时属单位为悉尼大学,天津大学;译者刘雅,时属单位为教育部人文社会科学重点研究基地北京师范大学）

八、全球化背景下澳大利亚国际教育服务及其政策

（一）全球化背景下，国际教育服务的提供

"全球化"一词在当今世界已被广泛使用，然而关于全球化的概念及其形成众说不一。有人认为，最早是 1985 年由美国经济学家提奥多尔·拉维特（Theodre Levitt）在《市场全球化》一文中提出的。当时，他用这个词形容前 20 年间国际经济的巨大变化，即商品、服务、资本和技术在世界生产、消费和投资领域中的扩散。[1]一些中国学者认为，全球化理论的真正源头是马克思主义，马克思、恩格斯在《德意志意识形态》中第一次比较系统地通过世界史理论阐述了其唯物史观、交往观，预见了晚期资本主义社会时代全球化的运作规律。[2]曾经获得三次普利策新闻奖、长期从事全球化问题分析的美国《纽约时报》记者弗里德曼在他出版的《世界是平坦的》一书中将全球化的历史进程分为 3 个阶段。[3]第一阶段是 1492～1800，欧洲航海家发现新大陆，欧洲国家凭借军事力量开展对美洲新大陆的掠夺性贸易，依靠的动力是帆船和马匹；第二阶段是从 1800～2000，跨国公司借助蒸汽轮船、铁路、电话电报和电脑等手段控制世界；第三阶段从 2000 年开始，个人成为全球化进程的主要动力，互联网成为关键技术因素。

全球化进程已经从最开始的经济全球化，逐步渗透、扩展到政治、文化、教育等各个领域。正如詹·肯威指出，经济全球化和信息革命预示着学习过程的性质彻底改变，将促进新的教育商品化，形成学习与其传统制度场所相分离的局面。[4]世界贸易组织框架下设立的《服务贸易总协定》（GATS）使该组织成员

国之间跨越国家与区域界限的生产要素与产业的转移已经不再局限于传统的货物领域,诸如教育、金融、通讯等 12 个基本服务贸易部门所占的比例正在迅速增加。①

服务贸易的主要提供方式,即跨境支付、境外消费、商业存在和自然人流动,在国际教育服务中可体现为远程教育、学生流动、合作办学、教师流动等多种形式。目前,以境外消费,即学生流动这一领域的往来最为活跃。2002 年,全球共有 180 万国际学生,预计到 2025 年,将增加到 800 万人。[5]

(二)澳大利亚国际教育服务的提供及其政策

澳大利亚政府针对国际教育市场的政策由来已久,始于 1950 年面向南亚和东南亚英联邦国家的科隆坡计划(Colombo Plan),但直至 1986 年,都以政府援助项目为主,国际学生不用支付学费,人数只有 500 人左右。自 1987 年政府公布了一份政策文件,即《高等教育:一份政策辩论报告》开始,澳大利亚教育部明确提出"国际学生全额付费将是教育经费增长挖潜的一个重要来源"。[6] 自此,澳大利亚学校开始对国际学生实行收费制。近 10 年来,澳大利亚政府更将教育作为一项出口产业来对待。根据澳大利亚教育、科学与培训部(Department of Education, Science and Training,简称教育部)的统计,从 1994 年到 2004 年,国际学生数量以每年平均 11% 的速度在增长。[7]1994 年,在澳国际学生的数量只有 10 万人。而 2004 年,澳大利亚作为一个仅有 2 000 万人口的国家,拥有 33 万国际学生。在 OECD 国家中,澳大利亚境内高等教育领域所拥有的国际学生的比例高居榜首。澳大利亚成长为世界第五大国际教育服务提供国,次于美国、英国、德国和法国。教育出口已经成为澳大利亚增长最迅速的出口产业之一,2003~2004 财政年度为其带来 59 亿澳元(约 354 亿人民币)的收入,超过其传统出口产业,相当于羊毛和小麦出口的总额,成为第四大出口产业②,第二大服务出口产业(占总服务产业的 17%)。几乎所有澳大利亚大学都

---

① 12 个服务贸易部门为商务服务,通讯服务,建筑和相关工程服务,分销服务,教育服务,环境服务,金融服务,与健康相关的服务和社会服务,旅游和与旅行相关的服务,娱乐、文化和体育服务,运输服务,其他未包括的服务。

② 出口产业前三位为煤炭、个人旅行不含教育、铁矿砂。

在招收国际学生。国际学生占澳大利亚高等教育在校生总数的 18％,带来的收入占澳大利亚大学总收入的 15％。澳大利亚的国际教育政策在该国实现经济目标的过程中发挥着越来越大的作用。

进入 21 世纪以来,澳大利亚的国际教育战略确定为将澳大利亚打造成国际学生的首选目的地,目标是到 2025 年招收 100 万国际学生,占全球国际学生总数的八分之一。为此,澳大利亚政府采取了一个政府主导的、整合各种项目和资源的战略方针,由教育部负责国际教育服务方面的战略、规划、政策和整体推广,视教育为重要出口产业,为各级各类教育机构与中介机构提供全方位的支持,鼓励这些学校按照商业模式去吸引海外生源,开拓海外市场。澳大利亚政府在推进国际教育服务方面制定的重要政策和措施有:[8]

1. 通过立法手段保障消费者权益,即制定了全国性的法律制度,为国际学生在澳大利亚学习期间的权益提供保障

澳大利亚教育部制定了《2000 年海外学生教育服务法》(Education Services for Overseas Students Act, ESOS,简称《教育服务法》)[9] 及《2001 年海外学生教育服务法补充条例》(Education Services for Overseas Students Regulations 2001),包括《国家院校登记注册机关与招收海外学生的教育培训机构行为准则》(National Code of Practice for Registration Authorities and Providers of Education and Training to Overseas Students,简称《国家准则》),一方面设置了全国统一的教学质量规范与标准,规范各院校向国际学生提供教育与培训服务所应尽的义务,明确消费者权利;另一方面也制定了侵权赔偿措施。根据《教育服务法》,实行全国统一的院校审核登记制度(Common wealth Register of Institutions and Courses for Overseas Students, CRICOS),无论公立院校和私立院校,中学、英语语言培训院校、职业教育与培训院校和大学,任何有意招收、录取国际学生以及向国际学生提供教学服务并就此进行广告宣传的教育机构必须首先完成审核登记。招收海外学生的院校还必须向其开展教学的各州或领地的有关部门登记注册招收国际学生的每一门课程,只有符合审批登记要求后才可以向国际学生授课,以保护持学生签证赴澳留学的国际学生的权益。在 CRICOS 注册登记的每个教育机构和其所注册登记的每门课程都有一

个 CRICOS 代码,所有面向海外招生的教育机构都必须在其宣传资料上注明该机构的 CRICOS 代码。目前 CRICOS 注册登记的教育机构有 1 200 多所。违反《教育服务法》或《国家准则》可构成犯罪。

同时,澳大利亚教育部设立了针对国际学生的"学费保障计划"(Tuition-AssuranceScheme,TAS)并建立了相应的学费保障基金。如果学校不能向学生提供该学生已经缴纳学费的课程,或者学校不能返还学生已经缴纳的学费,同时该校的学费保障计划执行部门或相关部门不能作出相应补偿,则学费保障基金管理部门将以现金形式向符合条件的申请人退还学费。这些措施为国际学生提供了强有力的学费和经济利益保障。

《教育服务法》自颁布以来,分别于 2002 年和 2005 年进行了两次修订,并于 2004~2005 年期间对其进行了全面评估,提出了 41 条修改建议。[10]

根据评估建议,2006 年 10 月颁布了新的《国家准则》,对 2001 年《国家准则》进行了全面修订,对联邦政府与州政府的职责划分、CRICOS 注册要求以及注册机构的运行等作出了更加详尽的规定,其中对注册机构的招生、学生服务、学生权益保护、签证管理、师资及教学设备等制定了 15 条标准。[11]新版《国家准则》将自 2007 年 7 月 1 日起施行。

2005 年澳大利亚政府正式以"跨国教育和培训"(transnational education and training)的名称制定颁布了"澳大利亚跨国教育和培训国家质量战略",以期管理澳大利亚众多境外(offshore)教育服务项目的质量,确保澳大利亚教学机构在海外提供与国内一致标准的教育服务,平息就此引发的广泛的教育质量争议,进而争取更大份额的国际市场。

2. 政府制定行业标准,支持建立了全国统一的学历资格框架(australian qualifications framework)

持学生签证进入澳大利亚的国际学生所就读的大多数课程都包括在这一框架中,共 15 种学历资格(表 1),使得在各州或地区取得的学历资格相互承认,高中、高等职业教育、高等教育和继续教育相互衔接,学分可以转换,保证了连续性,而且在澳大利亚获得的学历资格普遍得到其他国家教育机构和雇主的认可。[12]

表 1　澳大利亚学历资格框架表[13]

中小学	职业教育和培训	高等教育
		博士学位
		硕士学位
	职业研究生文凭	研究生文凭
	职业研究生文凭	研究生文凭
		学士学位
	高级文凭	副学位/高级文凭
	文凭	文凭
高中教育证书	四级证书	三级证书
	三级证书	
	二级证书	
	一级证书	

3. 降低消费者获取服务的门槛,扩大消费机会

澳大利亚是一个移民国家,澳大利亚政府充分认识到短期入境和长期定居的工人、学生及其他人员对澳大利亚经济的作用,为此采取了相对宽松的移民政策:国际学生入境不受配额限制,并且享有短期或永久居留机会;允许持有学生签证的国际学生在澳大利亚逗留期间可以申请许可从事兼职工作;为适应照顾小留学生的需要而专门设置学生监护人签证;利用现代技术手段提供电子签证申请;签证申请成功率相对较高。[14]

4. 通过政府渠道提供获取服务的信息,缩小信息差距

澳大利亚政府开设了"留学澳大利亚"网站(Study in Australia),向国外推出"留学澳大利亚"品牌,提升澳大利亚教育的国际知名度,为国际学生提供有关在澳大利亚求学的全面信息及搜索功能,可以查询课程、学校、学费和生活费、申请程序、签证要求和其他问题并得到客观的信息,涵盖所有向国际学生提供服务的澳大利亚教育机构和搬,网站拥有中文、韩文等多种语言版本,并设有可按照学习领域和级别搜索的奖学金数据库。[15]

5. 向国际学生提供政府奖学金,吸引优秀国际学生,引导行业面向高端人群

面向中国学生的有:始于 1987 年的"澳大利亚发展奖学金项目"(ADS),每

年向中方提供 20 名奖学金名额,用于攻读研究生学位;始于 2002 年的"澳大利亚亚洲奖学金项目"(australia asia award),向中国西部省份的杰出人才提供每年最多 50 000 澳元的全额奖学金,攻读博士学位;始于 2004 年的"长江澳大利亚奋斗奖学金项目",由澳大利亚政府和香港长江实业在 2004～2007 年度共同出资 450 万澳元,每年资助澳大利亚和亚洲国家各 50 名本科生互换,每年资助 40 名研究生和博士后在澳大利亚从事短期研究。

6. 建立包括教育部、外交与贸易部、移民与多元文化和本土事务部、工业、旅游与资源部、澳大利亚贸易协会、旅游协会在内的跨部门国际教育推广协调机制,由教育部牵头

各部门之间通过签署备忘录明确各自的职责,如教育部在相关政策制定方面起主导作用,负责协调相关的各项举措,其所担负的职责包括:通过强化相应的政府机构,诸如教育部国际教育司(AEI)来支持教育出口产业和政府间教育合作,以及加强与各州和领地政府在教育和培训质量保证、对招收海外学生的教育机构制定有关规章制度、资格认可和对海外学生的消费保护等方面的合作。联邦政府与各州和领地也达成了类似的备忘。教育部和移民部定期与各级机构会晤,向教育部门提供咨询与支持。有关各方统一使用"留学澳大利亚"品牌和资料来宣传澳大利亚教育。

7. 政府引导本国教育服务提供者注重质量和创新

澳大利亚拥有在物理学、化学和医学方面的 7 位诺贝尔奖获得者,曾研发出了在国际上得到广泛应用的飞机着陆系统、黑匣子飞行记录仪、仿生耳、心脏起搏器等,在农学、地球科学、生物医学、海洋学等领域的研究居世界前列,在此基础上,澳大利亚日趋强调教育质量是市场可持续发展的关键。

8. 促进教育市场提供的服务项目多样化

1 100 所大学、职业教育学院和中小学为国际学生提供 25 000 门课程,适合各层次人员的学习需要,充分利用英语为母语国家的优势,针对国际学生设计各种层次、长短、规模和形式的英语培训课程,包括为假期赴澳大利亚的学生提供旨在提高英语技能的短期语言培训课程,为准备世界各地教育和移民机构认可的不同级别的英文考试设立的培训课程,以及为专业课程学习所需要的正式英语课程等。

9. 增强教育服务提供者自身国际化程度

向全世界各地招聘教师,与很多国家的大学建立校际交流关系,开展学生和教师交流活动,并充分利用现代技术。

10. 政府出面积极推动与其他国家的双边自由贸易谈判,要求减少教育市场准入障碍、消除教育服务贸易壁垒,推动学历学位互认

澳大利亚已与美国、新加坡、泰国达成自由贸易谈判协定,与新西兰达成紧密经济关系协定,目前正在与中国和马来西亚进行谈判。在这些协定和谈判中,澳大利亚政府都将教育列为一项重要谈判内容。此外,澳大利亚还与法国、德国、印度、墨西哥等国签署了教育领域的合作谅解备忘录,并利用 APEC 等区域多边组织积极推行其教育出口理念。

11. 澳大利亚政府在制定 2003~2004 年度财政预算一揽子计划时,确定在之后的 4 年中投入 1.13 亿澳元支持澳大利亚国际教育的可持续发展。其中:

510 万澳元用于维护澳大利亚教育机构的质量和声誉;

4 160 万澳元加强与新兴发展中国家的政府间合作,开创新的出口机会;

3 550 万澳元在澳大利亚高校建立 5 个教育、科学与创新优秀中心;

790 万澳元设立奖学金和助学金项目以吸引世界各国的优秀学子赴澳大利亚求学,并设立澳大利亚语言教师短期海外进修助学金项目;

460 万澳元建立一个新的国家语言中心以提高澳大利亚专家及各类专业人士的外语水平和跨文化交际能力;

1 050 万澳元建立对澳大利亚境外办学机构和项目的质量保证体系;

780 万澳元引进新的签证制度,提高受理海外学生学习签证的效率,完善移民体系。

(三) 澳大利亚国际教育带来的收益

国际教育服务给澳大利亚带来可观的经济收益,2001~2004 年三个财政年度中,国际教育服务分别给澳大利亚带来了 52 亿澳元(约 312 亿人民币)、54 亿澳元(约 324 亿人民币)和 59 亿澳元(约 354 亿人民币)的收入。[6] 其中 2001~2002 年度澳大利亚共有 25.38 万国际学生,含在澳大利亚境内大学、职业教育与培训院校、中小学和英语学校就读的学生和在境外合作办学机构或项

目中就读的学生,共收入 51.76 亿澳元,其中在澳大利亚境内就读的 20.09 万,占总人数的 79.2%,收入 49.42 亿澳元,占总数的 95.5%;普通高等教育国际学生人数占总数的 60.6%,但所付学费及生活开支占总数的 58.4%。[17]①

上述经济收益可以看作是国际教育服务带来的直接经济收益,即包括:国际学生在澳大利亚的学费、生活费用、购买与教育相关用品的开支、远程教育收入、澳大利亚教师、学者去海外授课的收入、澳大利亚学校在境外向国际学生提供教育服务的部分收入。国际教育服务还带来了间接经济收益,包括:招收国际学生创造的就业机会、额外的家常消费支出、国际学生亲属来澳大利亚旅游探亲带来的收入、与国际学生来源国的不断加强的贸易关系带来的收益、更多的科研成果和生产力水平的提高以及科研成果产业化机会增加带来的收益。

除了可以量化的经济收益,国际教育政策的实施还对澳大利亚产生其他不可用货币来衡量的广泛影响:① 对澳大利亚学校和学生而言,国际教育的发展使不同教育体系、教学方法得以交流,信息得以共享,从而提高了教育资源的利用效率,同时使他们在参与世界市场竞争中学到新的技能,达到更高水平,应用新的技术。国际教育还增加了教育机构的收入,提高了教育机构的实力,为人们参与更广范围的学习与科研创造了机会。此外,国际学生也给澳大利亚的教育与社会带来新的智慧,丰富了澳大利亚本国学生的教育经历和全球视野。② 对澳大利亚国家和社会而言,国际教育则具有更广泛的意义。

教育国际化强化了澳大利亚的民主和多元文化特色,促进了民族包容性,而澳大利亚的竞争力和国家安全正是建立在对国际事务和多元文化的了解的基础上的。

国际教育和高技术人才的流入促进了澳大利亚人力资本和研究能力的提高,从而提高了其生产力水平。国际教育促进了澳大利亚的知识创新。

国际教育也为发展澳大利亚的对外贸易与投资、外交、国防等创造了有利条件。教育国际化加强了贸易伙伴间对彼此文化、语言、社会和经济的了解。个人和机构之间的关系有助于双方的贸易往来。从澳大利亚高校毕业的国际

---

① 根据澳大利亚统计局的统计,在上文所提 4 种服务贸易主要方式中,只有第 1、2、4 项所产生的教育服务收益被计算在贸易收益中,包括与教育相关的旅行费用和其他教育服务费用。而每项商业存在,如澳大利亚海外合作办学机构或项目的部分收入则算作海外投资收益。

学生有利于澳大利亚企业打开当地贸易市场。

国际教育还有助于提高澳大利亚在国际事务中的地位和作用,如教育在澳大利亚的扶贫援助项目中也起到了关键的作用。

在全球化背景中研究其他国家的国际教育政策将对一个国家自身教育政策的制定、执行与革新,以及国家与国家之间的双边关系中的其他方面产生越来越重要的影响。对于澳大利亚国际教育政策的深入分析将有助于中国更好地面对进入 WTO 之后在国际教育领域面临的挑战和机遇。

参考文献

[1][2] 徐元旦. 全球化热点问题聚焦[M]. 北京:学林出版社,2001.1.

[3] Tiomas L. Friedman, The World is Flat: A Brief History of the Twenty-first Century[M]. Farrar, Straus and Giroux, 2005. 25.

[4] [美]安迪·格林. 教育、全球化与民族国家[M]. 北京:教育科学出版社,2004.186.

[5][7] Department of Foreign Affairs and Trade, Education Without Borders[Z]. International Trade in Education, Australian Government, 2005.

[5] 吴松,沈紫金. WTO 与中国高等教育发展[M]. 北京:北京理工大学出版社,2002.356.

[8] 澳大利亚教育、科学与培训部[EB/OL]. http://www. dest. gov. au

[9] 澳大利亚教育、科学与培训部[EB/OL]. http://www. dest. gov. au/eso9/default. htm

[10] Department of Education, Science and Training: Evaluation for the Education Services for Overseas Students Act 2000[Z].

[11] Department of Education, Science and Training: Revised National Code[Z], 2006.

[12] 澳大利亚学历资格框架[EB/OL]. http://www. aqf. edu. au

[13] 澳大利亚学历资格框架[EB/OL]. http://www. aqf. edu. au/aqfquaLhtm

［14］澳大利亚移民和边境保卫部［EB/OL］. http：//www. immi. gov. au

［15］留学澳大利亚网络［EB/OL］. http：//www. study in australia. gov. au

［16］澳大利亚外交与贸易部［EB/OL］. http：//www. dfat. gov. au

［17］Peter Kenyon and PaulKoshy，The Economic Benefits to Australia from International Education［Z］. Australian Government，2003.

（本文发表于《比较教育研究》2007 年 11 期。作者静炜，时属单位为北京教育部国际合作与交流司）

九、留学生利益保障的国际比较

20 世纪 70 年代中期,西方国家向国际学生全成本收费,开启了教育服务输出的先河。如今,教育已成为一项全球产业。高等教育阶段,联合国教科文组织[1]和经合组织[2]的数据显示,2005 年,全世界留学生人数超过 270 万,比上一年增长 5%。蓬勃发展的教育服务贸易既意味着巨大的市场,也意味着巨大的挑战。质量是教育服务贸易可持续发展的基础,如何切实保障留学生的利益,确保其安全、顺利地完成学业? 本文选取四个主要教育输出国——美国、英国、澳大利亚和新西兰,对此作一国际比较,为我国制定相关政策提供借鉴。

在所选的四个国家中,澳大利亚于 2000 年施行《2000 年海外学生教育服务法》,成为世界上最早制定法规来保障留学生利益的国家。新西兰虽然早在 1996 年就制定了《关于对留学生的指导与照顾之行业规则》(以下简称《行业规则》),但当时《行业规则》不具强制性而是自愿遵循,直到 2002 年,政府才规定所有招收留学生的教育机构都必须与政府签订协议,遵守此《行业规则》,成为"行规签署学校"。美国和英国作为老牌的教育出口国没有出台专门保护留学生的法律和规范,而是通过各种政府和非政府组织来保障教育机构质量,为准备留学的外国学生提供准确、可靠的院校信息和生活信息。

留学生持有不同身份,每一种身份都有不同的利益诉求:留学生作为教育的购买者,需要得到消费者权益的保护;作为社会个体,需要安全、健康的生活环境;作为入境者,有关机构应在签证和续签等方面给予方便;留学生毕业后,作为劳动力的一员,有关机构应关心其就业情况,为本国经济发展谋福利。本文针对留学生的上述不同身份,概述四国政府部门和非政府组织采取的措施。

需要说明的是,四国在制定政策时,都偏重吸引留学生赴本国院校入学,尚未出台有关离岸教育(offshoreeducation)的规范性文本。

(一) 作为消费者

留学生作为消费者,权益保障大致涉及 4 个方面:① 正式决定留学前获得充分、可靠的招生信息;② 保证商品和服务质量;③ 在消费者对商品和服务提出异议时,赋予其申诉权;④ 当消费者对商品和服务极度不满或院校无法提供有关服务时,保护其退换权。

1. 招生信息

四国政府要求院校向留学申请人提供多种信息,保护其作为消费者的知情权,包括:入学基本要求;课程内容、修读时限、可获得的学历资格;校园地址、设施设备;课程费用,包括在读期间可能的学费变动与退费政策;为学生提供的支持服务,如告知学生何种情况下会推迟、暂停和取消其入学,让学生了解政府保护其利益的法律、法规等。在澳大利亚,所有院校在留学生缴费前或缴费时都必须与学生签订书面协议,写明学生入读的是哪门课程,哪些情况下可以退费,退多少费,如何申请退费。这份协议明确学生购买的是何种服务,享有哪些权利和义务,既增强了教育消费的透明度,又为今后处理纠纷提供了依据。

很多情况下,留学生通过海外中介了解院校情况,办理申请和入学手续。澳大利亚和新西兰分别在《招收海外学生的教育与培训机构及注册审批机构的国家行业规范》(简称《国家规范》)[3]与《行业规则》[4]中对留学中介作了规定,要求院校必须让中介了解本国的有关法律,知道自己有遵守此法律的义务。院校要与中介签订书面协议,写明一旦中介有任何不实、误导或欺骗行为,院校可以停止接收该中介介绍的学生,并解除两者之间的协议。另外,四国都通过政府和非政府组织统一发布招生信息,减少可能存在的市场欺骗。例如,美国国务院教育和文化事务局下设 450 多个美国教育信息和辅导中心,为准备赴美留学的学生提供各种客观信息和咨询服务。

2. 质量保障

教育服务贸易的萌芽阶段,各国都出现了冒牌院校因质量极差而损害学生利益及国家名誉的问题。现在,四国都规定只有达到一定标准、通过质量认证的院校才能招收留学生。

美国规定所有招收留学生的院校都必须加入学生和交流学者信息系统(以下简称 SEVIS),而所有参加 SEVIS 的院校都必须经过教育认证机构的认证。2005 年开始,英国内政部规定,只有入读经过授权的教育机构的留学生才能获得移民许可或签证。所有经过审查的院校都罗列在儿童、学校和家庭部的网站上(www. dfes. gov. uk/providersregister),供人们免费查阅。澳大利亚联邦政府招收海外学生院校及课程注册登记(简称 CRICOS)是一个包含 1 200 多所教育机构注册信息的网上数据库,教育机构必须注册登记它们在每个州为海外学生开设的每一门课程。任何机构要注册成功,必须符合所在州和地方的法律规定,条件许可时还需满足澳大利学历资格框架①或其他质量认证的基本要求。学生可以很方便地到 CRICOS 的官方网站(http://cricos. dest. gov. au/)验证有关机构是否有权招收留学生。在新西兰,所有想招收留学生的院校不仅需成为"行规签署学校",而且都要通过学历评审局或大学校长委员会的鉴定,并进行注册。学历评审局在其网站(www. nzqa. govt. nz)上登载所有得到核准的院校、课程和学历名称。

3. 申诉

澳大利亚和新西兰都以法律形式规定了留学生的申诉程序。该程序包含两个步骤:一是内部申诉,即通过院校内部的申诉机制解决争议。澳大利亚的《国家规范》规定,"院校的申诉程序独立、便捷、即时,且对有关当事人而言价格低廉"。[5]所谓独立,即院校安排校外独立人士或机构听取留学生申诉;所谓便捷即时,即在收到留学生申诉后的 10 天内,就要启动申诉处理程序;所谓价格低廉,即把留学生申诉的成本降至最低。

如果内部申诉程序失败,留学生可以申请外部申诉。在澳大利亚,独立的个人或机构会听取双方陈述。在新西兰,外部申诉又分为两个部分:国际教育申诉处负责处理院校不太严重的违规行为,并适当给予制裁,如勒令赔偿和公布犯规事实;如果院校不实施国际教育申诉处的制裁措施,或实施情况不能令人满意,或违规行为严重,国际教育申诉处就把案件上交给国际教育复审小组,该小组有权取消或暂时吊销院校的"行规签署学校"资格,令院校无法招收留学生。

4. 学费保障与退费

本文论述的四个国家都把学费保障及退费事宜交给院校处理。不同的是，澳大利亚和新西兰在有关法律中，对此作了基本规定。

就学费保障而言，澳大利亚设立海外学生教育服务保障基金，所有招收留学生的院校都必须成为该基金成员。此外，除特殊情况外，院校必须加入学费保障计划。当院校无法为学生提供课程时，首先通过学费保障计划为学生安排替代课程；如果没有合适的替代课程，再通过保障基金向学生退费。新西兰没有设立统一的学费保障基金，而是为公立、私立院校提供多种选择。例如：学生可以在课程开始之后，定期（如每周或每月）向院校交学费，这被称为"延期付款"。学校也可以把学费放入独立的信托帐户。信托账户分为标准型和静态型两种：标准型信托中，只有当学生上完一部分课时后，学校才能从信托帐户中收到相应的学费，如果学校倒闭，账户内的资金就被用来向学生退费，或安排学生就读其他课程；静态型信托是由第三方托管学校部分资金，从而保证学校债务可以得到偿还。提供相似课程的院校还可以共同开展学费保障，如果一所院校难以为继，其他院校可以接收受影响的学生。

就退费而言，澳大利亚和新西兰为院校的退款方案设定了底线。澳大利亚的《国家规范》首先对院校违约（如课程未按期开始）和学生违约（如学生未按期报到，也未事先退出此课程）作了界定，然后提出：院校如果违约，必须在停课后两周之内，退还学生交付的所有课程费，包括学生已学课程的费用，或在得到学生书面认可后，为学生安排合适的替代课程；学生如果违约，院校可以在学费中扣除管理费、交通费、住宿费和已学课程费用等，再将剩余学费返还学生。[6]新西兰针对私立培训机构专门出台了《学生费用保障政策》，这里的"学生费用"除学费外，还包括住宿费和生活费。该政策规定，学生如果自愿退学，私立培训机构必须根据课程时间长短（如 3 个月的短期课程和为期两年的课程）和学生退学时间的不同（如在开学后头两天，还是头五天退学），按不同比例向学生退费。[7]

（二）作为社会个体

留学生获得签证后，成为教育出口国的社会成员，教育出口国有责任保障其安全和健康,并为其融入本地生活提供便利。在这方面,新西兰由于18岁以下未成年留学生比例较高,因而采取的措施最为全面。新西兰法律规定:"从学生踏入新西兰的那一刻起,直到学习合同到期或学生转学,院校都有责任照顾其生活的方方面面。"[8]

第一,四国的院校大多设立国际办公室或国际学生办公室,专门照管留学生的生活,例如安排住宿,帮助学生银行开户和注册入学。如果院校规模较小,未设专门的办公室,则会设国际学生辅导员一职。这些辅导员一般为专职,并经过专门训练。一些院校还设有学生顾问,为学生提供有关社会及福利事宜的建议。

第二,四国院校均安排新生入学教育,帮助留学生熟悉校园和学校设施,了解遇到困难时应向谁求助,知晓校方的管理规定以及违规后果,通告本国的有关法律、法规等。英国的院校还安排学生到当地人家中做客,体验当地生活,结交当地朋友。新西兰的《行业规则》要求院校向学生提供更多信息,从交通法规到反毒品教育,从戒赌到生育保健,可谓面面俱到。新西兰各政府部门也积极参与,为留学生编制具体、实用的信息指南。例如,新西兰土地交通部2006年出版了一本小册子,向开车上学的留学生介绍道路规则;新西兰各地的公民咨询局为留学生提供"一站式"免费服务,服务项目包括个人预算、求职和家庭问题等。

第三,住宿是教育出口的一个重要组成,它不仅是留学生除学费之外的第二大开支,也是保护学生人生安全的关键。四个国家中,新西兰对住宿的管理最为严格,除了要求院校制定健全的程序,对学生住所进行评估外,18岁以下未成年留学生的住宿还必须符合一系列规定:所有10岁及10岁以下的留学生必须与家长或其他法定监护人同住;新西兰警察局将审核为18岁以下留学生提供住宿的人员,如寄宿家庭所有18岁以上的家庭成员、学生宿舍的经理和合同工,查看其犯罪与驾驶纪录等;院校要对小留学生的住所进行访查、审核和持续跟踪,至少每3个月与留学生会面1次,每年两次察访其住所;学生如与家长同住,院校必须查看家长是否一直待在新西兰,并在家长突然离开时,采取适当措施。

第四,留学生均享有医疗保险。在英国,这样的保险是免费的,学生一旦办完注册手续,便自动享受学生医疗保险。在美国、澳大利亚和新西兰,学生必须自己购买医疗保险,澳大利亚和新西兰还规定,学生若不购买医疗保险,就不能获得签证。

第五,澳大利亚和新西兰非常关注留学生的心理健康。澳大利亚一些院校设有心理辅导员,解决学生的心理问题。在新西兰,留学生可向院校及院校之外的其他诸多机构求助:免费人生热线为个人提供保密的匿名服务;如果学生嗜赌而无法自拔,可以与赌博基金会联系,获得免费的专业咨询服务;人际关系服务处帮助学生处理与家庭、朋友和教师的关系等。

(三) 作为入境者

对于作为入境者的留学生,各国在处理学生签证和许可时,一方面加强管理,剔除不法分子,另一方面简化签证手续,推动教育出口产业的发展。在加强签证管理上,英国引入生物信息采集技术,通过指纹扫描和数码照片确保个人身份的真实性。美国和澳大利亚开发了基于网络的管理系统,政府与院校一起及时登记和更新学生个人信息。这种一元化的信息系统使有关方面从学生入学起就充分掌握其背景资料,并随时监控其动向。深受"9·11"之害的美国所采取的措施更为完备,移民与海关执法局、国防部和教育部共同开发并建设SEVIS,登记所有留学生的姓名、出生日期及地点、国籍、住址、是否为全日制学生、入境日期及地点、入境后30天内是否注册或向院校报到、入学日期、攻读学位与科系、毕业日期、每学期完成的学分、实习起讫日期和所有入学文件等。以上任何信息如有变动,院校均须及时更新。

在简化签证手续上,澳大利亚为中国等部分国家的公民开通了电子签证,不仅可以省去学生的排队等候,还可以大大缩短签证时间。美国设立了护照回传系统,获得签证的申请人可以通过邮局将护照直接回传至家中,或到指定邮局领取。申请英国签证的学生可以到各领事管辖区内最近的签证申请中心提出申请,签证申请中心也会以急件形式将申请书送至大使馆或最近的领事馆进行快速审核,大部分申请不须面谈。

（四）作为劳动力

留学生是潜在劳动力。就学期间，他们可以边读书，边打工。但是，打工不应该成为留学生谋生的主要手段，也不应该影响留学生的学习。学成之后，留学生既能适应当地文化，又拥有较高技能。因此，制定优惠的移民政策可以推动教育出口国的经济发展。

四国都规定留学生打工必须获得移民局的许可，且工作时间不得超限，否则学生签证将自动失效或被取消。例如，在澳大利亚，上课期间，学生每周打工时间不得超过 20 小时，即便是参加志愿者工作或无报酬工作也不例外。在美国，只有成绩合格的全日制二年级以上学生才可在校内从事每周不超过 20 小时的工作；学生如果想到校外打工，成绩必须达到一般标准，还要经校内指定官员的批准。不过近年来，一些国家放松了对留学生打工的限制。过去，新西兰移民局规定，只有那些因课程要求而必须掌握实际工作经验，或者就读全日制学位课程或至少为期两年的证书课程的留学生，才可向移民局提出工作申请。现在，可提出工作申请的学生范围有所扩大，不修读学位和证书课程的全日制高校学生、12 年级和 13 年级全日制中学生以及全日制英语语言课程学生等，在满足一定条件之后，都可申请打工。

对于外国毕业生，四国都制定了技术移民政策，以便留住成功获得本国认可学位的留学生。在技术移民评估中，凡持有本国认可的学位证书并在本国学习一定年限的移民申请人一般可以获得加分。此外，新西兰和英国推出了新的移民计划。新西兰政府制定了"技术移民类目"，其中罗列了高级会计和农业机械操作工等 207 种岗位。留学生所学课程如果与技术移民类目吻合，毕业后就可以申请 6 个月的开放工作许可，也称"毕业生求职许可"，不必预先获得用人单位的聘任。英国于 2007 年 5 月 1 日起实施"国际毕业生计划"，所有 2007 年5 月 1 日以后在英国受承认的高等教育机构毕业、并取得学士或学士以上学位的留学生，均可在英国居留和工作一年，无须工作许可，也没有任何学业成绩限制。

（五）经验与问题

四国的政策和法规对留学生的保护较为全面，但侧重点各不相同。澳大利亚侧重消费者权益保护，它指出学生受签证期限约制，一般不可能长期留在澳大利亚，所以申诉和退换程序必须快捷；另外，学生在享受教育服务之前就交付了费用，这比其他类型的消费风险大，所以申诉和退换程序必须方便以应对消费过程中遇到的各种问题。基于上述考虑，澳大利亚设计了一套极富成效的申诉和转退机制：先通过院校内部机制解决争议；若不成功，再由学费保障计划安排替代课程；此举如仍不成功，最后通过保障基金退费。新西兰主要把学生视为社会个体，关注其安全与日常生活。除院校和教育主管部门外，社会各部门积极提供生活指南，衣、食、住、行皆囊括在内。值得一提的是，新西兰非常注重母语服务，各种生活指南、使用手册和相关法规都用多种语言出版，银行、移民局、警察局、公民咨询局和人生热线等也在必要时免费提供 35 种语言服务。美国更多把留学生视为入境者，注重保障国土安全，它开发的 SEVIS 也许是目前最强大的留学生信息记录和追踪系统。英国则更看重留学生毕业后作为劳动力的经济价值，为外国毕业生制定了多种技术移民计划。除前文提到的"国际毕业生计划"外，还有"高级技术移民计划"、"招贤纳才计划"和"威尔士毕业生实习就业计划"等。

四国都非常重视实证研究，在调查的基础上制定和修正法律与政策。新西兰教育部多次委托第三方访查《行业规则》的实施情况。同样，澳大利亚的《国家规范》在实证调查的基础上不断调整，最新的《国家规范》于 2007 年 7 月 1 日生效。新的《国家规范》允许位于不同州的教育机构相互合作，共同提供课程，也允许教育机构部分采用远距离教学和网络教学，丰富了教学的组织形式和方法。它还规定学生无论因何种原因遭到拒签，学校必须退费，从而保障了学生的利益。

尽管如此，四国还是在留学生利益保护方面遇到了一些难题。第一，如前所述，有关的法律和政策都不涉及离岸教育。离岸教育牵涉不同国家的文化和教育制度，往往采用不同国家教育机构相互合作的方式开展，加上学生远离教育出口国，要保护学生利益，难度更大。

第二,四国都由诸多部门共同保护留学生利益,但是部门间的合作还缺乏默契。比如,英国在儿童、学校和家庭部的网站上公布经过认证的院校名单,但一些没有通过认证的院校名字也出现在该网站上,表明政府与民间认证机构的合作存在问题。新西兰由不同机构分别管理不同类型的院校,学历评审局针对私立培训机构制定了《学生费用保障政策》,但管理中小学的教育督察室、管理大学的大学校长委员会以及管理技术和理工学院的技术和理工学院协会都没有制定相应文本。这种管理力度的不均衡使得政府难以确保各类院校都能达到优质标准,也令新西兰教育出口的制度框架显得有些杂乱无章。

第三,如何平衡集权与分权也是一个难题。四国的教育行政在不同程度上显现出分权特征,州和院校可以在国家法律和政策框架内统筹管理自身事务。这虽然有助于防止"一刀切",但也带来了各州和不同院校实施和遵守国家法令力度不一的问题。例如,澳大利亚的州政府在教育出口中扮演重要角色,它们管理辖区内的教育,对招收留学生的教育机构和课程进行注册和认证,并监督其执法情况。尽管《国家规范》对申请注册的院校和课程提出一定要求,比如教育资源须满足学生学习的需要,但未明确"满足"的具体标准是什么。结果,在一些州不符合注册标准的课程,在另一些州却可顺利通过政府审核。

第四,前文提及,四国在保护留学生利益方面侧重各不相同,但是留学生的各种利益诉求都应得到有效保护,只重其一而忽视其他,不利于教育出口产业的整体发展。澳大利亚主要视留学生为消费者,在某种程度上忽视了其作为社会个体应当享有的社会权利。一项对 200 名赴澳留学生的调查发现,学生在语言、打工、经济和心理等方面遇到诸多难题,[9] 政府和院校却很少给予相关帮助。与澳大利亚相反,新西兰对留学生的社会权益给予有力保护,而消费者权益保护又显得软弱无力。新西兰建立了申诉机制,但这一机制的"等级性"非常明显,学生需经过任课教师、科目主管、系主任、校长和校董会等一道道关口才能将申诉递交到国际教育申诉处,令学生对申诉敬而远之。新西兰也没有像澳大利亚那样统一的退费规定,而是更多依赖院校自身的规章制度,这使得一些不怎么"守规矩"的院校有机可趁。结果是,留学生虽然觉得新西兰是一个安全之地,但对其教育消费却不怎么满意,承认赴新留学物有所值的不足 40%。[10]美国高度重视国土安全,主要把留学生视为入境者,开发了 SEVIS。问题是,

SEVIS 的操作相当复杂,很多学校的留学生管理人员在 SEVIS 运行之初难以掌握其操作,导致不少原本可以被录取的学生因不能顺利录入 SEVIS 而被取消了录取资格。

我国的国际教育交流正在发展之中,据教育部统计,2006 年我国吸引了来自 185 个国家和地区的 16.2 万余名留学生,是 2000 年的 3 倍。与其他国家相比,我国对留学生权益的保障还处在起步阶段,法律法规的空白点较多,已有的规章较为笼统,可操作性不强。借鉴国外经验,完善我国相关制度,推动我国教育服务贸易的可持续发展,应该受到应有的重视。

参考文献:

[1] UNESCO Institute for Statistics. Global Education Digest 2007:Comparing Education Statistics Across the World[EB/OL]. http://www. uis. unesco. org/template/pdf/ged/2007/EN-web2. pdf,[2008—02—09].

[2] OECD. Education at a Glance 2007:Highlights[EB/OL]. http://www. oecd. org/dataoecd/36/5/39290975. pdf,[2008—02—09].

[3] [5] [6] Department of Education,Science and Training. National-Code of Practice for Registration Authorities andProviders of Education and Training to Overseas Students2007[EB/OL]. http://aei. dest. gov. au/AEI/ESOS/National Code Of Practice2007/National-Code-2007-pdf. pdf,[2007-10-25].

[4] 教育部. 关于对留学生的指导与照顾之行业规则(2003 年修订)[EB/OL]. http://www. minedu. govt. nz/web/downloadable/dl6809-v1/chinese-simplified. pdf,[2007-12-10].

[7] 学历评审局. 学生费用保障政策[EB/OL]. http://www. nzqa. govt. nz/for-providers/aaa/docs/studfeepol-chin. doc,[2008-01-10].

[8] Ministry of Education. Guidelines to Support the Code of Practicefor the Pastoral Care of International Students[EB/OL]. http://www. minedu. govt. nz/web/downloadable/dl6803-v1/finalguidelines-4web. pdf,[2007-12-

10].

[9] Ana Deumert，Simon Marginson，Chris Nyland，Gaby Ramiaand Erlenawati Sawir，"Global Migration and Social Protection Rights：The Social and Economic Security of Cross-BorderStudents in Australia"[J]. Global Social Policy. Ontario：2005 Vol. 5，Iss. 3；329，52.

[10] Colleen Ward and Anne-Marie Masgoret. The Experiences of International Students in New Zealand：Reporton the Results of the National Survey[EB/OL]. http：//www. minedu. govt. nz//index. cfm? layout＝document&docume ntid＝9939&indexid＝11330&indexparentid＝6663，[2007-12-13].

（本文发表于《比较教育研究》2008 年第 12 期。作者张民选、丁笑炳、吕杰昕，时属单位为上海市教育科学研究院和上海师范大学教育学院）

十、日本留学生扩招政策与高等教育国际化进程

日本真正意义上的国际化始于 20 世纪 80 年代初。自 1982 年《2000 年的日本——具备国际化、高龄化、成熟化》的报告中提出"必须以国际视野看待一切问题"的国际化口号之后,"金融国际化""日元国际化""农业国际化""教育国际化"等国际化趋势在日本陆续出现。时任日本首相的中曾根康弘也一再强调"日本越是要成为国际国家,就越要思考……如何在世界上传播日本文化"。[1]遵循这一精神,日本政府开始在教育领域采取一系列相关措施,其中"招收 10 万留学生计划"(简称 10 万人计划)的提出和落实是日本推进高等教育国际化进程的突出举措;而 2008 年提出的"招收 30 万留学生计划"则成为 21 世纪第二个 10 年内日本高等教育国际化的核心任务之一。

(一) 招收 10 万留学生政策的推出

扩大留学生引入规模与日本本国的利益紧密相连。随着经济全球化时代的到来,超国家"经济圈"相继形成,为求得自身生存与发展,日本先从经济国际化入手,抢占世界经济竞争的制高地,继而在其政治、文教、社会等领域陆续迈出"国际化"步伐。

1. 政策出台的背景与主要内容

80 年代前后,日本高等教育的国际化水平明显落后于其他西方发达国家,仅招收留学生规模一项,就远不及欧美主要发达国家。据统计,日本所接受的留学生总数还不足 1 万人时,美国同期已接受留学生 31 万人,法国 12 万人,西

德和英国各 6 万人。[2]为跟上国际经济发展的速度,日本政府必须通过加快高等教育国际化步伐,从根本上打破高等教育机构仅为日本人服务的封闭局面,力争吸纳国际学生,参与培养和了解别国的高级人才。

与此同时,随着经济的快速发展,东亚新兴工业地区亟需具有各种专业知识的优秀人才。已经成为世界经济大国的日本,既出现了国内对劳动力的大批急需,又具有了吸引国外留学生来日的优势。因此,中曾根内阁以高等教育国际化为目标的"招收 10 万留学生计划"应运而生。一方面,日本政府积极配合"10 万人计划"放宽入境管理政策;另一方面,为缓解当时泡沫经济所带来的劳动力极度匮乏现象,解除禁止留学生劳动、就业等规定,一时入国者激增。[3]显然,"10 万人计划"的适时出台,不仅是日本缓解社会劳动力供需矛盾的应时举措,也深刻反映了这一时期日本高教改革的国际化取向。

为达成 21 世纪初日本招收"10 万人计划",满足国际化人才培养的需求,日本政府规定了从 1983 年开始落实的一系列任务:① 扩大和改进日本高等院校的留学生教育计划及指导体制;② 扩大日语教育规模,充实国际化教学内容;③ 鼓励日本学生出国留学,以便让外国留学生能获得更多的留学机会;④ 日本高等教育开始全面向世界开放。建立国内外留学咨询机构,加强国际间的交流与合作;⑤ 鼓励私人企业和一些自愿组织向外国留学生提供帮助。如:设立大规模新型的国际银行、企业等以奖学金形式资助留学生;⑥ 完善留学生宿舍制度,改善居住条件,为学成归国的留学生提供善后服务,等等。

1986 年,日本教育临时审议会又在年度第一份咨询报告中提出,要对高等教育实行实质性改革,其核心内容是促进大学课程和教学方法的国际化,采用国际通用的校历以及转入学制度、建立完善的学分互换制度、增加对国外优秀教师的吸收和聘用。进入 20 世纪 90 年代后,文部省对大学课程又进行了一定的调整和更新,加强了与海外大学在课程设置上的可比性或可沟通性,使其更具弹性化。与此同时,伴随"10 万人计划"的实施,不仅学成归国的留学生们可以成为加强和发展日本与本国之间友好关系的纽带,而且日本的国际声誉也能由此得到一定的提高,继而为日本带来实质性的经济效益。从这个意义上来说,该项留学生政策不论是内容框架还是实施形式,都成为日本文教政策和对外政策的重要组成部分,也可谓是重要的国策之一。

2. 政策实施的进程

伴随"10 万人计划"的展开,赴日留学生规模不断扩大,使得文部省对此的管理与推进呈阶段性变化。从 1985 年到 1990 年是留学生数量扩充阶段。入境留学生的人数增加了近 3 成,超过 4 万人。这是因为当时日本政府不但解除了禁止留学生劳动及就业等项规定,而且还以不同方式提高了国内外留学生奖学金的数额,使得短时间内入境人数迅速上升。自 1989 年开始,为了资助来自发展中国家的留学生,日本政府每年扩大政府开发援助预算将近 10%,[4] 使公费、自费留学生享受同等待遇,这种作法在一段时间内保证了留日学生数量的增长趋势。

90 年代以后,"10 万人计划"的落实几经周折。起初,当留日学生规模达到 5 万人时曾一度停滞,因为陆续出现的留学生不法滞留、不法就业等一系列问题不断加剧,扰乱了社会秩序,使得日本政府从 1993 年起又重新严格了入境制度;之后,又由于日本泡沫经济的崩溃,市场持续低迷,就业难、收入低等现象也大幅削弱了赴日本淘金的吸引力,影响了留学生入境人数的增长。

从 1996 年起,日本政府采取了一些新措施推进招收留学生计划的实施,如改进国立大学的短期留学制度,设立"推进短期留学奖学金";推出"和平友好交流计划",增加来日留学的吸引力和优惠措施等;尤其在政府财政支持上加强了力度,包括"提供事业经费 875 亿日元,涉及当时的内阁府、防卫厅、外务省、文部省、文化厅等 5 府省厅,其中与文部省和文化厅有关联的预算就占到总经费的 65%,约 570 日元;'短期留学推进制度''自费外国人留学学习奖励费'的费用约 473 亿日元。"[5] 政府还针对"10 万人计划"进一步规定,其中留学生总人数的 10% 为公费留学生,90% 为自费留学生,对自费留学生要以和平、友好交流为目的的进行公费支援[6],等等。

进入 21 世纪,加强高等教育的国际通用性、共同性、增强教育的国际竞争力等成为世界性发展取向。2000 年,为进一步推进高等教育国际化的进程,日本文部省大学审议会通过了《高等教育全球化时代的到来》的报告,同年,为改善留学生教育,政府陆续设立了新模式的国际银行;企业资助的"留学生交流奖学金";还有专门为在亚洲太平洋大学交流机构（UMAP）①的留学生和在企业进行短期体验的留学生提供的奖学金。这一系列举措使 2001 年留日学生人数比前一年增加了 23.1％,成为有史以来增加最多的一年,到 2002 年,留学生总数已达 95 550 人,来自亚洲的留学生人数占到总数的 80％以上,中国留学生数量居首,达 58 533 人,韩国以 15 846 人居第二,第三是中国台湾地区有 4 266 人;[7]截止 2003 年 5 月,在日本留学的学生人数达到了 109 508 人。[8]至此,"10 万人计划"得以实现。

(二)"10 万人计划"对推进高教国际化的功用

从"10 万人计划"的政策出台及其逐步落实,不难看出,这项计划对日本高等教育国际化乃至日本教育的整体发展都起了明显的作用。

1. "10 万人计划"的实施对日本高校产生的直接影响

实施"10 万人计划"是一个长期过程,日本政府用了 20 年时间才得以实现。期间的构建与调整、波折与成效也是逐渐显现的,总体上主要反映在以下方面:

(1) 完善了日本大学的留学生制度,充实了留学生的教育指导体制,建设了在教育内容和科研水平上具有较高国际竞争的大学,使之成为高等教育国际化实现过程的基地。

(2) 大量接受外国留学生和外籍教师、研究人员来日本学习、工作,并为其提供方便条件,使这些人把国外的信息带入日本又把从日本学到的东西带出国境,既达到了交流目的又为日本与各国关系的发展作出了贡献。

(3) 更广泛地加强了国际交流,使国际性共同研究得以拓展,除留学生外还支持社会各个阶层的教师、学者和公民来参与国际项目。

(4) 通过实行与国外高等学校的学分、学历和学位的互认互换制度,以及对教学指导和课程分配制度的修改、扩充,提高了高等学校的国际通用性,方便了日本的大学和国外的大学间的互相交流和学习。

---

① UMAP(University Mobility in Asia and the Pacific)——亚洲太平洋大学交流机构,是日本政府在亚洲太平洋区域,为促进高等教育机构间的学生和教师的交流所设立的机构,创建于 1991 年,国际事务局设在东京。

（5）加强了国内外的日语教育力度，初步形成了海内外自费留学生统一考试制度和来日前的入学选拔制度，在国外陆续开办了留学咨询机构。

（6）完善了作为特殊求学群体——留学生的宿舍入住制度，建立了留学生可以选择到日本人家中居住、学习、交流的求学模式，由此也加强了教育与居民生活间的关系，丰富了培养具有国际观念和全球意识的新型人才的基本含义。

2. "10 万人计划"对日本教育国际化进程的推动

20 世纪 80 年代初，日本高教界就如何执行"10 万人计划"政策、如何落实具体的政策指标进行了多方面探索，这在一定程度上起到了推动其高教国际化进程的作用。

首先，在理论研究方面，日本将欧美国家的高等教育理论与本国高等教育的现状研究相结合，产出了一系列具有日本特色的高等教育理论著作。同时，在研究对象上，高教研究由宏观理论走向了微观领域，从以前的辨析大学性质等问题过渡到了大学的课程设施、管理运行、教师组织、教学方法等方面。

其次，在政策解读方面，西方发达国家所取得的成功模式是日本高等教育国际化的样本。在制定和实施"10 万人计划"政策过程中，日本模仿了一些先进国家的作法，追求对高等教育机构评价标准的国际通用性；实行与国外高等学校学分、学历与学位的互认互换制度，保证其交流性；不断召开各类国际性教育会议，探讨、协商各项政策，为高等教育国际化活动提供了讨论平台，保持其开放性；规定在日本工作和学习的外籍教师和学生享有与本国教师和学生同等的资格和待遇，提高其吸引力。

再次，在政策落实方面，日本在推进"10 万人计划"的落实、加强国际合作、吸收外国文化、丰富民族文化的同时，不断摸索出适合本国国情的发展道路，形成了由大学、短期大学、高等专门学校等不同类型机构所构成的多元化的高等教育留学生接收培训系统。随着各种学习理念的传播和企业对知识、对国际性人才的需求现实，社会各界、各类经济企业也开始为高等教育国际化活动提供经费，与高等教育机构寻求新形式的合作。

3. "10 万人计划"对区域高等教育国际化的推动作用

进入 20 世纪 90 年代后，日本高等教育国际化进程中的留学生政策给亚洲地区的高等教育乃至世界高等教育都带来了一定影响。1997 年发生的亚洲金融危机致使东南亚地区无论在政治、经济、还是社会其他方面都遭受巨大冲击。东亚各国深谙建立相互协调合作的组织机制的重要性,为此扩展人才培养和人才交流的规模越发显得必要。

在东亚各国急需具有高等专业知识、劳动熟练等人才的情形下,日本通过"10万人计划"不但如愿吸引到相当数量的亚洲留学生,而且这一事实本身对其他国家的高教国际化政策产生了影响,一些亚洲国家调整或增加了留日学生的规模。如2003年,来自中国和韩国等亚洲的留学生占到了日本高校留学生总数的80%。由此,我们可以认为,日本的高等教育国际化在向世界开放的同时,也在一定程度上推动了整个亚洲乃至世界的高等教育国际化进程。

(三)"招收30万留学生计划"——新世纪的新政策和新任务

到2005年5月,日本接受留学生人数已超过12万,占据世界第6位;派出留学生人数已约达8万人,不仅居世界第四位,而且使亚洲各国的高等教育国际化形成了网络。[9]另有数字分析表明,全球约有230万人在学习日语,这将成为赴日本留学的后备军,其中有54万以上是境外大学的学生,即使从美国和澳大利亚到日本留学的人数较少,也有5万多学生正在其高等教育机构学习日语。[10]可见,无论是日本的留学生市场,还是日本高教国际化事业,都有着很大的发展空间。日本政府不但意识到这一点,而且从未放弃推进其发展的可能性。

1. 新政策的主要内容

2008年7月,日本政府又出台了重要的后续政策文本——"招收30万留学生计划"。该计划提出,到2020年,日本将使招收留学生规模由现在的12万扩充到30万人。计划的核心内容主要体现在4方面:

(1)以国际通用化指标保证高校教育质量

在经济全球化和教育国际化的进程中,积极以国际通用化指标来评价和保证教育研究及高等教育各个方面的质量。同时,还要广泛吸收国外的优秀教师、科研人员及学生,提高大学的教育、科研职能,开展高水平科研工作,使大学更加人性化。

（2）以"国际性的等级划分"打造具有国际竞争力的师资队伍

大学的"国际性等级划分"活动备受重视的原因在于学生和科研人员国际流动性的急速增加。为此，各大学须逐步实施"国际性等级划分"，如科研人员的相互评价、雇员的评价、教师和学生的比例、教师人均论文的引用数、外籍教师的比例、留学生的比例等。

（3）完善留学生交流机制，推进国际性大学格局与质量建设

日本大学虽然在教育和科研方面获得较高的国际评价，但其整体的国际性等级划分却不是很高，其原因主要在于外籍教师和留学生所占比例较低。因此，必须进一步调整、完善互换留学生和接受短期交流留学生的体制，积极参加国际型大学的评价、大学信息的发布等活动，尽快完善互换留学生和接受短期留学生的体制，积极参与国际性大学的评价、大学信息的发布等活动，尽快完善国际型大学网络建设。

（4）完善留学生学习、生活的物质基础条件

建立能使留学生安心的学习环境，保证他们在来日后第一年内提供宿舍，并联合地区、企业等推进留学生生活支援。

2. 服务于新政策落实的具体任务

（1）重新确定留学生的定义

在日本，与外国学生身份相关的有两个名词，留学和就学，这两个身份定义在身份限定上有一定区别。"留学"身份是指拥有日本正规高等教育机构（如：研究生院、大学、短期大学、高等专门学校、专门学校）注册学籍的外国学生身份；而"就学"虽然也是指具有在留资格的外国学生，但专指在日本语言教育机构（如：日本语学校、专修学校等教育机构）学习的外籍学生的在留资格。国际上有不少国家把在语言学习机构学习的外国人学生也按留学生计算，所以出现对留学生数量统计标准不一的现象。因此，有学者提出，在实施"30 万人计划"时，必须要重新探讨、明确留学生的范围和定义。[12]

（2）提出"全球 30"的计划

2009 年 8 月，日本政府推出一个"全球 30"计划，拟在国内选出 30 所大学作为国际化的基地，进行重点建设，每年扩大招收留学生的规模，同时允许各大学可在优先获得拨款和赞助费的基础上大幅度扩充英语教学，并使通过英语获

得学位成为可能。为配合这一计划,日本扩大了在海外的教育投资范围,先后在德国、俄罗斯、乌兹别克斯坦、埃及、印度、越南、突尼斯等国家设置了海外办公机构,积极为当地提供日本大学的各方面信息,如入学考试要求与程序,举办与入学有关的讲座。

(3) 注重招收留学生的学科平衡

据2006年的调查,在日留学生占日本全体学生的0.9%,其中研究生院的留学生比重有增加的趋势,特别是在读理工科博士课程的留学生竟然占了6成以上;从专业角度看留学生的比例是:语言学研究4%、理工系20%、人文社会系46%、艺体能4%、其他6%。[13]因此,除去关注留学生数量规模之外,学生的学历层次、学科均衡问题也应该受到重视。鉴于很多外国学生是因为对日本的大众文化感兴趣而来日本留学的,就可加大对动画、漫画、游艺、时装等专业的留学生招生比率,这样既能更好地满足求学者多种需求动机,又能保证专业生源方面的平衡格局。

(4) 注重留学生来源的区域平衡

截至目前,日本接收的留学生仍以亚洲生源占据绝对多数,欧美、中东地区生源不多,非洲国家生源更少。这种生源格局不利于日本高等教育国际化向全球的全面推进。应在保持亚洲生源稳定的基础上,将工作对象的重点有计划地转向对高教人才需求更多的非洲各国,尽可能根据非洲国家需求的实际状况,制定不同形式的留学生招收和交流政策,探讨灵活有效的合作方式。

3. 新政策实施的前景

随着扩招留学生计划的落实与跟进,毕业后留在日本企业工作的留学生的不断增加,留学生系列的教育国际化政策给日本带来的好处日益明显。"招收30万留学生计划"的颁布本身不仅是对之前的"10万人计划"的认可,而且也表明了日本政府在这方面的后续取向。

按照福田内阁总理大臣在第169次国会上的施政演说,"招收30万留学生计划"不仅是日本的留学生教育政策,而且是国家战略政策之一,尤其需要国家机关、省厅等机构和组织的联合参与。比如,政府可以通过外交政策以外交形式邀请、接受各国的留学生,进一步加强与世界各国的高等教育领域友好往来,建立彼此信赖的关系,从而推动世界的高等教育发展。从长远的观点看,可以说这是国家外交战略的措施,有利于建立一个令日本安定的国际环境。[14]

政府将更为努力地创造接受优秀留学生在日本企业工作的机会,建立留学生进入日本企业实习的机制。为使留学生毕业后能顺利找到工作,政府、企业、学校、尤其是大学还将联手支援他们择业、就业。此外,不但注重加强入境管理,加强对留学生的生活支援,重视扩大民间和企业的奖学金发放,而且要求相关部门加强对回到自己祖国的留学生的联系,以便使这部分群体成为日本的真正理解者和支持者。

总之,日本在经过了一个多世纪的发展和改革以后,已成为高等教育普及和国际化程度较高的国家。这其中既有日本教育政策不断适应变革所起到的作用,也有赖于其提高高等教育国际化程度的自身动力。对任何国家来说,其国际化程度应与其国家的发达程度及经济水平相适应,而高等教育国际化的程度更是体现国家竞争实力的重要指标。日本近30年的留学生政策的制定与实施从一个侧面也证明了这一点。但也必须看到,除去所具有的推进其高等教育国际化进程的功能,日本这些大手笔的留学生政策的出台与实施,还在相当程度上肩负着推动本国经济发展、达成国家政治战略目标的使命:一方面,它期望在亚洲市场一体化的过程中,通过扩大外国留学者的规模来"保证国际、尤其是亚洲的人、物、财能够流向日本,并通过其数量的不断增长,推进本国的重点改革"[15];另一方面,在世界政治舞台上,日本同样需要获得更多支持和被认同的声音和氛围,而不断扩大留学生的招收规模、以及为"建立便于海外研究者和专业人员在日本工作的国内体制"的努力[16],应该非常有助于培养这类人群的亲日情结、扩大"知日派"比重,从而营造"令日本安定的国际环境"。从这个意义上讲,日本政府所实施的一系列留学生政策也是为其自身政治诉求能在国际舞台上得以顺利实现铺平道路。

参考文献

[1] 赵建民.关于日本"国际化"历程的思考[J].复旦学报(社会科学版),2001.(4):58—65.

[2][日]茂住和世.「留学生30万人計画」の実現可能性をめぐる一考察

[J].東京情報大学研究論集,2010.(2):40—52.

[3][日]白石勝己.留学生数変遷と入館施策から見る留学生 10 万人計画[J].ABK 留学生メールニュース.財団法人アジア学生文化協会,2006.

[4][日]堀田泰司.日本の留学生政策における学生交流の新たな展開方策―― UCTSとバイリンガル教育の活用を求めて―[J].広島大学高等教育研究開発センター大学論集,2008.(39):205—221.

[5][6][日]藤山一郎.日本の高等教育政策と東アジア地域構想―「国際化」を通じだ役割アイデンティティの模索―[J].立命館国際地域研究,2008.(28):131—150.

[7][日]文部科学省.平成 14 年版文部科学白書,第十章国際化、情報化への対応[EB/OL]. http://www. mext. go. jp/b-menu/hakusho/hakusho. htm,[2002—05—01].

[8][日]文部科学省.平成 16 年版文部科学白書,第九章国際交流？強力の充実に向けて[EB/OL]. http://www. mext. go. jp/b-menu/hakusho/hakusho. htm,[2004—04—01].

[9][日]文部科学省.平成 17 年版文部科学白書,第十章国際交流？協力の充実に向けて[EB/OL]. http://www. mext. go. jp/b-menu/hakusho/hakusho. htm,[2005—12—26].

[10][日]国際交流基金[EB/OL]. http://www. jpf. go. jp/j/new/0610. html,[2006—10—17].

[11]马岩.日本留学生政策在高等教育国际化发展进程中的演变.[J].苏州科技学院学报(社会科学版)2011,(5).

[12][14][日]文部科学省.「『留学生 30 万人計画』の骨子」とりまとめの考え方[EB/OL]. http:www. mext. go. jp/b-menu/shingi/chukyo/chukyo4/houkoku/attach/1249711. htm,[2008—4—25].

[13][日]ジョン・ウホン.外国人留学生誘致政策[EB/OL]. http://www. jasso. go. jp/study-a/documents/ryugakusei-yuuchi. pdf-html,[2006—10—26].

[15][16][日]大学の国際化と留学生政策について[EB/OL]. http://

www. jasso. go. jp/gakusei-plan/shiryou01-22ryutan-kougil. pdf,［2010—10—27］.

[8]［日］文部科学省.平成16年版文部科学白書,第九章国際交流.強力の充実に向けて［EB/OL］. http:/www. mext. go. jp/b-menu/hakusho/hakusho. htm,［2004—04—01］.

[9]［日］文部科学省.平成17年版文部科学白書,第十章国際交流.協力の充実に向けて［EB/OL］. http:/www. mext. go. jp/b-menu/hakusho/hakusho. htm,［2005—12—26］.

[10]［日］国际交流基金.［EB/OL］. http:/www. jpf. go. jp/j/new/0610. html,［2006—10—17］.

[11]［日］平成20年度科学技術振興調整費調査研究報告書［EB/OL］. http:www. nistep. go. jp/achiev/ftx/jpn/rep124j/pdf/rep124j. pdf,［2009—06—05］.

[12]［14］［日］文部科学省.「『留学生30万人計画』の骨子」とりまとめの考え方［EB/OL］. http:www. mext. go. jp/b-menu/shingi/chukyo/chukyo4/houkoku/attach/1249711. htm,［2008—4—25］.

[13]［日］ジョン.ウホン.外国人留学生誘致政策［EB/OL］. http:/www. jasso. go. jp/study-a/documents/ryugakusei-yuuchi. pdf-html,［2006—10—26］.

[15]［16］［日］大学の国際化と留学生政策について［EB/OL］. http:/www. jasso. go. jp/gakusei-plan/shiryou01-22ryutan-kougil. pdf,［2010—10—27］.

（本文发表于《比较教育研究》2012年12期。作者马岩,时属单位为苏州科技学院外国语学院;作者肖甦,时属单位为北京师范大学比较教育研究中心）

十一、跨文化教育:一个新的重要研究领域

(一) 跨文化教育已成为一个新的研究领域

跨文化教育(intercultural education)在国际组织的大力推动下,现已成为国际教育研究中的一个新的研究领域。近年来,跨文化教育已日益引起各国学者的关注,也出现了大量跨文化教育的研究。

从 20 世纪 50 年代起,随着多次移民潮的出现,世界许多国家均遇到了移民及其带来的文化与移居国的生活方式不适应的问题,有的甚至产生了很大的矛盾和冲突。为了解决这一新的社会问题,使新来的移民尽快适应和融入移居国的生活环境,许多国家开展了专门的移民教育,其中包括双语或多语种教育,试图通过掌握当地语言,使移民能尽快地适应和融入到当地的生活环境中去。然而,初步的研究表明,仅仅掌握当地语言并不能很好地解决这一问题,移民教育忽视了一个隐含的重要因素——不同的文化。随后,对移民教育的焦点转向了多元文化教育的研究。

在 20 世纪 70 年代早期的美国,当第一批研究文章和成果发表后,多元文化教育(multicultural education)就成为一个热点话题,并一直延续至今。与此同时,加拿大引入了与多元文化教育有关的课程,这主要是为了应对讲法语的加拿大人的运动和其他反英语化的少数民族。同样,澳大利亚也引入了以多元文化为导向的教育方案。在欧洲,欧洲委员会发表了一些有关跨文化教育的文件,在一些国家中逐渐将跨文化教育的思想落实到学校的教育政策上。西班牙是移民国家,跨文化教育在学校中很普遍。即使像德国这样的传统的民族性很

强的国家,近年来也逐渐开展了跨文化教育。

值得提及的是,在各国开展跨文化教育的过程中,国际组织发挥了积极的作用。在以联合国教科文组织为主的国际组织倡导下,跨文化教育成为最新的国际教育思潮之一,这推动了各国跨文化教育的发展以及对跨文化教育的研究。

联合国教科文组织连年来召开了系列国际大会,并发布重要宣言来不断推动跨文化教育在各国的发展。从 20 世纪 80 年代至今,召开的有关跨文化教育的重要国际会议和发布的宣言主要有:

1.“世界文化政策大会”(1982)发布了《墨西哥城文化政策》

该文献指出:教育能帮助培养尊重他人、团结社会与实现国际一体化的意识,最适合将国家与世界的文化及价值传于后代。[1]

2.“第 43 届国际教育大会”(1992)发布了《教育对文化发展的贡献》。

该文献对跨文化教育的开展具有十分重要的指导意义,如各国文化和教育制度的独立性和多样性;不同文化间的对话的重要性;教育对文化发展的意义;跨文化教育的目的、范围、基本原则精神、具体策略和方法;学校在跨文化教育方面的作用以及跨文化教育的质量标准等方面均作出了重要指导。[2]此次会议后,跨文化教育的思想得到了更明确、更广泛的认同和传播。

3.“第 44 届国际教育大会”(1994)发表了《国际理解教育的总结与展望》

该文献强调教育政策必须有助于增进个人、种族、社会、文化、宗教团体和主权国家之间的理解、团结和宽容;教育应有助于建立和平与民主的文化知识、价值观、态度和技能;教育机构应成为实践宽容、尊重人权、实行民主、学习文化特性的多样性和丰富性的理想场所。[3]随后,又发布了《国际理解教育:一个富有根基的理念》专题报告(1996),强调通过跨文化教育可以促进国际理解,并可以在学校教育、课程与教学过程中进行跨文化教育。[4]

4.“跨文化教育指南”(2006)

该文献提出了跨文化教育的准则、目标、作用和实施步骤,具体指导了各国跨文化教育的实施。该文献认为,跨文化教育仍是 21 世纪未来教育发展的热点之一。[5]

在各国跨文化教育发展的过程中,由于各国社会传统、历史发展、教育观念的差异,出现了对跨文化教育的不同看法,其发展过程也不是完全一样的,因此也产生了不同的跨文化教育模式。

随着全球化的发展及其世界政治形态的变化以及对民主和人权的重视,跨文化教育的研究发生了很大变化。这些新的发展导致了要对现存跨文化教育理论的反思和重新建构,以及对跨文化教育实践的重新评估。因此,许多新的研究目标和研究领域出现了,其中侧重关注的问题有:全球化社会的发展;不同文化的融合;跨国、跨界和跨文化的交流;跨文化冲突的消弧;教育系统对和平共处的责任;后现代多元文化社会的整合与发展等。

国际跨文化教育的研究,同样对我国教育的发展具有现实意义。例如,我国教育界应该考虑的问题:如何对待国内不同民族的文化? 如何看待主流文化和非主流文化? 如何理解和对待西方文化与东方文化、传统文化与现代文化、文化冲突与文化融合? 如何处理好区域文化和城乡文化的差异? 学校教育如何关注、尊重和平等对待学校中不同文化的存在? 如何在课程和教学中消除我们习惯使用的而又带有文化歧视和文化偏见的内容? 因此,跨文化教育是一个值得研究的领域。

(二) 跨文化教育的研究特点

1. 跨文化教育基本概念的探究

随着跨文化教育的发展,出现了越来越多的对跨文化教育基本概念的研究。由于各个国家语言习惯以及各个学者学科背景不同,对跨文化教育的基本概念就有不同的理解和看法。

美国、英国等英语国家使用较频繁的是"多元文化教育"一词,欧盟非英语国家经常使用的却是"跨文化教育"。联合国教科文组织的文献中也没有严格区分两者的差别,而是将其看作同义词。如在《教育对文化发展的贡献》的建议性文件中,就将跨文化教育和多元文化教育作为同义词来作出界定。[6]那么,究竟怎样来看待这种词语和概念上的差异呢?

国外学者大多是从对文化的解说(有的学者列举了 200 多种对文化的不同定义),到对多元文化和跨文化的探究,然后再到对跨文化教育的阐述来界定跨文化教育;也有学者从各种不同学科的角度来对跨文化作出界定。因此,无论是对多元文化教育还是跨文化教育,均有许多不同的看法。

在我国,还有一个翻译的问题。跨文化(intercultural)和多元文化(multi-cultural)前缀不同,"inter"指的是"在……之间""相互作用的";"multi"指的是"多的""多元的"。跨文化主要表明的是不同文化间动态性的互动;而多元文化的主要意思则是说明多种文化静态性并存的一种状态。从上述词义上的主要差异来看,我们可以认为,"多元文化"是指各种文化的共存,有可能这种共存是无互动,是没有相互交流的,当然也有可能是有互动和交流的。而我们讲的"跨文化",是指有互动和有交流的这种互动性。

从多元文化教育研究到跨文化教育研究的这种发展,表明了研究者已从关注静态的、不变的文化图式和文化差异转向关注在交流上的文化动态性、关注跨文化关系及跨文化能力。这一新观点表明了全球化社会发展的一个特征,也可被视为是面对文化移民挑战的教育回应。联合国教科文组织召开的第 43 届国际教育大会提出的跨文化教育的目的就是"增进融合,尊重文化间的差异,减少各种形式的排斥,理解其他个体与其他国家,培养学生跨文化的适应能力,帮助学生在多元文化社会中更好地生存"。[7]这充分表明了跨文化教育的这种互动性。

虽然从词义和教育理念上可以对跨文化教育和多元文化教育作出不同的解说,然而,在此我们要重申的是,从学术性探讨上来看,我们可以将跨文化教育和多元文化教育作出区分,因为确实也存在差别;但是从其发展的历史现实状况来分析,以及由于各国语言使用的习惯来看,我们更倾向于将多元文化教育与跨文化教育合二为一,也就是我们所说的跨文化教育即包涵了多元文化教育。

2. 跨文化教育的研究视角

随着跨文化教育和研究的发展,跨文化教育已被看作是一门跨学科的应用型社会科学。跨文化教育研究包含了对个人、机构和社会团体的探究性解释、适应和转型作用的研究,其特殊性是关注全球化和多元文化社会中教育和社会化的发展。跨文化教育的研究大致有这样的 3 种视角:[8]

(1)宏观视角——全球

从宏观社会的视角开展跨文化教育的研究,也就是以全球化发展为主要视角来研究跨文化教育的问题。这种宏观社会的视角是从全球化的过程中强化多元文化和文明存在的意识，注重对其他文化的尊重，强调人类团结的重要性，维护人权的发展，培养与其他国家和平相处的能力，关注移民和转型期的问题等。

（2）中观视角——国家

从中观社会的视角开展跨文化教育的研究，也就是从国家立场上考虑多元文化发展的视角来开展跨文化教育研究。这种中观社会的视角，主要研究如何支持多元文化中民主社会的发展，抵制源于不同的民族和人种之间存在的社会不公平，防止跨文化冲突和在文化多元群体中的社会契约和社会资本的重建等问题。

（3）微观视角——个人

从微观社会的视角开展跨文化教育的研究，也就是从个人的现状和发展的视角来开展跨文化教育的研究。这种微观社会的视角，注重个人对不同民族、不同文化的人的理解，消除跨文化交流上的障碍（诸如民族优越感、人种和民族歧视或排斥），发展个人跨文化交流的能力，促进跨文化适应的过程，培养能在文化边界上达成一致并产生有效作用的能力等。

研究视角上的不同也体现在词汇表达上的变化，即从多元文化（讲的是其他不同的文化）变为跨文化（讲的是相交文化的互动）。

与跨文化教育相关的研究范围和目标表明，跨文化教育已被看作是一门跨学科的应用科学。作为一门跨学科，它涉及行为、人文和社会学科领域。其主要研究领域被确定在社会学、心理学和教育学领域。其辅助学科包括：种族、文化、宗教研究、政治学、社会工作、人种学和人种志、法学以及一些涉及特殊文化领域的学科（如欧洲、非洲、东方、斯拉夫研究等）。

3. 跨文化教育研究与相关领域的关系

跨文化教育研究的特殊性使其不可能被其他领域跨越或替代。从全球教育、比较教育、国际教育、和平教育、公民教育、欧洲教育的研究领域来看，其间的界限变得不再明确清晰了，尤其是当全球教育、国际教育和比较教育搅在一起时，更是说不清楚了。

（1）跨文化教育与全球教育

跨文化教育与全球教育两者均聚焦于全球化发展过程，注重文化的全球化以及跨文化合作和如何解决文化冲突等问题。跨文化教育与全球教育两者都试图提高对全球化问题和全球化发展之间相互关系的认识。两者主要目的是要鼓励承担起责任进而采取行动，致力于解决问题并与生活在其他国家的人加强团结。跨文化教育的特殊之处，在于它集中关注社会文化现象和普遍的地方与区域问题。

（2）跨文化教育与比较教育

跨文化教育与比较教育的联系是很明显的，这是因为两者均关注对理论方面、对问题和对发展趋势的研究，以及对世界不同国家和地区跨文化教育框架下的组织发展与实践活动的研究。然而，在这一点上，比较教育更注重进行比较，跨文化教育则试图超越实际应用，力求在多元文化社会中发展关于教育和社会进步的理论知识。

（3）跨文化教育与国际教育

跨文化教育与国际教育之间似乎存在更加复杂的关系。国际教育的定义直到现在还很模糊。在正式的文件上，国际教育是指外国的正规教育。虽然国际教育的研究内容与比较教育有很大联系，但是很有可能两者的研究兴趣方面将会合在一起，在文化、教育、社会发展的研究领域中向国际合作理论与实践的研究方向发展。这一发展可能会使两个学科合并，并在相互的补充中受益。

（4）跨文化教育与和平教育

各研究领域的这种互补性在跨文化教育与和平教育中表现得更为具体。和平教育的思想在许多国家的教育理念中出现过，在联合国组织中可以找到其法律和机构上的依据。和平教育已作为一个保护后代免受战争和冲突的项目，该项目是通过以人类福祉为目的来促进互相理解和容忍。联合国教科文组织和联合国儿童发展基金会已成为促进和平教育项目的主要国际组织。跨文化教育与和平教育的目的是要倡导尊重人权、保持容忍，并且与由于民族、种族和宗教差异产生的偏见及歧视作斗争。在两个研究领域中可以看到，更为重要的是如何防止并解决跨文化冲突以及在后冲突和多元种族社区中实现关系正常化。

（5）跨文化教育与公民教育

在重视人权、消除社会排斥以及促进人力资源发展等方面，跨文化教育与公民教育之间具有另外一种联系。后现代社会持续不断的移民浪潮与文化差异、从欧洲民族国家到多元文化社会的转型以及以文化社区为基础的一体化与同步机制的下滑，都促使了需要将多种民族融合到跨文化公民社区的框架之中。产生这样的一种社区的条件是培养一种意识来引导个人对社会负责任。这种意识可以超越个人对自己民族团体的特殊兴趣，以及能促进其愿意与不同文化的人们合作。

（6）跨文化教育与欧盟教育

跨文化教育的研究也可以与欧盟教育的研究相结合。欧盟教育的目标是通过传播有关欧盟的知识、培养个人能力使之成为真正的欧洲公民，来促进欧洲一体化发展，鼓励与欧洲其他居住地区的人民合作以及促进欧洲认同感。[10]因此，欧盟教育在某些方面是与跨文化教育相重叠的。欧盟教育和跨文化教育两者都支持通过促进文化和当地语言以及在欧盟中发展合作的能力，来支持对欧洲情感上的认同和文化上的继承。但是也可以看到某些差异：欧盟教育的主流集中在与地方文化相联的传统问题上以及欧洲文化的准则上，主要是地中海地区文化，而忽略斯拉夫、凯尔特人或德国民族的文化，还忽视了移民到欧洲的其他非欧洲团体的文化；跨文化教育则超越了地方文化的层面，把欧洲文化视为一个动态的现象，并接受之前在欧洲文化中没有显现出来的文化因素。

（7）跨文化教育与区域教育

跨文化教育和区域教育也有类似的关系。区域教育思想的根据来源于两种假设：其中一种假设是需要在许多层次上、具有共同的身份和发展成员国的地方文化来促进地区一体化发展，例如欧盟区域教育由教育项目组成，目的是通过复兴地方文化，在欧洲内建立"小家园"，支持所居住区域学生情感的认同、促进民族认同感以及传播地区特色的知识；另一种假设是需要重建地区文化多样性以抵制文化全球化的发展。[11]同样在区域文化差异上、在构建社区意识、公民社会和文化代表之间的共存上，跨文化教育与区域教育也有重叠。两者的不同之处体现在对由文化移民带来的对当地环境的冲击而产生的文化变化的态度上。

4. 跨文化教育的不同模式

尽管所有国家都面临全球化的挑战,但是跨文化教育在不同国家的状况和特点却有很大不同。这种不同的模式可以反映出一个国家发展状况、人口结构、民族关系及对移民与少数民族的政策等。

在实施多元文化主义政策的国家中,至少可以划分出跨文化教育的 4 种模式:国家模式,民族补偿模式,公民模式和文化边界模式。[12]

(1) 国家模式

国家模式在德国和波兰较为典型。这种模式是在国家文化的框架下关注文化的差异性。其主流文化试图统合文化多样的社区,同时将少数民族的文化边缘化以及常常忽视移民文化。上述社会在融合与整合的过程中是通过不公平的同化,促使文化小群体纳入主流文化之中。在这一模式中,跨文化教育与民族教育、公民教育以及国家文化教育是相分离的。国家文化被认为是具有巨大价值的,需要代代相传以保存一种历史意义上的国家认同感。民族教育只限于非公立的民族学校,与少数民族相关的问题上只停留于当地的研究和少数民族集聚区的学校课程中。在全球化的社会中,如果不采取一定的措施在教育中提及这些问题,那么要保持文化的多样性以及在课程和教学中开展跨文化交流将会不复存在。因此,跨文化教育的目的在于培养那些从事移民、难民、少数民族文化或是那些从事与国际组织与贸易相关的人具有较强的跨文化能力。

(2) 种族补偿模式

种族补偿模式在美国较典型。种族补偿模式主要是以一种政治性的种族观念,来应对当前的意识形态方面的需要和挑战。种族补偿模式运用了社会冲突理论,以"民族"、"民族意识"和"文化战争"等变形的概念取代"阶级"、"阶级意识"和"阶级斗争"的概念。这种范式对跨文化团体的分析是以政治上的文化冲突、不公平和社会正义概念支配的,忽视了跨文化交流理论、文化适应理论、社会交换或社会融合理论。与民族、国家和宗教相关的问题、离散犹太人文化特征问题、跨国团体和被包围的民族问题都被边缘化或是被转移得偏离了研究所关注的范围。在学校教授文化差异和相关问题不是为了促进跨文化理解,而只是为了培养多元文化的视角。这种模式还有一种倾向,就是超越跨文化教育的理论来满足过去受到压迫的小团体通过提高现在的社会地位以得到补偿的需要。

（3）公民模式

公民模式在法国较为典型。公民模式的核心概念是：在一个公民社会及其价值框架下来看待社会、团体和其中的成员。因此，将种族、民族和文化差异性问题，尤其是那些与宗教相关的问题边缘化和私人化。在公民社会的框架中，试图联合所有的公民，不论他们的种族、民族、文化和宗教背景。这种模式中基本的观念是"公民的""公民"和"公民参与"。这一模式最重要的假设与价值最大化和同公民社会文化联系的社会资本相关，认为它们优于存在于民族或国家文化之内的文化。跨文化教育中公民导向的概念主要是运用了社会科学中的结构功能主义理论。文化差异性只被视为是在全球化和区域化维度强调建立跨文化社会资本和对话。

（4）文化边界模式

文化边界模式在澳大利亚、英国和加拿大表现得较为典型。文化边界模式提供了一个有选择性的或许是最动态的视角。在这种模式中，可以发现存在两种文化价值：核心文化价值和少数民族文化价值。核心文化价值及其内容通常是属于占统治地位团体的文化。然而，少数民族文化和文化差异（包括宗教文化），只要它们不与核心文化发生冲突，都会受到尊重且被视为一种重要的和主体社会文化环境中不可缺少的一部分。这种文化边界的模式强调了社会相互作用和社会交换的维度。在该模式的基本概念中，常常可以看到"文化边界""跨团队关系""民族""宗教差异""认同""社会交换""文化传播""交互作用"和"对话"这样的词语。其理论分析的特点是运用一种动态方法，即将文化放在一个国家历史发展的背景上来看待。其关注点集中在跨文化交流与关系、社会中少数民族结构的转型、一种文化边界的形成和代代相传的文化认同的转变等。该模式致力于培养学生的二元文化认同，尊重其他文化，使其对文化差异和跨文化交流变得敏感。

上述的不同模式，只是总括性的列举了跨文化教育在各国的不同特点，并不能表明所有国家的状况。在一个全球化多元移民社会中，跨文化教育关注的是文化多元社会的融合，同时跨文化教育也是影响国家建设过程的一种手段。在那些所谓传统的老牌欧洲国家中，跨文化教育主要注重支持移民文化融入主流文化之中以及国家文化逐渐转型为多元文化。在那些新融入欧盟的国家中，跨文化教育关注的是现在依然处于抑制状态的少数民族的当地文化的恢复,消除历史遗留下的仇恨,并防止作为对转型期问题的反应而出现的宗教和国家主义的趋势。

在 21 世纪全球化发展过程中,跨文化教育越来越受到各国的关注。现实的挑战呼唤对现存跨文化教育的模式、方法、数据、理论的更新和丰富,也需要更多的研究人员投入到跨文化教育的研究中去。

参考文献

[1] UNESCO (1982): Mexico City Declaration on Cultural Policies[R]. adopted by the World Conference on Cultural Policies (Mexico City).

[2] [6] [7] UNESCO(1992):The Contribution of Education to Cultural Development[R]. 43 td. Session of International Conference on Education, UNESCO.

[3] UNESCO (1994): Final Report[R]. 44rd. Session of the International Conference on Education, UNESCO.

[4] NESCO(1996):Education for International Understanding:An Idea Gaining Ground[R]. UNESCO.

[5] UNESCO (2006): Guidelines on Intercultural Education [R]. UNESCO.

[8] [9] [10] [11] [12] Krystyna M. Bleszynska, Construction intercultural education[M]. Intercultural Education, 2010,11,537—545.

(本文发表于《比较教育研究》2013 年 9 期。作者黄志成,时属单位为华东师范大学国际与比较教育研究院;作者[德]韩友庚(JuergenHenze),时属单位为德国柏林洪堡大学比较教育研究中心)

十二、跨文化能力分类及培养的思考

是否能与不同文化群体的人们进行充分交往并相互理解，很大程度上取决于人们是否具备跨文化能力（intercultural competence）。如今，探索跨文化能力的培养已为教育者们普遍关注。有学者指出在全球相互依赖加深的年代，培养具有跨文化能力的公民，使他们在面对不同文化视角的问题时能够作出明智的、符合道德规范的决定，这将成为教育界亟待优先考虑的问题。[1]上海纽约大学校长俞立中教授甚至呼吁在高中教育阶段就应该培养学生的跨文化素养，让学生具有国际视野，能够主动理解、适应和欣赏不同文化背景中的人们。[2]

（一）跨文化能力的内涵

跨文化能力的研究始于"二战"以后的美国，之后在欧洲逐渐兴起。"跨文化能力"这一术语的提出可以追溯到 20 世纪 70 年代。[3]在欧美文献中，一般被称为"intercultural competence"，或是"cross-cultural competence"。对于什么是跨文化能力，迄今虽未形成统一的界定，但学者们均试图从不同的角度对跨文化能力的内涵进行归纳和阐释。

在早期研究中，对跨文化能力的定义主要侧重于理解文化差异的学习能力和适应能力，以及在不同文化中恰当的行为能力。[4][5]随着研究的深入，学者们进一步从认知、行为、过程以及个性态度等方面对跨文化能力进行归纳和界定，并且日益关注思维方式和自我意识对于跨文化能力的重要性。之后，又不断有学者对跨文化能力的内涵加以补充。阿尔维诺·凡蒂尼（Alvino E. Fantini）将跨文化能力定义为，个体和不同语言文化背景中的人们交往时表现出有效和恰当的行为举止所需要的能力集合。[6]另一方面,对跨文化能力的界定出现了研究领域上的划分,比如国际商务中的跨文化能力被界定为个体有效运用一系列知识、技能、个人特质,在国内、国际环境下与不同文化背景人士进行成功合作的能力。[7]

在对跨文化能力的不同理解中,有学者直接将跨文化能力等同于跨文化交际能力,但是笔者认为两者并不是同一个概念。澄清两者间的联系和区别将有助于我们更好地理解跨文化能力。

从国内外学者对交际能力所下的定义来看,交际能力关注的是在特定文化语境中能够表现出得体交际行为的能力。虽然也有将跨文化交际能力界定为包括语言能力、非语言能力、跨文化理解能力和跨文化适应能力等方面构成的综合能力,[8]但是跨文化交际能力更加强调在多元文化中得体的交际行为和对不同文化的认知与适应,更多的时候表现为一种外显能力。它并不重视是否具有文化意识和对不同文化的积极态度这类内在能力,而文化意识和态度恰恰是跨文化能力界定中非常重要的组成部分,跨文化交际能力倾向于能够交流,而跨文化能力则更倾向于积极地交流。因此,笔者认为,跨文化能力是一种比跨文化交际能力内涵更丰富的综合能力。

综上所述,人们对跨文化能力的认识经历了从早期概念中侧重于知识和技能等外在能力到重视文化意识、态度及思维方式等内在要素的转变。迄今为止,跨文化能力所包含的内容不断增加,虽然还难以出现一个明确的,被一致认可的界定,但有一点很明确,即跨文化能力是一种包括了内在文化意识、态度,以及外在知识、技能的综合能力。

(二)跨文化能力"三分法"的分类维度

在对跨文化能力的内涵理解基础之上,人们进行方法论和测量的初步尝试以创建理论框架来指导实践。学者们开始创建和开发可用于培训和评价的跨文化能力模型。其中最为核心的问题是如何划分跨文化能力的维度,即如何对跨文化能力进行分类。

虽然对跨文化能力的界定众说纷纭,但笔者在阅读相关文献后发现,学者们对跨文化能力的构成进行分类时受布鲁姆的目标分类法影响很深,普遍认同从知识、态度和技能三个维度将跨文化能力划分为认知能力、情感能力和行为能力。这种跨文化能力"三分法"成为一种传统的分类维度,韩国跨文化交际学者金荣渊(Young Yun Kim)就依据这一分类维度将跨文化能力分为更多地了解的能力、以不同态度感知的能力和以新的方式行动的能力。[9]英国语言文化学者迈克尔·布莱姆(Michael Byram)则将跨文化能力划分为认知能力(其中又包括文化意识和洞察力)、对不同文化的正面态度(情感能力)和文化情景中得体的行为(行为能力);[10]其他学者在构建跨文化能力模型时,也都是按照这一维度对跨文化能力进行分类。表1反映了霍华德·汉密尔顿(Howard Hamilton)的跨文化能力构成模型。

表1　汉密尔顿的跨文化能力构成模型[11]

态　　度	技　　能	知　　识
意识:重视 自身群体 群体平等	意识:有能力 进行自我反思 辨认和描述文化相似点和差异	意识:意识到 自我和文化取向相关 文化之间的异同
理解:反对 歧视 种族中心主义	理解:有能力 采取多元视角 理解多元情境中的差异	理解:了解 什么是压迫 什么是交互性压迫 (种族、性别、阶层、宗教)
倾向于:愿意 冒险 通过跨文化交流改善生活	倾向于:有能力 挑战歧视行为 进行跨文化交际	倾向于:理解 社会变化相关的因素 文化差异对交际的影响

从汉密尔顿对跨文化能力的分析可以看出他对这三个维度作了更为细致的划分,并且强调了意识和倾向性在每个维度中的重要构成。但是,越来越多的学者却不满足于传统的三分法,纷纷在此基础之上对跨文化能力提出了不同的维度划分类型。

(三) 基于"三分法"之上的二元分类维度

随着对跨文化能力构成的讨论不断深入,"功效性"被视为跨文化能力的一个重要指标。许多研究者都将其视为重要的衡量标准和跨文化能力中最为重要、最为核心的能力。学者们对跨文化能力的分类不仅考虑传统的认知能力、情感能力和行为能力,而且更注重研究能够促进跨文化交流的核心能力,从而开启了各种对跨文化能力的二元分类方法。其中,有以下几种二元维度划分类型备受更多学者关注:

1. 核心能力与主要能力维度类型

语言教育学者凡蒂尼在传统三分法的基础上主张将跨文化能力包括5个方面:文化意识、知识、技能、态度和语言能力,其中语言能力从认知和技能中被划分出来成为一个独立的维度,但是依然属于知识和技能的范畴。因此,他用A+ASK,即文化意识(awarness)、态度(attitude)、技能(skill)和知识(knowledge)来表示跨文化能力的构成,并将文化意识视为核心能力,是其他三个维度的出发点。[12]

其他学者也将跨文化能力分为主要能力与核心能力,但是划分标准和凡蒂尼有所不同。他们依然立足于传统的划分,但是只是将文化意识、知识、技能、态度和语言能力视为主要的跨文化能力。在此基础之上,更为深入地分析了各个维度中更为具体和起决定性作用的能力,在进行总结归纳后,不少学者主张将态度维度,即情感能力中的"移情(empathy)""判断悬置(suspend judgement)"和技能维度中的"冲突管理(conflict management)"视为跨文化能力的核心能力。"移情",简单来说就是能够站在他人的视角看待和感受事物,就是将自己视为目的文化中的主体,与目的文化中的人们产生感情上的共鸣。"判断悬置"按照布莱姆的解释就是"悬置对其他文化的怀疑和对自己文化的确信"。[13]冲突管理就是解决因为文化差异而导致的各种冲突的能力,即对于跨文化环境中产生的交流困难能够有全面深刻地了解,同时掌握解决这些问题的一系列策略。若基于功效性的考量,移情和判断悬置有助于人们在跨文化交往中树立正确的态度,并更容易受到目标文化群体的接受,冲突管理能力则能够帮助人们在差异文化中尽量避免矛盾激化,这三者的确是保证跨文化交往有效性的核心能力。如果以功效性为指标,就形成了以文化意识、知识、技能、态度为主要能力,以移情、判断悬置、冲突管理为核心能力的跨文化能力分类。

2. 一般能力与特定能力维度类型

除了在传统三分法的基础上探索跨文化能力的主要能力与核心能力之外,

有学者也从其他的维度对跨文化能力作了积极的二元分类尝试。比如祖晓梅在基于对文化的一般性理解和对具体文化理解基础之上,将跨文化能力划分为一般能力和特定能力(表2)。

表 2 跨文化能力构成[14]

	一般能力	特定能力
跨文化知识	文化的定义、特征、内容 语言和文化的关系 文化对每个人观念、态度和行为的影响 社会各种因素对人的行为影响 文化休克现象和文化适应的策略	目的语文化和本族文化中的主流文化 目的语文化和本族文化中的亚文化 目的语文化和本族文化中的语用学知识 目的语文化和本族文化中的社会语言学知识
跨文化技能	文化适应能力 文化解释、关联、评价的能力 文化学习的能力 跨文化交际能力	目的文化中得体的交际行为 解释、评价目的文化现象和情境的能力 比较和关联本族文化和目的文化的能力
跨文化态度	对不同文化的正面态度 对文化学习的正面态度 对文化差异的文化相对主义态度	对目的文化的正面态度 对目的语国家的人民的正面态度 对本族文化的客观态度

3. 内在素质与外显能力维度类型

通过前文对跨文化能力的内涵分析中可知,对跨文化能力的理解经历了从早期概念中侧重于知识和技能等外在能力到重视文化意识、态度及思维方式等内在能力的转变。因此,根据各种跨文化能力的内外特征,可以将跨文化能力分为内在能力和外显能力。文化意识和态度就属于跨文化内在能力,知识、技能和语言能力则是外显能力。若对更加具体的跨文化能力进行划分,那么对文化的敏感性和洞察力、尊重、移情、灵活、耐心、兴趣、开放、幽默感、宽容,判断悬置等则属于跨文化的内在能力,而运用语言、非语言进行跨文化沟通的能力、建立关系的能力、跨文化背景下的决策能力、执行能力,以及多元文化和文化差异的认知能力等都属于外显能力。达拉·迪尔多夫(Darla K. Deardorff)的跨文化能力金字塔模型也对跨文化能力的内在能力和外显能力进行了描述,他认为跨文化内在能力包括对不同的交际方式和行为的适应能力;在新的文化环境中进行调整适应的能力;对适当的交际方式和行为进行正确选择的能力;灵活的认知能力;移情等,外显能力则包括有效的行为和交际能力。[15]

(四)基于跨文化能力主体的分类维度

在对跨文化能力的构成进行划分的研究中,学者们越来越关注人这一能力主体,许多研究者认识到跨文化能力最终需要依靠人去实践,因此,将"能力"置于"主体"这个认识论基本范畴之下成为研究者们划分跨文化能力的新视角。

托马斯·沃尔普(Thomas Vulpe)等人对有效跨文化交往者所具备的能力进行具体分析,认为有效的跨文化交流者应该具备九种主要能力:适应技能、谦虚和尊重的态度、对文化概念的理解、掌握目的国家和文化的知识、建立人际关系的技能、对自我的认知能力、跨文化交际能力、组织技能、个人和职业认同能力。[16]

欧洲跨文化能力评价项目[17]中对跨文化能力的划分也是基于能力主体的维度,将传统分类方式中的文化意识、认知、态度和技能中的核心部分进行分解和重新整合,开发了跨文化能力的框架,根据多元文化背景群体中的人们如何认知和在这种情境下的表现,认为成功者往往具有以下 6 个方面的特质:

1. 包容不确定性(tolerance of ambiguity,TA)

将未预料到的事情或情况视为一种有趣的挑战,并想要尽可能帮助其他人解决他们所遇到的问题。

2. 行为具有灵活性(behavioral flexibility,BF)

能够运用一些方法和他人共事以避免在交往中出现不必要的或是没有预计到的冲突。能够采取符合他人习惯和礼仪的行为,或在能够提升好感的情况下接受一种不熟悉的行为方式。

3. 具有沟通的意愿(communicative awareness,CA)

对很多在口头交流、身体语言等方面可能引起的误解有所警惕。为了有效沟通,总是作好澄清的准备。在某些情况下,会询问目的文化中的成员是如何使用一些特定的表达和具体的术语。

4. 能发现知识(knowledge discovery,KD)

很乐意从跨文化的冲突中学习并研究其积极的一面。愿意克服困难去了解不同文化的价值观、习俗和行为习惯。

5. 对他人尊重(Respect for others,RO)

将其他人的价值观、习俗和行为规范都视为是十分有价值的,而不仅仅只是形式上的不同。尽管有时无法分享这些价值观、习俗和行为规范,但不会失去对它们的尊重。

6. 移情(empathy,E)

能够理解他人的想法和感受,通常表现出来是不伤害他人的感受和不侵犯他人的价值观体系。

该项目根据这 6 个方面的相关性,进一步将它们总结为三方面能力:

1. 开放性(O)

这方面的能力包括包容不确定性的能力和对他人的尊重,意味着对存有差异的人和事保持一种开放的态度。

2. 认知能力(K)

这方面的能力包括知识发现能力和移情,意味着不仅仅是想要了解某个情境或某种特定文化中的"硬件"知识,还想要了解一些关于他人感受的事情,也能够理解其他文化中的对话者的感受。

3. 适应性(A)

这方面的能力包括具有灵活性的行为能力和具有沟通意愿,这意味着能够适应自身的行为和交际方式。

这种对跨文化能力的分类方式是相对于以往传统分类维度的新尝试,将传统维度中的知识和态度中的移情归为一类,将移情视作对应某种特定文化"硬件"知识的"软件"知识,将其划分在认识能力的领域;将许多学者视为核心能力和独立能力维度的沟通意愿与行为的灵活性归为一类,将其确定为跨文化适应能力的重要组成部分。这种分类方法拓展了跨文化能力构成的研究维度,让我们看到了传统分类方法中各种能力的相关性,并且将跨文化能力的界定具体化为不同层次的能力。

研究者们精心致力于对跨文化能力进行各种维度的划分,其目的在于能够对跨文化能力进行评价,为跨文化能力的培养研究提供理论依据。这些分类研究主要聚焦于知识、技能和态度,但是也有一些分类方式进行了新的尝试,尤其是基于能力主体的划分方式聚焦于具备跨文化能力者的表现,为跨文化能力的培养树立了具体的目标,对研究跨文化能力的培养途径带来新的启发。

(五) 不同分类维度下跨文化能力培养途径的思考

不同的跨文化能力维度分类方式对于思考如何培养跨文化能力提供了不同的思路。

1. "三分法"维度下跨文化能力的培养

培养形成对于不同文化的积极态度和正确认知,以及具备为其他文化群体和跨文化个体所认可的行为能力,这需要处于不同文化背景的教育者和全社会的参与和共同努力。

首先,人们应树立正确的跨文化交往价值取向,这对形成积极的跨文化交往态度有着重要作用。因为跨文化能力所要求的积极态度指的是对本民族文化和其他文化都应该持平等的态度,而在跨文化交流中有一点需要引起我们的警惕,那就是各种文化都具有一定的价值取向。许多国家,尤其是当代发达资本主义国家利用经济全球化进程向发展中国家推销自己的强势文化,包括经济理念、政治价值观等。因此跨文化能力的培养应该树立开放、平等、尊重、宽容、客观、谨慎的价值倾向,强调不同文化之间的平等交流和相互理解,这样才可以在培养跨文化能力的同时,抵制文化殖民倾向。

其次,知识的培养需要依托科学的课程体系。英国课程论专家丹尼斯·劳顿(Denis Lawton)将课程视为文化的精选。在经济全球化时代,应该在各级各类教育中设计对一般文化和特定文化进行认知和理解的课程体系,进行有关多元文化和跨文化交往的系统学习以及面对复杂的文化信息、挑战时的策略学习。培养跨文化认知能力的课程体系应涵盖校内和校外的教育。校外教育如社会教育,对跨文化认知能力的形成十分重要,因为对于不同文化的正确认知,对自身文化和目标文化之间的关系的理解需要在跨文化教育实践中,在与外来文化的交流和接触中才能得以形成。比如通过参与目标文化中的事务和传统活动来学习目标国家的知识。

再次，跨文化教育实践不但对于跨文化认知能力具有积极作用，对于跨文化行为能力的发展也十分重要。跨国培训项目将是提升跨文化行为能力的有效途径。人们可以通过实际的跨文化交流的机会实际面对复杂的文化信息和挑战，并运用所学的策略协调与不同文化群体的关系，通过相互顺应、协商和双向调节来获得双方都能接受的行为方式，从而实现提升跨文化行为能力。

2. 二元分类维度下的核心能力培养

仅仅从跨文化能力3个传统维度宏观上探索培养跨文化能力的途径是远远不够的，最终还是要落实到对各种具体的跨文化能力的培养，尤其是对核心能力的培养。

比如，可以通过教学对"文化意识"这一核心能力进行培养。在教学中使学生同时成为研究者和被研究者，让他们通过比较不同文化以扩展新的"文化意识"视野和对世界的好奇心，通过从不同文化角度对问题进行思考，在进行比较的过程中转变和改善自己的思维方式，强调整合不同知识体系，从而获得和提升这一核心能力。

除此之外，"第三视角"[18]的建立对于核心的"移情"和"判断悬置"能力的培养具有积极效果。通过让学习者尝试同时以局内人的观点看待目标文化①和以局外人的观点看待本土文化，帮助促进文化"移情"和延迟对目标文化的判断，从而达到对目标文化和本土文化的更为完整和客观的理解。

3. 个体跨文化能力发展——基于能力主体的思考

若将能力的培养置于能力主体发展的过程中，则应该考虑在个体跨文化能力发展的各个阶段需要有哪些能力参与其中，并对跨文化能力培养的过程和步骤进行研究，通过合理的步骤来培养学习者的跨文化能力。综合已有研究，笔

---

① 克拉姆契（Kramsch）在《语言教学中的语境与文化》（Context Culture in Language Teaching）英文专著第236页中对"第三视角"的解释是"在学习成长过程中的文化和他或她即将面临的新文化之间建立'第三视角'"。为了更符合中文表达并突出学习者即将面临的新文化的指向性，笔者将学习成长过程中的文化表达为"本土文化"，将个体"即将面临的新文化"表达为"目标文化"。"目标文化"并非原文中所用术语。

者认为对于跨文化能力的培养过程至少需要经历以下四个阶段：

第一阶段，培养能够激励人们进行跨文化交往的态度。启发人们根据自身跨文化交流经验去寻找能促使其想要学习其他文化的事件，以激发人们对不同文化的好奇，进而培养人们悬置自己对文化差异的判断、对文化的尊敬和对不确定性的包容。

第二阶段，学习构成自身和他人文化定位的知识。通过比较我们和他人视角的不同来认识我们自身的文化模式和其他文化模式，以及两者之间的差异。

第三阶段，需要评估影响人们适应不同文化的挑战和支持因素。判断和评估跨文化环境中的哪些因素将影响人们在适应不同文化的过程中进行的有效调整，哪些因素将为适应新的文化环境提供支持。当然也要避免过度支持和挑战，挑战和支持之间应该达到一种平衡。

第四阶段，发展有效和适度交往的技能。在提升文化自我意识、检验文化差异以及评估支持和挑战之后，最后一步就是发展适应跨文化背景下所需的技能，包括移情能力、收集恰当信息的能力、倾听的能力、调整能力、解决冲突的能力和管理社会交往和焦虑的能力，其中要特别重视移情以及解决冲突等能力的培养。在这个阶段中，需要运用发展友谊、指导、训练、培训、转换学习和反思等方法来发展这些技能。

综上所述，对跨文化能力的培养存在两种路径。一是基于跨文化能力的结构，对构成跨文化能力的各种具体能力，尤其是核心能力分别进行培养。另一种路径则是突出能力主体，关注个体的跨文化能力发展，将跨文化能力视为一个整体进行培养。在实际培养过程中，应该两者兼顾，既要关注能力结构，也要关注能力主体。

参考文献

［1］King, P. M., Baxter, Magolda, M. B. A Development Model of Intercultural Maturity［J］. Journal of College Student Development，2005，(46)：571.

［2］胡惠闵，汪明帅. 我们需要怎样的高中教育——访上海纽约大学俞立

中校长[J]. 全球教育展望,2013,(1):5.

[3] Brain Spitizberg, Gabrielle Changnon. Conceptualizing Intercultural Competence[M]. (Deardorff, D. K., Ed.)The Sage Handbook of Intercultural Competence. Thousand Oaks, CA, Sage Publications. 2009. 11—15.

[4] Ruben, B. Assessing Communication Competency for Intercultural Adaptation[J]. Groups and Organizational Studies 1976 (I): 334—54.

[5] Triandis, H. Subjective Culture and Interpersonal Relations across Culture. Loeb Adler. L. (ed) Issues in Cross-cultural Research[J]. Annals of the New York Academy of Science 1977,(285):418—34.

[6] Fantini, A. E. Exploring and Assessing Intercultural Competence [J]. World Learning Publications. 2007.

[7] Johnson, P. J., Lenartowicz, T., Apuds, S. A. Cross-cultural Competence in International Business: towards a Definition and a Model[J]. Journal of International Business Studies, 2006, (4):37.

[8] 毕继万,跨文化交际研究与第二语言教学[J]. 语言教学与研究,1998,(1).

[9] Kim, Y. Y. Intercultural Communication Competence. (Ting-Toomey, S. & Korzenny, F. eds.) Cross-cultural Interpersonal Communication[M]. London: Sage Publisher. 1991.

[10] Byram, M. Teaching and Assessing Intercultural Competence[M]. Clevedon: Multilingual Matters. 1997.

[11] Howard Hamilton, M. F., Richardson, B. J., & Shuford, B. Promoting Multicultural Education: A Holistic Approach[J]. College Students Affairs Journal, 1998, (18):5—17.

[12] Fantini, A. E. Foreign Language Standars: Linking Research, Theories, and Practices[M]. (J. K. Philips, Ed.)Lincolnwood, IL: National Textbook Co. 1999, 184.

[13] Byram, M. Teaching and Assessing Intercultural Competence[M]. Clevedon: Multilingual Matters. 1997.

[14] 祖晓梅. 跨文化能力与文化教学新目标[J]. 世界汉语教学,2003,(4):62.

[15] Deardorff, D. K., Ed. The Sage Handbook of Intercultural Competence[Z]. Thousand Oaks, CA, Sage Publications. 2009.

[16] Vulpe, T., D. Kealey, et al. A Profile of the Interculturally Effective Person[Z]. Center for Intercultural Learning, Canadian Foreign Service Institute. 2001.

[17] 欧洲跨文化能力评价项目[EB/OL]. http://www. incaproject. org/manuals. htm. [2013—2—26].

[18] Kramsch, C. Context and Cultural in Language Teaching[M]. Oxford: Oxford University Press. 1993.

(本文发表于《比较教育研究》2013 年 9 期。作者蒋瑾,时属单位为华东师范大学国际与比较教育研究所)

十三、韩国"全球公民教育"的发展及其特征

（一）讨论"全球公民教育"的意义

全球化渗透世界各个角落，在国家间相互依赖日益紧密的今天，让年轻一代具有全球胸怀、具备积极参与全球事务的能力，似乎成为各国公民教育不可推托的责任，这也是近几年各国纷纷强调"全球公民教育"的理由。但必须看到，超越民族国家框架的、全球责任意识的养成就意味着需要重新审视以国家利益为出发点的公民教育体系。德里克·希特（Derelf·heater）分析了存在2500年之久的"世界公民"思想谱系，认为世界公民的倡导者"……相信必须有超越国家的政治权威和行动"。[1]安德鲁·林克莱特（Andrew Linkelater）则认为："良好的国际公民……必须把国际社会的福祉放在对自身国家利益的无尽追求的优先地位，把秩序的持存放在满足最低限度的国家利益的优先地位。"[2]从以上对"全球公民"特征的论述中可以看出，"全球公民"概念从诞生之日起就与以维护本国利益为出发点的"合格国民"概念存在着根本性的分歧，两者的紧张使不少国家在实施全球公民教育时出现诸多争论乃至冲突。美国在20世纪八十九十年代曾围绕"国际理解教育"（也可称"全球教育"）出现过长达20年的争论。主张实施"全球教育"的改革派认为，在全球化时代应使学生秉承普世价值；主张全面禁止全球教育的保守派则认为，全球教育只能让美国陷入亡国的危险。[3]日本的公民教育中也有学界与官方两种立场，主张培养"全球市民"为目标的国际理解教育学会、全球教育学会和试图培养"国际化人才"的文部省之间围绕国际理解教育出现了旷日持久的意见分歧。[4]

"全球公民"概念从未像"国家公民"或"公民身份"那样具有清晰的内涵和外延界定,这是由于"全球公民"概念"完全缺乏当把公民身份这一概念用于描述个人与国家之间关系时所具有的法律和政治准确性"。[5]德里克·希特对全球公民概念的发展谱系进行一番梳理后,试图从以下 4 个方面给全球公民作一个界定:"全球公民具有'对整个人类存在认同感'、'……接收下述道德原则的世界公民:个体对整个地球及其上面的居民——当然是指人类,但也指非人类——存在某些责任意识';'……他屈从和遵守超国家的或者跨国际层次的法律(如自然法或者国际法),有的甚至是普适性法律'……他们相信必须有超国家的政治权威和行动,最虔诚者对这类活动还会身体力行。'"[6]鉴于全球公民概念的模糊性,本文对韩国语境中的"全球公民"及"全球公民教育"概念界定只采纳本文第二部分所述国际理解教科书中的诠释,以避免先入为主的曲解和妄断。

随着我国全球化进程的发展,自《国家中长期教育改革和发展规划纲要》中提出实施国际理解教育以后,"全球公民教育"一词在我国的德育课程与国际理解教育相关课程中也开始频频出现,相关教育可谓方兴未艾。但是,由于我国尚未系统梳理"全球公民"概念,厘清其与"国家公民"培养之间的关系,不免出现基本概念混乱、教育目标不清、教育内容带有随意性等问题,因此明确我国全球公民教育话语体系是十分迫切和必要的。

韩国提出"全球公民教育"的历史并不长,但韩国特殊的国情使其面临的问题与我国存在相似之处,系统梳理韩国全球公民教育的发展过程、分析其内容体系和立场,可为我国相关研究提供参考,有助于我国在此问题上进行深入、缜密的思考。

(二)韩国"全球公民教育"的发展过程及内容体系

1. 韩国"全球公民教育"的产生与发展

韩国的"全球公民教育"经历四个发展阶段。

第一阶段为"进入国际社会,遵循联合国教科文组织精神"为特征的初创期。20 世纪 60 年代，韩国摆脱日本殖民地桎梏不久，政府力图通过实施联合国教科文组织倡导的国际理解教育传播"普世价值"实现积极进入国际社会的目的。当时，在世界 33 所联合国教科文组织合作学校中，韩国就占了 4 所，足见其当时的热情。

第二阶段为 20 世纪 70 年代的停滞期。当时执政的朴正熙政府大力推行国家主义的国民教育，一度拒绝参加联合国教科文组织的国际理解教育项目，国际理解教育因此经历了 10 年的停滞期。

第三阶段为 20 世纪 80 年代至 90 年代末期"对应全球化的未来社会，呼应内需"为特征的国际理解教育急速发展期。1982 年，韩国以在首尔召开的"国际化时代韩国的国际理解教育"国际研讨会为契机，重启国际理解教育。20 世纪 90 年代，韩国政府开始关注"全球化"对韩国教育的影响，强调国际理解教育，并于 1995 年在联合国教科文组织韩国国内委员会下设立国际理解教育研究中心。1996 年，韩国梨花女子大学召开题为"全球教育的方向与课题"的国际研讨会，第一次从学理上讨论全球公民教育的相关概念与问题。同年，联合国教科文组织韩国国内委员会提出国际理解教育的教育目标为："全球家族意识和地球村意识的培养"；"面对世界人种、文化的多样性，培养文化相对主义的宽容态度"；"理解世界的相互依赖性及相互关系"；"培养全球沟通的能力和态度"；"对全球问题的理解与探究能力的培养"；"深入理解韩国在急剧变化的世界体系中的地位与作用"；"认识到在解决个人、社会问题的过程中形成世界社会视角与未来视角的重要性"；"致力于韩国文化的世界传播，认识到国际社会文化中确立自身文化体系的必要性"；"理解全球秩序以及各种国际组织的作用"[7]，并强调实施国际理解教育的必要性。翌年，韩国与联合国教科文组织签订协议，并于 2000 年成立了亚太地区国际理解教育研究院（Asia-Pacific Centre Education for International Understanding，简称"APCEU"）。APCEU 成立以来，明确提出"全球公民"的培养目标，通过开发教育项目、实施教师培训、编写各种相关教材等方式将国际理解教育理念传播到韩国的中小学乃至整个亚太地区。1999 年成立的韩国国际理解教育学会也以中小学为对象积极推动国际理解教育。这些动向自然也影响到韩国的中小学教育课程。韩国教育部于 1997 年颁布的第七次教育课程设置"裁量时间",要求在本时间段中实施国际理解教育,重视培养学生作为"国际社会一员"的素质。

第四阶段为 21 世纪至今的"积极扩大韩国影响,标榜全球公民培养"为特征的全球公民教育发展期。21 世纪以来,韩国政府提出要将韩国建设成为"教育竞争力前十位"的国家,大力加快全球化的步伐。与此同时,韩国国内因国际婚姻和北朝鲜移民增多导致的国民成分也越来越复杂,不同群体之间矛盾与冲突日益升级的问题也都使韩国政府认识到实施国际理解教育的必要性。政府的这种动向与联合国教科文组织提出的"全球公民教育"虽然存在本质差异,但从其实施形式上仍然出现殊途同归的现象。

2. 韩国"全球公民教育"的实施现状

韩国的"全球公民教育"主要通过两大途径进行,一是作为国民共同基础课程的道德课程;二是作为"裁量时间"、学校活动、学校课程渗透等形式实施中小学国际理解教育。

(1)中小学道德课程中的国际理解教育理念渗透

韩国目前实施的是韩国教育部于 2009 年颁布实施的教育课程。在该课程中,义务教育阶段和高中阶段均设有道德课程。从道德课程性质、目标的界定中,即可看出韩国道德课程中的全球公民教育理念。

2009 年修订颁布的道德课程中,韩国将课程性质诠释为:"今天我们的社会要求人们在精神、道德层面更加成熟,以应对社会及其文化的急剧变化和全球范围内的环境危机。为解决因急剧多元化、全球化所派生出来的道德问题,将道德课的重点课题规定为:培养对差异与多样性的尊重;确立个人的价值观;培养对国家的认同;巩固社会共同的价值基础。此外,全球气候变暖等环境问题日益引起危机意识的情况下,道德课应关注学生的环境伦理意识培养,使学生认识到亲近环境的生命价值,培养解决全球性环境问题所必要的道德判断能力和积极的实践力量。"

道德课程所要培养的是"在全面发展基础上发展个性、开拓未来之人";"在夯实基础能力基础上以新构想和新挑战体现创造力之人";"以文化素养和对多元价值的理解为基础,营造有品格的生活之人";"作为与世界沟通的公民,以关怀与分享的精神参与共同体发展之人"。

在此基础上,韩国教育部颁布义务教育阶段道德课的总目标为:"正确理解自身与'我们';'他人''社会''国家''全球共同体'、'自然''超越之存在'①等事物之间的关系,并以此为基础习得生活中的道德规范和礼节,培养对生活及其他领域中所发生的道德问题的敏感意识,培养道德思维能力、判断能力、道德情绪、实践意志及能力,形成自律、包容性人格。"②

从上述内容中可以看出,韩国为缓解国内快速增长的新移民与主流民族之间的矛盾,迅速适应全球化发展需要,以"全球公民"及全球视野的培养作为道德课程的重要任务。

(2)中小学的国际理解教育内容体系

主掌韩国中小学国际理解教育的是 APCEU、韩国国际理解教育学会、联合国教科文组织韩国国内委员会等机构。这些组织和机构梳理国际理解教育的课程体系,实施教师培训,开发相应的课程与教材。

2003 年,APCEU 为中小学编写的《培养全球公民——国际理解教育》对国际理解教育的目标与内容体系有着系统的陈述。该教材明确提出"全球公民的培养"是国际理解教育的培养目标,具体为"面向即将在世界舞台上活跃的学生,培养他们对'我'与他人的正确认识,在对文化多样性的理解基础上,把握国际社会的动态与变化,培养学生解决各种国际关系中所发生问题的能力,致力于建设和平、可持续发展的世界。"在此基础上,APCEU 还制定出了另外的"文化多样性领域""全球化问题领域""人权尊重领域"和"和平世界领域"四大领域的目标边界(表1)。

---

① 超越之存在:特指神、精神主宰等超自然和人工的事物。
② 以上韩国中小学道德课程标准相关内容均来自韩国教育部于 2009 年修订颁布的现行课程标准。

表 1 亚太地区国际理解教育研究院编制的中小学国际理解教育目标体系

分目标	总目标	
面向即将在世界舞台上活跃的学生,培养他们对"我"与他人的正确认识,在对文化多样性的理解基础上,把握国际社会的动态与变化,培养学生解决在各种国际关系中所产生的问题的能力,致力于建设和平、可持续发展的世界	文化多样性领域	通过对他国、他地区文化的探究,理解文化的多样性与普遍性,学习理解他文化的方法,使学生作为全球公民为我国文化和人类文化发展作出贡献
	全球化问题领域	理解急剧发展的全球化带来的积极、消极影响,培养全球公民的素养与素质,以促进个人、集体、国家与国际社会之间的相互交流与合作。培养全球视野与国际意识,培养作为韩国人积极活跃在世界舞台上的态度
	人权尊重领域	使学生认识到,人无关性别、人种、肤色、宗教、语言、财产、社会地位,均为平等之人,具有基本的自由与权利。另外,为消除偏见与歧视而努力的同时,加深对不平等的国际政治与经济结构的理解,从而培养建设共生世界的能力与态度
	和平世界领域	使学生理解因战争、暴力、贫困、压制、歧视等造成的冲突与纷争,以及它所造成的威胁与严重性,认识到日常生活中的非和平现实,探索非暴力、和平解决冲突的可能性,培养积极参与促进地区与人类和平活动的态度
	可持续发展领域	使学生从全球角度理解因追求无节制的发展导致的生活品质与环境问题的危害,思考人类的环境、资源与未来社会,培养可持续发展的实践态度

在课程内容上,该教材也制定出了从小学到高中、由浅入深的内容体系,各阶段都由五大部分构成(表 2)。小学阶段分为"他文化理解""地球村的生活""人权尊重""缔造和平""环境保护";初中阶段分为"他文化理解""全球化与我们""人权保护""和平世界""地球环境";高中阶段分为"文化间理解""正确的全球化""人权尊重""和平文化""可持续发展"。在这些内容领域中可以看到,韩国国际理解教育中所要培养的全球公民是以全球为边界,以人类共同面临的各种问题为讨论内容,以解决上述问题,达到全球共生为终极目标。

资料米源:联合国教科文组织亚太地区国际理解教育研究院。国际理解教育教科书,《国际理解教育——为全球公民之培养》2003 年版小学分册,P5。
（유네스코아시아태평양 국제이해교육연구원.지구시민을 위한 국제이해교육.）

表 2　亚太地区国际理解教育研究院编制的中小学国际理解教育内容体系

教育阶段	主题	主要内容
小学阶段	他文化理解	对他文化的兴趣与关心;对他文化的理解与包容;珍贵的我国文化
	地球村的生活	我们的地球村;全球化的两面;全球化与我们(国家)
	人权尊重	珍贵的人权;没有偏见与歧视的世界;共生
	缔造和平	生活中的冲突;战争、纷争带来的苦痛;和平是怎样缔造的?
	环境保护	自然与我们的生活;开发与地球;与地球共生的我们
初中阶段	他文化理解	理解多样的文化;消除文化间壁垒;文化的共性;文化交流与体验
	全球化与我们	日常生活中的全球化;全球化的光与影;全球化与韩国;全球化与国际秩序
	人权保护	人的尊严;贫穷国家朋友们的痛苦;社会歧视;为了人权保护的努力
	和平世界	世界的冲突与纷争;威胁和平的因素;缔造和平的世界
	地球环境	经济发展与环境污染;病中的地球;拯救地球运动;拯救地球的新生活方式
高中阶段	文化间理解	对文化的总体理解;文化的生成与变化;多元文化与共生;自然与文化遗产的保护;文化交流与文化认同感
	正确的全球化	全球化与我们的生活;全球化与本土化;全球化时代的挑战;全球化的逆向运动;世界是我的舞台
	人权尊重	生活中的人权;地球村的人权状况;对人种主义的挑战;为了增强人权的国际联盟
	和平文化	理解和平;没有结束的战争;和平的秩序是否可能建立;为了和平的国际机构;朝鲜(韩)半岛的和平
	可持续发展	没有国境的环境问题;资源枯竭与人类的未来;围绕可持续发展的矛盾;为了可持续发展的持续性努力;回归自然

　　资料来源:据联合国教科文组织亚太地区国际理解教育研究。国际理解教育教科书《国际理解教育——为全球公民之培养》2003 年版,小学、初中、高中分册。

(유네스코아시아태평양 국제이해교육연구원.지구시민을 위한 국제이해교육)

（三）韩国"全球公民教育"的特征分析

1. 韩国"全球公民教育"中的国家主义与国际主义之间关系

如前所述，"全球公民"的超国家特征与民族国家公民教育之间存在与生俱来的紧张。对两者关系的不同诠释，成为各国全球公民教育的出发点和立论依据。韩国在该问题上采取的是折中立场，不同于将两者视为对立的美国，也不同于力图超越国家来讨论全球公民问题的日本。韩国国际理解教育学会前会长郑斗容认为，作为全球公民教育之重要载体的国际理解教育"具有国家主义与国际主义的双重性质。……以国家主义为基础的本国利益及国家发展，如果能与国际主义所宣扬的世界利益相符合，那正是国际理解教育所追求的愿景"。[8]韩国国际理解教育学会现任会长姜淳媛在 2012 年召开的第 13 届韩国国际理解教育年会上也指出，"国家之间的界限变得越来越模糊，在多数情况下国家之间一边强调超越国家的合作，一边却以国家利益为先。在这样的情况下，同时追求两者利益为目标的国际理解教育或可解决这样的矛盾"。[9]因为秉持这样的立场，韩国的全球公民教育理论体系中鲜有对两者关系的争论，更看不到不同的理论流派和主张。事实上，在韩国全球公民教育的坐标中，强调的是以国家主义为前提的国际主义，这看似矛盾的两大因素组合成为韩国全球公民教育的主干，是其一大特色。

2. 韩国"全球公民教育"的国家主义特征

韩国的"全球公民教育"从一开始就具有鲜明的官方色彩，这与它的推行主体是政府、推行具有明确的政治目的有关。20 世纪 60 年代开始的国际理解教育由韩国政府积极推动的，目的就是早日摆脱日本殖民地时代的遗毒，作为独立国家早日进入国际社会。20 世纪 80 年代，韩国重开国际理解教育呼吁培养全球公民，也是为了适应全球化时代国家发展的需要。创建国际理解教育学会、APCEU 也是政府推动的结果，APCEU 的运营经费来自政府拨款，建立"外国人教室"等各种国际理解教育项目也都由政府财政以项目形式拨款。因此，在国际理解教育的实施过程中，韩国始终强调韩国传统文化的弘扬与继承。从APCEU 所编写的国际理解教育系列教材内容以及韩国各地方教育厅推行的相关教育活动，都可看出韩国十分注重培养学生的国家认同感以及民族传统传承意识的培养。

3. 韩国"全球公民教育"的国际主义指向

虽然具有明显的官方色彩,但韩国的"全球公民教育"始终声称坚持国际主义原则,培养学生以"全球"为出发点、对人类共同面临的问题进行思考、积极参与全球事务的能力。"全球公民教育"的重要载体——国际理解教育秉承联合国教科文组织的相关理念,以实现全球和平共生为目标。从表1和表2中也可看出,韩国国际理解教育的课程体系是基于人权、民主主义、可持续发展、和平、文化多样性的体系编写而成,与联合国教科文组织相关教育体系如出一辙。20世纪90年代遍布全国的国际理解教育活动项目——"与外国人共享文化教师",也在其活动主旨中反复强调了与不同文化的人们友好相处,实现人类和平的愿景。[10]

从以上对韩国全球公民教育特征的分析中也可看出,韩国试图在国家主义与国际主义之间找到折中之路,达到二者双赢的目的。对曾经经历殖民地桎梏、至今同一民族仍处于南北分裂状态的韩国来说,培养学生的国家认同感在国民身份越来越复杂、全球范围内人口流动愈加频繁的今天具有重要意义,它是维系韩国社会的凝聚力、确保国家安全的重要途径。另外,韩国又敏感地察知到全球化时代对人才的需求,力图通过全球公民教育使学生具有全球胸怀与素养。怎样在全球公民教育的范畴内同时实施这两种看似相互冲突的教育,怎样诠释两者的冲突,都是韩国必须回答的问题,但是目前的韩国还没有给出明确的答案。

参考文献

[1][2][5][6][英]德里克·希特.何谓公民身份[J].郭忠华译.长春:吉林出版集团有限责任司,2007.141,139,140.

[3]王雪颖,姜英敏.20世纪80~90年代美国国际理解教育论证刍议[J].比较教育研究,2010,(1).

[4]姜英敏.东亚国际理解教育价值冲突探析[J].比较教育研究,2010,(5).

［7］ 정두용.세계시민을 위한 국제이해교육.서울:정민사, 2003. 34.

［8］ 정두용.세계시민을 위한 국제이해교육.서울:정민사, 2003. 24.

［9］ 강순원.국제이해교육의 맥락에서 본 한국의 평화교육［J］.한국국제이해교육학회전례 학술대회, 2012.42.

［10］ 유네스코아시아태평약국제이해교육연구원.국제이해교 육의 동향［M］. 서울: 정민사, 2003, 393.

（本文发表于《比较教育研究》2013 年第 10 期。作者姜英敏，时属单位为北京师范大学国际与比较教育研究院）

十四、教育国际化背景下我国低龄留学原因及利弊分析

(一) 前言

在教育国际化潮流与全球化的背景下,越来越多的中小学生走出国门,成为留学大军中的一员,他们通常被称为"低龄留学生"或"小留学生"。关于小留学生的涵义,通常指那些在国内未完成小学、初中、高中三个教育阶段就出国留学的中国公民,属于大学前(pre-university)教育阶段的学生。就学习范围而言,小留学生包括在国外就读中小学、大学预科和语言培训学校的学生,在中小学就读的学生又称为低龄留学生。

低龄留学生在自费出国留学总体中占有一定数量和比例,由于国家对因私出国出境政策越来越宽松,低龄留学生及其家长很容易申请到因私护照并出国,目前很难统计低龄留学生的准确数字。21 世纪初,低龄留学生的主要对象国是澳大利亚、新西兰和新加坡等国。据我国驻澳大利亚使馆 2007 年 7 月发布的统计数字显示,"2006 年,我赴澳留学新生人数约占全部在澳中国学生人数的 50%左右。我在澳留学生中,接受高等教育的学生人数为 46 075 人,占51%;职业教育学生人数 14 396 人,占 16%;语言生 17 126 人,约占 19%;中学生 9 618 人,占 10.6%;非学历教育 3 072 人,约占 3.4%"。[1]2004 年,在新西兰就读的 53 673 名中国留学生中,中小学阶段的留学生有 5 376 名,占总数的9.2%。新加坡的中国留学生为 21 000 余人,其中,中小学生约 8 300 多人,占

留学生总数的 40％。2006 年以后,低龄出国留学的对象国由上述三国逐步转向以美国和加拿大为主。低龄留学生数量也逐年增长。2011 年新华网报道,"去年 25 万多人出国留学其中超两成是中小学生,留学生低龄化趋势明显"。[2]以温哥华为例,"温哥华教育局发言人指出,2012 至 2013 学年,幼稚园至中学12 年级国际留学生总数达 1 086 人,比上一学年增长约 6.5％,其中中国学生645 人,占总数六成"。[3]跟随父母出国和留学中介机构曾是低龄留学生出国的主要途径,现在却越来越多样化,包括通过学校开办的中外合作办学、中外合作项目、国际课程班和出国留学班;通过个人参加美国的学术能力评估考试(SAT)和美国大学入学考试(ACT)、英国的 A-LEVEL 课程考试、IB 考试等相关考试,自行申请国外学校;通过公派留学项目,如"新加坡公派留学项目"中的"初三项目"、"高二项目"等。出国留学生的家庭背景更趋多元,最初主要集中在经济条件富裕的家庭,如民营企业主、跨国公司高管等;而目前低龄出国留学学生的家庭背景更趋多元,包括了国家公务员、各类专业技术人员、教师和部分工薪阶层子女。

(二) 低龄学生出国留学的原因

低龄学生出国留学的主要原因是什么?

随着改革开放的不断深入,人民群众生活水平不断提高,低龄学生选择出国留学的人数逐步增加,到发达国家一流大学学习是众多孩子及其家长梦寐以求的追求,但具体到每一个学生个体,选择出国留学的原因却是各不相同。主要原因包括:

1. 躲避国内激烈的高考竞争。对于目前绝大多数高中毕业生而言,高考成绩超过一本线,需要付出巨大的努力。不少学生即便高考成绩超过一本线,离学生、家长向往的名校仍然望尘莫及。为了躲避国内激烈的高考竞争,一批家长选择送孩子到国外去读中学。

2. 对于国内高等教育质量水平的不认可。对于目前国内高校的质量水平,很多家长持有一定的质疑,对于目前高校的教学内容、教学方法、教师的教学水平、工作责任心等较为失望。与其在国内的学校学习,不如送孩子到国外更好一些的学校深造,这是很多家长的一种心态。很多校长反映:优秀学生即使高中不出国,大学也要出国,大学不出国,研究生阶段也要出国。与其晚出国,不如早出国。

3. 出于对未来就业形势的担忧。随着每年高校毕业生数量的急剧增加,就业形势非常严峻。2013 年,699 万高校毕业生就业的空前压力更加剧了恐慌感。对于每一个就业者而言,仅仅拥有一张大学文凭是远远不够的,更需要拥有一张名牌大学的文凭。如果不能考入北大、清华这样的一流名校,就要想方设法获取国外名校的文凭,加上 1~2 年的国外工作经历,许多家长认为,这是未来就业必不可少的砝码。

还有部分家长看到周围越来越多的低龄孩子出国,他们也盲目跟风效仿。这种情况前些年较为普遍,2004 年国家教育发展研究中心的一项调查显示:95%的学生出国是由家长决定,仅 5%的学生是受他人影响而自己决定出国留学。目前,家长对于孩子出国留学目的更加明确,选择更加趋于理性。现在家长更加关心的问题是:孩子是否适合出国留学? 如果出国留学,那么,适合读什么类型的学校,什么专业利于孩子将来的升学和就业?

(三) 低龄学生出国留学利在何处

低龄学生出国留学的"利"主要体现在:

1. 国际化教育开阔了学生的国际视野,有助于培养学生各方面的适应能力

这些能力包括:提高学生独立、缜密的思考并作出决定的能力;解决复杂的、多学科的开放性问题的能力;创新能力;交流与合作的能力;创新地利用知识、信息和机会的能力;提高学生公民的责任意识和独立生活的能力。国外开放的教育体系和较为宽松的学习环境有利于构筑多元成才的立交桥,这也是多数低龄留学生的切身感受。

2013 年 7 月,著名学者姚树洁博文《美国中学生作业让中国教授发傻》在国内引起强烈反响。他认为,外国教育强调独立思考,从来不给什么标准答案,看似不可思议,教育效果却是事半功倍。他总结说,女儿赴美只有短短 3 个月,变化很大。通过电子邮件,我开始领教什么是创造性教育,这比我看过的任何一本书都来得真切"。[4]

2. 扩大了家长和学生对教育的选择权和选择面

留学对象国有几十个国家,也有多种不同类型的学校供选择,减少了挤高考"独木桥"的压力。对于那些经济条件支付得起的家庭,选择留学为在沉重竞争压力下不具有竞争优势的子女提供了另外一条接受高等教育的途径。在国内优质高等教育资源相对不足的情况下,可以借助国外优质高等教育资源,帮助学生获得优质教育,让成绩中等的学生有更好的出路,在国外上大学的机遇更多;满足不同经济条件家庭学生的不同教育需求,这也有助于提高国家人力资源的发展水平。

3. 留学背景加国外工作经历可以增强就业竞争优势

这几年大学毕业生的就业压力逐年加大,用人单位对毕业生各方面的要求也越来越高。相较于在国内大学的同龄人而言,有海外留学背景的大学毕业生无论从视野、学校品牌、英语能力和个人经历的成熟度方面,在国内一流企事业机构,尤其是跨国公司人才的招聘中,具有显著的就业竞争优势。

(四) 低龄学生出国留学弊在何处

低龄学生出国留学的"弊"体现在:

1. 语言、生活、教学模式、学习方法等方面的差异,会给学生带来较大压力

现实状况,不是所有孩子都适应留学。低龄学生出国学习,要有强烈的真正读书的愿望,要有一定的自理、自立、自控能力。有一定数量的低龄留学生思想存在着误区,他们在国内学习成绩不理想,初中毕业后难于考上高中,或高考后成为"落榜生",家长及学生误以为国外大学文凭好拿,或者误以为在海外很容易就能过英语关。调查显示,在国内读高一的学生出国留学,优秀者大约需要一年半才能过英语关。由于低龄留学生的外语水平基本达不到交流和学习的程度,造成长期滞留在语言学校学习。在此期间,容易产生挫折感,甚至产生厌学情绪。一些自控能力不强、缺乏家庭照护的学生,出现酗酒、同居、赌博、胡乱消费等不良行为,因长时间不能适应国外的学习与生活节奏,或滞留在语言学校,或难以毕业,或延迟毕业,使他们的留学计划化为泡影。

2003 年 1 月,《中国青年报》在《谁来清扫"留学垃圾"》一文中,公开提出"留学垃圾"概念。所谓"留学垃圾",主要出在自费低龄留学生身上。他们基本

是靠父母资助,主要分布在私立中学或语言学校,也有少数开始进入大学。有人将"留学垃圾"的常见症状分为三类:一是吃穿奢华,挥霍无度,比富斗阔;二是私生活缺乏约束,道德堕落;三是精神颓废,吸毒,赌博,违法。"留学垃圾"现象从20世纪90年代后半期逐渐显露,并在21世纪的初期出现一个高潮。此报道在当时曾激起激烈讨论。批评者认为:在中国大陆30年计划生育成绩显赫的同时,形成了"消费一族"的独生子女现象。他们没有独立的意识,缺少爱心,动不动就抱怨,在学校里受到的是灌输式教育,在家庭里享受的是家长的百依百顺。这也不能做,那也不能碰,过度的娇惯,使得这些孩子们的头脑变得懒惰,手脚变得笨拙,他们不愿去思考,去关心别人,去奋斗,只想追求个人的最大满足。在这样环境下成长起来的孩子,当你突然把他放在一个完全自由化的地区、自由化的国度时,面对陌生的环境,不同的语言,他们会不知所措,失去重心,这是正常的,是必然现象。赞许者认为要鼓励孩子走出国门,孩子要学会自立和自强。真正的垃圾是那些依赖在父母身边赶也赶不走的"小皇帝"们。当有一天我们的家长们发现他们手里捧的是一块"废物点心"时,这才是老虎悲哀长啸的时候,这才是真正的社会垃圾。[5]

2. 留学费用高昂,给学生及其家庭造成巨大经济压力

低龄学生出国学习,如果从高中阶段算起到大学毕业,最顺利的也要5~6年,总共需要投入上百万人民币乃至更多。"如果一切顺利,出国前一个学生就要花费大约20万元人民币。在美1年的学费加生活费一般在30万元人民币左右,4年则高达120万元。据《中国经济周刊》报道,一个家庭要有百万元以上'专项资金'才有底气选择去美国读大学"。① 一些家长期待子女毕业后在国外就业取得丰厚回报,但外国人在国外谋职有相当的困难,特别是亚裔学生困难更大。这种长期巨额投资未必带来应有的回报。

3. 低龄学生长时间在国外容易和国内文化传统、价值观发生逆反与冲突,也产生了部分人才的流失。中小学毕业生出国留学后,远离国内的生活,对本国的文化传统缺少系统全面的认识。不少家长反映,由于孩子出国的时候年龄

---

① 统计显示1个中国留学生花销可以养活1个美国家庭。2013—06—27,15:16:07 来源:中国新闻网。

小,其价值观的形成受国外影响很大,孩子出国回来后对什么都看不惯,看问题也不客观,孩子的价值观和国内文化发生冲突。部分校长反映,顶尖的学生出国完成学业后一般是难以回国的,一定程度上造成国内基础教育阶段资源的浪费和人才流失。

(五) 结语

就整体而言,低龄留中,学高中阶段出国留学主流是好的,绝大多数低龄留学生是勤奋好学的。低龄留学生通过留学获得大专或者本科学历学位的目标基本能够实现。但九年义务教育阶段的学生年龄过小,心理、生理不够成熟,独立生活和独立学习的能力不强,难以适应复杂的国际环境,不利于青少年的健康发展,在义务教育阶段出国留学,可能会得不偿失。

应该正视越来越多的低龄学生出国留学、越来越多的学生参加"洋高考"对国内教育体制带来的冲击。这种冲击是多方面的,必须引起我们的高度重视,激发危机意识,从人才观、人才选拔制度、人才培养体制和提升高等教育竞争力等方位深入思考,进行深层次改革。

目前,中小学生课业负担过重、学习压力过大是个普遍问题。对于很多家长而言,选择让孩子出国留学,正是出于逃避国内激烈的高考竞争、减轻孩子学习压力的无奈之举。从这个意义上看,立足于学生的健康成长,深化教育教学改革,不断推进素质教育,将是我国基础教育面临的一项长期任务,对此需要有一个清醒的认识。

目前,国内优质高等教育资源不足,高校教育质量与国外一流大学存在相当大的差距,这种差距既体现在教育思想、教育观念上,也反映在教学内容、教学方法之中。对中国高等教育现状的不满意,是当前高中毕业生选择出国留学的一个根本性原因。随着改革开放的不断深入,我国高等教育也正面临着全球化的冲击,如何通过提升质量,不断增强竞争力,已经成为今天高等教育发展面临的一个紧迫挑战。

参考文献

[1] 驻澳使馆教育处发布:中澳双边教育交流合作概况[EB/0L]. http://

www. eic. org. cn/News/200706/633171582744218750. shtml. ［2007—06—11］.

［2］我国留学生低龄化趋势明显［EB/0L］. http：//news. xinhua. com/edu/2011—04/28/c,121356070. htm. ［2011—04—28］.

［3］中国小留学生已成加拿大教育部门重要财源［EB/OL］. http：//www. cliinanews. com/lxsh/2012/09—05/4158501. shtml. ［2012—09—05］.

［4］姚树洁. 美国中学生作业让中国教授发傻［EB/0L］. http：//blog. sina. com. cn/shujieyao. ［2012—12—03］.

［5］心中的玫瑰：驳"留学垃圾"［EB/OL］. http：//club. learning. sohu. com/newclub/show. php？forumid ＝ oversea&artid ＝ 92620& pageid ＝ 1. ［2013—03—06］.

（本文发表于《比较教育研究》2013年第10期。作者周满生，时属单位为教育部国家教育发展研究中心）

（国家教育发展研究中心汪明研究员、李韧竹副研究员也对此文作出贡献。）

欧盟与博洛尼亚进程

一、一体与多元

——欧盟教育政策述评

1991 年,欧共体各国首脑在荷兰的马斯特里赫特(Mastricht)签署了《欧洲联盟条约》,1993 年,欧盟正式成立,标志着欧共体由单一的经济实体正式走向了经济与政治实体。欧盟首脑会议先后于 1997 年通过了《阿姆斯特丹条约》(Amsterdam)、于 2001 年通过了《尼斯条约》(Nice)。目前,欧盟又在酝酿进一步推进其一体化的《欧洲宪章条约》。在欧盟一体化演进的各个时期,基于对一体化总体目标的不同理解,欧盟对于教育的角色和功能有着不同的定位,并制定了相应的教育发展政策。

(一) 欧盟教育政策的历史演进

从 1957 年《罗马条约》(EEC Treaty)签订起,在近半个世纪的一体化进程中,欧盟教育政策先后经历了一个从无到有、从单一到综合、从手段到目的的不断拓展过程。总的来看,欧盟教育政策的演进大致经历了四个阶段:

1. 萌芽阶段

1957 年,依据《罗马条约》,在原欧洲煤钢共同体的基础上成立了欧洲经济共同体。欧洲经济共同体的建立主要是受经济利益的驱动,它首先是一个"经济"的联合体,其主要目标是促进经济的增长。因此,在促成欧洲经济共同体建立的《罗马条约》中,几乎没有关于教育的条款,只是在条约 128 条中涉及职业培训,提出欧洲经济共同体实施共同职业培训的跨国政策。以此为依据,1963 年 4 月,欧洲经济共同体理事会确立了共同职业培训政策的基本原则,对共同职业培训的总体目标、实施方式以及欧洲经济共同体与各成员国的责任作出初步的规定。[1]

2. 起步阶段

70年代以后,随着欧洲共同体的建立和发展,欧共体开始从过去单纯注重经济发展转向在强调经济的同时关注政治和社会的发展,促生了各成员国之间教育交流与合作的诉求。1971年,欧共体六个成员国(法、德、意、比、卢、荷)首次提出通过行动计划(action program)的方式加强各成员国之间的教育合作,并拟定了职业培训行动计划的指导方针。1974年,欧共体教育部长理事会通过决议,提出教育合作计划在反映欧共体经济与社会政策渐进性融合的同时,必须适应教育领域特定的目标和要求;教育绝不应仅仅被视为经济的组成部分;教育合作必须充分考虑各国的传统和各自教育政策与制度的多样性。为了鼓励教育领域的合作,该决议提出由各成员国和欧共体委员会的代表组成教育委员会,负责共同的职业培训政策。1976年,欧共体正式设立了"联合学习计划"(JSP)。通过院校之间的协商,促进学生的交流。与此同时,为了加强各成员国之间教育政策与结构的相互理解与沟通,欧共体教育部长理事会首次决定建立共同的教育信息网络,构筑教育交流的基础。1980年,欧洲教育信息网Eurydice正式问世。[2]此外,欧共体还先后于1975年在柏林(西)建立了欧洲职业培训发展中(CEDEFOP)、1976年在佛罗伦斯建立了欧洲大学研究所(EUI)、1984年建立了国家学术认定信息中心(NARIC)网络。

这一时期教育交流与合作的重心主要集中于信息的交流。至于学生与教师之间的交流,主要停留在个人层面,规模不大。

3. 发展阶段

1986年,随着单一欧洲法案(SEA)在卢森堡和海牙的签订和"共同体维度"(community dimension)理念的确定,教育在欧洲一体化中的作用日益凸显。教育不再是经济一体化的副产品,而被视为经济一体化的功能性前提。为此,欧共体加大教育交流与合作的力度,在教育的各个领域和层次出台了相应的教育与职业培训计划。

1986年,为了鼓励大学与企业在高级技术培训方面进行跨国合作,欧共体委员会提出了"欧共体教育、教学与培训计划"(Program Comett)。1987年,欧共体又设立了"伊拉斯漠计划"(Erasmus Program),将教育交流与合作的重心从信息交流转到学生交流,通过大规模资助的方式,将过去个人和学校之间的独自交流逐步发展成为有组织、制度化的教育合作与交流。1989 年,欧共体提出了"Lingua 语言计划",促进欧共体各成员国的语言教学,支持欧共体语言的多样性,完善语言教学的结构与体系。1990 年,欧共体制定了"Tempus 计划",以应对中东欧高等教育发展与改革的需要。可以说,欧盟迄今为止一些最重要的教育行动计划基本上都是在这一时期面世的。

4. 整合阶段

1992 年,欧共体各成员国首脑在荷兰的马斯特里赫特签署《欧洲联盟条约》(EU Treaty),使欧共体从以往的经济联盟正式走向了政治与社会联盟,并开创了欧盟教育政策发展的新纪元。从此,教育作为欧盟责任的合法领域正式得到认可,成为欧盟的责任领域之一。《欧洲联盟条约》不仅在教育与培训方面较之过去的《罗马条约》有很大的扩展,而且将职业培训划归为独立的条款,并明确规定了欧盟教育行动的基本目标。此外,《欧洲联盟条约》还提出了欧盟教育合作与交流的核心原则——辅助原则。

1994 年,欧盟提出了专门的职业培训行动计划"达·芬奇计划"(Leonardo Da Vinci program),通过跨国合作的方式提高职业培训的质量、促进职业培训的革新、支持职业培训制度和实践方面的"欧洲维度"(European dimension)。1995 年,欧盟又运用整合战略将"伊拉斯漠计划"和其他各种教育交流与合作计划进行重组,推出了综合性的"苏格拉底计划"(Socrates Program),加强各教育计划之间的统筹与协调,提高教育行动计划的整体效益。同年 10 月,欧洲议会和欧洲理事会将 1996 年定为"欧洲终身学习年",期望通过终身学习,促进个体的发展和主动性,使之尽快融入工作与社会,参与民主社会的决策过程,适应经济、技术与社会的变革。

2000 年 3 月,里斯本欧盟首脑会议确立了欧盟未来 10 年新的战略目标,即:使欧盟成为世界上最具竞争力和活力的经济体系,能够保持可持续的经济增长,享有更多和更好的工作、更强的社会凝聚力。这要求在各成员国教育与培训合作政策方面进行重大变革。因此,欧盟就教育与培训体系的未来目标拟定了一个详尽的工作计划,并通过成员国之间"开放的协调方式"加以实施。2002 年 3 月,巴塞罗那欧盟首脑会议进一步强调指出:教育是欧盟社会模式的基石,到 2010 年,欧盟教育应当成为"世界质量的参照系"。

(二) 欧盟教育政策的内涵解读

1. 法律基础

由于欧盟特定的超国家性质,其教育决策必须建立在一定的法律基础之上。欧盟教育政策的法律依据主要来源于《建立欧共体条约》(整理版)第三编"共同体政策",其第六章第三节"教育、职业培训与青年"中的第 149 条款(原第 126 条款)和第 150 条款(原第 127 条款)均涉及教育。

第 149 条款主要对欧盟教育政策的性质、目标和原则进行了界定。条款规定:共同体将在充分尊重各成员国对于其教学内容和教育体系的组织以及各自文化与语言多样性的责任的同时,通过鼓励各成员国之间的合作,促进高质量教育的发展,并在必要的时候支持和补充其行动。共同体行动的目标包括:① 通过各成员国语言的教学与传播建构教育的"欧洲维度";② 通过鼓励,特别是证书和学习时段的认定,促进学生和教师的流动;③ 推动各种教育机构之间的合作;④ 扩展各成员国在教育共同问题上信息与经验的交流;⑤ 鼓励青年的交流和教师的交流;⑥ 促进远程教育的发展。[3]

第 251 条款则专门对欧盟职业培训政策的性质、目标和原则进行了界定。条款规定:共同体在充分尊重各成员国对于其职业培训内容与组织的责任的同时,实施支持和补充各成员国行动的职业培训政策。共同体行动的目标包括:① 通过职业培训与再培训,促进对产业变革的适应;② 改善初始和继续职业培训以促进对劳动力市场的职业整合与再整合;③ 为接受职业培训提供便利,鼓励教师和受训者尤其是年轻人的流动;④ 激励教育或者培训机构和公司的培训合作;⑤ 扩展各成员国在培训体系共同问题上信息和经验的交流。[4]理事会要根据第 251 条款所提及的程序,在咨询经济与社会委员会和地区委员会之后,采取措施促进上述目标的达成,当然,禁止对成员国法律和条例任何形式的"一致化"。

2. 基本原则

多年来,欧盟各成员国已经建构了相当完备的教育政策体系。这些教育政策体系之间既有共通之处,同时又各具特色。因此.欧盟在制定联盟层面的教育政策时,必须确立一些基本原则,以便与各成员国的教育政策达成协调。目前,欧盟教育决策的基本原则主要是辅助性原则和协调性原则。

(1) 辅助性原则

"辅助性原则"(Subsidi arity)是指应尽可能地由较低层面的组织与机构进行教育决策,并不断根据国家、区域和地方层面的可能性来检验欧盟层面的教育行动是否正当。明确地说,除非要比在国家、区域和地方层面采取行动更为有效,否则,不得采取欧盟层面的教育行动。辅助性原则与均衡性原则和必要性原则密切相关,即欧盟任何教育行动不得超越实现条约目标的需要。[5]

早在50年代,《罗马条约》的草拟者就意识到:共同体享有的权力可能不足以达成实现条约自身所确立的目标。因此,《欧共体条约》第308条款(原第235条款)规定:如果共同体的行动被证明有必要以达成共同体之目标,而此《条约》又没有提供必要的权力,理事会可以根据委员会的提议,在咨询欧洲议会之后,采取适当的措施。1992年12月,爱丁堡欧训理事会将辅助性原则载入《欧洲联盟条约》,并对支撑辅助性的基本原则进行了界定。1997年,《阿姆斯特丹条约》首次运用了辅助性原则。自此,欧盟委员会每年都要就辅助性原则的运用向欧洲理事会和议会提交专题报告。2001年,机构改革协定(Convention of Institutional Reform)提议应更多地考虑辅助性原则,而不是从立法简化的目标中转移出去,并主张建立政治监控制度(通过对各国国会的早期预警制度,允许他们对欧盟委员会的提案发表合理意见)或司法监控制度(在欧盟法院内设立"辅助庭",加强事后监控)。

(2) 协调性原则

"协调性原则"(Coordination)是指在成员国各不相同的教育政策之间建立一种协调机制,以便使各国教育政策更好地衔接起来,减少因一体化引发的教育政策摩擦。例如,由于各国教育传统与制度及其方式的不同,造成了各国教育在课程、文凭方面的差异。随着欧盟层面学生和教师交流的日益扩展,有必要在各成员国教育之间建立一种协调机制,以合理地解决其课程、文凭方面的对等与匹配问题。协调性原则承认各成员国之间教育政策的差异,且不干涉其现行的教育政策,只是在各成员国有关政策发生摩擦时通过谈判促成协调。而且,这种协调一般不是以欧盟的"共同政策"来取代成员国原有的教育政策,谋求各成员国教育政策的"一致化"。2003 年,欧洲理事会提出在各成员国教育政策之间建立"开放的协调方式",从而为欧盟在教育领域制定连贯一致的政策建立了新的运作机制。

3. 教育计划

自 1976 年设立"联合学习计划"至今,欧共体或欧盟的教育行动计划先后经历了由小到大、由单项到综合、由零散到系统化和制度化的过程。目前,欧盟教育行动计划主要分为两大领域。

(1) 教育领域

在欧盟成立之前,欧共体在教育领域先后出台了"联合学习计划"、"伊拉斯漠计划"、"Lingua 语言计划"等教育行动计划。1995 年,欧洲理事会运用整合的方式将欧盟各种教育计划进行了系统的重组,提出了综合性的"苏格拉底计划"。"苏格拉底计划"将原高等院校交流的"伊拉斯漠计划"连同基础学校交流的"夸美纽斯计划"(Comenius pragram)和"Grundtvig 成人教育计划"作为纵向计划,将"Lingua 语言计划"、"Minerva 教育信息与传播技术计划"和"教育制度与政策的观察与革新计划"作为横向计划,另外加上与欧盟其他计划的联合行动和补充措施,共 8 项行动计划。主要目标是促进高质量教育与培训的发展,建立开放的欧洲教育领域。"苏格拉底计划"从 1995 年至 1999 年,为期 5年,参与国家涵盖欧盟 15 个成员国和挪威、冰岛和列支敦士登 3 个欧洲经济区国家。1997 年以后又陆续扩展到中东欧 10 国以及塞浦路斯,共 29 个国家。该计划最初经费预算为 8.5 亿欧洲货币单位,以后又追加了 7 000 万欧洲货币单位。

鉴于"苏格拉底计划"卓越的绩效,2000 年,欧洲议会和理事会决定实施第 2 期"苏格拉底计划"。第 2 期"苏格拉底计划"从 2000 年至 2006 年,为期 7 年。参与国家在原 29 个国家的基础上又增加了土耳其和马耳他,共 31 个国家,经费预算为 18.5 亿欧元。[6]

1990 年,除"苏格拉底计划"外,为了应对柏林墙倒塌后中东欧高等教育改革的需要,欧洲理事会推出了"Tempus 计划"(Trans-European Mobility Scheme for University Studies)。"Tempus 计划"从 1990 年至 1993 年,为期 4年。参与国家涵盖欧盟成员国和中东欧伙伴国,其主要目标是发展中东欧国家的高等教育体系,提高中东欧国家高等教育的质量。1993 年,欧盟又出台了"Tempus Ⅲ计划",为期从 1994 年至 1998 年,以后又延至 2000 年。1999 年,欧盟又推出了"TempusⅢ"计划,为期从 2000 年至 2006 年,共 7 年。参与国家进一步扩展到西巴尔干国家、东欧与中亚伙伴国以及地中海伙伴国。[7]

（2）职业培训领域

在欧盟成立之前,欧共体在职业培训领域先后出台了"Comett 计划""Iris 计划""Petra 计划""飞 urotecent 计划"和"Force 计划"等。1994 年,欧盟又提出了专门的职业培训计划"达·芬奇计划"。"达·芬奇计划"从 1995 年至 1999 年,为期 5 年,经费预算为 6.2 亿欧洲货币单位。参与国家涵盖 15 个欧盟成员国和 3 个欧洲经济区国家,以后又逐步增加塞浦路斯、捷克、爱沙尼亚、匈牙利、立陶宛、拉脱维亚、罗马尼亚、波兰和斯洛伐克,共 27 个国家。

1999 年,欧洲理事会决定实施第 2 期"达·芬奇计划"。第 2 期"达·芬奇计划"从 2000 年至 2006 年,为期 7 年,参与国家在原有国家的基础上增加了土耳其、马耳他等国,共 30 个国家。为了有效地推动"达·芬奇计划"的实施,欧盟委员会将寻求欧洲职业培训发展中心的技术指导,并与欧洲培训基金会建立协调关系。[8]

除"苏格拉底计划""Tempusit 划"和"达·芬奇计划"外,1995 年,欧盟还在高等教育和培训方面与美国、加拿大建立了合作关系,为期 5 年。2000 年,欧盟与美国和加拿大又签署协议,将该合作计划延长至 2005 年。该合作计划的主要目标是为了促进欧盟与美国、加拿大之间的了解,提高其人力资源开发的质量。此外,欧盟还与日本、中国以及其他一些第三世界国家建立了教育合作关系。

（三）欧盟教育政策的特点评析

欧盟教育政策大致具有以下几个特点:

1. 从其发展来看,欧盟教育政策经历了一个逐渐演进的过程

最初,无论是 1952 年的"欧洲煤钢共同体"还是 1957 年的"欧洲经济共同体",其主旨都是为了促进经济的增长,因此,在这些共同体建立的条约中几乎没有涉及教育的条款,只是出于对经济增长的功用性目的,对与经济增长有着

直接关联的职业培训有所关注,教育只是作为经济增长的辅助手段存在而已。以后,随着欧盟的发展和欧洲一体化的推进,欧盟政策的制定者开始在重视经济增长的同时,关注社会的发展和教育的意义,并先后启动了一系列的教育行动计划,建立了各种教育与培训组织以及各种与之相关的信息与技术设施。教育逐渐成为欧盟社会模式的基石之一。总的来说,欧盟教育政策先后经历了从小到大、从单一到综合、从零散到系统、从手段性到目的性的渐进发展过程。

2. 从其性质来看,欧盟教育政策存在着一体与多元的张力

由于欧盟各成员国在法律制度、经济发展水平方面存在较大的差异,在文化背景和传统习俗上也承继各自的特色,因此,在走向一体化的进程中,欧盟教育政策的制定和实施不可避免地会出现"一体"与"多元"冲突。尽管欧盟在这一问题上一直非常谨慎,并且专门确立了"辅助性原则",即教育的决策应尽可能地由各成员国及其内部自行制定,欧盟充其量只能扮演"辅助"角色。但是,由于语言、文化、教育等特定的敏感性,这种一体与多元的冲突依然存在。而且,随着欧盟的进一步发展和欧洲一体化程度的加深,这种一体与多元的矛盾将日益突出。如何在欧洲一体化的进程中保持各成员国文化与语言多样性,将是欧盟教育政策的制定者不得不面对和解决的问题。

3. 从其功用来看,欧盟教育政策存在着经济与社会的双重效应

在欧洲共同体成立之前,欧洲煤钢共同体和欧洲经济共同体主要是经济的联合体,其发展目标也仅限定于经济的范畴之内,教育政策只有在支持和加强经济增长的意义上才具有合法性。所以,共同体最初的教育政策仅仅局限于单一的职业培训领域,而非纯粹意义上的教育领域,并且是作为经济增长的辅助手段存在的。70 年代以后,随着欧洲共同体的建立,欧共体的发展政策开始在注重经济增长同时,越来越多地强调社会的发展。正是在这样的背景之下,欧共体才开始着手于制定纯粹意义上的教育政策,并相继启动了一系列的教育行动计划。90 年代,随着共同市场的建立和欧元的问世,无论是《欧洲联盟条约》还是以后的《阿姆斯特丹条约》、《尼斯条约》以及目前正在酝酿的《欧洲宪章条约》都将其最终目标界定为"建立欧洲社会联盟"。为此,欧盟教育政策的社会意义日益凸显,并成为欧盟社会模式的基石之一。可以说,目前欧盟教育政策已经在过去单一经济意义的基础上,具备了经济与社会的双重效应。

参考文献

[1] 国际劳工组织网站[EB/OL]. http://www. ilo. org/public/english/employmenl/skills lrecomm/topicj/tl-eu. htm#4. [2003—03—21].

[2] 欧盟网站[EB/OL]. http://www. europa. eu. int/scadplus/Jeg/en/cha/c0003b. hlm. [2002—11—14].

[3] Andreas Moschonas, "Educlltion and Training in the European Union"[M]. Ashgale Publishing Company, 1998, p15.

[4] Amlreas Moschonas, "Education and Training in the European Union"[M]. Ashgate Publishing Company, 1998, p15

[5] 欧盟网站[EB/OL]. http://www. europa. eu. int/scadplus/leg/en/cig/g 4000s. htm#s10. [2004—03—17].

[6] 欧盟网站[EB/OL]. http://www. europa. eu. int/comm/education/programmes/socrates/socrates_en. html. [2004—09—28].

[7] 欧盟网站[EB/OL]. http://www. europa. eu. int/comm/education/programmes/tempus/index_en. html. [2003—12—08].

[8] 欧盟网站[EB/OL]. http://www. europa. eu. int/comm/education/programmes/leonardo/leonardo_en. html. [2003—10—02].

(本文发表于《比较教育研究》2005 年 1 期。作者欧阳光华,时属单位为教育部人文社会科学重点研究基地北京师范大学比较教育研究中心、北京师范大学国际与比较教育研究所)

二、博洛尼亚进程框架下俄罗斯
高等教育系统的改革

  1999 年的《博洛尼亚宣言》(Bologna Declaration)是欧洲高等教育一体化进程的重要组成部分。宣言确定的基本目标为"建立欧洲统一高等教育空间,提高公民在劳动力市场上的流动性,增强欧洲高等教育的竞争力。"[1]《博洛尼亚宣言》包括以下基本原则:制定并推广易于理解且具有可比性的学位系统,发放毕业证附件(Diploma Supplement);实行高等教育两级体制,即学士与硕士;利用欧洲学分转换系统(European Credit Transfer System,ECTS)统一学习工作量的核算;提高学生和教师的流动性;加强欧洲各国在教育质量保障领域的国际合作,制定具有可比性的质量保障标准与评估方法;促进高等教育领域欧洲意识的发展,增强欧洲高等教育在国际市场上的品牌效应等。[2] 截止到 2005 年 5 月,共有 45 个国家签署了《博洛尼亚宣言》。[3] 俄罗斯于 2003 年 9 月签署了《博洛尼亚宣言》,揭开了高等教育国际化的新一页。

  俄罗斯教育部从 2002 年起就开展了对欧洲高等教育系统一体化经验的调研工作,并在圣彼得堡国立大学的倡导下成立了专门工作组。工作组对始于 20 世纪 90 年代初的高等职业教育多级体制的发展情况进行了分析,研究了俄罗斯在制定第一代和第二代高等职业教育国家标准的基础上逐步扩大高校学术自由的趋势,总结了俄罗斯高校开展国际合作的经验,并对专家培养的质量管理和检查系统的发展情况进行了评析。为了促进和协调俄罗斯高等教育系统融入欧洲教育空间工作的开展,增强与欧盟委员会的其他类似组织、联合国教科文组织及其他组织之间的联系,俄罗斯教育科学部于 2004 年 10 月 25 日颁布了第 100 号令,成立了俄罗斯博洛尼亚原则实施工作组,负责推进博洛尼亚宣言基本原则在俄罗斯的实施工作。[4]

为了探讨博洛尼亚进程在俄罗斯的发展问题,俄罗斯教育部还推出了一系列研究项目,2004 年的项目包括"制定并实施对博洛尼亚进程框架下俄罗斯教育系统融入欧洲教育空间的成本所产生的社会经济效益进行评估的科学方法支持""对俄罗斯高校与欧洲社会——经济高等教育空间一体化的问题与前景分析""制定经济、人文与教育专业专家学士—硕士两级培养体制的标准"等。俄罗斯政府用于这些项目的财政资金达 1 千多万卢布。[5]

目前,在博洛尼亚进程框架下,俄罗斯高等教育系统主要采取了下列改革措施:

(一) 实行高等教育两级体制

《博洛尼亚宣言》确定了高等教育的两级(两系列)培养体制,即学士和硕士。1992 年 3 月颁布的《俄罗斯联邦高等教育多级结构的决议》奠定了俄罗斯由单一本科层次结构向多级结构转变的基础。1996 年,俄罗斯联邦《高等和大学后职业教育法》正式确立了高等职业教育的多级培养体制:"学士""文凭专家"和"硕士"。[6]由此,俄罗斯高等职业教育的培养体制也开始向着多层次的方向发展。目前,总的来说,俄罗斯的高等职业教育系统由两个子系统组成:传统的五年一贯制的"文凭专家"培养系统,这一系统的学习年限通常为五年;另一系统为阶梯式的两级培养体制,实行阶梯式的高等职业教育大纲,可授予学士学位和硕士学位,学士学位的学习期限为 4 年,硕士学位的学习期限为 6 年。俄罗斯现有 110 个培养方向采取的是这种学士-硕士两级的阶梯式的培养模式,约有 50％的高校获得了学士生的培养许可证。[7]许多高校(特别是非国立高校)根据市场需求的变化,新开设了 90 年代初非常紧缺的学士专业,如律师、经济学家、管理人员等。[8]

这两个子系统的实际运行可以采取不同的模式:其一为各自独立的培养模式,即学士-硕士培养子系统和文凭专家培养系统各自独立,相互之间没有交集;其二为分支式的培养模式,即低年级阶段(1—2 或 3 级年)实行两个子系统的混合学习模式,接下来在高年级阶段则分别实行文凭专家培养模式和学士—

硕士培养模式。2000 年颁布的国家高等职业教育标准保障了这一分支式培养模式的实施。总的来说,与各自独立的培养模式相比,分支式的培养模式更有助于节省资源,同时也能为人才培养提供必需的内容保障,有助于优化教学过程,还可以扩大高年级大学生学习模式的选择机会。

近些年来,俄罗斯学士-硕士两级体制的覆盖面越来越广,培养的学士与硕士毕业生的数量也在逐年增加。目前学士-硕士两级培养模式已涵盖了除医学、服务和信息安全领域以外的所有高等职业教育领域。1996 年,以各种形式进行学习的学士毕业生的数量为 1.51 万人(包括 1.26 万名面授生),2003 年这一数字增加到了 5.16 万人(其中 4.47 万人为面授生)。获得硕士学位的毕业生数量也在增加,1996 年其人数为 1 400 人(1 300 人为面授生),2003 年则增加到了 9 600 人(其中,9 200 人为面授生)。[9]

由于受到俄罗斯高校财政体制和企业界在高校发展过程中的低参与度等因素的影响,劳动力市场对学士生的认可尚待时日。在俄罗斯教育部的倡导下,1995—1996 年间俄罗斯劳动与社会发展部颁布了两份旨在促进学士生就业的信函,以确保学士生可以谋求到与其所接受的高等职业教育相应的工作。1996 年 8 月 22 日颁布的联邦《高等和大学后职业教育法》第六条也规定,"获得'学士'学位的公民参加工作时,拥有从事与其所接受的高等教育相应的工作的权利"。[10] 2000 年俄罗斯劳动与社会发展部又颁布了促进学士与硕士生在各个领域就业的决议。但俄教育部向其他部委提出的要求制定决议、促进学士生在相关领域就业的倡议并未得到应有的支持。

俄罗斯国民教育结构实行多级体制总体上符合《博洛尼亚宣言》的基本宗旨,但教育的内容和制度源于历史的积淀。因此,大多数俄罗斯专家认为,高等职业教育两级体制完全取代一级体制还需要一定的时间,在促进高等职业教育两级体制发展的同时,应保持俄罗斯传统的一贯制的专业人才培养模式。传统大学可以在面向国际社会发展两级体制的同时,保留那些他们认为对于自身发展仍然适用的模式。比如,莫斯科大学既实行人才培养的两级体制(如经济学家),也保留了传统的六年一贯制培养模式(如物理学家)。而在莫斯科物理技术学院(号称俄罗斯科学院和国外著名研究中心的"人才培养所")实际上实行的一直是两级体制的教育大纲。

两级体制的实行符合世界劳动力市场发展的特点和趋势,符合知识经济社会对人才规格的需求,也有助于俄罗斯国民教育体系与世界接轨。目前,俄罗斯的这一体制还很不完善,需要在实践中不断加以改进,如重新审视培养方向和专业,使其接近欧洲制定的目录,提高其知名度;扩大学士和研究生阶段非线性(异步)学习的可能性,统一所有培养方向上的科目名称等。

(二)实行欧洲学分转换系统(ECTS)

ECTS 系统是衡量大学生学习工作量的方式。以 ECTS 系统为基础,以学分制改造俄罗斯一直实行的"学时制"教学过程组织模式,加强教学组织过程的个性化和弹性化,有助于改变教师在教学过程中的作用,改变学习的组织形式和教育大纲的强度,提高教学管理工作的效率和教育质量。详见本刊 2006 年第 4 期的《欧洲学分转换系统与俄罗斯高等学校的学分制改革》(李春生,时月芹;P. 81—84)。

(三)实行欧洲高等教育毕业证附件

1997 年的《里斯本公约》决定,欧洲国家应互相承认其教育证书,以提高专家的学术流动性和毕业生在劳动力市场上的竞争力。博洛尼亚进程则制定了教育证书相互承认的机制:实行对所有国家都统一的、为每个人都理解的、本国证书的附件(Diploma Supplement)。毕业证附件不仅包含了教育的内容和质量方面的信息,而且也包括了对高校教育水平的要求。《博洛尼亚宣言》建议从2005 年起每位大学毕业生都应自动地、无偿获得这样的毕业证附件。这一毕业证附件与传统毕业证相比有着一系列的优势:

——毕业证附件便于持有者在任何一个欧洲国家有权继续获得教育和找到与本专业相关的工作;

——用英语和俄语两种语言说明了毕业证持有者所学习的课程、通过的考试和获得的学历水平,并提供了关于本国国民教育系统和教育评价系统的相关信息;

——学习量不但用小时表示,也用 ECTS 系统的学分表示;

——无需公证。

1997年,联合国教科文组织的分支机构之欧洲高等教育委员会(CEPES)开始着手设计统一毕业证附件,并起草相关文件草案。欧洲60个机构(包括大学和部委)参加了草案的验证工作。车里亚宾斯克国立大学是俄罗斯惟所参与这项工作的高校。车大在教育部专家的指导下制定出了毕业证附件,并于2021年9月将第一批欧洲毕业证书附件发放给了7名优秀毕业生。[11]托姆斯克大学从2003年起开始采用博洛尼亚框架下欧盟国家所采用的文件和程序,发放此种毕业证附件,受到了学生的欢迎。[12]

虽然俄罗斯早在1999年就签署了《里斯本公约》,也在双边国际合作的过程中积累了丰富的证书互认经验,但要在全俄罗斯推广高等教育毕业证附件,并不是一件简单的事情。在俄罗斯高等教育体系多年的发展过程中形成了独具特色的教育结构、人才培养专业和方向,如何修正并统一这些结构、专业和方向,使其符合欧洲的相应范畴,是一项庞大的工程。此外,欧洲毕业证附件的要素之一就是对国民教育系统的描述,而目前俄罗斯尚无官方文件对教育系统的结构加以确认。

(四) 完善高等教育质量保障与检查系统

近十年来,随着市场经济的确立、私立高等教育的发展,俄罗斯的整体教育质量受到了很大冲击,俄罗斯当局在研究国内外的形式与实践的基础上,加强了本国教育质量保障领域的法律法规建设。这些法律包括:俄罗斯联邦"教育法"(1992年7月10日,第3266—1号及其后的修订与补充),联邦"高等和大学后职业教育法"(1996年8月22日),俄联邦政府"关于高等学校国家认证的决议"(1999年12月2日,第1323号)和"教育活动的许可"(2000年12月18日,第796号)等等。

为保障高等学校的教学质量,加强对教育机构的管理与控制,俄罗斯从1992年开始正式实行教育机构的认证制度。这一机制的实施有助于国家保障所有公民获得高质量的教育,也有助于确定教育机关的国家地位、类型和形式。这一认证制度是由认可(**лицензирование**)、评定(**аттестация**)和国家鉴定(**государственнаяа ккредитация**)这三个评估程序所构成的。为了建立与欧洲高等教育质量评估系统一致的标准与原则,俄罗斯专家建议将评定与国家鉴定两个程序合并为一个程序——国家鉴定,并应吸引学术界、企业界和教育服务需求者等多方面的力量参与评估过程,加强对高等教育质量的外部评估。目前,俄罗斯已建立起了吸引大学生参与教学大纲评估的机制。

教育部国家认证中心负责认证的信息与方法支持工作(国家大学委员会1995 年 4 月 18 日第 570 号令)。国家认证信息—技术中心系国家高等教育质量保障机构国际网络 INQAAHE 的成员之一,也是中东欧国家认证中心网络的成员。2004 年 5 月,该中心递交了加入欧洲高等教育质量保障网络的申请(ENQA),ENQA 规定了实现博洛尼亚进程基本原则的相关任务。这一问题尚处于讨论阶段[13]。

从 2003 年 9 月份起,在总结国际经验和落实博洛尼亚进程基本原则的基础上,俄罗斯教育部制定了高校大学生的工作量评价指标,这一指标体系将大学生的工作分为教育活动(教育作为必要的教育与学习过程)和科学研究工作。[14]ISO9000—2000 国际标准基础上的质量管理系统在世界各地具有广泛的应用性,俄罗斯从 2004 年 9 月起开始根据教育质量管理纲领开展高校人才培养工作。[15]

虽然《博洛尼亚宣言》指出了建立共同的国间教育质量评估标准的必要性,但并未为此制定明确的标准。提升欧洲高等教育的质量、增强其国际竞争力是博洛尼亚进程的核心,因此教育质量标准的制定是博洛尼亚进程的软肋,也是俄罗斯教育国际化进程中的一个重点和难点问题。

(五)增强大学生和教师的流动性,加强高等教育领域的国际合作

增强大学生和教师的流动性原则主要表现为,扩大学生在欧洲范围内学习和实践的机会并为其提供相应的服务,教师、研究人员和管理人员从事教育、研究工作的经历可以在欧洲范围内得到认可。2002 年俄罗斯联邦总统和政府通过了俄罗斯教育机构为其他国家培养人才的国家政策要义。为了推动这一要义的实施,俄罗斯联邦政府采取了一系列措施,以扩大对外国留学生的招生,其中包括在商业化运作的基础上,吸引更多的独联体国家大学生到俄罗斯高校学

习。2003/2004 学年度在俄罗斯依靠俄罗斯联邦预算学习的外国留学生的数量 2.5 万人，其中 1.57 万人来自独联体成员国。目前，约有 8 万名自费留学生在俄罗斯学习。俄罗斯高校分支机构在独联体国家拥有广阔的市场。俄罗斯高校在国外共建立了 70 多个分校。[16] 每年有 2 000 多名公民(大学生、研究生、教师和科学工作者)可以根据俄罗斯联邦的国际协议到世界 30 多个国家学习，也可以通过俄罗斯高校与外国高校之间直接的伙伴关系开展以下形式的学习和交流：长期学习、短期学习、实习(包括语言)、科学研究、进修等。

加强高等教育领域的国际合作，主要包括制定教学计划、共同学习大纲，加强校际合作、教学实践和科学研究等。国际合作的一个优先发展方向就是俄罗斯高校参与国际项目和国际计划的人才培养专项纲领。到目前为止，俄罗斯教育部参与了 70 多个国际项目和计划。俄罗斯教育科学部与联合国教科文组织、欧训委员会、不列颠委员会、波罗地海国家委员会等国际组织建立了紧密的合作关系。俄罗斯也加强了与其他国家在教育领域的双边合作，2003 年俄罗斯政府与德国、意大利签署了关于俄语学习与教学的合作协议，同时也与摩尔多瓦、法国、蒙古签署了教育证书和学历互相承认的协议。[17]

虽然俄罗斯制定了学士升入其他院校继续学习的程序，以促进学生的流动性，但俄罗斯地区及经济部门间发展的不平衡性，限制了俄罗斯大学生和教师的学术流动性，也可能导致暂时或永久性的"单向"人才流失，反过来又会加剧地区与部门间的不平等，强化社会紧张度。

总的来说，《博洛尼亚宣言》并非一纸孤立的文件，博洛尼亚进程既是欧洲一体化进程历史的延续，也是面向该进程未来发展的一个过程。与此相应，俄罗斯在博洛尼亚进程框架下的改革不是孤立的、突兀的，而是历史性、现实性和前瞻性的。对于加入博洛尼亚进程只有两年时间的俄罗斯来说，改革的空间还很大，在未来的日子里，俄罗斯在欧洲高等教育一体化空间内将会采取哪些新的措施，有待于我们的进一步关注。

参考文献

[1] [2] Ю. С. ДаВыдов. Ђолонский процесс и российские Реали-и

Московский психолояо-социалвный институт. 2004. с. 108,108—109.

［3］http://rian. ru/society/education/20050609/40498085. html,［2005—06—10].

［4］ Приказ о группе по осуществлению Ъолонских ири¯нцинов в Россиию Ъюллетень Минобрнауки России[J]. 2004(4),21.

［5］［7］［9］［13］［14］［16］［17］http://www. umo. msu. ru/info/161204. html,［2015—09—20].

［6］http://www. edu. ru/index. php? page-id=122, 2005—09—20.

［8］ЛГребнев. Высшее образование в Болонском измерен¯ии:российские особенности и ограничения[J]. Выс¯шее образование в России,2004(1),39.

［10］http://frik fizeeh. ru/Students/documents/zakon/a-hdexm. html, 2005—09—25.

［11］ http://www. apmath. sphu. ru/ru/staff/potapov/,［2004—11—25].

［12］ Опыт использования кредтно-рейтииговой ситсте-мывТПУ,www. cam. tpu. ru. ［2004—05—12].

（本文发表于《比较教育研究》2006 年 9 期。作者李春生、时月芹,时属单位为教育部人文社会科学重点研究基地北京师范大学比较教育研究中心、北京师范大学国际与比较教育研究所）

三、博洛尼亚进程中法国的四种声音：
一体化 vs 保持特性

　　欧洲正在进行的"博洛尼亚进程"无疑是高等教育领域的一场革命是继欧洲煤炭、钢铁、经济、政治等一体化后，在高等教育领域出现的崭新的区域一体化进程。鉴于欧洲在一体化上取得的巨大成就，人们完全有理由对于这一新的一体化进程给予极大的关注和很高的期望。然而正如欧洲一体化的道路始终坎坷曲折一样，"博洛尼亚进程"从一开始就备受争议。由于高等教育与政治、文化理念有着深层次的联系，直接关系着国家下一代的培养，关系着国家的文化认同与未来走向，因此高等教育一体化具有高度的敏感性。2005 年 5 月，作为欧盟发动机的法国否决了具有重要意义的《欧盟宪法草案》。同样，虽然作为"博洛尼亚进程"的创始国，但法国国内对于高等教育一体化的忧虑和反对也是一浪高过一浪。究竟基于怎样一种原因，这一高教领域的一体化受到了如此多的争议？本文将从法国政府、院校、教师和学生 4 个角度来透视这一问题。

（一）简介

　　首先了解"博洛尼亚进程"的整体情况。1998 年的《索邦大学共同申明》(Sorbonn Jointly Declaration) 和 1999 年的《博洛尼亚宣言》(Bologna Declaration) 共同奠定了欧洲《博洛尼亚进程》的基础，开创了欧洲高等教育一体化的新纪元，"博洛尼亚进程"的各成员国决定在 2010 年建成"欧洲高等教育共同空间"(European Higher Education Area)。《博洛尼亚宣言》具体提出了六大主要目标，分别是：采纳一种能使各国大学文凭更加清晰透明并可以进行相互比较的体制;采用"两阶段"(本科/研究生)的教育体制;建立一种学分累积和转换的机制 ECTS(欧洲学分转换与累积系统);促进学生、教师和研究人员之间的流动:在质量保证上共同合作;提升高等教育的欧洲维度。[1]"进程"的目的是使欧洲高等教育系统发展为一个更为透明的体系。各国不同的学制将统一改革为本科 3 年、硕士 2 年、博士 3 年(又称 LMD 改革)。在每两年一次的成员国部长级会议上,各国在以往达成共识的基础上进一步发展和细化各个目标,明确每个阶段的任务,以望如期建成欧洲高等教育的共同空间。而随着越来越多的国家,如东欧各国、俄罗斯,甚至是一些拉美国家的加入,"博洛尼亚进程"的影响正在不断的加大,也超越了欧洲的概念,目前有四十个国家加入了这一进程。[2]

(二)四种声音:一体化 vs 保持特性

法国政府、学校、教师和学生,这四个主体对于"博洛尼亚进程"的态度的差异是巨大的。政府是积极的倡导者,教师和学生更多的是忧虑和反对这一高等教育一体化进程,院校的态度因各自的实际情况而不同。

1. 政府

法国政府是高等教育一体化的积极倡导者和参与者之一。"博洛尼亚进程"的执行是法国 1999 年以来作出的选择,2002 年的大选后进一步得到了确认。[3]如同在欧洲一体化进程中的一贯角色那样,法国政府也是"博洛尼亚进程"的 4 个创始国之一。法国政府对于高等教育一体化如此重视,自然有其内在的原因。

知识经济、信息社会的来临,将高等教育推向了前所未有的重要位置。高等教育国际化已经成为影响国家竞争实力的重要因素。所有发达国家都在努力吸引最好的外国留学生,其中既有文化层面的意义,又不乏经济利益。文化上,法国始终以其灿烂而独特的文化为傲,增强其文化对于世界的影响力一直是法国政府的重要任务之一。尤其在全球化时代,法国的语言、文化被以美国为代表的英语和消费主义文化所淹没,增强其高等教育的吸引力、进而增强其文化的影响力无疑成为了法国政府的当务之急。经济上,随着教育需求的增加,全球教育市场正在不断地扩大。根据 OECD 的估算,全球教育市场在 300

亿美元以上,每年有超过 50 万的外国留学生为美国经济贡献了 110 亿美元,这使得高等教育成为美国的第五大服务性出口行业。[4]优秀的外国留学生在毕业后所创造的价值更是难以估量。作为全球第四大留学生接收国的法国,自然想在如此庞大的全球教育市场中分得更大的一杯羹。

但从实际情况来看,法国无法与世界第一高等教育强国美国展开竞争。法语国际地位的下降,经济和科技实力的差距,高等教育的规模都限制了法国的竞争实力。但是,一个高等教育一体化的欧洲,无疑具有和美国抗衡的实力。作为对被美国所支配的高等教育市场的回应,法国与欧洲各国利用"博洛尼亚进程"开展了院校间的国际交流和双边协议,同时创造了诸如出口教育产品和服务的商业活动。[5]通过一体化的过程,不仅各成员国的高等教育的整体实力得到了加强,而且成员国间的教育市场互相之间更能共享,对于促进欧洲各国文化的融合与互信也具有积极作用。在 2001 年的《布拉格公报》中,欧洲各国教育部长们着重强调了要"加强欧洲高等教育共同空间对于欧洲和世界其他地区学生的吸引力"。[6]法国可以借助一个统一的欧洲来实现自己的战略。因此,法国政府有充足的理由来积极推行"博洛尼亚进程",打造一个欧洲高等教育的共同空间。

2. 学校

对于"博洛尼亚进程"的回应随院校各自的需要而变化。在"进程"中重要的 LMD 改革这一问题上,很多大学校长认为 LMD 改革对于公共服务的发展是必须的。[7]通过欧洲高等教育的一体化,法国复杂的、双元制的高等教育系统能够增加国际透明度,并且更容易比较和理解,这将增强法国高校对留学生的吸引力;一体化带来的国际交流与合作也相当诱人;"博洛尼亚进程"还可以使国家严格控制下的大学获得更多的自治。然而反对之声也不少。

法国高等教育体制至今仍然维持着双元制模式:大学的普通高等教育和大学院的精英高等教育。随着高等教育的一体化,作为精英教育的大学院很可能会受到较大的影响。首先,由于大学院培养高层次的人才,它一般不颁发本科层次的文凭。一般而言,学生在高中毕业后,经过两年的大学院预备班学习,通过竞争激烈的考试进入大学院,再经过三年的大学院学习后直接获得硕士水平的文凭。大学院在 LMD 改革后将按照统一要求颁发本科学位给有三年高等教育经历的学生,这势必要求大学院改变其现有的学生培养模式和时间安排,打乱了其培养学生的连贯性。第二,由于在法国,大学学生毕业后仅获得国家颁发的国家学位证书,所有的国家学位证书具有同等的效力和水平。大学院完成 LMD 的改革后,也将颁发国家学位证书,[8]而非传统的学校毕业证书,这将导致大学院的学生无法体现其相对普通大学生的精英教育的价值。如此一来,被法国人视为体现其文化精神的大学院就等于"死亡"了。如高等研究实践学院这样的大学院已经进入了 LMD 新学制,随着"博洛尼亚进程"的深入,大学院势必将完全进入一体化的进程中。

另外,尽管目前在法国的大学和工程师技术学院(IUT)中两年制的职业学位证书仍然存在,但是长期来看,随着"博洛尼亚进程"的执行,这些证书将渐渐失去吸引力并将被三年制的证书所替代,这必将导致对于政府的政治压力,尤其是来自 IUT 的压力。因为大多数攻读这些学位的学生往往是出生于贫困和中低层的家庭,延长学习年限将增加这些学生的负担。取消这样的学习项目无疑会引起社会的不满,以及对于政府不能保障受教育权公平的指责。

3. 教师

对于高等教育的一体化,教师的态度也相当复杂。一体化所带来的种种好处确实是勿庸置疑的,然而,法国知识分子始终有着一种高度的文化自觉。保持法国文化的特色,保持法国高等教育自身的特点是他们与生俱来的一种文化使命。"博洛尼亚进程"将学分和课程标准化,很可能将会导致法国教学毫无特色。法国人一向以自己极富特色的教育体制和教学方式为荣;这一模式确实培养了无数知名学者,成为法国学术界的骄傲。高等教育一体化使法国教师担忧他们的语言、文化和教育传统,这些法国特色会不会不可避免地受到同化而失去特性?事实上,在全球化的今天,因特网等传播科技的发展,英语的强势特征,美国消费主义大众文化的大举入侵,服务贸易的自由化,英美市场驱动机制的全球扩张,都直接影响到了法国的文化和高等教育。"博洛尼亚进程"所导致的教育同化无疑是知识分子无法接受的。

2003 年 5 月,法国教师联盟(FEN)与法国学生联盟(UNEF)与教育部长见面,表达他们对"博洛尼亚进程"的看法,反对学分、课程一体化使法国高等教育毫无特色的做法。法国教师联盟 60%的成员为教育部的雇员,一半以上的成员是教师,内部还有一个全国高等教育工会,代表了全法国的大学教师。教师联盟以罢工相威胁,间接地支持了法国大学生声势浩大的反对"博洛尼亚进程"的行动。[9]

"博洛尼亚进程"可能对法国传统的公共服务理念所带来的冲击也令法国知识分子不安。为了响应欧盟的教育政策,法国建立了商业性的与私立的教育机构,这在法国的高教领域引起了许多风波,因为这有悖于法国长期以来坚信的公共服务的理念。至今法国仍然是欧洲拥有最多国家部门的国家之一,政府花费 GDP 的 54% 为将近 25% 的法国人从国家支付工资。法国人仍然寻求国家而不是市场来保证他们的福利。[10]法国与英美国家不同,没有将高等教育开放给私人机构。当英美视市场力量为能够解决制度与政府内在问题的方法时,法国人认为市场只是服务于社会精英的利益,会导致社会的不平等。法国的公共服务理念与自由资本主义的理念不相容。法国人始终坚持国家保护公民免于社会排斥,维持法律和秩序。[11]教育在公共服务中无疑占有重要的地位和作用,国家的高度控制和保障平等是法国高等教育的重要基础。随着"博洛尼亚进程"的推进,更多的私人部门和营利性活动介入高等教育,大学之间竞争也日趋加剧,这都与法国传统的教育理念相背离。当"自由、平等"这个法国的立国之基受到威胁,而国家又不再对教育有足够的能力进行控制和保障的时候,教师们无疑很难接受。

4. 学生

法国学生拥有抗议政府教育政策的传统和历史。对高等教育一体化的政策,法国学生也提出了强烈的抗议。为了反对"博洛尼亚进程",2003 年 11 月 19 日,8 所大学罢课,20 日又有全国性的罢课,26 日又有 15 所大学罢课。UNEF(法国学生联盟)更是号召在 27 日进行一天全国性的罢课,它号召学生起来反对随着 LMD 改革的文凭欧洲一体化,反对关于大学自治的法案。罢课者认为这些法案在学生之间引发不平等,并引发大学之间的竞争。尽管教育部长作出了妥协,但是罢课学生仍然要求撤销(LMD 法案),并撤回关于大学自治的草案。[12]在 UNEF 的号召和组织下,法国各大学都发生了多次反对高等教育一体化的抗议活动。在这样的压力下,法国总统推迟了教育部长的《LMD 法案》和大学自治的草案。[13]学生们反对"博洛尼亚进程"理由主要有:

（1）学生们认为"博洛尼亚进程"所要求的学分、文凭和课程的标准化是全球化的动因

区域一体化与全球化有着本质的相同性，其结果都将是"同化"，并且是不可避免的。高等教育的一体化必然是以自身特色的削减为代价的。有调查显示大多数的法国人认为全球化（在某种程度上即美国化）威胁到了他们的国家认同，即使是受美国文化影响很大的法国年轻一代也是如此，在15—24岁间的法国人中有74%人认为美国文化对于法国的影响是过多了。[14]对于全球化负面影响的关注直接影响到了学生们对于高等教育一体化的态度。

（2）学生们认为一体化将会导致院校之间竞争的加强，损害法国高等教育的公平性

在法国，国民教育部保证大学的学位质量，各大学的学位证书具有同等的效力，大学间没有排行，没有所谓的质量高低，学术水平、学生质量基本相当，因此，在法国各大学之间的竞争较少。而"博洛尼亚进程"会增加院校之间的激烈竞争。[15]虽然这有利于促进大学水平的提升，但也损害了法国历来的高等教育公平性，打破了现有大学之间的平等状态。

（3）"博洛尼亚进程"会影响到学生的入学利益、学习安排和就业

学生们认为"博洛尼亚宣言"所要求的使大学现代化对于民主和学术是危险的，政府没有听取学生和老师的意见。这个法案削弱了学生的权利，造成了更多的不公正，导致了学生之间的不平等。[16]学生们强烈不满"博洛尼亚进程"可能带来的学费上涨、学习压力加大以及进入大学门槛的提高（目前学生只需要具有高中毕业证书BAC就可以直接进入大学）。这严重损害了学生的利益，背离了法国教育平等的价值观。另外，学生们抗议LMD新学制缩短他们拿到学位的时间，威胁到他们为一个已经严重饱和的劳动力市场作准备的时间。

（三）总结

从最近在挪威举行的卑尔根会议来看，法国以及欧洲各国推动"博洛尼亚进程"的意愿丝毫没有削减，法国推行欧洲高等教育一体化的步伐也没有因为种种反对意见而停滞。参照欧洲一体化以往的经验，一体化的进程总是在争议和反对声中逐步向前推进。然而，在高等教育这个与文化认同、国家未来直

接相关的高度敏感的领域实现真正的欧洲一体化,对于法国社会而言的确是一个挑战。

法国政府试图用欧洲的区域一体化来抵抗全球化所带来的种种不利后果,来对抗美国的全球教育和文化扩张。但不可否认的是,区域化某种程度上与全球化有着惊人的一致性,虽然法国可以在区域一体化过程中发挥更大、更具领导性的作用,然而无论是"全球化"还是"区域一体化",其结果都将是"同化"。虽然法国政府在文化教育政策上历来是保守主义者,但是法国政府认为只有利用欧洲的联合,才能减少全球化(或者说是美国化)对其经济、文化、教育的巨大影响,进行欧洲高等教育的一体化是作出小的牺牲来换取大的利益。

法国的院校,无论是大学还是大学院都认识到了一体化对于自身的意义,然而在复杂的法国高教体系向一体化过渡的时候,学校层面仍然存在着挣扎。如果说学生或多或少是出于私利而抵抗高等教育一体化的话,老师的态度则颇为值得深思。传统的法国教育特色、国家保障下的教育公平,在这些对于法国社会至关重要的价值观上做出妥协是否值得? 这样的改革是否危及了法国深层次的文化理念?

无论是区域的一体化还是全球化对于法国高等教育和文化认同的影响是不可否认的。因为市场的力量趋向于同化和最终品味的统一,"同化"威胁到法国高等教育和文化中的一些核心的元素。[17]法国国内对于"博洛尼亚进程"的反对声完全是可以理解的、合理的,它们甚至反映了世界很多地方在全球化和区域化过程中所面临的问题,值得每一个国家关注。这些反对声在某种程度上反映了对于一种正在消失的现实的留恋这一现实伴随着法国教育、文化的兴衰,也反映了一种面对一体化、全球化无能为力的感觉。

既想通过一体化来抵御全球化的威胁、增强自身的竞争力,又不想失去自己的传统、特色和利益。这是一个两难的矛盾。推广开来,法国民众在全民公决中否决了"欧盟宪法草案"在某种意义上也正是反映了法国人对于这一问题的矛盾心理。

欧盟的一体化,无论是政治经济的、还是高等教育的,都已经是一种必然趋势。如果一味以坚持、保留自身的特色和传统为借口,反对变革,反对一体化、全球化,那么法国高等教育必将失去其内在的现代性,也就失去了发展的活力和吸引力。事实上，无论是法国文化还是法国的高等教育至今仍然具有相当的魅力与实力，并非那样脆弱。法国高等教育只有在既坚持自身最重要、最核心的特色与传统的情况下，又积极、勇敢地变革参与一体化、全球化，才能不断适应当今时代激烈的竞争，真正保持法国高等教青的特色，即卓越和不断发展的现代性。

参考文献

［1］European Commission. THE BOLOGNA PROCESS Next stop Bergen 2005［EB/OL］. http：//europa. eu. int/comm/education/policies/educ/bologna/bologna_en. html,2005—07—03.

［2］BFUG. Handling the Bologa Process［EB/OL］. http：//www bologna-bergen2005. no/EN/BASIC/Handling. HTM，2005—07—01.

［3］Jean-Marc Monteil. NATIONAL REPORTS 2004—2005：France［EB/OL］. http：//www. bologna-bergen2005. no/EN/national_impl/00_Natrep-05/National_Repo. France-0_50 125. pdf.

［4］Philip G. Altbach. Why the United States Will Not Be a Market for Foreign Higher Education Products：A Case against GAts［EB/OL］. http：//www. hc. ed hc_orglavplsoe/cihe/newsletter/News31/text003. htm,2005—03—05.

［5］［11］［16］Elise langan, France & United States：the Competition for University Students-Bologna and Beyond［J］. Higher Education Policy. 2004. 17：445-455.

［6］European Ministers in Charge of Higber Education. TOWARDS THE EUROPEAN HIGHER EDUCA TION AREA［EB/OLJ. http：//www. bologna-bergen2005. no/Docs/OO-Main-doc/010519PRAGUE_COMMUNIQUE. PDF，［2005—05—30］.

［7］Le monde. Les Présidents Duniversit é en Faveur du LMD［EB/OL］. http：//www. lemonde. fr/web/recherche_breve/l, 13-0, 37-829372, 0.

html,[2003—11—29].

[8] Lefigaro. Les Universit é s Ⅰnqui de Perdre Leur Privilege（Le Dipl? me National de Master Pourra ttre Bient? td é livr é pares é coles)[EB/OL]. http://www. lefigaro. fr/cgi/edition/genimprime? cle ＝ 20050413. FIG0033,[2005—05—13].

[9][15]见[5]和 Le Monde L'Elys é eajourn e le projet de loi Ferry sur l'université [EB/OL]. http://www. lemonde. fr/we-h/recberche-breve/1, 13, 37—828213, 0. html,[2003—11—21].

[10][14][17] Philip H. Gordon ＆ Sophie Meunier. Globalization and French Cultural Identity [EB/OL]. http://www. brookings. edu/views/articles/gordon/globalfrance. pdf,[2015—04—14].

[12][13] Le Monde. Les é tudiants en gr è gr è ve s'expliquent[EB/OL]. http://www. lemonde. fr/web/recherche_breve/1, 13-0, 37-829059, 0. html,[2003—11—27].

（本文发表于《比较教育研究》2006 年 9 期。作者陆华,时属单位为复旦大学高等教育研究所）

四、博洛尼亚进程中的芬兰高等教育政策调整

（一）博洛尼亚进程的内涵及影响

1998 年 5 月，法国、英国、德国和意大利四国教育部长在巴黎发表了一项旨在协调统一欧洲高等教育体制结构的《索邦宣言》，揭开了欧洲高等教育体制改革的序幕。次年 6 月，欧洲 29 个国家的教育部长在博洛尼亚聚会，在《索邦宣言》的基础上继续讨论，确定了一系列目标。会后签署的《博洛尼亚宣言》确立了在 2010 年建立欧洲高等教育统一区域（Europe Area of Higher Education）的发展目标，该目标的实现过程被称为"博洛尼亚进程"。《博洛尼亚宣言》的发表引起整个欧洲乃至全世界的强烈反响，随着该进程的逐步推进，整个欧洲高等教育开始迈上了一体化之路。

部长们每两年召开一次会议，检查"博洛尼亚进程"的发展情况。由欧洲共同体资助，并由欧洲大学协会（EUA）起草的关于各国高等教育结构发展的报告也很快出炉，跟踪调查各国的最新改革情况。2005 年，组委会委派了工作组就"博洛尼亚进程"的三大优先发展目标（建立有效的质量保证体系、推动两级学位结构的有效执行、改善学位和学习年限的认可制度）的执行情况对各国进行调查研究，并在卑尔根会议上提交了报告。

"博洛尼亚进程"的内容包括 6 个方面：建立统一可比的两级学位制度；建立一个学分转换和积累系统；开展质量评估保障领域的欧洲合作；广泛促进国际人员流动，增加交换项目；加强跨国界、跨地区的科学研究合作；开发国际化课程。

(二) 芬兰高等教育政策调整

芬兰于 1995 年开始实行教育双轨制,即大学和多科技术学院。改革前的芬兰高等教育分两个阶段:基础学位阶段与研究生学位阶段。第一阶段的学制为 6 年,其中本科教育 4 年,硕士教育 2 年;第二阶段的学制为 4 年,即博士学位或科学副博士的学习。学士学位在芬兰的教育系统中,是过渡性质的,为进一步升学作准备。硕士学位才是"基本的大学学位"。在校大学生可以直接申请免试直读硕士学位或在没有学士学位的情况下也可以攻读硕士学位。为了配合《博洛尼亚宣言》,芬兰对高等教育进行了相应的调整和改革。芬兰政府的 5 年教育科研发展战略计划正式启动了一系列改革。

1. 改革学位结构

《博洛尼亚宣言》提出,到 2005 年在欧洲范围内建立起两级学位制度,即 3 年本科教育,2 年硕士研究生教育和 3 年博士学位教育。① 第一和第二阶段的学位应该具有不同的定位和形式,以便适应个体、学术和劳动力市场需求的多样性。[1]

2005 年,新的《芬兰大学学位法》以及 1997 年颁布的《大学法》(修订法)规定,除了医学和牙医学,芬兰各大学的所有专业开始实行新的两级学位系统。学士学位是强制性的,要进入硕士学位的学习首先必须完成学士学位的学习。完成第一阶段教育后所颁发的学士学位使学生能够顺利进入劳动力市场。

新的学位结构还适用于多科技术学院,第一级学位是多科技术学士学位,是以职业为导向的专业学位。2005 年 8 月,第二级多科技术学位的法案正式生效。

早在 20 世纪 90 年代中期,芬兰就把为学生颁发芬兰语和英语的双语文凭补充说明确定为大学和多科技术学院的法定义务。

2. 建立一个学分转换和积累系统

2005 年 8 月开始,欧洲学分转换系统(ECTS)正式取代芬兰原来的国家学分系统。ECTS 基本的计算方法是第一阶段为 180~240 个学分,第二阶段为

---

① 第三级的博士阶段是在 2003 柏林会议上增加的,从而形成三级的学位结构。

90～120 个学分,第二之后阶段没有学分要求。每个学分为 20～30 个课时。[2]
在旧学分系统里,一个学分大概需要 40 个小时的学习(包括讲座和其他形式的课程、练习、研讨会和在家或图书馆的自修)。在新的系统里,一个学年平均需要 1 600 个小时的工作量,等于 60 个 ECTS 学分。学生的工作量减少了,学习负担也相应减轻。新的学分系统还适用于多科技术学院。欧洲学分转换系统在本科和研究生教育的基础上,创立了一种简化的、可转换的和可比较的学位体系,从而促进了最广泛的学生流动,积极推动了芬兰与欧洲其他国家的教育一体化。

3. 建立科学的质量保障体系

卑尔根会议就教育质量保障、学生学位的国外认可等进行了国际评比,结果显示,芬兰在高等教育质量保障方面名列前茅。[3]

1995 年颁布的《芬兰高等教育评估会法规》以及 1998 年的修订法详细说明了芬兰高等教育评估会(FINHEEC)的职责:协助高等院校和教育部评估、参与高等教育和科研的国际合作,并为高校提供的专业课程进行评估和注册。

FINHEEC 的成员由教育部任命,而且其下设的两个分支委员会(多科技术学院认证委员会和职业课程认证委员会)都有学生代表,根据 FINHEEC 的多样化和透明化原则,学生代表参与到质量评估的不同阶段。有两名学生代表会参与计划制定与决策过程。在评估过程中,大部分学生的意见是通过问卷、面谈和研讨会的方式获得的。芬兰是签约国中少数几个把学生列为外部评估小组成员的国家之一。

北欧五国的高等教育一向有合作传统,20 世纪 90 年代,合作范围拓展到高等教育质量评估领域。芬兰是北欧高等教育质量保证网络的成员,该网络在评估方面提供讨论和交流平台。此外芬兰还是欧洲高等教育质量保证协会(ENQA)的一员。

《大学法(修订法)》规定芬兰所有大学必须评估其教育、科研和社会影响,并出版评估的结果。如赫尔辛基大学,每隔 6 年对大学的科研和教育进行评估。在内部评估上,赫尔辛基大学又自己开发了一套教育保证系统,并申报芬兰高等教育评估会,准备在 2007 年底接受检查。教育部的目标是芬兰所有的质量保证系统将于 2008 年底接受检查,因为质量保证系统的开发和接受检查是在 2010 年实现欧洲高等教育区的重要组成部分。

4. 促进人员流动和开发国际化课程

国际化是芬兰学位制度改革的趋势，从 20 世纪 90 年代以来，芬兰政府就极力推动芬兰教育与国际接轨，并把教育国际化列为芬兰发展的重大战略方针之一。

2001 年，由芬兰教育部任命的委员会为高等教育起草了《芬兰国际化发展策略报告》。报告提出芬兰的高校将与其他世界著名大学竞争优秀学生生源。委员会制定了发展目标：到 2010 年，芬兰将有 10 000～15 000 名留学生。为此，委员会提出若干发展措施：芬兰的学位结构和学分系统朝着更具国际可比性方向改革，同时开发更多的外语课程并保证教学质量；集中芬兰学术领域内比较优势的专业技能和知识开设留学生课程。

《芬兰大学学位法》和《大学法》（修订法）鼓励大学参与国际合作和开发联合学位课程。2004 年，芬兰教育部出台了《国际联合学位和双学位发展倡议书》。2005 年，芬兰高等教育协会等组织提出了《联合学位的计划和发展》。芬兰-俄罗斯跨边界大学（CBU）就是芬兰开发联合学位的一个例子，该大学的目的就是设立联合硕士学位课程，提高和深化芬兰和俄罗斯大学的教育合作。该合作由芬兰的一个执行项目"2003～2007 年芬兰、俄罗斯和国际合作"提供资金。另外，欧盟的伊拉斯漠尔计划也提供了 36 种联合硕士（Joint Master）的课程。[5]

除了欧盟的计划，芬兰还参与了大量的北欧教育合作计划并加强与世界其他国家的合作。2007 年春天，欧洲学位认可网（ENIC）及国家学位认可资讯中心网（NARIC）组织了关于中国和印度的高等教育系统研讨会。芬兰各高校将面向这两个重要的世界大国招收联合学位课程和其他国际项目的学生。这两个机构通过开展培训和组织国际研讨会，其目的，旨在促进高校开发联合学位课程。[6]

5. 加强科学研究合作与交流

部长们在柏林会议上首次提到欧洲高等教育区和欧洲科学研究区（European Research Area）是知识欧洲的两大支柱，强调科研和培训的重要性以及学科交叉在提高教育质量和竞争力方面的重要作用。"博洛尼亚进程"鼓励跨国界的科学研究和学生培养合作。重视科研的国际合作是芬兰优良的传统,芬兰不仅有充裕的科研资金和灵活的资金竞争机制,而且也允许科研人员、高校师生带着基金到国外作研究、访学。2005 年,芬兰的科研经费占国家 GDP 的3.5%。芬兰科学院在 2004 年与 26 个国家的 42 个科学研究基金组织建立了合作协议。根据这些协议,科学院拨款 170 万欧元用于支持科研人员的国际流动,474 名国外科研人员通过该项资助到芬兰作长期或短期的参观或研究,218位芬兰科研人员获得到国外工作的机会。另外,芬兰国际流动中心(CIMO)在2005 年提供了 844 个研究生学习和短期访学的奖学金名额。[7]

(三)芬兰高等教育政策调整的动因与经验

1. 芬兰改革背后的动因

"博洛尼亚进程"是欧洲高等教育一体化过程的一个关键的转折,其目标是建立欧洲高等教育统一区域。欧洲各国的教育部通过合作,一方面优化教育资源配置,降低了欧洲高等教育的总成本,另一方面也增强了欧洲高等教育的国际竞争力,巩固了欧洲的国际地位,为欧洲开拓国际高等教育市场和国际人才市场奠定了坚实基础。

芬兰有着世界首屈一指的基础教育和中等教育,居民接受高等教育的比例位居世界前列。从 20 世纪 80 年代开始,芬兰就积极改革高等教育,力求构建一个高质量的、具有国际吸引力的教育系统。1995 年芬兰就开始对学位结构进行改革,学位改革的目的在于提高芬兰高等教育国际化的程度。因此,早在1999 年初,教育部就曾宣称,从《索邦宣言》角度来看芬兰大学的学位系统是令人满意的,《索邦宣言》对芬兰高等教育系统是没有什么影响的。然而,一方面,在担任欧盟轮值主席国期间,为了促进欧洲一体化进程,芬兰必须在"博洛尼亚进程"中承担更多的义务;另一方面,20 世纪 90 年代初期的学位改革,让第一学位即学士学位在本质上成为一种中间学位,并没有成功地与国际接轨,与劳动力市场也没有多大关系,1995 年的学位改革还没有完全达到教育部的预期目的,所以芬兰政府在高等教育国际化方面还要继续进行改革。

面对高等教育系统的诸多问题,芬兰政府意识到必须借"博洛尼亚进程"的东风进行教育改革。[8]这些问题包括:第一,居高不下的辍学率。据芬兰大学生组织研究基金会的调查统计,1985 年、1988 年、1991 年共有近 4 万名大学生进入全国 20 所大学攻读硕士学位。5 年内完成学业取得硕士文凭者只有 20％,大约 50％的大学生在校学习 7 年之后才获得硕士文凭,25％的大学生则由于种种原因中断学业。[9] 第二,供需失衡。由于战后出生的那一代人现在已经到了退休年龄,目前芬兰的劳动力人口正在减少,国内劳动力短缺,各大学需要引进国外优秀生源;第三,招生的恶性竞争。芬兰拥有庞大复杂的大学入学考试系统,大学与多科技术学院之间存在着恶性竞争。

芬兰教育部态度的转变可以从相关文件看出"我们能接受欧洲教育政策的合作,是因为这有利于芬兰教育系统的发展,联合建立统一的欧洲目标与合作对我们很重要。"这也表明了芬兰对待欧盟的态度:强调欧洲合作是小国的发展策略之一。[10] 同时,芬兰也试图通过积极参与来影响"博洛尼亚进程",巩固芬兰在欧洲高等教育区域中的地位。参与"博洛尼亚进程"的目标是要合理改革芬兰庞大的、在地区和功能上的过度多样化的高等教育系统。

2. 芬兰改革的经验

事实证明,比起芬兰 20 世纪 90 年代的改革,"博洛尼亚进程"的确促使芬兰对其高等教育进行了更深刻、更彻底的改革。《大学法》(修订法)、《芬兰大学学位法》等一系列法律法规的出台表明了芬兰改革的决心和力度。卑尔根会议上,芬兰的教育部长哈泰南(Haatainen)认为:芬兰的改革进展迅速,芬兰也是签约国中少数拨专款以支持改革的国家之一。同时,芬兰的学生跟欧洲其他国家的学生相比,也更多地参与了改革。他进一步呼吁加快改革速度。[11] 可见,芬兰走在了改革的前列。芬兰成功的经验有 3 个特点:

(1) 基于本国特点的改革

芬兰教育部并没有盲目照搬"博洛尼亚进程"提出的全部建议,而是根据本国具体国情,出于对本国教育系统特点的政策考虑提出改革。学位改革并没有使芬兰完全放弃原来的学位制度,在学生获得硕士学位之后,学生既可以选择攻读博士学位,也可以选择在取得博士学位之前攻读副博士学位。教育部的目标是将副博士学位发展成为一种独立的、更具有职业导向的研究生学位,以供取得硕士学位并有相关工作经验的成人修读。另外,出于培养高级专业人才的考虑,多科技术学院可以为修读了相关课程的在职专业人员授予第二级硕士学位,满足芬兰就业市场对高级专业人才的需求。

（2）改革有步骤、重规划

芬兰的学位改革于 1999 年开始筹划,2002 年正式成立学位改革筹备工作组,到 2005 年才开始启动新的学位制度。因为将学士学位变成强制学位势必遭到国内学生会的反对,学生是不会放弃直接攻读硕士学位的优先权的,另一个问题就是雇主们是否会认可新的学士学位。基于上述原因芬兰教育部没有贸然改革,而是在作足了充分的调查和准备工作之后才正式启动新的学位结构。

（3）改革资金充足,有保障

在"博洛尼亚进程"中,各高校开展教学改革、会议、教学管理试验等一系列提高教学质量的活动将消耗高校大量的人力、物力和财力。芬兰是欧洲少数几个承诺提供给高校改革专项资金的国家之一,从而确保了高校不会为了推行改革而付出相应的代价——降低科研的质量。正是由于有了充足的资金,芬兰各高校才能顺利开展改革,提高自身的国际吸引力。

（四）改革引发的争议

"博洛尼亚进程"是自上而下的(top-down)的实践过程,其会议由各国教育部长参与召开,整个进程的改革也是由政府和官员主导,高校在"博洛尼亚进程"中的角色则比较被动。一开始,芬兰各高校是持怀疑态度的,因为他们认为"博洛尼亚进程"会削弱高校的自治权。在学位改革中,学术学位成为强制性学位并面向劳动力市场,但高校却并不愿意这样做,大学希望绝大部分人继续为获得硕士学位学习。但是,自从新的学位法颁布以来,大学不得不考虑到就业市场的需要而调节专业设置和课程设置。实行新的学制,就意味着学制的压缩,再加上实施统一的欧洲学分系统 ECTS,学分和学时的减少将直接导致文化类课程削减和实践类课程增加。这类产学结合的高等教育模式迎合了经济界参与共建高校课程的愿望。虽说大学教学、科研以及社会服务在商业上的价值兑现并不必然导致学术规范、学术伦理的沦丧,但过重的商业化倾向必然影响高等教育的质量。大学教授们对高等教育的市场化现象持批判态度。[12]学位改革引发的争议是:缩短学制是否降低了质量?

学者们还有另一种担心，就是"博洛尼亚进程"所提倡的一体化对芬兰不仅有正面的意义，也可能导致负面的冲击。芬兰如何在教育的一体化中保持本国教育的个性化？改革如何在两者之间保持平衡？因为目前欧洲急需的经济竞争需要各成员国保持自己课程方面的特性，开发具有"欧洲维度"的国际化课程实施起来也困难重重。在欧洲，各国的教育以及学校的课程存在很大的差异，当人们相互不了解时，可能还比较容易保持一种相互尊重的态度，而相互熟悉之后，不但不一定导致相互接受而且可能导致相互批评。[13]

如何既保持和丰富民族特色的教育传统，又能与世界高等教育共舞？芬兰是否将继续在"博洛尼亚进程"中扮演"领头羊"的角色，致力于建构统一的欧洲高等教育区域？芬兰在"博洛尼亚进程"中无论是正面的经验还是负面的教训，都给予我们启示和借鉴。

参考文献

[1] 李长华. 推进欧洲高等教育一体化的博洛尼亚进程[J]. 外国教育研究，2005，(4)：69—72.

[2] 袁东. 博洛尼亚进程：建立共同的欧洲高等教育空间[J]. 中国高等教育，2005，(17)：36—40.

[3] Bologna Process Stocktaking[R]. Report from a Working Group Appointed by the Bologna Follow-up Group to the Conference of European Ministers Responsible for Higher Education，Bergen，2005，(5)：19—20.

[4] 方展画，薛二勇. 高等教育质量评估中的学生参与——以北欧五国为例[J]. 教育研究 2007，(1)：66—71.

[5] From Berlin to Bergen[R]. General Report of the Bologna Follow-up Group to the Conference of European Ministers Responsible for Higher Education，Bergen 2005，(5)：19—20.

[6] Bologna Process：Template for National Reports：2005—2007 Finland. 2005—2007.

[7] http://www.research.fi/en/research-enviroments/researcher-mobil-

ity/,[2001—2—5].

[8]卢枫.国际竞争力来自成功的教育——芬兰的高等教育及国家策略[J].世界教育信息,2003,(5):4—8.

[9][10] Sakari Ahola, Jani Mesikammen, Finish Higher Education Policy and ongoing Bologna Process[J]. Higher Education in Europe. 2003(7):217—226.

[11] http://www. minedu. fi/OPM/Tiedottee/composite_news_bulletins/2oo5/may2005. html? lang=en,[2007—01—02].

[12]俞可.欧洲高等教青一体化进程初探[J].复旦教育论坛,2004,(1):72—78.

[13]陈学飞主编.高等教育国际化"跨世纪的大趋势"[M].福州:福建教育出版社,2002.119.

（本文发表于《比较教育研究》2008 年 1 期。作者马晓洁,时属单位为华南师范大学教育科学学院;作者李盛兵,时属单位为华南师范大学国际文化学院）

五、促进欧洲各国资格和文凭互认的"欧洲通行证"探究

2004 年 12 月 15 日,欧洲议会、理事会和欧洲职业培训发展中心(the European Centre for the development of Vocational Training,CEDEFOP)共同制定了能通行于整个欧洲的"欧洲通行证"(Europass)。该"欧洲通行证"是一个囊括欧洲高等教育和职业教育资格及文凭的单一框架。它由"欧洲通行简历"(Europass Curriculum Vitae)"欧洲通行语言护照"(the Europass Language Passport)"欧洲通行流动证"(The Europass Mobility)"欧洲通行补充证书"(the Europass Certificate Supplement) 以及"欧洲通行补充文凭"(The Europass Diploma Supplement)5 个部分组成。"欧洲通行证"的实施有利于增强欧洲各国资格和能力的互认程度,从而在尊重各国教育与培训特色的同时推动欧洲高等教育和职业教育一体化进程。"欧洲通行证"自实施以来取得了很大成效,据统计,已有 1 000 万公民浏览了欧洲通行证网站,500 万公民填写了欧洲通行简历,相关机构已发行了 9 万张"欧洲通行证",极大地促进了欧洲各劳动力市场人员的流动,简化了各类人员在异国继续学习的手续。[1]

(一)"欧洲通行证"产生和发展的过程

1998 年,欧洲委员会和欧洲职业培训发展中心联合建立"欧洲职业资格证书透明度论坛"(the European forum on transpraency of vocational qualifications),各国培训机构代表及社会合作者一起讨论资格证书透明度问题,并且制定了方便公民流动的"欧洲简历"(European CV)和"补充证书"(the Certificate Supplement)。后来"欧洲简历"发展成为"欧洲通行简历","补充证书"发展成为"欧洲通行补充证书"。

1999 年,欧洲议会、理事会和联合国教科文组织联合制定了"补充文凭"(Diploma Supplement),2003 年 9 月 19 日,在柏林召开的高等教育部长会议上,欧洲各国同意广泛使用"补充文凭",后来"补充文凭"更名为"欧洲通行补充文凭"。欧洲理事会还发展了"欧洲通行语言护照",并把它作为欧洲语言公文的一部分,在欧洲通用语言参考框架(the Common European Framework of Reference for language)的基础上记录公民的语言技能。1999 年,欧洲理事会决定实施"欧洲通行培训"(Europass Training),用来记录公民在国外工作的经历。2004 年"欧洲通行证"取代"欧洲通行培训",并在欧洲通行培训的基础上记录公民在国外学习的经历。

2002 年 11 月,欧盟各国教育部长和欧洲委员会在丹麦的哥本哈根召开会议,制定了对欧洲职业教育和培训有重要意义的《哥本哈根宣言》(the Copen-hagen Declaration)。该宣言旨在进一步加强欧盟各国在职业教育和培训方面的合作,强调通过利用信息工具和网络,把"欧洲简历"、"补充证书"、"补充文凭"和欧洲通用语言参考框架整合成一个单一的框架,增强职业教育和培训的透明度。[2]为完成这个任务,"技术工作小组"取代原来的"欧洲职业资格证书透明度论坛",建立了一个单一框架的模型。2003 年,社会合作者和各国教育与培训机构对此展开了广泛讨论,接着欧洲委员会向欧洲议会和欧洲理事会提交了有关提高资格证书和能力透明度的单一框架建议,该建议于 2004 年 12 月被欧洲议会和欧洲理事会采纳,"欧洲通行证"正式建立。[3]

(二)"欧洲通行证"的构成

"欧洲通行证"把几个反映公民学历、证书和能力的证明材料整合起来,方便公民在整个欧洲传递有关资格和能力的信息,更好地实现了在不同国家之间的职业流动。"欧洲通行证"由 5 部分组成:[4]

1. 欧洲通行简历(Europass Curriculum Vitae)

2002 年,"欧洲通行简历"代替原来的"欧洲简历",为公民系统、灵活地传递个人技能、职业资格以及相关的学术、专业成就等信息提供载体。"欧洲通行简历"作为"欧洲通行证"的主干部分,首先体现了系统性。"欧洲通行简历"主要包括六部分内容,除个人基本信息外,还写明工作经历、接受过的教育和培训以及所具有的各方面能力,如语言能力、组织能力、社会交往能力等。内容详细、明了,为用人单位提供系统性的参考依据。此外,"欧洲通行简历"的内容更加清楚地展示了各部门与"欧洲通行证"相关文件的对应关系,如教育和培训部门与"欧洲通行补充证书"或"欧洲通行补充文凭"之间的对应关系,从而显现了"欧洲通行简历"与其他"欧洲通行证"相关文件之间的关系,使公民的个人信息更加系统地在"欧洲通行简历"上呈现。其次,"欧洲通行简历"还体现了灵活性,如最后一栏的附加信息可以填写个人的兴趣爱好以及所获得的其他证书等,为公民充分地展示自己的能力和资格提供了自由的空间。同时,公民可以根据自身的情况删减栏目,进行选择性填写,使"欧洲通行简历"没有空白的栏目。尽管在不同国家有不同形式的简历,但"欧洲通行简历"已成为公民在欧盟各个国家求职或求学的标准文件,它有 22 种语言版本,为 31 个国家的雇主和雇员提供方便。

2. 欧洲通行语言护照(The Europass Language Passport)

语言是公民在欧盟各国学习和工作最基本也是最重要的工具,因此欧洲委员会把"欧洲通行语言护照"作为欧洲语言记录的一部分,用来描述公民的语言能力。"欧洲通行语言护照"的主要内容包括个人的基本信息和使用外语情况两部分。其中个人基本信息填写姓名、出生日期、母语和外语等资料;使用外语情况这一栏则要填在阅读、交流和写作等方面的自我评估以及获得语言方面证书和使用这种外语的经历等相关信息。[6]"欧洲通行语言护照"清楚地显示了公民所具有的主动技能(如说、写技能)和非主动技能(如阅读和听力),为另一国的用人单位提供有利信息,从而保证公民能顺利地与欧洲其他公民交流,为促进欧洲公民的职业流动扫除语言上的障碍。雇主可以根据"欧洲通行语言护照"所提供的信息,参照欧洲通用语言参考框架中使用的六种级别来衡量一个人在语言方面的掌握程度。

3. 欧洲通行流动证(the Europass Mobility)

"欧洲通行流动证"是记录公民在欧洲其他国家学习和工作经历的证书,目的是不分年龄和受教育水平让所有人都能在欧洲各国自由流动。"欧洲通行流动证"有 4 部分内容:① 证书持有者的信息,包括姓名、地址、出生日期、国籍和证书持有者的签名;② 证书颁发者的信息,包括颁发机构的名称、流动证的编号和颁发日期;③ 两个合作组织的信息,即签入组织和签出组织的名称、类型、地址、相关人员的姓名、职务、电话号码等信息;④ 流动经历的情况,即公民的流动目的、在流动过程中的活动、获得的证书名称、流动的规划以及持续时间等。"欧洲通行流动证"包含的信息充分详尽,既可以为用人单位提供很好的参考,又是跨国组织之间密切合作的有力凭证。

"欧洲通行流动证"的填写由国内和国外两个合作组织共同完成,这些合作组织包括大学、培训中心和企业。此外,为了方便"欧洲通行流动证"在各国使用,其使用的语言必须是合作双方都能理解的语言。"国家欧洲通行证中心"(National Europass Centre)是管理欧洲通行流动证的机构,它也是欧洲各国和欧洲经济区协调有关欧洲通行证各项活动的机构。[7]

4. 欧洲通行补充证书(the Europass Certificate Supplement)

"欧洲通行补充证书"是由职业资格证书颁发机构给那些已持有职业教育和培训证书的公民颁发的证书。它并不是代替原来官方的职业资格证书,而是在官方职业资格证书的基础上补充有利于证书流动的必要信息,从而能够更容易被国外机构和雇主承认。"欧洲通行补充证书"包括五个部分:一是证书的名称;二是娴熟的技能和能力;三是证书持有者的就业领域;四是证书的官方基础(这一信息体现了该证书的等级和有效性);五是官方承认获得证书的条件。以爱尔兰为例,首先是严格的入学条件,学生必须在 16 周岁以上,必须通过国家考试委员会(the State Examinations Commission)举办的低级证书考试;其次是法定的学徒制,它由职业教育与培训提供者以及企业联合举办,以预先制定的标准为基础分为 7 个阶段,4 个阶段由雇主进行在岗培训,3 个阶段由国家资助的培训中心或学校进行非在职培训。通过这个法定的学徒制培训公民能精通多个职业技能;再次是严格的认证过程,每一个阶段都要求成功完成,通过正式的评估方法对技能和知识进行评估,再对评估结果进行累计并授予高级技工证书。[8]这三方面可以保证证书的质量,使证书更好地获得官方的承认。

"欧洲通行补充证书"由职业资格证书颁发机构颁发。有些国家(法国、芬兰和挪威等)已经建立了国家欧洲通行补充证书的档案库,有些国家(英国、德国、西班牙和法国等)需要向该国的国家咨询中心(The National Reference Points)了解获得"欧洲通行补充证书"的途径。在欧洲经济区,国家咨询中心已成为整个欧洲网络的一部分并作为国家合作者与相关机构联系,提供有关职业资格证书方面的信息。[9]

5. 欧洲通行补充文凭(TheEuropass Diplo ma Supplement)

"欧洲通行补充文凭"由联合国教科文组织、欧洲理事会和欧盟委员会联合开发,颁发给那些有相应学历和文凭的高等教育机构毕业生。其目的是在一种规范的形式下证明学生所具有的能力水平,以利于各国间的理解和比较,增强欧洲各国高等教育,文凭的透明度和兼容性。它同样不是原来高等教育机构所颁发文凭的替代品,而是对原来文凭的补充说明。"欧洲通行补充文凭"的内容有八个部分:第一,文凭持有者的基本信息,包括姓名、出生日期和学号;第二,文凭信息,包括文凭名称和所授头衔、主要学习和研究领域、发证机构的名称和级别、学习管理机构的名称和级别以及教学和考试使用的语言;第三,文凭级别信息,包括文凭级别、修学年限和入学要求,其中的文凭级别就是文凭在授予国高等教育结构中的层次和地位,修学年限是指文凭的学习期限和学习任务量;第四,学习内容和成绩信息,即学习方式、学习要求、专业详情、成绩单和成绩等级以及总体等级。其中的学习方式包括全日制、工读交替制、远程教育等。学习要求是指获得文凭在课程、实践等方面的标准。总体等级是指最后所获得的成绩和荣誉;第五,文凭功能信息,即深造资格和职业资格,其中深造资格是指在文凭颁发国人们一旦获得文凭后是否有继续深造的资格,职业资格就是进入一个职业所具备的条件,为学生就业提供参考;第六,附加信息,包括文凭的性质、地位、用途以及该文凭的信息来源,如高等教育机构网站等;第七,补充文凭的认证信息,包括补充文凭颁发的日期、签发人、签发人的职务和签字;第八,国家高等教育系统的信息,主要包括高等教育机构的类型、文凭的框架和级别等,为文凭提供一个更为广阔的背景。[10]"欧洲通行补充文凭"是由那些具有学历和文凭授予权的高等教育机构颁发的。该补充文凭受到欧洲各国的普遍欢迎,奥地利、芬兰、瑞典等 17 个国家以立法的形式加以确认;在德国、希腊、荷兰等6 个国家也得到了广泛的推广和使用;英国、法国和西班牙等 5 个国家对此也表示支持。[11]

（三）"欧洲通行证"的作用及启示

1. "欧洲通行证"的作用

（1）精简认证程序，提高工作效率

在充分保证各国证书和文凭质量的基础上，"欧洲通行证"把几个反映公民学历、证书和能力的证明材料整合起来，构成一个单一的、透明的框架，使学生不必为了各项证明材料的认证四处奔波。此外，"欧洲通行证"有一个庞大的网络式服务系统，充分利用了信息工具和网络，对于一些简单的操作人们可以直接上网完成，从而简化了资格和能力的认证程序，减轻了认证机构的工作量，提高工作效率，降低了成本。

（2）尊重多样性，促进兼容性

欧洲政治经济一体化趋势不断加深，也日益波及到教育领域，从高等教育一体化不断扩大到职业教育一体化。尽管欧洲各国的教育与培训体系各具特色，但如果使各国的资格和能力能够相互对应并得到相互承认，那么即便在一体化浪潮中，也无需改变各国原来教育与培训的传统特色，也无需使所有欧洲国家的职业教育与培训模式趋于统一。这样做，既可以保证欧洲各国教育与培训的多样性，又可以在世界范围内提高欧洲教育和培训的吸引力。除了提高欧洲各国之间教育与培训的兼容性外，"欧洲通行证"还提高了欧洲高等教育和职业教育与培训之间的兼容性，使两者相得益彰，共同保证教育与培训的质量。

（3）优化资源利用，促进终身学习

"欧洲通行证"能让公民的技能和资格通过一种清楚的、透明的和综合的方式呈现，使不同国家的雇主和用人机构能够更加容易理解和接受，使拥有不同背景和不同经历的公民能在整个欧洲有学习和就业的机会，从而扩大他们的选择范围和就业领域，使教育资源得到更合理、更有效的利用。此外，"欧洲通行证"提高了欧洲各国教育与培训的透明度，方便欧洲公民在另一个国家学习和工作。并且，学习和工作经历可以在"欧洲通行证"上详细记录，有利于欧洲各国继续教育和培训工作的开展，使公民在欧洲任何一个国家都有接受继续学习和培训的机会，从而促进欧洲终身学习战略的实施。

2.“欧洲通行证”的启示

(1) 加强证书管理,提高证书的“含金量”

当前我国职业资格证书的种类繁多,如会计师、营养师、美容师、育婴师等证书多达上百种,颁证的部门和机构也很多,有国家级和地方级的,有专业的也有业余的。目前,我国各类职业资格证书虽然在提高劳动者素质,促进劳动者就业方面起了重要作用,但是也存在标准不统一、重复交叉、有名无实等问题。例如,片面追求证书数量而忽视证书的质量,认证不合理、不科学,认证人员业务不熟练,考核过程不规范、不严谨等。因此,相关部门必须加强证书管理,完善证书的考核制度,根治目前职业资格证书颁发过程中的混乱现象,精简认证机构的数量,规范认证机构的工作,提高认证人员的素质,从而保证证书的质量,提高其利用率。

(2) 统筹规划,提高资格证书在行业间的通用性

随着市场化的发展,人们择业时的自主性不断提高,“跳槽”已成为当今青年中的普遍现象。很多专业技术可以在不同的行业使用,但通常这些专业技术又会按照不同的行业被分割,使劳动者在行业间流动时出现重复考核、重复认证的问题,造成资源浪费,工作效率过低等现象。因此,证书的设定必须对各个行业的情况加以统筹考虑,提高证书在各个行业的通用性,简化证书的认证程序,促进各行业、各种证书之间的衔接,有利于劳动者从一个行业转到另一个行业。

(3) 加强区域合作,提高文凭和资格证书的认可度和互认度

面对经济全球化、教育国际化趋势,欧盟加快了成员国之间的教育交流与合作,“欧洲通行证”制度是欧洲各国教育合作的结果,同时它又为加强欧洲各国教育的交流与合作提供了平台,为成员国之间人员的自由流动创造了条件,促进了欧洲教育和培训的一体化,增强了欧洲各国教育的整体实力和竞争力。目前亚太地区各国虽然在政治、经济和教育等方面的合作日益增多,关系日益密切,但与欧洲相比差距甚远。因此,亚太地区国家有必要研究和借鉴“欧洲通行证”制度,通过开展区域合作提高亚太地区国家文凭和资格证书的认可度和互认度,提升亚太地区各国教育的整体实力和竞争力。

参考文献

［1］CEDEFOP. Eropass: a Key Tool for Citizen Mobility Brief ［EB/OL］. Cedefop briefing note, 2008. 3.

［2］The Copenhagen Declaration[R]. Declaration of the European Ministers of Vocational Education and Training and the European Commission, 2002. 11.

［3］CEDEFOP. The History of Europass ［EB/OL］. http://europass. cedefop. europa. eu/europass/home/botnav/Story. csp.

［4］CEDEFOP. Europass ［EB/OL］. http://europ. cedefop. europa. eu/europass/preview. action? locale-id＝1, ［2008—11—21］.

［5］The European Parliament and the Council of European Union. Europass Decision[J]. Official Journal of the European Union. ［2004—12—31］.

［6］CEDEFOP. The Europass Language ［EB/OL］. http://europass. cedefop. europa. eu/europasslhome/vemav/Europass ＋ language ＋ passport/navigate. action, ［2008—11—21］.

［7］CEDEFOP. The National Europass Centres[EB/OL]. http:// europass. cedefop. europa. eu/europass home/vemav/Information ＋ and ＋ ＋ Support/National＋Europass＋ Centres Inavigate. action, ［2008—11—21］.

［8］CEDEFOP. the Europass Certificate Supplement ［EB/OL］. http:// europass. ss. cedefop. europa. eu/europass/home/vemav/In formation On/Europass Certificate Supplement/navigate . action , ［2008—11—21］.

［9］CEDEFOP. The Europass Certificate Supplement ［EB/OL］. http://europass. cedefop . europa. eu/europass/home/vemav/In formation On/Europass Certificate Supplem ent. csp; jsessionid＝5C5EF599E7CFD599D79F8DE6CFF6A9E8. worker-portal-cms.

［10］CEDEFOP. The Europass Diploma Supplement ［EB/OL］. http:// europass. cedefop. europa. eu/europass/home/vemav/ Information On / Europass Diplom a Supplement / navigate. action , ［2008—11—21］.

[11] 汪利兵,阚阅.增强欧盟各国文凭公开性和透明度的尝试：欧洲文凭补充文件[J].全球教育展望,2003,(12)：53—56.

（本文发表于《比较教育研究》2009 年 10 期。作者吴雪萍、张科丽,时属单位为浙江大学教育系）

六、博洛尼亚进程的最新进展与未来走向

1999 年 6 月,欧洲 29 国教育部长在意大利博洛尼亚共同签署了《博洛尼亚宣言》,要求加强欧洲范围内的高等教育合作,到 2010 年建立一个统一的"欧洲高等教育区",实现欧洲高等教育的一体化。2009 年 4 月,加入博洛尼亚进程的 46 个成员国负责高等教育的部长齐聚比利时鲁汶,对博洛尼亚进程已经取得的成果进行评估,分析了博洛尼亚进程各个项目的进展情况,并确立了欧洲高等教育区未来 10 年的优先发展计划。

(一) 博洛尼亚进程的最新进展

为了进一步推动欧洲高等教育一体化进程,博洛尼亚进程各成员国商定 2010 年前每两年举行一次部长级会议,当次会议要对前两年的工作进行评价和总结,讨论决定下一个两年的优先工作计划并发布相关公报。[1]根据博洛尼亚进程第 6 次部长级会议——鲁汶会议上发表的《鲁汶公报》和《2009 年博洛尼亚进程评估报告》(简称《评估报告》),博洛尼亚进程各项具体项目都取得了一定的进展,为建成统一的欧洲高等教育区奠定了基础。

1. 区域一致的三级学位制度继续发展

实施统一的学士-硕士-博士三级学位制度是欧洲高等教育一体化的重要内容,为学历和资格互认、人员流动和毕业生就业创造了条件。过去欧洲各国高等教育学位制度各不相同,但在博洛尼亚进程的推动下,各成员国为实现区域一致的学位制度在政策和实践方面都作出了努力,在欧洲高等教育区各成员国高等学校中全面实施三级学位制度只是时间问题。

《评估报告》包括"一、二级学位的实施"、"高一级学位的申请与通过"、"国家资格框架的实施"三个指标评估学位制度的进展。"一、二级学位的实施"这一指标主要评价进入博士学位以下课程学生的比例。至 2009 年鲁汶会议召开之时,在博洛尼亚进程 48 个成员国家和地区①中,按照博洛尼亚进程的原则要求注册一二级学位(学士-硕士)课程计划的学生比例,超过 90% 的成员有 31 个,70%~89% 的成员有 10 个,50%~69% 的成员有 3 个,25%~49% 的 3 个,低于 25% 的只有俄罗斯 1 个国家。[2]"高一级学位的申请与通过"这一指标主要评价学习博洛尼亚进程学位课程计划的学生是否可以申请攻读高一级学位,亦即各级学位的衔接问题。《评估报告》显示,欧洲高等教育区内有关高一级学位的申请与通过情况比较乐观。从国家的法律上看,高一级学位的申请在各国都已经没有障碍。从具体的高等教育政策和实施情况来看,48 个成员中有 42 个成员国家和地区一、二级学位的衔接已经没有障碍,而且二级学位至少能与三分之一的三级学位(博士学位)项目无障碍衔接。但是,仍有一些国家规定,修读博洛尼亚进程学位课程的毕业生如要申请攻读高一级学位,仍需要参加指定的考试,选修一定的课程或具备一定的工作经验。在个别国家甚至存在着两种学士学位,两种学位都达到了第一级学位的要求,但只有获得某一种学位的毕业生才可以毫无障碍地申请攻读高一级学位。[3]"国家资格框架的实施"情况不太乐观,只有 12 个成员国已经制定了国家资格框架,并已经全面实施或开始实施;有 27 个国家已经有了一个关于国家资格框架的建议,但还没有启动或完成讨论和征求意见程序;有 9 个国家虽然已经启动国家资格框架工作,但是仍然没有时间表。[4]与 2007 年相比,2009 年,更多的国家把博士学位纳入国家资格框架之中。大多数国家认为,3 年应该是博士学位的正常学制,但一些国家认为,完成博士学位一般需要脱产学习 4 年。有两个国家仍然保留着"古老的"两年制的博士学位课程。在各国博士生培养计划中,博士生的知识运用能力和跨学科研究水平都备受重视。

---

① 到 2009 年,博洛尼亚进程的成员国为 46 个。《2009 年博洛尼亚进程评估报告》中的统计总数为 48 个国家和地区,是因为英国分别以英国—英格兰北爱尔兰和英国—苏格兰,比利时分别以比利时-法语区和比利时-佛兰芒语区分地区进行评估。

2. 内外部双管齐下推动质量保障制度的实施

在激烈的国际竞争中高等教育质量保障制度的实施对于促进欧洲高等教育一体化、增强欧洲高等教育的整体实力具有至关重要的作用。到目前为止，所有的博洛尼亚进程成员国家和地区都已经引入了外部质量保障制度，几乎所有的国家和地区都公布了外部评价的结果以及采取的后续措施。根据《评估报告》，33 个国家和地区已经建立了功能齐全的全国性高等教育外部质量评价制度，并在各级各类高等教育中实施。这些国家外部质量保障体系包括自我评估、外部评价、公布考评结果、采取后续措施等几个重要环节，同时还采用或即将采用同行评议。另有 14 个国家外部质量保障体系包括自我评估、外部评价、公布考评结果、采取后续措施 4 个重要环节当中的 2 个，但没有采用同行评议的计划。只有波黑虽然完成了有关质量保障的立法工作，但还没有实施。[5]

邀请国际力量参与质量保障体系，是博洛尼亚进程建立国家质量保障体系的一项重要工作。根据《评估报告》，在 16 个国家和地区，国际力量已经参与到了高等教育外部质量各个方面的工作，主要包括：参与国家质量保障机构的管理；参与对质量保障机构的外部评价；担任高等学校或高等教育项目外部评价小组的成员或观察员；担任欧洲高等教育质量保障联盟（ENQA）或其他国际质量保障网络联盟的成员。剩下的国家和地区，有 30 个采用上述 1～2 种方式引进了国际力量参与高等教育质量保障工作，只有马耳他和阿塞拜疆两个国家仍然没有邀请国际力量参与高等教育质量保障工作。[6]

虽然高等教育质量保障的外部评价机制对于帮助高等学校发现问题、解决问题、提高教育质量具有重要的作用，但是高等学校的内部质量保障工作却是确保高等教育质量的重中之重。《评估报告》显示，21 个国家和地区的所有高等学校建立了内部质量保障体系，20 个国家和地区的大多数高等学校建立了内部质量保障体系，6 个国家的一部分高等学校建立了内部质量保障体系，只有 1 个国家的高等教育机构没有建立任何内部质量保障体系。[7]建立内部质量保障体系的常见做法是，按照学科设立由教师和学生共同参加的委员会，通过自我评估、学生评议、雇主评议和同行评议等方式开展内部质量保障工作。

学生是高等教育的最直接的利益攸关者，高等教育的质量好坏与学生的学习效果和未来发展息息相关，因此，高等教育质量保障工作中的学生参与问题普遍受到各国重视。《评估报告》从下面5个方面考察质量保障中的学生参与：参与国家质量保障机构的管理；以专家组成员或观察员身份参与高等学校或高等教育项目的外部评价；参与外部评价的咨询工作；参与内部评估；参与自我评估报告准备工作。《评估报告》显示，学生可以用上述5种方式参与质量保障的成员国有19个，学生可以用其中4种、3种、2种方式参与质量保障的成员国分别有16个、7个、4个；只有马耳他和斯洛文尼亚的学生没有参与或者只有1种方式参与质量保障。[8]

3. 区域内统一的学分、资格和学历互认

"欧洲高等教育区"的建设和欧洲高等教育一体化的发展，必然要求"欧洲高等教育区"内各成员国家和地区互相认可彼此的学分、资格和学历。只有在互相认可学分、资格和学历的情况下，人员的流动和毕业生的就业才能畅通无阻，区域内的各项交流工作才能顺利开展。

从1999年博洛尼亚进程开始实施以来，《欧洲学分转换和累积制度》随即开始实施。近10年，《欧洲学分转换和累积制度》的实施在各国都取得了一定的进展，但各国的具体情况不同，实施进度不一。到2009年，欧洲高等教育区内已经有21个国家和地区的所有高等教育课程计划中都实施了《欧洲学分转换和累积制度》，承认欧洲高等教育区内各成员所授予的学分并可以进行转换和累积；在18个成员中，75％以上的高等教育课程计划都实施了《欧洲学分转换和累积制度》；在7个成员中50％～75％的高等教育课程计划实施了《欧洲学分转换和累积制度》；只有在安道尔和德国，认可其他所授予学分的高等学校低于50％。与2007年相比，欧洲高等教育区学分互认工作取得的显著成效主要在于，1/3的成员将所获学分与学习结果相结合起来。[9]

《欧洲学分转换和累积制度》是促进博洛尼亚进程各成员学分互认的指导纲要，《欧洲地区高等教育资格认可公约》(简称《里斯本公约》)的出台和认可则是各成员实现资格互认的基础性文件。截止2009年鲁汶会议，博洛尼亚进程的绝大多数成员都已经签署了《里斯本公约》，这为促进各成员间的资格和学历互认创造了良好的环境。《评估报告》显示，博洛尼亚进程的成员中已经有35个国家和地区在立法方面建立了与《里斯本公约》相一致的法律框架，而且后续的说明文件也在相关的法律法规中得到了认可和采用。在这些国家和地区，下

面 5 项基本原则都得到落实：申请者拥有被公正评价的权利；如无实质性的差异学历将被认可；如不认可学历，相关权威机构将会发布相关信息；国家保证公布有关教育机构和教育计划的信息；已经建立国家教育信息中心。另外还有 8 个成员国不同程度地履行了《里斯本公约》的上述基本原则。尽管大多数成员已经在为落实《里斯本公约》的各项原则而努力，但仍有 5 个国家和地区（比利时-法语区、比利时-佛兰芒语区、希腊、意大利和斯洛文尼亚）尚未批准《里斯本公约》。[10]

在推进各项资格和学历互认工作的过程中，《文凭说明书》作为一种透明化措施发挥着重要的作用。自 2005 年以来，博洛尼亚进程各成员国承诺为所有的高校毕业生提供《文凭说明书》，以便于他们在欧洲地区继续接受高等教育和就业。到 2009 年为止，26 个成员能自动且免费为所有毕业生提供《文凭说明书》，9 个成员可以在毕业生要求的情况下提供，11 个成员只向部分毕业生或部分专业的毕业生提供。另外，阿塞拜疆和乌克兰两个国家尚未开始《文凭说明书》的发放工作。事实上，在一些国家和地区，学生对于《文凭说明书》的发放工作尚不了解，很多人在毕业时都没有提出相应要求。[11]

鼓励终身学习是推进欧洲高等教育一体化、建设知识型欧洲的一项重要工作，对先前学习的认可则是鼓励终身学习过程中的重要一环。在"欧洲高等教育区"内，各国对先前学习的认可工作步调不一致。《评估报告》显示，到 2009 年为止，只有 19 个国家和地区建立了全国性的对先前学习成果进行认可的程序，出台了相关的评估政策并全面实施；4 个国家和地区虽然出台了全国性的认可的程序和政策，但没有全面落实；9 个国家和地区虽然出台了全国性的认可程序和政策，但还没有落实；10 个国家和地区还在探索和实验对先前学习成果进行认可的程序和政策；阿尔巴尼亚、安道尔、塞浦路斯、摩尔多瓦、斯洛文尼亚和土耳其还没有任何对先前学习成果进行认可的程序和政策。[12]

博洛尼亚进程经过了近 10 年的发展，各成员之间的合作更加密切。10 年来，大多数国家修改了法律法规以使联合学位的颁发和认可合法化，到 2009 年，估计开设 2 500 个联合学位课程计划。《评估报告》显示，在四分之一的成员国中，50％以上的高等学校设有联合学位课程计划，但是约有一半的国家仅有不到 25％的高等学校设有联合学位课程计划，五分之一的国家根本没有联合学位课程计划。现在,各个国家和地区正在采取措施,鼓励高等学校积极参与合作,如对联合培养项目给予经费支持,推广成功经验,发放工作手册,等等。[13]

(二) 博洛尼亚进程存在的主要问题与未来走向

经过 10 年的发展,博洛尼亚进程在各方面都取得了一定成效,但是离建成统一的"欧洲高等教育区"还有一定距离,还面临着一些严峻的挑战和亟待解决的问题。

1. 博洛尼亚进程面临的挑战

2009 年 4 月,刚刚召开的鲁汶会议发表的《鲁汶公报》分析了博洛尼亚进程面临的挑战:

（1）知识型欧洲建设

1997 年底,欧盟发表题为《走向知识型欧洲》的报告,确立了建设知识型欧洲的目标,强调为实现经济的知识化加强欧盟的教育、培训,提高人才质量。2000 年 3 月里斯本理事会以后,知识型欧洲成为欧洲高等教育区的首要目标。《鲁汶公报》指出:从现在到 2020 年的 10 年里,欧洲高等教育必须为建立具有高度创造和创新能力的知识欧洲作出重要贡献;面临着人口老龄化的严峻挑战,欧洲要想取得成功,就必须最大限度地提高全民素质,充分发挥全民才智,全面促进终身教育,扩大高等教育的参与度。

（2）全球化以及科技的高速发展

《鲁汶公报》指出:欧洲高等教育面临着全球化以及科技的高速发展带来的机遇和挑战,新的教育机构、新的学习者和新的学习方式将不断涌现,高等学校必须推进以学生为中心的学习方式和人员的流动,培养学生适应不断变化的劳动力市场的能力,使他们成为积极的、有责任感的公民。

（3）全球金融危机的威胁

《鲁汶公报》指出:目前整个欧洲面临着全球金融危机的威胁,为了促进经济的恢复和可持续发展,必须将高等教育的公共投资列为最为重要的优先发展计划,建立灵活且充满活力的欧洲高等教育体系,在各个层次上大力推进教学和科研的结合,充分发挥高等教育的核心作用,推进社会和文化的发展。

2. 博洛尼亚进程存在的主要问题

面对各种新的挑战,博洛尼亚国家在推进欧洲高等教育区建设方面仍然存在着一些亟待解决的问题。

(1)国家资格框架进展缓慢

根据目前的情况来看,之前提出的 2010 年全面实施国家资格框架的计划将无法实现。许多国家的资格框架工作才刚刚起步,还有一些国家和地区的资格框架工作还没落实到高等学校层面,要真正将《欧洲高等教育区资格框架》的实施与各国的国家资格框架相结合,促进各成员的资格互认还需要一段时间。《评估报告》指出:"一些国家表示,它们虽然在制定和落实高等教育资格框架方面取得了很大进展,但难以在 2012 年、2013 年或 2015 年之前完成实施工作。"[14] 2007 年的评估报告曾经建议,各国加强资格框架与学习结果、欧洲学分转换和累积制度的衔接,但成效不大,许多国家仍然在分别推进各项行动。有些国家并行不悖地实行两套资格框架,但不同学位毕业生进入高一级学位课程的条件不同,也影响着国家资格框架的实施。

(2)对先前学习结果的认可有待加强

当 2007 年评估报告引入对先前学习结果的认可时,大多数国家对先前学习结果的认可还处于早期发展阶段。但是,两年来情况并没有多少好转。首先大家对先前学习结果认可的认识有很大差距,一些国家认为,所谓认可就是在每一级教育招生时评价学生先前的任何正规教育情况,也有个别国家仅把认可限定在非正规教育和非正规学习上。其次,政策不健全或落实不力。有些国家,虽然在实践中可以对先前学习结果进行认可,但没有全国性的认可办法和指导原则。一些国家,国家政策对先前学习结果的认可有着明确的规定,但是政策并没有实施。即使在已经制定有关政策的国家,许多人也不太清楚他们可以要求评价和承认他们先前的学习结果。

(3)内部质量保障体系建设落后

从质量保障体系建设来看,各国的外部质量保障体系建设进展比较快,但内部质量保障体系建设要缓慢得多。虽然许多国家在课程计划审定、信息出版多方面取得了较大的进展,但是如何根据课程计划的培养目标制定测量学习结果的标准以及有关的评价方法,是许多国家感到最困难的问题。有些国家把学习结果等同于课程计划的培养目标,结果无法评价学生的发展。有些国家甚至仍然认为,所谓内部质量保障体系就是为外部评价撰写一个自评报告。从 2007 年伦敦会议以来,邀请学生参与质量保障工作的国家和地区越来越多,但是学生通常只以观察员的身份参与一些评估工作,很少有机会参与到准备自我评估报告和开展后续工作等环节。

（4）毕业生就业状况有待改善

在全球金融危机的影响下,毕业生特别是学士学位获得者的就业问题逐渐引起了更多人的关注。从博洛尼亚进程成员国总体情况来看,学士学位获得者的就业状况差别很大:在传统上有学士-硕士学位制度的国家,毕业生就业没有遇到特别的问题;在没有学士-硕士学位制度传统的国家,有的国家劳动力市场开始接受学士学位获得者,但有些国家则完全排斥他们。随着学士学位获得者数量不断增长,如何为他们设计就业渠道并提高他们的就业能力,是一个亟待解决的问题。

（5）教育公平

《评估报告》显示,虽然所有成员国都已经采取一些行动来促进高等教育的公平参与,而且取得了实质性成效,但是社会经济地位低下的学生、移民和少数民族学生、残障学生、业余学生、取得国外文凭的学生和女生的入学机会仍然偏少。

3. 博洛尼亚进程的未来走向

2009 年 4 月鲁汶会议上发布的《鲁汶公报》,肯定了 2005～2007 年间博洛尼亚进程取得的进展,同时在《评估报告》的基础上制定了未来 10 年的优先计划,指出了博洛尼亚进程的未来走向。

（1）提供平等的入学和毕业机会

《鲁汶公报》强调,高等教育的学生团体应该反映欧洲人口的多样化,博洛尼亚成员国应该为人们提供接受优质教育的平等机会。《鲁汶公报》要求各成员国都要为下一个 10 年设立可衡量的目标,改善弱势群体学生的学习环境,清除所有阻碍学习的障碍,为他们的升学和就业提供充足的条件,增加弱势群体接受高等教育的机会。

（2）促进终身学习

《鲁汶公报》强调,政府机构、高等学校、学生、雇主和雇员等各方面应密切配合,保证终身教育的可获得性及其教育质量,保证信息的透明度。为了使人们通过灵活的学习渠道获取资格,各成员国应该制定认可先前学习成果的基本原则和程序,同时制订和落实国家资格框架,争取到 2012 年时完全实施国家资格框架,并在《欧洲高等教育区资格框架》的指导下为实行自我认证做好准备。《鲁汶公报》还提倡学习计划与工作安排相结合,鼓励在职学习。

（3）提高毕业生的就业能力

《鲁汶公报》强调,高等教育要使学生具备丰富的知识、先进的技能,提高他们的就业能力,使他们能够在不断变化的劳动力市场上充分把握机会。高等学校要大力推进以改善学习结果为目的的课程改革和以学生为中心的学习方式,以国际化为导向,不断提高学生的学习成效。高等学校应该在确保教学质量的基础上,大力推动科学研究,培养学生的创新意识和创造力。高等学校应与各国政府、相关部门、雇主一起完善相关规定,为在校学生和已经毕业的学生提供与就业相关的、更好的指导服务。

（4）扩大国际开放和人员流动

《鲁汶公报》号召欧洲高等学校进一步国际化,积极参加可持续发展的全球合作。《鲁汶公报》指出,整个欧洲应该联合行动,增强欧洲高等教育的吸引力和开放性,参与全球范围内的竞争,并通过博洛尼亚政策论坛等渠道加强与世界其他地区的政策对话和合作。《鲁汶公报》要求各国通过联合学位、联合课程和留学生项目促进学生流动,到 2020 年至少 20％的欧洲高等教育区毕业生有出国学习或培训的经历;[15]同时要吸引高水平的教师和研究人员,并完善政策和法律,确保流动人员的社会保障,实现养老金的可转移。

（5）寻找新的、多样化的资金来源和融资方式

鉴于越来越多的人期望高等学校能够承担更多社会责任,《鲁汶公报》呼吁各成员国把公共经费作为保证入学机会均等和高等学校可持续发展的重要前提,努力寻找新的、多样化的资金来源和融资方式,增加高等教育投入。

此外,《鲁汶公报》还要求各成员国改进数据收集工作,加强对社会维度、就业能力、人员流动议程以及其他政策方面所取得进展的监测,为评估和标准检

查奠定基础;同时完善信息机制,采取多维度的透明化措施,在可比较的数据和恰当的信息的基础上推进博洛尼亚进程各项优先行动计划。

2010 年即将到来,博洛尼亚各成员国已经认识到原先制订的目标将无法如期实现。为了全面落实博洛尼亚进程的各项具体工作,进一步推进欧洲高等教育一体化,实现建立统一的"欧洲高等教育区"的目标,博洛尼亚进程将于2010 年 3 月 11～12 日在奥地利维也纳和匈牙利布达佩斯举行博洛尼亚进程部长级会议,检讨《博洛尼亚宣言》目标的实现情况;下一届常规部长级会议将于 2012 年 4 月 27～28 日在罗马尼亚布加勒斯特召开,之后还将分别于 2015年、2018 年、2020 年举行部长级会议。

参考文献

[1] The Bologna Declaration of 19 June 1999[EB/OL]. http:// www. bologna-berlin2003. de/pdf/bologna-decl aration. pdf,(1999—06—19)[2009—7—20].

[2][3][4][5][6][7][8][9][10][11][12][13][14] Bologna Process Stocktaking Report 2009[EB/OL]. http://www. ond. vlaanderen. be/hogeronderwijs/bologna/conference/doc-uments/Stocktaking-report-2009-FIN AL. pdf,(2009—04—29)[2009—06—20].

[15] The Bologna Process 2020—The European Higher Education Area in the New Decade[EB/OL]. http://www. ond. vlaanderen. be/hogeronder-wijs/bologna/conference/documents/Leuven-Louvain-la-Neuve-Coimnuniqu6-April-2009. pdf,(2009-04—29)[2009—06—20].

(本文发表于《比较教育研究》2009 年第 10 期。作者刘宝存,时属单位为教育部人文社会科学重点研究基地北京师范大学比较教育研究中心、北京师范大学国际与比较教育研究院)

七、多层治理视野下的欧盟教育政策形成机制研究①

多层治理的核心要义就是强调在欧洲一体化的进程中,权威和对决策的影响已经被超国家的、国家的、次国家的多层机构所分享。在这个过程中,成员国中央政府失去了一部分"以前在其各自领土内对于个人的权威性控制",形成了一种上有欧盟机构协调管理、下有多种利益集团广泛参与的治理体系。[1]多层治理可以描述和解释欧盟政治的多层次性和复杂性,所以是笔者选择多层治理作为审视欧洲一体化背景下的欧盟教育政策形成机制的主要理论视角。

一般来说,在欧盟的政策形成过程中,欧洲理事会、欧盟理事会、欧洲议会、欧盟委员会、欧洲法院、经济与社会委员会以及地区委员会是其主要的政策参与主体。这几个欧盟主要机构的代表来源各不相同。一般认为,欧盟委员会、欧洲议会和欧洲法院是主要代表欧盟整体利益的机构,即它们主要在超国家层面上考虑欧盟的教育政策;欧洲理事会和欧盟理事会是欧盟的政府间机构,主要代表成员国层面的教育利益;欧盟的经济与社会委员会主要代表欧盟"有组织的公民社会"(Organized Civil Society)的利益;地区委员会主要代表欧盟的区域或地方管理机构,即次国家层面的教育利益,它们对欧盟有关教育领域的政策具有提供咨询的义务。由于欧盟几个主要政策参与机构在代表利益方面已形成的固有差别,使得我们在分析欧盟教育政策的形成机制时往往需要从超

---

① 关于参与到欧盟教育政策形成过程中的主要机构的性质、职能及其内部工作机制主要参考了欧盟官方网(http://europa.eu/index-en.htm)站提供的信息。

国家、国家、次国家三个层面综合加以审视,才能较为全面地分析每个政策机构在教育政策形成的过程中各自所扮演的角色,并评判其得失。

(一)多层面的欧盟教育政策形成机制

1. 超国家层面的欧盟教育政策形成机制

一般认为,欧盟委员会及其下设的教育与文化总司、欧洲议会及其下设的文化与教育委员会、欧洲法院是主要在超国家层面上考虑欧盟的教育政策。欧盟委员会在欧盟体系中处于核心地位,既是欧盟决策的重要参与机构,也是欧盟政策的主要执行机构。

欧盟委员会与教育相关的政策主要由教育与文化总司负责起草。其大致的程序是,如果欧盟委员会认为需要对推进欧洲终身教育发展和完善进行立法,那么教育与文化总司将根据需要,在与欧盟成员国的教育部门、欧盟委员会相关总司以及有关教育组织协商咨询的基础上,起草一份议案,并提交法律处审核,以保证其符合欧盟条约的精神并与现有的法律相一致。"负责在欧盟委员会内部进行协调的是总秘书处,它要保证在草案提交给欧盟委员会委员前,已经在有关总司和服务中心进行了咨询"。[2]一旦草案准备充分,就会被列入下次委员会的会议议程。在会议上,负责教育事务的委员可以提出教育与文化总司草拟的立法议案,然后由欧盟委员会所有委员集体决定。如果在 27 位委员中有至少 14 位委员赞成该议案,则委员会就会采纳该议案,并且同时获得整个委员会的无条件支持。该议案随后将被送到欧盟理事会和欧洲议会,提请审核。实际上,"草案通过总秘书处送达其他委员的内阁时,内阁之间的协调便开始了,在各个内阁负责人之间达成一致意见后,草案便进入正式的写作程序,这即意味着委员们已不需要正式讨论即可通过。最终交到欧盟委员会委员每周例会上去讨论的问题都是最重要的、政治性最强的、引起争议的、潜在可能性最大的问题"。[3]就目前欧盟委员会关于教育问题的立法议案来看,几乎都不太涉及所谓"政治性强、引起争议的潜在可能性大"的问题,因此由此推断,关于欧盟教育政策的提案可能往往并不需要拿到欧盟委员会的每周例会上讨论,即可获得委员会内部的通过。

欧洲议会由欧盟公民选举产生,代表欧盟公民的利益,是欧盟的立法机构。

当前,该委员会在参与欧盟教育政策制定方面的关注范围与欧盟当前力主推进的教育改革紧密相关,主要包括:推动欧洲高等教育区、欧洲学校系统和终身学习体系的建立,促进欧盟与第三国在教育领域的合作以及与国际组织的联系。文化与教育委员会的成员构成包括1位委员会主席、4位副主席、若干委员(Member)和代表(Substitute),他们来自7个不同的欧洲议会党团。由欧盟委员会提交到欧洲议会的相关教育法案在其内部的审核机制如下:首先,与教育相关的立法提案被送往议会下设的文化与教育委员会,该委员会委托一名起草人进行研究工作,草拟出一份报告。报告在委员会内部得到通过后,即交付议会讨论,并由起草人作为委员会的主要发言人在欧洲议会的全体会议上就该报告作有关说明。文化与教育委员会必须对提案在立法上的正当性和合适性进行检查,若发现该提案与欧共体的立法基础有不符合之处,该委员会须在咨询欧洲议会的法律事务委员会以后,将此情况报告议会。[4]其次,议会举行群体会议审核教育立法议案,并对修正案在形成文本决议前进行投票表决。

欧洲法院是欧盟的最高法院,是欧盟法律的"执行者、捍卫者以及主要的司法解释者"。[5]欧洲法院的法官来自欧盟成员国,每个成员国1名。欧盟关于教育领域的决策、法案在形成过程中一般不需要经过欧洲法院的裁决,但如果欧盟各主要机构对其有分歧,则可以通过诉诸欧洲法院来解决。例如,欧洲法院在20世纪80年代中期对格拉威尔案(Gravier Case)的判决结果就"使得欧共体的学生享有平等进入各成员国对尊重和保障这种权利负有相应的责任"。[6]同时,"有学者认为'格拉威尔判例'对欧共体理事会决定采取欧共体委员会提出的'伊拉斯漠计划'有直接的影响"。[7]由此可以看出,欧洲法院关于教育案件的司法判决填补着欧共体基础条约及二次立法中关于教育政策的漏洞和解释不足,某种意义上,创设了欧盟关于教育领域的新的法律规范和法律原则。

2. 国家层面的欧盟教育政策形成机制

一般认为,欧洲理事会和欧盟理事会是欧盟的政府间机构,主要代表成员国层面的教育利益。

欧洲理事会主要由欧盟成员国各国元首或政府首脑以及欧洲理事会和欧盟委员会的主席组成。欧洲理事会在欧盟教育政策形成过程中主要起政治引领的作用。例如,欧洲理事会曾指出,为实现"知识型社会",必须将教育置于优先发展的战略地位;同时,必须将教育置于欧盟行动的前沿地带。因此,欧洲理事会号召教育部长理事会和欧盟委员会在尊重各国多样性的基础上,聚焦共同关心的问题,制定具体的教育目标,以推进欧洲各国的教育改革与合作。[8]

　　欧盟理事会是欧盟主要的决策机构,欧盟理事会主席每 6 个月由欧盟成员国轮流担任。在现有的 10 个部长理事会中负责教育事务的理事会是教育、青年与文化理事会(Education,Youth and Culture Council),它的主要参加者就是各欧盟成员国负责教育、青年与文化事务的部长。这些部长代表政府,在欧盟理事会这个政治舞台上的激烈博弈所期望的不仅是扩大国家间共同教育利益的交汇点,而且希望利用欧盟所具有的某些超国家的特性实现靠单个国家的力量无法实现的国家利益,尽可能地争取本国教育利益的最大化。教育、青年与文化理事会每年召开 3～4 次会议,除了文化事务采用"一致通过"(Unanimity)的表决机制以外,"其他事务均采用有效多数表决制"①(Qualified Majority Voting)。附设在教育、青年与文化理事会下设的委员会的"主要任务是讨论来自欧盟委员会'教育与文化总司'的政策建议,并向常驻代表委员会内部的专家委员会和工作小组汇报工作,为教育部长理事会会议作准备工作"。

　　3. 次国家层面的欧盟教育政策形成机制

　　次国家层面强调的是欧盟成员国的地方政府以及各种利益集团在欧盟教育政策形成过程中的影响。与之相应,在欧盟的政策参与机构中,地区委员会和经济与社会委员会常常被看作是欧盟成员国的地方政府以及各种利益集团的代表。它们对欧盟政策形成过程的参与,打破了成员国对国内事务的垄断权,"在欧盟与国家两层对话机制间加入了新的对话层次"。[9]

　　地区委员会是欧盟的咨询机构,其代表来自欧盟各成员国的某个地区或地方,他们往往是其所在城市或地区的经选举产生的政治家,而且常常是地区政府的领导人或市长。欧盟委员会和欧盟理事会必须就与地方和地区当局利益

---

　　① 有效多数表决制是当前欧盟理事会在多数政策领域进行表决时所采用的一种特殊的表决机制。一些特别敏感的领域,如欧盟共同外交和安全政策、税收政策等方面除外。有效多数要求:多数欧盟成员国(有时是 2/3 的成员国)赞成,同时获得至少 255 张,即占总票数的 73.9%(总票数是 345 票)的赞成票。另外,成员国可以请求核实赞成票是否代表了至少 62%的欧盟总人口,如果核实有误,则该决议将不会被采纳。

直接相关的议题(包括教育政策议题)咨询地区委员会,地区委员会有义务将自己的观点和意见告知欧盟委员会、欧盟理事会或欧洲议会。地区委员会的成员代表被分配到各个专业委员会,为全体会议作准备。6个专业委员会中与教育相关的是文化与教育委员会(Commission for Culture and Education),负责起草有关欧盟教育事务的政策咨询建议,并需要提交到地区委员会全体大会上,经表决通过后再提交给欧盟委员会、欧盟理事会或欧洲议会。尽管地区委员会作为咨询机构的主要功能只是建议,且其很多建议并没有被欧盟采纳而切实发挥作用,但地区委员会作为次国家行为体的利益诉求机构已经参与到了欧盟教育政策的制定过程中,构成了多元治理体系中的一环,[10]对包括教育领域在内的几个与欧盟地区和地方利益息息相关的政策领域的政策制定有着间接的影响。

经济与社会委员会也是欧盟的一个咨询机构,其代表由欧盟成员国政府提名,但他们在工作中具有完全的政治独立性。由于其所代表的利益集团或社会成员的多样性,经济与社会委员会可看作是欧盟和其公民之间的一座桥梁,旨在推动一个更具参与性、包容性以及因此而更加民主的社会在欧洲的形成。经济与社会委员会中负责为欧盟的教育政策提供咨询的下设机构是就业、社会事务及公民身份处(Employment,Social Affairs and Citizenship)。经济与社会委员会不像地区委员会一样有专门负责教育政策咨询的下设机构,而是将教育事务并在了就业、社会事务及公民身份部(处)下面综合处理。这一方面说明,作为欧盟"有组织的公民社会"利益的代表,经济与社会委员会在欧盟教育政策形成机制中的作用还非常有限;另一方面也说明,目前欧盟公民社会的发展程度仍然较低,其关注的议题还主要局限在与其经济利益密切相关的政策领域,对教育政策的咨询和建议往往是附带在其对就业、社会福利等政策的建议中。

（二）超国家、国家与次国家层面上参与机构间的互动机制

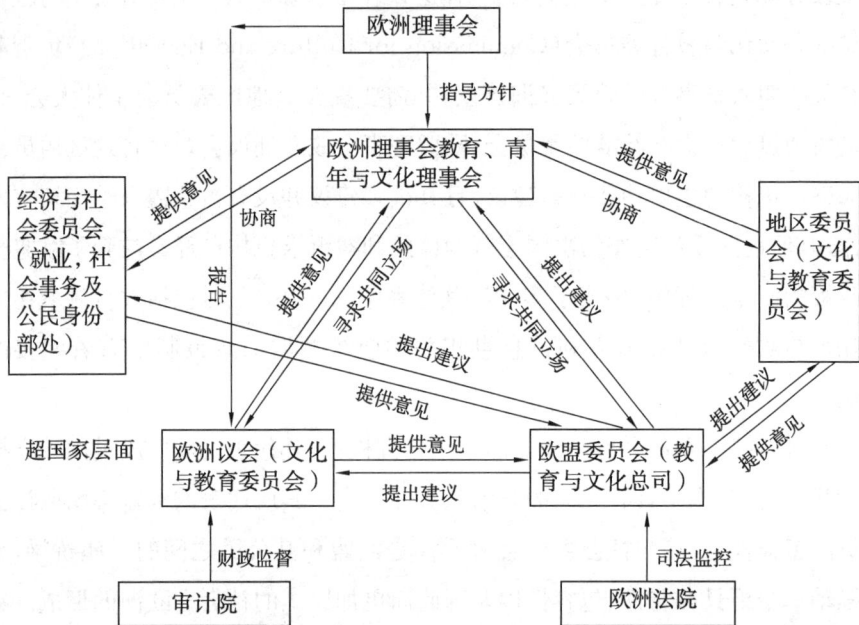

图 1　欧盟教育政策形成机制图

　　欧洲理事会在欧盟教育政策形成机制中扮演着领路人的角色（图 1），为欧盟教育的发展制定总方针，指引和规范着欧盟教育的发展方向。欧盟理事会中负责教育事务的教育、青年与文化理事会是欧盟教育事务的主要决策者，需要与欧盟的咨询机构——经济与社会委员会和地区委员会就教育事务进行协商，听取意见，需要与欧洲议会和欧盟委员会在具体的教育政策问题上寻求共同立场，以便其力主推动的相关教育政策议案能够最终获得通过、成为现实。欧洲议会通过共同决策程序（Co-decision Procedure）与欧盟教育、青年与文化理事会分享教育决策权，共同构成了欧盟教育决策的"双峰机制"。其下设的文化与教育委员会是欧洲议会在欧盟教育政策形成过程中的主要动议者和审议者，可以主动提出某项教育政策，但更多地执行的是对欧盟委员会提交的教育议案的审议和反馈工作，它关于教育政策的观点和立场常常可以在议会大会上获得顺利通过而成为整个议会的观点和立场。欧盟委员会是欧盟教育政策的主要动

议者和政策文本的起草者,它通过向地区委员会和经济与社会委员会就教育政策进行咨询,通过听取欧盟理事会和欧洲议会的政策建议与反馈,不断修改和完善其提出的教育政策议案,最终寻求教育、青年与文化理事会和欧洲议会的批准。地区委员会下设的文化与教育委员会和经社委员会下设的就业、社会事务及公民身份部(处)是欧盟教育政策形成过程中的主要政策咨询者,虽然其咨询建议未必会被欧盟教育政策的主要决策机构所采纳,但它已经参与到了欧盟教育政策的制定过程中,对欧盟教育政策产生着间接的影响。欧洲法院是欧盟教育法案的诠释者和推进者,也是欧盟其他政治机构的司法监控者,它通过相关的教育判例一定程度上弥补了当下欧盟教育政策存在的漏洞,规范着新的欧盟教育政策的发展方向,创设了欧盟关于教育领域的新的法律规范和原则,对欧盟教育政策的形成具有重要的规范和指导意义。

需要特别指出的是,欧盟教育决策中的"双峰机制"的形成主要应归功于共同决策程序的使用。这一立法程序现在仅适用于包括教育领域在内的少数几个政策领域,是一个"三读"的程序,意味着欧洲议会对欧盟理事会提请通过的教育议案最多可以有三次表态的机会。如果欧洲议会在第二次审议(即"二读"时)欧盟理事会提交的教育议案时仍不满意,则可以在议会表决中通过绝对的多数票否决理事会的共同意见。当发生这种情况时,议会议长和理事会主席可能就要共同主持一个"协调委员会"(Conciliation Committee)来继续协商。如果协议能够达成,6周内理事会就必须以有效多数票表决方式通过这个方案,欧洲议会必须在表决中以绝对多数赞成的结果批准这个修订案。[11]如果经协调委员会调解后仍无法达成妥协的方案,则该教育法案最终将不能获得通过。适用于教育领域的这种共同决策的立法程序赋予欧洲议会关于欧盟教育立法的最终否决权,将欧洲议会实质性地纳入到了欧盟的立法决策中,使之获得了与欧盟理事会平起平坐的地位,构成了立法审议权的"双头权威"[12]之一。它迫使欧盟理事会要尽可能地追求与欧洲议会在教育立法方面的一致性,共同行使欧盟教育的立法决定权。这与在农业、区域和社会发展等诸多政策领域欧洲议会立法权的苍白无力形成了鲜明的对比。

由于欧盟理事会和欧洲议会具有欧盟教育立法的决定权,因此,其进行教育立法的共同决策程序可以看作是欧盟教育政策形成机制的核心体现。在该决策程序下,欧洲议会的权力得到了前所未有的加强,因此它正努力使适用这一决策程序的政策领域由现在的内部市场、工人的自由流动、教育与文化政策领域向农业政策、区域和社会发展政策等方面扩展,以进一步加强其权力,这也就必然导致在欧盟未来的决策机制中欧盟理事会和欧洲议会相互"对立和制衡"[13]的关系。

综上所述,在欧盟教育政策的形成机制中,各主要参与机构扮演着各自不同的角色。由于每个机构的代表来源和构成的不同,使得它们分别成为欧盟机构中超国家利益、国家利益和次国家利益的主要代言人,也就形成了欧盟教育政策机制中超国家、国家和次国家利益交织并存、互动博弈的复杂景象。

（三）欧盟教育政策形成机制的特征与存在的问题

1. 欧盟教育政策形成机制的特征

（1）欧盟教育政策的形成机制是欧盟主要机构推动欧盟一体化的政策机制在教育领域的间接反映

欧盟成立的重要目的是推动欧盟一体化的进程,教育一体化作为欧盟一体化的组成部分,正日益受到欧盟成员国的关注。由于教育肩负着塑造下一代人的欧洲认同使命,因此它对推进整个欧洲的一体化进程具有重要的推动作用。这也意味着欧盟机构力主构建的欧洲一体化政策机制必然要将教育政策也纳入其中。

（2）欧盟教育政策形成机制较为充分地调动和融合了欧盟超国家、国家和次国家等各个层面上的利益主体,形成了多层利益主体竞相争论、共谋发展的教育利益表达机制,是欧盟进行多层治理的具体体现。在参与欧盟教育政策形成的各种机构中,每个机构由于其成员构成的不同,往往有不同的利益代表倾向,尽管有时这种倾向表现得并不明显。有的机构倾向代表欧盟超国家层面的教育利益,表现在其力主推进的教育政策主要是有利于促进欧盟教育一体化的相关政策;有的机构倾向代表欧盟民族国家层面的教育利益,表现在它们对欧盟教育一体化政策的敏感和谨慎,以及对本民族教育传统的格外珍视和保护;还有的机构则倾向代表欧盟次国家层面的教育利益,表现在它们对事关欧盟公民平等的受教育权以及在欧盟地区教育改革与发展的教育问题上对欧盟提出的各种政策建议。

(3)欧盟教育政策形成过程中,各主要参与机构之间相互制衡,既有合作,也有妥协和对抗

作为欧盟主要决策机构的欧盟理事会,在欧盟(欧共体)发展的历史上长期握有欧盟各项事务的最终决定权,但是随着欧洲议会政治地位的上升,教育决策领域开始率先实行教育、青年与文化理事会和欧洲议会共同决策的立法程序。这使得欧盟为了通过教育方面的立法就必须寄希望于若干欧盟机构间的协调与配合,特别是欧盟理事会、欧洲议会和欧盟委员会所构成的教育决策"铁三角"间的合作,三角中的任何一方想要通过教育方面的立法都必须与另外两个机构寻求一致。此外,再加上欧洲法院对其他欧盟机构的司法监控,使得欧盟教育政策的参与机构间形成了相互勾连、相互制约的多层面、网络化治理的复杂机制。

2. 欧盟教育政策形成机制中存在的问题

(1)由欧盟代表各层面利益的机构共同推动的教育治理存在合法性危机

它具体表现在欧盟成员国公民对欧盟主要政策参与机构教育治理行为的不赞同、对其教育治理所依赖的核心价值及相关法律法规存在着不同程度的不认可或不服从,有可能进而影响到欧盟教育治理的成效。①

(2)欧盟教育政策形成机制中缺少核心的决策机构,各机构在教育决策中相互制衡,一定程度上导致了决策过程耗时长、效率低下

诚然,欧盟各教育政策参与机构在教育政策形成过程中的制约与合作一定程度上避免了主要代表某个层面利益的机构独揽教育决策权,有利于欧盟教育决策的民主化,但也正是由于各机构在教育政策动议、咨询、讨论、审议等诸多环节上的相互牵制,使得欧盟教育政策形成的过程异常漫长,常常滞后于欧盟教育发展的现实需求。因此,如何在决策效率与决策民主之间求得平衡仍然是欧盟目前的一个艰巨任务。

(3)欧盟各教育政策参与机构的教育专业委员会工作制以及教育专家小

---

① 关于欧盟教育治理的合法性危机限于篇幅,不再赘述,详细论述可参阅申超. 论欧盟教育治理的合法性危机[J]. 比较教育研究,2010,(4):32~36。

组工作制遭到质疑

这些教育专业委员会和工作小组为欧盟教育治理的科学化和专业化起到了积极的推动作用。但是,相当数量的欧盟政策法规都在专业委员会或专家小组层面就已基本敲定,因此一定程度上造成了专业委员会和专家小组之上的欧盟机构管理层权力行使的架空。比如,欧洲议会普通议员很难精通各个政策领域,包括教育政策领域,这样欧洲议会下设的文化与教育委员会凭借其对教育专门知识和专业信息的垄断,往往对教育领域的相关政策拥有绝对的权威。它的意见很少受到其他议员的挑战,所以由某党团所主导的专门委员会的意见往往会很顺利地被该党团成员接受,并在全体会议上表决时得到党团成员的支持而获得欧洲议会的通过。再加上专家决策过程的不甚公开和透明、政策术语的不易理解性以及缺乏必要的监督机制,因而容易使民众对其产生质疑。另外,某些教育行政人员或教育专家的个人素养在很大程度上影响着欧盟的教育决策的质量,欧盟历史上负责教育事务的委员克勒松夫人的舞弊丑闻就是一个典型的例子。

尽管当前欧盟教育政策形成机制中仍然存在着这样或那样的问题,但笔者对这些问题的揭示决不是要否定欧盟多层教育治理迄今已取得的显著成效。相反,笔者恰恰认为,欧盟对自身教育治理的积极探索和业已取得的辉煌成绩同样值得我们学习和借鉴。未来欧盟教育治理的成效将在很大程度上取决于其总体政治进程的发展及其政治制度改革的成败,对欧盟教育政策形成机制的研究也须随之不断跟进、走向深入。

参考文献

[1] 田德文.欧盟社会政策与欧洲一体化[M].北京:社会科学文献出版社,2005.161.

[2] 饶蕾.欧盟委员会:一个超国家机构的作用[M].成都:西南财经大学出版社,2002.57,57~58.

[3] 饶蕾.欧盟委员会:一个超国家机构的作用[M].成都:西南财经大学出版社,2002.57,57~58.

［4］阎小冰,邝杨.欧洲议会:对世界上第一个跨国议会的概述与探讨［M］.北京:世界知识出版社,1997.33,39,46,153.

［5］任毅.欧洲法院在欧洲一体化进程中的地位和作用探析［D］.北京:中国人民大学国际关系学院,2003.14.

［6］汪利兵,阚阅.促进大学师生跨国交流与合作的地区性平台—欧共体"伊拉斯漠计划"案例研究［J］.教育发展研究,2004,(10):47.

［7］汪利兵,阚阅.促进大学师生跨国交流与合作的地区性平台—欧共体"伊拉斯漠计划"案例研究［J］.教育发展研究,2004,(10):47.

［8］European Commission. Education and Training in Europe:Diverse Systems,Shared Goals for 2010［R］. Luxembourg:Office for Official Publications of the European Communities,2002.8.

［9］刘文秀,汪曙申.欧洲联盟多层治理的理论与实践［J］.中国人民大学学报,2005,(4):123～129.

［10］申超.欧盟的教育政策:一种超国家层面的教育政策?［J］.外国教育研究,2008,(10):78～82.

［11］张雄健.欧盟经济政策概论［M］.北京:中国社会科学出版社,2006.80.

［12］阎小冰,邝杨.欧洲议会:对世界上第一个跨国议会的概述与探讨［M］.北京:世界知识出版社,1997.33,39,46,153.

［13］阎小冰,邝杨.欧洲议会:对世界上第一个跨国议会的概述与探讨［M］.北京:世界知识出版社,1997.33,39,46,153.

(本文发表于《比较教育研究》2011 年 7 期。作者申超,时属单位为教育部人文社会科学重点研究基地北京大学教育经济研究所、北京大学教育学院;作者温剑波,时属单位为北京大学教育学院、中央财经大学)

八、欧盟国家教育质量的框架、
进展及其启示

进入 21 世纪以后,世界各国都面临全球化和信息化的挑战。为应对此挑战,2000 年 3 月,欧盟各国领导人在葡萄牙首都里斯本召开首脑会议,达成并通过一项关于欧盟未来 10 年发展的战略规划《里斯本战略》。它确立了欧盟未来 10 年发展目标:使欧盟到 2010 年成为世界上最具竞争力和活力的经济体系,能够保持可持续的经济增长,享有更多和更好的工作、更强的社会凝聚力。为实现《里斯本战略》目标,欧盟各成员国在原有基础上就教育政策进行了相应的变革。在这些变革中,提高教育质量被认为是最核心的部分。为此,欧盟就教育体系未来 10 年发展制定了详细的规划,期望在新世纪,欧洲教育能成为"世界教育质量的参照系"。[1]欧盟为了促进成员国教育发展所采取的举措,对我国正在进行的教育改革有重要启示。

(一) 欧盟衡量教育质量的基本框架

2001 年,欧盟理事会在瑞典首都斯德哥尔摩召开会议,配合《里斯本战略》,首先提出了欧盟未来 10 年,即到 2010 年教育发展的三大战略目标。随后,由欧盟委员会拟定了一份详尽的工作计划,即《教育和培训 2010 工作计划》(Education and Training 2010 Work Programme),并于 2002 年提交给在西班牙巴塞罗那召开的欧盟理事会,最后经欧盟理事会讨论并批准。《教育和培训 2010 工作计划》确定的三大战略目标:① 提高教育质量和效益;② 扩大全民受教育机会;③ 向世界开放欧盟教育。除了这三大战略目标外,尤为重要的是,该计划还明确提出要在尊重各国教育政策多样化的前提下,运用指标和基准来支持基于证据的政策制定和对教育进展监测的思路。

1. 欧盟教育质量的 16 个核心指标

为监测教育系统进展,实现 2010 年欧盟教育发展的三大战略目标,欧盟进一步制定了衡量教育质量的指标,用于评价在目标达成方面取得的进展。欧盟强调教育质量指标应该与教育整体目标一致,能覆盖各个目标的关键问题,并且具有可操作性和可比性。

2002 年,欧盟委员会成立了由来自 31 个欧洲国家的专家、国际组织代表及利益相关方组成的 8 个工作小组,同时还成立了一个教育指标和基准工作小组。通过广泛征询意见,在欧盟已有的"学校教育质量评估"指标基础上,工作小组于 2003 年确定了 8 个关键教育领域的 29 个指标。依据这 29 个指标,教育指标和基准工作小组分别对 2004、2005、2006 三个年度的欧盟教育进展情况进行了系统的监测,并发表了三个年度的教育监测报告。在此基础上,为更好体现教育目标,促进欧盟教育整体发展,2007 年初,欧盟委员会又起草了《监测里斯本教育和培训目标进展的指标和基准的统一框架》文件,将早期的 29 个指标进行了调整、补充与合并,最后确定了监测教育进展的 16 个核心指标:[2] ① 学前教育参与率;② 特殊教育状况;③ 早期离校生率;④ 阅读、数学和科学素养;⑤ 语言能力;⑥ 运用信息技术能力;⑦ 公民素养;⑧ 学会学习的能力;⑨ 高中教育完成率;⑩ 教师的专业发展;⑪ 高等教育毕业生;⑫ 学生的跨国流动性;⑬ 成人的终身学习参与率;⑭ 成年人的技能;⑮ 人口的受教育程度比例;⑯ 教育与培训的投入。

这 16 个指标涵盖了从学前教育到终身学习、关键能力素养、教师专业发展及教育培训投入在内的整个大教育系统,是对教育的全程监测。这些指标为欧盟监测教育的表现和进展提供了一个起点。在此基础上,欧盟及其各成员国通过对比各项指标逐年的相似性、差异性以及趋势,更深入地了解欧盟教育的发展状况。

2. 监测教育质量的五大量化基准

核心指标仅为教育质量的监测提供了一个起点,为了高效、有计划地向欧盟教育的战略目标迈进,需要对其中一些重要的、可量化的指标进行目标设定。

这种明确可量化的标准为各成员国提供了共同的教育达成目标；也便于考察各成员国教育质量状况。因此，欧盟在开发和不断完善核心指标的同时，于 2003 年 5 月出台了作为"欧洲教育平均成就参照水平"[3]的五大基准，它是欧盟各成员国到 2010 年需要达到的具体量化目标（图 1）。

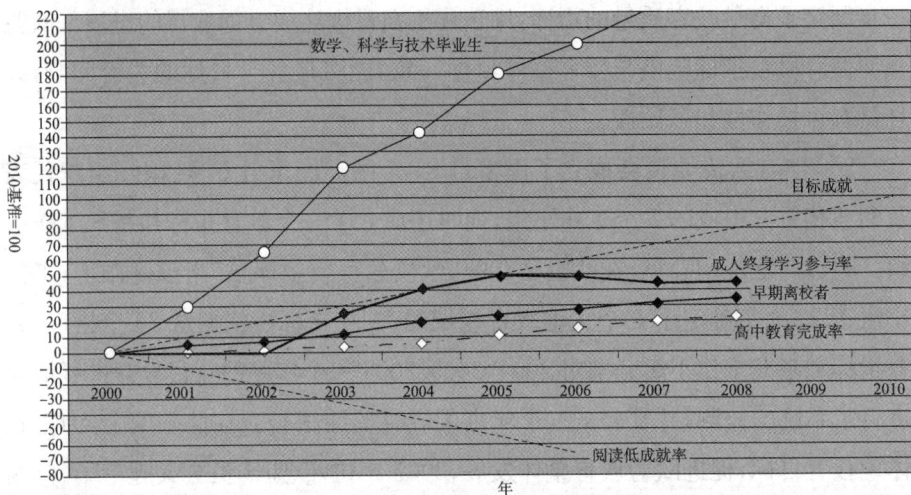

图 1　欧盟整体在 2010 年五大基准目标完成情况

说明：在上图中设定 2000 年的表现为 0，2010 年目标基准值为 100。黑色虚线表示如达到 2010 年基准值需要逐年完成的目标。如果连线在黑色虚线以上，表示该基准较好完成了预设目标；如果连线在黑色虚线以下，则表示该基准未达到预设目标；如果连线还向右下方倾斜，则表示该基准完成情况很不乐观。

（1）早期离校生比例需控制在 10% 以内

早期离校生是指 18～24 岁年龄组中仅具初中学历而目前未在教育机构中接受教育和培训的人。

（2）阅读素养的低表现学生要降低 20%

具备阅读素养能力是个体参与建设知识社会的第一步。2000 年 PISA 项目调查结果表明，欧盟各成员国年龄满 15 岁的学生中约有 20% 仅达到最低水平。

（3）数学、科学与技术类专业（MST）毕业生人数要提高 15%，同时改善性别比例失衡状况

培养大批科技人才是欧盟成为世界上最具活力和最具竞争力的知识经济

社会的重要途径。

（4）高中教育完成率至少达到 85％

高中教育完成率是指 20～24 岁年龄组中成功完成高中阶段教育的学生比例。

（5）成年人中终身学习的参与率需达到 12.5％

成年人参加终身学习是指从调查之日起的过去四周中，25～64 岁年龄组人群参加的任何形式的教育和培训。

3. 欧盟教育质量监测的数据来源

进行教育指标和基准的监测需要有高信度、高效度的数据支撑，欧盟教育质量监测的数据主要来自 3 个方面：[4]

（1）欧盟统计系统的数据

这包括两个层面，一是国家层面，由各成员国通过教育行政部门渠道采集的国家教育统计数据，如各成员国自己组织的国家学生测试；另一是欧盟层面，由欧盟统计局（Eurostat）组织的许多专门调查，如 5 年一次的继续职业培训调查（CVTS）和 5 年一次的成人教育调查（AES）等。

（2）国际组织实施的大型国际测评和调查项目的数据

经济合作与发展组织实施的 PISA 项目，可对欧盟国家的阅读、数学、科学技能进行测评；国际教育成就评价协会（IEA）实施的 TIMSS 和 PIRLS 评价，分别对欧盟参与国学生的数学、科学和阅读能力进行评价。这两个项目在国际上都具有广泛的影响力，也成为欧盟教育质量监测的重要数据来源。此外，还有其他国际项目，如教与学国际调查项目（Teaching and Learning International Survey，TALIS）对各国的教师专业发展进行调查；国际成人能力评价项目（Programme for the International Assessment of Adult Competencies，PI-AAC）对成人技能进行评价，国际教育成就评价协会在 2009 年实施的国际公民课和公民资格教育调查（ICCS）也为欧盟提供了公众技能的监测数据。

（3）欧盟和国际组织合作获取的数据

欧盟统计局还与联合国教科文组织、经合组织共建合作数据库（the UNESCO-OECD-Eurostat date collection on education systems），以此来提供教育流动、教育财政以及毕业生情况的相关数据。

（二）截至 2009 年欧盟教育的总体进展

2009 年,欧盟委员会发布了欧盟在教育和培训领域《里斯本战略》目标的进步报告。[5]报告全面展示了从 2000 年到 2009 年为止,欧盟总体及各成员国在教育与培训领域各项指标进展情况,特别是对在五大基准上的表现情况进行了详细的分析。

如图 1 所示,从整体来看,欧盟从 2000 年以来的教育与培训系统取得了普遍进步。到 2005 年,欧盟已完成第三大基准——数学、科学与技术毕业生人数提高 15%,到 2007 年,增长的比例已达到基准要求的 2 倍以上。但是,尽管欧盟在早期离校学生比、高中教育完成率和终身学习参与率上已经取得了长足的进步,但按目前的趋势要达到 2010 年目标仍然希望渺茫。另外,最不容乐观的是第二大基准(阅读素养的低表现学生要降低 20%)的完成情况。根据报告显示,这一基准上欧盟在 2000~2006 年间的总体表现不仅没有进步,反而在倒退。

从欧盟各国来看,芬兰的教育表现无疑是最优秀的。它是唯一一个各项水平均在欧盟 2010 年基准之上的国家。紧随其后的波兰、瑞典和斯洛文尼亚 3 国各有 4 项基准达标。就 10 年的进步情况来看,德国、葡萄牙两国进步最大,自 2000 年来在 5 个基准领域都取得了进步。另有法国、意大利、丹麦、荷兰在内的 10 个国家在四项基准中取得了进步。英国在"终身学习"、"MST 毕业生"两项已经达到 2010 年基准,其余三项未达标。法国则只在"MST 毕业生"一项中达到基准要求。德国虽然进步很大,但却未达到任何一项基准的要求。[6]

欧盟把以上各项指标完成情况的分析报告向各成员国公布或公开,同时,组织多种形式的研讨会,为各成员国提供经验分享、交流的机会,并且鼓励相互间的合作。

（三）2010~2020 年欧盟教育发展的总体目标

2010 年 6 月 17 日,欧盟夏季峰会在布鲁塞尔欧盟总部举行,酝酿多时的《欧盟 2020 战略》在会上获得欧盟理事会的批准。它将替代 2000 年制定的《里斯本战略》成为欧盟下一个 10 年发展规划。与此同时,欧盟教育质量提升的目标也一直在积极地策划过程中。经欧盟教育部长理事会专题审议,一致通过了《欧盟教育与培训合作 2020 战略框架》,公布了欧盟教育与培训系统面向 2020 年的"四大战略目标"和"五大基准"。[7]

欧盟 2020 年教育与培训系统的四大战略目标:① 实现终身学习和流动;② 提高教育和培训的质量与效益;③ 促进公平和社会凝聚力;④ 在各级教育和培训中提高创造和创新能力,包括创业能力。相应要达到的五大基准是:① 至少 95％的 4 岁至义务教育开始时的儿童应当接受早期幼儿教育;② 教育与培训系统中的早期离校生比例应少于 10％;③ 15 岁学生在阅读、数学和科学领域的低表现比例应少于 15％;④ 30～34 岁人群中完成高等教育的比例应至少达到 40％;⑤ 成年人中至少有 15％的人应参与到终身学习项目中。

在以上四大目标中,除第二项"提高教育和培训的质量及效益"与 2010 年战略目标相同外,其余 3 项均不同于 10 年前的目标。其中,"终身学习"受到了欧盟的高度重视。因为欧盟成员国认为,面对当今社会的快速变化以及国际化的趋势,人们需要不断加强学习,才能适应当前形势的发展,才能更有效地参与社会活动。2006 年 12 月,欧洲议会和欧盟理事会联合推荐了由欧盟委员会拟定的"终身学习的 8 项关键能力",现已经被世界许多国家采用,作为学校改革的参考指南。它包括:母语沟通能力;外语沟通能力;数学、科学与技术的基本能力;信息技术能力;学会学习能力;人际交往能力及公民素养;创新与创业能力;文化意识和表达能力。[8]在五大基准方面,与前 10 年的基准相比,增加了幼儿教育接受率、高等教育完成率,其他 3 个基准的内容没有改变,但是基准的达成目标的程度都有所提升。可以看出,在未来的 10 年,欧盟除了继续关注教育的效率,特别是学生能力的提高以外,还需把教育向两端延伸,逐步建构终身学习的教育体系,最终实现其教育公平、提高教育质量的战略目标。

(四) 启示

总体来说,欧盟作为一个在世界上占有重要地位的区域性国家集团,在教育决策和实施方面有其代表性,也有其特殊性。欧盟采用"开放式协调方法",通过"设立战略意义的普遍目标——建立指标和基准——科学地监测各项指标和基准——优秀案例的交流与学习"这一模式来提升教育质量,使欧盟教育的整体质量得到了很大的提升,其理念和措施为我国教育发展提供了许多可以借鉴的经验。

1. 把教育作为整个社会发展具有重要战略地位和不可替代的部分

经过几十年的发展,欧盟越来越重视教育在社会发展中的作用,从原来的单纯以经济发展为主要目标,到后来不再把经济和教育分割开,甚至把教育推到发展的重要战略地位。近 20 年来,在每一轮欧盟发展战略规划中,教育都成为不可替代的、核心的部分,并为配合教育目标的实现,欧盟不断在制定相应的措施。在我国,教育也越来越受到重视,一个重要的标志是近期国家专门就教育发展制定并发布了《国家教育改革与发展中长期规划纲要》。但是,能否把整个国家的发展和教育的发展有效地结合起来,并真正落实,还需要不断完善、改进,甚至有必要制定一定的规范化的程序、制度来加以保障。

2. 制定明确的发展指标和可量化的基准是提高教育质量的重要途径

欧盟为了更好地监测其教育体系的进展,不仅制定明确的战略目标,还进一步提出衡量教育质量的指标以及具体可量化的基准值。这些指标和基准为欧盟及各成员国教育发展指出了明确的方向和可操作的量化数值,使欧盟对教育进展的把握更加有操作性、更具有说服力,对欧盟教育目标的完成,切实推进教育体系进展起到了积极有效的作用。为促进我国教育发展,落实教育目标的实现,有必要借鉴欧盟的这些有效措施和经验。当然,我国社会发展具有自己的特殊性,建立教育发展指标和基准都不是一件简单的事,特别是基准的建立不仅需要充分的论证,还需要前期试点探索,完成相应的准备工作。

3. 合理利用各种数据资源,明确发展定位,促进相互间经验交流、学习和发展

高效可信的数据是分析判断教育质量发展状况的可靠保证。欧盟用于衡量教育发展状况的数据主要来源 3 个方面:欧盟系统、国际组织、欧盟与国际组织的合作项目。欧盟用于监测教育进展的数据并非完全重新收集,主要是有效地利用了现有的各种数据资源,同时还注意确保数据的可比性,包括在欧盟系统内和国际范围内的可比性。目前,我国国内已有很多现存的教育相关数据收集系统,因此进行国家层面的教育质量监测,除了根据需要专门收集部分数据外,也有必要充分利用已有的各种资源,提高数据资源的利用率。另外,还特别需要关注数据的国际可比性。

欧盟在数据分析的基础上非常关注数据的使用,专门组织成员国间的交流,鼓励相互学习成功经验,有目标地协作,共同提高。这些思路和作法都值得我们借鉴。

4. 统筹规划教育的整体发展,把握教育各阶段发展的核心问题

欧盟注重从整体上考虑教育的发展,既关注教育各个阶段的关键问题,也关注教育阶段间的相互衔接、补充和完善,使教育对社会发展的作用尽可能充分发挥出来。我们在关注教育发展,特别是关注基础教育发展的同时也应拓展思路,充分意识到基础教育在整个教育发展中的奠基作用,同时也要考虑到基础教育阶段仅仅是教育的阶段之一,其成效需要其他形式教育的补充和完善。

5. 全面提高学生的基本素养,促进社会终身学习体系的建立,是欧盟乃至世界教育未来发展的重要趋势

欧盟在连续两轮的指标和基准中都把学生阅读、数学和科学基本能力作为监测的核心,并且,在新的十年规划中明确提出建构终身学习体系的目标。欧盟社会对这些问题的高度重视在一定程度上反映出世界教育未来发展的需要以及趋势。我国教育发展在抓住今天的同时,也需要一定程度地展望明天,具备一定的前瞻性、预见性。

参考文献:

[1] European Commission. Progress towards the Lisbon Objectives in Education and Training:Indicators and Bench-marks. 2009[ER/OL]. http://ec. europa. eu/education/life-long-learning-policy/doc1951-en. htm, [2010—07—28.]

[2] European Commission. Progress towards the Lisbon Objectives in Education and Training:Indicators and Bench-marks. 2007[ER/OL]. http://ec. europa. eu/education/life-long-learning-policy/doc1530-en. htm, [2010—07—28.]

[3] European Commission. Progress towards the Lisbon Objectives in Education and Training:Indicators and Bench-marks[EB/OL]. 2007. http://

ec. europa. eu/education/life-long-learning-policy/doc1530-en. htm，［2010—
07—28.］

［4］Anders Hingel. Conclusions of International Conference Improving
Education Stockholm［EB/OL］. http：//ec.europa. eu/education/lifelong-lean-
ing-policy/doc2000-en. htm，［2010—07—28］.

［5］European Commission. Progress towards the Lisbon Objectives in
Education and Training：Indicators and Bench-marks［ER/OL］. http：//ec. eu-
ropa. eu/education/life-long-learning-policy/doc1951-en. htm，［2010—07—28.］

［6］Anders Hingel. Conclusions of International Conference Improving
Education Stockholm［EB/OL］. http：//ec.europa. eu/education/lifelong-lean-
ing-policy/doc2000-en. htm，［2010-07-28］.

［7］European Commission. Council Conclusions on a Strategic Frame-
work For European Co-operation in Education and Training（ET2020）Brussels
［EB/OL］. http：//ec. europa. eu/education /lifelong-learning-policy/doc1120-
en. htm，［2010—07—28］.

［8］European Commission. KEY COMPETENCES FOR LIFELONG
LEARNING European Reference Framework［EB/OL］. Official Journal of
the European Union on 30 December 2006/L394. http：//eur-lex. europa. eu/
LexUriServ/site/en/oj/2006/1-394/1-39420061230en00100018. pdf，［2010—
07—28］.

（本文发表于《比较教育研究》2011 年第 7 期。作者杨涛，时属单位为北京
师范大学教育统计与测量研究所；作者辛涛，时属单位为北京师范大学心理发
展研究所）

九、德国实施"博洛尼亚进程"的进展及其存在的争议

1999 年 6 月,欧洲 29 个国家在意大利的博洛尼亚签署了一个宣言,由此开启了欧洲高等教育改革的进程,即今天众所周知的"博洛尼亚进程"。12 年后,签署国的成员增加到 47 个。自博洛尼亚进程开展以来,欧洲高等教育的面貌就发生了深刻的变化。本文将主要探讨博洛尼亚进程在德国的实施情况及学术界和普通民众对此变化的接受情况。其中,作者对博洛尼亚进程中的 10 个关键要素进行了简单论述,呈现了在德国的实施情况,讨论了德国学术界的相关变化,文章最终得出了结论。

(一) 博洛尼亚进程的组织形式

博洛尼亚进程是欧洲各国教育部长本着为高等教育负责的精神而达成的自愿协议,目的是为了提升欧洲高等教育凝聚力,确定欧洲范围内高等教育体系、过程和学位的基本结构,保证高等教育质量,促进国际交流,加强学习科目与劳动力市场的关联性。[1]博洛尼亚进程不是由国际组织或者超国家组织所负责,也不受制于公法或者万民法。但可以说,正是这种相对松散的合作方式才使得博洛尼亚进程如此有效。

自从签署《博洛尼亚宣言》,部长们每两年举行一次会议(至 2009 年),共同探讨博洛尼亚进程所取得的成绩,同时为今后两年制定更多更详细的目标。从 2009 年鲁汶会议[2](比利时)召开以后,部长级会议变为每三年召开一次。2012 年会议于罗马尼亚的布加勒斯特举行,下一届会议将于 2015 年 1 月在亚

美尼亚的耶烈万举行。在下届部长级会议所召开的国家会设立一个小规模的"博洛尼亚秘书处",因此,2012～2015 年间它将设在亚美尼亚。

在部长级会议准备阶段,由一些高级公务员构成的"博洛尼亚宣言推进会(Bologna Follow-up-Group,BFUG)也会定期举行会议,来保持进程运转,并为部长们准备会议文件和报告,起草新的公约。

在博洛尼亚进程中,除了已经签署的 47 个成员国,还包括 8 个"咨询成员"(即与高等教育相关的国际组织)①。欧盟委员会(EU-Commission)是博洛尼亚宣言推进会中拥有表决权的正式成员,因此欧盟(28 个成员国)的高等教育政策与博洛尼亚进程(47 个成员国)巧妙地交织在了一起。

博洛尼亚进程的所有成员国同时也是欧洲传统文化理事会(European Cultural Convention of the Council of Europe)的签署国(这是一个必要条件),因此他们能够将教育目标渗透到更广阔的欧洲文化、人权等领域中。

(二) 博洛尼亚进程的主要行动路线

1. 容易理解和可比较的学位制度

博洛尼亚进程旨在引入可比较的学位制度,使人们更加容易理解获得学术学位的学生具备哪些能力。[3]同时,旨在促进博洛尼亚进程成员国与非成员国的毕业生的流动,并保证他们的就业能力。为此,成员国协商引入了"文凭附录(diploma supplement)",包括:如有关学生毕业院校的附加信息或有关各自高等教育体系的附加信息。它也会给出不同机构平均积分的详细信息,这个机构可以是大学级别的,也可以是院系级别或者学习小组级别。这样,毕业生的最终成绩更容易被人认可。

这样的文凭附录已经被成员国广泛引进。在学生毕业时,大学除学历证书之外还会为学生提供一个免费文件,以供毕业生在找工作时使用。然而在引入文凭附录时也引发了一些争论。在英国和德国,人们普遍认为这个文件是十分有用的。但是,对附加信息的需求是因人而异的,这主要取决于学校或者毕业

---

① 咨询委员成员:欧洲大学联合会、欧洲高等教育协会、欧洲学生联盟、欧洲理事会、联合国教科文组织欧洲高等教育中心、欧洲高等教育质量保障联合会、欧洲商会、欧洲国际教育组织。

生的国际倾向性,在某种程度上也取决于学科的国际倾向性。有关平均积点分或者分数的分布信息确实是有用的,但考虑到某些国家或大学存在的分数贬值情况,有时也很难说明最终结果。另外,雇主是否将文凭附录作为考察应聘者的附加信息来源,目前仍不明确。看起来,这是一个没有被广泛应用的新工具。

2. 二级和三级学位体制

1999 年签署的《博洛尼亚宣言》倡导高等教育的二级学位体制:第一级是本科生毕业时获得的学士学位,第二级是研究生毕业时获得的硕士学位。在接下来的进程中,第三级博士学位也已被引入,而且成为了欧洲改革的主要部分。博洛尼亚进程还提倡最少为 3 年制的本科生教育,并且要求各国保证他们的本科毕业生能够就业。这就意味着,当更多的人继续攻读硕士学位时,要确保学士阶段不仅仅是获得最终学位的中间阶段。相反,学士学位应该是本科毕业生能够使用其进入劳动力市场寻找工作的正式学位。

德国高等教育体系首先引入了学士学位制度,之后逐步引入硕士学位制度。2004 年,19% 的德国高校开始实行学士或者硕士学位制度;2007 年 8 月这一指数升至 61%;2011 年 12 月,这一指数达到了 85%。[4]德国 16 个州中的某些州几乎已经完全引入了二级学位体系,像下萨克森州已有 98% 的学校引入,汉堡市引入率也已达到 97%,从而反映了各部门对高校遵循进程政策施加了压力,并产生了很大影响。[5]2012 年,几乎三分之二的学生接受了学士或硕士学位体系的教育,社会科学领域的这一指数显示为最高。在法律、医学、艺术学等学科和其他国家级学习项目中实施学士和硕士学位的作法仍然存在争议,因此在这些领域的执行情况也差强人意。

宣言要求学士学位的教育年限最少为 3 年。在德国的以下法规和解释中,进一步详细说明了高校应该如何设置相关学位制度:全日制的本科生教育至少为期 3 年,也可以是 3.5 年,但不能超过 4 年。一个建立在学士学位基础之上的硕士教育不能短于 1 年,也不能超过 2 年。因此获得硕士学位的学生必须在高校学习过 5 年。在所谓的"连读体系(consecutive programs)"中,硕士学位是直接以学士学位为基础,参加此项目的学生应该完成 5 年整的全日制学习。

引入本科和硕士学位制度是德国教育改革中最具挑战性和最有争议的部分。虽然所有的教育体系都需要变革,但也需要就一些问题达成一致,如哪些内容是学士学位必修内容,哪些内容是硕士阶段应该学习的内容。德国学术界有相当一部分人在批评两种学位制度的引进。不同的争论内容如下:

——一些人认为没有必要使用学士和硕士学位体系。他们认为德国传统的毕业证书和文科硕士学位体系的建立也十分成功,因此排斥这样一个观点:即德国毕业生的国际就业能力在此之前是有问题的。

——还有一些人争论说,引入共同的学位结构是一个不必要的协调手段,在此情况下,多样性发展或许更好。

——本科生教育的时间年限也受到了广泛批评。德国的法规将决定权留给高校(有时是由州来规定如何执行进程),让他们自己决定全日制本科生教育的时间年限是 3 年、3 年半或者 4 年。大多数高校都决定实行 3 年制本科生教育,大概是为了赢得那些想选择更短学制的学生:目前 69% 的本科生教育都是3 年制。[6]但是,许多学术人员仍然认为典型的 3 年制教育太短,不能使学生获得四年或五年制教育下同样的知识和技能。

——在过去,德国大学毕业生的平均年龄都在 25 岁以上。随着学士和硕士体制的引入,加上更多的学生选择在原计划时间完成学业,同时伴随着由 13年减至 12 年的学校教育的发展,还有年轻人服兵役制度的暂停,未来的学生会相对年轻。有些人认为这会是一个优势,尤其是从经济学角度来看;有些人则批评毕业生远不如他们从前成熟。

——新体制的引入意味着高校必须就新体制的设置达成一致。高校必须设计新的课程,同时要决定提供哪些学士和硕士课程,从而导致高校内部资源再分配的矛盾加剧。新课程的设置也被很多人看作是累赘的、费时的和高度官僚化的。同时一些学术人员认为这样做偏离了他们的核心任务,即教学和科研。

——有争论认为工业界不会接收本科毕业生,因为他们既缺少知识又不成熟。过去甚至现在的一些雇主,对新的学位体制感到不满,并且对学术界看似合理的一面持怀疑态度。2011 年的数据显示,本科生和硕士研究生都找到了合适的工作:失业率在 5% 以下,而且仅有很少部分的毕业生从事了与他们的学位不相当的工作。有关薪资的经验数据也让人备受鼓舞,驳斥了高等教育的新形式会造成更低就业率的观点。

3. 学分制度

《博洛尼亚宣言》倡导引入学分制度,这意味着学生可以在国内或国外的高校之间流动。欧洲学分累积和转换体系(European Credit Transfer and Accumulation System,ECTS)也已作为附录列入宣言之中。

德国所有的高校都已经引入学分制度。在德国,这一制度以计算全日制学生的年总学习时间为基础,年总学习时间是以 45 周乘以 40 小时,即每年的学习时间应为 1 800 小时,每学期为 900 小时。每一学期的学习量又被分为 30 学分,每一学分代表着 30 个小时的学习量。因而意味着课程设计要遵循这个基本逻辑来分配课程时间。一个 5 学分的模块也就意味着平均每个学生要花费 150 个小时的学习时间,包括预习时间、参加讲座的时间、完成作业和准备考试的时间。人们认为这一制度使课程规划更加现实,也使得学分转换更加容易。

学分制度已经在英语国家实施了较长时间,但对于德国来说仍然是个新事物。只有某一些大学和院系通过欧洲学分累积和转换体系派遣学生去海外学习或者接收留学生,从而获得了一些实施经验。学分制度的引入意味着某些观点的变化,学生的时间成为课程规划的重点。这对于一些人来说很难接受,并且也受到了有关误导普通学生的批评。有些人认为此举没有必要,将其看作一种过于技术化的方法;他们认为如此分配时间过于简化,并且偏离了学习和教育的整体性。

4. 促进国际流动

《博洛尼亚宣言》呼吁为学生,同时也为教师、研究人员和管理人员等提供更多的国际流动机会。许多条例都规定要满足学生流动的需要:如"学习协议(learning agreements)"经常用于交流和学分转换。这样一些协议为出国留学的学生提供了一个清晰的基础,使他们能够了解到出国前可以在学校学习的相关模块。1999 年在葡萄牙里斯本签订的《里斯本公约》2007 年在德国获得批准,该公约呼吁各国对国外高校的课程能够达成初步的共识。很显然,博洛尼亚进程的一个主要目标是促进国际流动,包括派遣和接收留学人员。

最近所有的数据都显示出,出国留学的学生数量在增加。同时,一些新的国际流动形式如短期课程或者夏季学校、海外实习和语言课程等变得越来越普遍。在第五或者第六学期，每 100 个本科生中，就有 22 名综合类大学的学生和 25 名应用科技类大学的学生在海外参加更广泛的国际活动[7]。数据还显示出国际流动性质的另外一个转变，更多的学生选择了逐渐广为人知的"纵向流动（vertical mobility）"：即在某一个国家接受本科生教育，而在另一个国家攻读硕士学位。[8]

外国学生到本国留学的趋势也有所加剧。在德国高校中，登记入学的外国学生数量在不断增长。一年级的外国留学生数量从 1999 年的 50 000 人增加到 2009 年的 70 000 人以上，同期外国研究生数量增长了两倍。有 25% 的硕士学生来自国外。[9]

博洛尼亚进程的批评者指出，三年制教育及其紧凑的安排组织没有为一学期或两学期的海外留学留下足够的时间。因此他们认为，学生和高校会发现用一个学期的时间来适应课程学习比过去更难。目前仅有 50% 左右的应用科技类大学的本科毕业生和 75% 左右的综合类大学的本科毕业生会继续攻读硕士学位，许多人将无法享受那种纵向流动的益处。

《博洛尼亚宣言》中明确提到了教学人员和管理人员的国际流动问题。[10] 其中很多条例都支持他们开展国际交流。获得资助而得以在国外短期学习的德国学术研究人员的数量已经达到一个新的记录，其中以欧洲为目的地的学术研究人员占 43%，以美国为目的地的学术研究人员占 39%。[11]

持有外国护照的学术人员数量正在增加，同样外国短期访问学者的数量也有所增加。目前有 10% 左右的学术人员和艺术人员是外国人。[12] 来自中国的学术人员的增多尤其显著，2006～2009 年，数量增加了 67%。其后是来自意大利和美国的学术人员，同期增长了 35%。[13]

批评者指责去年的改革没有为学术人员参与国际交流提供足够的空间，而且紧凑的课程设置、紧凑的教学大纲以及对此的严格执行也没有为学术性的国际交流提供足够的空间。

5. 质量保障

《博洛尼亚宣言》呼吁"加强欧洲各国在质量保障方面的协作，发展可比较的标准和方法"。[14] 在前一个 12 年中，各国就发展共同的质量保障体系达成协议，并且以欧洲高等教育区质量保障的共同标准为基础。[15] 其中包括质量保障的内部和外部标准,也包括一些原则,如定期评估质量保障机构的原则或其他一些辅助性原则。

在随后的几年里,认证机构得以成立:他们的工作是质量认证,大多数州在引入新体制时都要求进行质量认证。德国认证委员会(The German Accreditation Council)对认证程序、体系的定期评估进行监管和组织。2007年德国引入了质量认证的轮换机制。目前德国高校可以选择通过"系统认证(system accreditation)"对教育系统进行认证,其认证过程的关键是内部质量保障程序的存在和运行。

在引入本科和硕士学位体制之后,质量保障一直是博洛尼亚进程中饱受争议的部分:对学位教育进行定期的质量评估,通过认证机构来鉴定某一体制是否足够好,高校内部也有工作人员检测教育体制的质量,这意味着一些理念会发生根本性的改变。以上对质量保障的批评主要有以下几个方面:

——质量保障的专业体系受到挑战,因为人们认为它是不必要的。同时他们还认为,这一体系强调了质量检测需要体制以外的人来开展,而不是由教育负责人来开展。

——许多人批判这一体制代价过高:高校必须为体制认证付费。管理费用、实地视察费用和后续费用都被认为过高。而且有人认为,这些支出减少了用于提升高校质量的资金。除了认证过程的直接花费,教授和其他工作人员为此所耗费的时间也被视作一种浪费。

——有些人认为这种认证系统其实是创建了一个不必要的和官僚化的复杂管理结构:当各州逐渐减少对于学位结构和教育体制的管理,这种职能便开始由外部认证机构接手。人们批评这种作法没有可靠和充分的法律依据,而且将其看作是一种权力的不适当转移。

6. 提升欧洲高等教育中的社会维度

由于经济和全球化的发展,一个竞争性的"世界教育市场"也随之出现。欧洲有着丰富的文化、传统、发明创造,这些东西不可避免的会融入学术体制中。

7. 聚焦终身学习

法国和欧盟委员会(European Commission)想在博洛尼亚进程与终身学习之间建立一种联系。为此,需要承认人们在高等教育体制以外获得的相关资格证书和能力,并且能够将其转换为高等教育体制中的学分。尽管在欧盟和国家层面已经存在这样的制度,但是正式引入这种思想也备受挑战。学分制度可以用于帮助这种学分转换。《博洛尼亚宣言》规定"学分也可以从非高等教育体制中获得,包括终身学习"。[16] 这种学术体制外的学习等同于学术体制内的学习的共识,意味着学术界思想的转变,这对于某些人甚至大部分人来说很难接受或者执行。一些高校开始设计新的体制,它使接受职业教育并取得相应学术成绩的毕业生能够接受更高一级的学术教育。

当政治支持强有力时,有些人认为学术体制和非学术体制之间存在的清晰界限是种优势,界限模糊则是有问题的。于是,当人们在职业学校所受的教育在学术上相当于高校的"习明纳"和讲座教育时,他们认为学术教育的本质受到了威胁。高校中有不同的主导学习方式,教授可以自己从事研究,也可以让学生参与研究。教学与学习相统一,只有在真正开展研究的高校才能实现,这也是德国学术哲学中重要的一部分。

8. 高校和学生的参与

博洛尼亚进程初期,往往由政府主导。之后人们越来越清晰地认识到,只有高校完全参与进程并且融入他们的观点,才能成功实施这一进程。因此,校长会议、高校和学生组织等成为博洛尼亚进程中的最早一批"咨询成员"。现在他们在进程中扮演着重要角色,他们的观点会被采纳,从而作为博洛尼亚宣言推进会中咨询的依据。

9. 加强欧洲高等教育区(European Higher Education Area,EHEA)[17] 的吸引力

行动路线中的 3.6 条款和 3.9 条款是密切相关的。考虑到具有新兴性和竞争性的世界教育市场,对于欧洲高等教育区(世界上最大的高等教育联盟区域)来说,以一种积极的姿态将自身展现给感兴趣的学生和来自世界其他地区的毕业生是非常重要的。这会涉及到夏季学校、英语项目和学生辅助项目,如伊拉斯莫斯世界计划等。欧盟资助的青年学者计划必将逐步扩展至整个博洛尼亚进程,或者逐步与其他国家级项目开展相关合作。

德国高等教育体系进一步向国际开放是没有争议的。然而,英语越来越多地被用作教学语言这一现象却饱受争论,但在不同学科中所引起的争论程度也

不相同。

10. 博士教育、欧洲高等教育区和欧洲研究区之间的协同作用

与博洛尼亚进程相关联,欧洲高等教育区于 1999 年宣告成立。在接下来的一年内,欧洲委员会成立欧洲研究区(European Research Area,ERA)作为回应,这显然是以正在运行并拥有大量的预算经费的"欧洲研究框架计划(European Research Framework Programme)为其基础。由于欧洲高等教育区与欧洲研究区的活动越来越多地依赖于高等教育部门的参与,因此必定要建立一定的联系,以确保彼此合作能够更密切。

(三) 讨论与结论

要评估博洛尼亚进程的影响,一个主要的困难便是:德国高等教育是以发生在 21 世纪前 10 年的一些根本性变化为特征的,并且这些变化是与博洛尼亚进程同时期发生的:

——德国 16 个州的高等教育政策在过去都发生了改变,授予了高校更多的自主权,加强学校管理部门的领导能力,成立咨询委员会或监事会,并改变了校内委员会的权力分配。[18]这种管理方式的变革反映出当今世界的一种整体趋势,而且已经产生巨大的影响,并将持续扩散。博洛尼亚进程的一些批评者似乎更集中批评这种变化的管理体系,而较少关注进程中一些具体因素。

——在高等教育体系中,竞争因素也在增加:高校为优秀的教师竞争,为优秀的学生竞争,为获得更多的研究基金竞争,为更好的声誉竞争。这一观点与 50 年代或战后时期的哲学理念是截然不同的。这一思维转变的顶点体现为"卓越计划(excellence initiative)",表明德国高等教育思想上的重要变化。

——德国各州均已改变了其高等教育的资助体系,将高等教育纳入到联邦体制下管理。教育资源的竞争变得十分激烈。许多州选择以毕业生的数量为基础来发放经费,而不再以注册学生数量为基础。这一举措刺激德国高校在培养毕业生的问题上需作出更清晰的定位。

——2005 年之前,德国高等教育体系的主要特征之一是免学费。之后德国展开了一个有关免学费是否必要及其合理性的复杂讨论。大众倾向于将高等教育看作公共产品,应该对所有人免费,因而所有州只能向未按时完成学业

的的学生收取学费。最终16个州中有7个州对本科和硕士教育收取学费,之后大多数选择收取学费的州都改变了他们的决定,只有两个州仍然在收取学费。[19]那些未能按时完成学业的学生的态度也发生了改变。这种态度的转变表明学生和高校的压力在不断增加。有些人认为这种转变是十分必要的:因为涉及到人口变迁时代的经济需要和有效利用稀缺资源的需要。还有些人为这样的发展感到遗憾,并将其视作一个极大的缺陷。他们认为良好的教育需要花费大量的时间,各方面日益增加的压力只能培养出具有肤浅知识的毕业生,他们只能从事平庸的工作,而无法承担更具创造性的任务。

　　——毕业生选择接受高等教育的比例一直在增长。在某种程度上,德国响应了经济合作与发展组织(OECD)或其他国际组织的倡导,比如提高接受学术教育的学生百分比。然而,这对学生的培养质量、理解和参与的能力以及运用机会方面的能力也产生了一些消极影响。

　　——与学生数量增长有关的是,高等教育经费也有所增加。这两种增长并不成比例,因此,高校便要承担巨大的压力来培养超出比例部分的学生。

　　德国高校中的所有改革尽管在一定程度上有着不同的原因和起由,但有些部分是相互关联的。这些改革经常导致一种情形出现,那就是公众讨论"博洛尼亚进程"的发展最终都会回归于对德国高等教育变革的讨论。

　　德国高等教育体系的加强对于德国长期的竞争力来说至关重要。由变革引发的激烈的争论是自然而然产生的,并且具有积极作用。"博洛尼亚改革",管理模式改革以及为应对竞争而采取的改革措施,经费改革和大众化现象等变化都产生了深远的意义。因此这些讨论在未来的10～20年内引发争论也不足为奇了。本文对"博洛尼亚进程"及其在德国本土引发的争论而导致的主要变化进行了概述。

　　不管怎样,我们可以清晰地看到,相比旧体制来说,新的结构体制已经为我们带来一系列的好处:① 使人们更容易接受高等教育。相比长达5～6年的第一学位的课程,人们很容易就作出选择,即接受三年制的本科教育。在某些情况下,对于年轻女人来说这一点显得尤为重要。伴随着学分制度和更多以学生为中心的指导,教育的过程和结果更方便计算。② 中途退学率或未完成学业率已经有了显著下降,在高年级阶段已经完全消失。③ 本科生在劳动力市场很受欢迎。不同学位造成的收入差异已经不再明显,甚至在多年以后有消失的趋势。④ 学生可以按照个人兴趣来调整学习计划。在完成本科生课程之后,或者是在拥有第一份工作经验后,人们可以继续攻读旨在适应个人兴趣、喜好和优势而设计的硕士学位。在旧的教育体系中,这几乎是不可能的,至少是十分耗时的。⑤ 通过与认证机构的合作,为响应科学、经济和技术进步而实施现有教育体制甚至创设新的体制都变得更加容易,从而也有助于保持高等教育体系的竞争力。但在过去旧的高等教育体系下,这样的尝试是官僚化的,十分耗时的,而且也不能完全由相关的高校所掌控。

参考文献

[1][3][10][14][16] Bologna Declaration(1999)[EB/OL],http://www.bologna-berlin2003.de/pdf/bologna-declaration.pdf,[2012—4—3].

[2]Communiqué of the Conference of European Ministers responsible for higher education at Leuven and Louvain-la-Neuve 2009[EB/OL], http://europa.eu/rapid/pressReleasesAction.do? reference=IP/09/675&type=HTML,[2012—4—30].

[4][5][6] Bonn, Statistische Daten zu Bachelor-und Masterstudieng?ngen – Wintersemester 2011/2012 – Statistiken zur Hochschulpolitik[A]. Hochschulrektorenkonferenz (HRK),2011:7、12. 14.

[7][8][9][11][12][13] DAAD/HIS 2011, p. 44—45、56—69、12—13,20—35、70—71. 74.

[15] European Association for Quality Assurance in Higher Education (2005):Standards and Guidelines for Quality Assurance in the European Higher Education Area, Helsinki.

[17] German Rectors' Conference (2008):Educating for a global world-Reforming German Universities toward the European Higher Education Area [EB/OL]. http://www.hrk-bologna.de/bologna/de/download/dateien/hrk-global-world.pdf,[2012—4—30].

[18] Mayer，Peter，Ziegele，Frank. Competition，Autonomy and New Thinking：Transformation of Higher Education in Federal Germany[J]. Higher Education Management and Policy，2009(2)：1—20.

[19]Federal Ministry of Education and Research (2012)：The Implementation of the Bologna Reforms in Germany [EB/OL]. http://www. bmbf. de/en/7222. php，[2012—4—30].

（本文发表于《比较教育研究》2013 年第 8 期。作者彼得·梅尔、汉斯·R·弗里德里希时属单位为德国奥斯纳布吕克应用科技大学；译者孙琪，时属单位为教育部人文社会科学重点研究基地北京师范大学国际与比较教育研究院）

新兴问题

一、第三次浪潮：国际教育的未来趋势[①]

（一）教育国际化的三次浪潮

纵观国际教育产业，可以清楚地发现全球化的三次浪潮。与第一次浪潮相关的是学生远涉他国，择校就读。这种模式流行于上个世纪，现在仍很普遍。与第二次浪潮有关的是教育机构开拓输出渠道——常以联盟或联合的形式——通过"双联"课程（"twinning" programs）在国际市场上设置机构（Smart，1988）。20世纪90年代，这种"前向一体化"方式在亚洲颇为盛行，许多私立学院为学生提供了在本国修读外国学位的就学渠道（Prystay，1996）。最近又出现新的形式，包括在外国市场建立分校及通过信息通讯技术开发"在线"（on-line）授课课程（Mazzarol，1998），目前阶段，我们尚不清楚究竟这是一次单一的第三次浪潮还是二次相互独立的浪潮。虽然建立分校的投资和风险较大，但似乎受到"当地"政府的鼓励，即当地政府希望能提升本地教育机构质量。教育机构可能认为，基于信息通讯技术的授课是一种进入新市场的低风险、低成本战略。可是，该方法与传统授课方式的成本相差无几（Ives and Jarvenpaa，1996），而且究竟该方式能占国际市场多大份额，尚存在一定的局限性（Chandersekaran，1998）。

---

① 原文来源：The International Journal of Educational Management（IJEM），Volume 17 Number 3 2003 pp. 90-99 及 Emerald，本文翻译已获得作者、IJEM 及 Emerald 同意。本文得到华南理工大学人文社会科学资助项目 N7027203 资助。

(二) 国际化及市场进入模式理论

对企业组织的国际化尤其是对 20 世纪 70 年代斯堪的那维亚国家所作的研究表明,随着时间的推移,对国外的投入呈现出一个演变和循序渐进的过程 (Johanson and Wiedersheim-Paul，1975；Johanson and Vahlne，1977；Juul and Walters，1987)。对其他国家如英国(Buckley et al. ,1979)、日本(Yoshihara，1978)、土耳其(Karafakioglu，1986)及夏威夷岛(Hook and Czinkota，1988)所作的研究也支持这一理论。

国际化的演变呈现递增方式,有时称之为"乌普萨拉国际化模式"(Uppsala internationalisation model)(Johanson and Vahlne,1977),该模式指出,外国市场新进入者逐步进入外国市场的模式是:从出口开始,进而设立一国际销售子公司,最后发展为在海外建立生产工厂(Johanson and Wiedersheim-Paul，1975)。

20 世纪 80 到 90 年代之间,对国际化的研究表明,许多公司寻求加速进入国际市场的步伐,因而偏离了这种递增模式(Norvell et al. , 1995；Sullivan and Bauerschmidt，1990；Millington and Bayliss，1990；AMC，1993)。该项研究形成了一种权变观点,包括折衷学派理论和交易费用分析理论。该观点提出,一个企业可根据自己的能力或市场环境的动态性来决定以不同的战略进入外国市场(Williamson,1985;Anderson and Weitz, 1986；Gatignon and Anderson，1988；Dunning，1988)。企业国际化速度的变化导致全球市场范围内竞争水平的升级,新技术的运用使得有效控制海外运作成为可能(Badrinath，1994；Cavusgil，1994)。政府的激励和主动性也有助于加速国际化的进程(Yeoetal,1993)。

有几种理论试图解释公司进入国外市场的模式。四种最通用的进入国外市场的模式是:出口、许可经营、合资经营、独资经营(Agarwal and Ramaswami,1992)。由于这些模式均涉及到资源的投入(不同层次的),若不是贻误大好时机或巨额的财务亏损,一个公司是难以改变其初始决策的。因此,选择特定的国家作为国外市场进入战略就成为关键性的决策。Dunning(1980,1988)提出了一种解释市场进入战略决策的结构,讨论了所有权、位置和国际化。所有权指占有资产和技能。例如,一个组织的资产能力常反映在其规模(Yu and Ito ,1988;Terpstra and Yu,1990)、多国经验(Gatignon and Anderson,1988)及差异化产品的开发能力方面(Anderson and Coughlan,1987)。位置是指如下因素:可通过规模和增长两种因素来衡量的市场潜力(Khoury,1979;Terpstra and Yu,1990)及与目标市场经济和政治环境密切相关的投资风险。最后,国际化是指将特定所有权优势移植到境外的公司能力(Anderson and Gatignon,1986)。

(三) 教育服务国际化

Erramilli(1990)提出了"硬"服务和"软"服务,这一区分对市场运作的发展很重要。硬服务供应商可将服务中的生产与消费(如建筑)二者分离,而软服务供应商则不能(如教育)。"硬"服务可直接出口,而作为"软"服务,若一个企业要涉足国际经营场所,则需要采用某种前向一体化的形式。Erramilli 和 Rao(1990)提出服务出口可分为"跟随顾客"型和"寻找市场"型公司。第一类型的公司之所以出口,是由于顾客在国际范围内流动,企业务必跟随;第二种类型的公司则主动寻求国外市场机会。基于此,教育可归类为"软"服务,许多涉足国际市场的高校属"寻求市场"型机构。

Cowell(1984)对服务型企业区分了六种国外市场进入战略:1. 直接出口;2. 许可证经营;3. 特许经营;4. 合资经营;5. 收购;6. 契约经营。

直接出口可包括向国外派驻代表的服务型企业。但就教育而言,直接出口是"第一次浪潮"的方法,表现在学生从生源国到他国求学。其他战略,包括许可证经营、特许经营、合资经营、收购、契约经营等需要向海外发展或进而拓展出口渠道,并通常要求一教育机构与一国际联盟伙伴或联合成员合作。收购战略亦如此,按国外政府规定,收购战略通常要有本地合作方的参与。"前向一体化"(向海外拓展出口渠道)、也就顺理成章地成为教育服务供应商国际化的第二阶段(便于直接出口)。采用前向一体化战略的教育机构,将获得相当的竞争优势(SoutarandMazzarol,1995)。

在国际市场上,通过适当的国外市场进入战略并依次通过所采用的渠道结构,可获得"空间优先购买权"(spatial pre-emption)。由于难以将服务中的生产与消费二者分离,提供服务的市场位置就至关重要(Allen,1988)。因此,在服务行业,"空间优先购买权"的战略位置可成为竞争优势的一种来源(Bharad-wajetal,1993)。

根据 Terpstra(1987,p.333)的研究,市场进入是"国际市场的最重要的决策之一",因为市场进入设置了渠道结构的框架以及对公司市场渠道的控制程度(Stern and El-Ansary,1982)。Anderson 和 Cough-lan(1987)指出:一体化(如合资)或独立渠道结构可能合适。但由于受某些因素的影响:如服务要素的不可见性程度及产品的种类寿命等,要决定采用何种方式是相当复杂的事情。

服务的生产与消费不可分性提高了对服务出口的需求,从而使市场销售渠道前向一体化,并建立"国外生产工厂"(Nicouland,1989)。由于诸如教育类的"软"服务是高度的"消费与生产一体化",生产者至少需要在发展出口的早期阶段直接控制和在场经营(Vanermerwe and Chadwick,1989;Erramilli,1991)。服务出口商倾向于保持对出口渠道的控制,直到他们增加了在某市场的经验。前向一体化的程度也可成为服务企业在国际市场的一种竞争优势源泉(Soutar and Mazzarol,1995)。用市场战略盈利效果(PIMS)数据进行实证研究发现,前向一体化增加了服务企业的市场份额,对财务运作有非常积极的效果(Bharadwaj and Menon,1993)。

因此,寻求在国际市场的竞争优势地位的教育机构可受益于前向一体化。海外"双联"课程也就能给教育机构带来裨益(Mazzarol,1998)。如前所述,通过这种联合形式的"双联"课程,教育机构能通过许可或管理契约的模式进入国外市场。20 世纪 90 年代澳大利亚大学中,此类联合形式成为盛行的国际化战略(Griggs,1993)。然而,这种"第二浪"模式对一所学校的内部资源尤其是师资造成很大的压力(MazzarolandHosie,1997)。此外,由于此类课程需要合作方的共同运作,海外课程的质量难以保证。许可方或合资经营方必须在国内市场"享有盛名",且必须提供优质资源和卓有成效的市场支持。聘用的本土教师须有与主办学校教师相似的资格及技能,课程内容和教学资料须与主办学校的水平相当,而这些方面是难以达到的(Nicholls,1987)。

（四）亚洲的国际教育——近来的政策与经验

在亚太地区尤其是马来西亚和新加坡，许多"第三次浪潮"国际化战略与"第一次"和"第二次浪潮"模式并存。譬如，2001 年，马来西亚已建立了 3 所国际大学的分校，第四所正在筹建之中。新加坡有 3 个类似的分校，6 个分校正在筹划之中。泰国有 1 个分校，3 个正在商谈中。在越南、印度尼西亚、中国、文莱、台湾地区也有类似的情况。

在过去 10 年的前 5 年中，似乎马来西亚、新加坡、泰国、中国和越南成为了发展分校的主要参与国。马来西亚的教育法(1998)允许国外大学建立分校，旨在与把国家发展成为提供教育服务的区域中心的政策相配套。马来西亚表示要从 20 世纪 90 年代初起，将国家建设成区域教育的中心(Powell，1994)，1997 年亚洲金融风暴似乎更加速了这一方面的考虑。对马来西亚而言，由于学生留学导致海外人才和金融资本的流失，严重削弱了其经济实力。1997 年，近 35 000 名马来西亚学生在国外求学，其中三分之一在澳大利亚(UNESCO，1997)。由于高等教育部门规模很小，马来西亚在 20 世纪 80 年代末 90 年代初鼓励发展双联学院协议。到 2000 年，有 120 所私立学院提供双联课程，另有 30 所学院提供"3＋0"课程，所有授课均在马来西亚(Ministry of Education Malaysia，2001)。尽管"第二浪"项目有助于缓解国家某些教育供给方面的问题，但也引起了人们对这些项目的质量和是否以盈利为目的的问题的关注。作为政府部门的反应，1998 年出台了教育法，授权国外大学开办分校。针对此政策的变化，澳大利亚莫纳什大学和科庭工业大学、英国诺丁汉大学迅速作出反应，于上个世纪末在马来西亚设立分校。

在这一新的国际化浪潮中，新加坡的方针政策与马来西亚有所差异。新加坡经济发展司的战略是瞄准"10 所一流"世界大学，期望到 2008 年，吸引这些学校在新加坡设立分校。这一战略已启动，到 2001 年，已有 7 所一流大学合作在新加坡建立分校。包括：约翰·霍普金斯大学(提供医药学和理学课程)、IN-SEAD(提供商业管理课程)、沃顿商学院(MBA 课程)、芝加哥大学研究生商学院、乔治理工学院(物流管理)、麻省理工学院(工程)、荷兰艾恩德霍芬科技大学。正在商谈之中的还包括一所有关信息技术方面的美国大学、一所工程方面的德国大学。经济发展司还着手与印度和中国的大学商谈在新加坡建分校。与马来西亚相比,新加坡所采用的战略似乎更具目的性和聚集性。例如,从现有的几个分校联盟伙伴的声望来看,似乎新加坡将成为"第三次浪潮"模式的区域领先者。

参与此进程的其他亚洲国家的参与程度还不是很清晰。泰国仿效马来西亚和新加坡模式,可能会成为提供双联课程和分校活动的重要市场。1999 年,泰国颁布教育法,允许国外大学参与教育部门,因而打开了"第二次浪潮"双联协议和"第三次浪潮"分校的国门。中国则控制较严,可能比那些小国要缓慢,但也表示了乐意国外高校提供海外课程和建立分校的意愿。越南也有意向表示政府向国外大学开放的兴趣。目前印度也已开始允许以本地和海外大学联盟的形式设置国外大学课程。

(五)辨识"第三次浪潮"的发展方向

可以发现,在过去 20 年中,接受高等教育的学生人数年均增长率变缓,全球教育市场日益成熟(Kemp,1990;MazzarolandHosie,1996)。尽管"第一次浪潮"的招生还在继续,"第二次浪潮"的许可和契约经营模式仍旧重要,但对未来国际教育的发展方向还是产生了质疑。如上所述,国际分校的建立引申出这样一个问题,即这是否代表了国际教育的"第三次浪潮"(World Trade Organisation,1998)。有几种战略可供国际教育服务供应商选择,其中包括:开办分校区(常与合资方联合);与私立部门集团合作提供"公司大学"授课模式;利用信息通讯技术营造"虚拟大学"。每一种模式或三种模式的某种结合形式,提供了潜在的"第三次浪潮"国际化模式。

发展分校类似于在国际市场建立一个生产工厂,既包括最佳水平的投资,也因此孕育着更大的风险,发展分校可有效地控制和得到较理想的投资回报。激发建立分校的动因有许多,但似乎常受到"本土"国政府政策的驱动。例如,马来西亚很久以来就希望成为教育服务的净出口国(Powell,1994)。20 世纪七八十年代,由于没有足够的高校,导致马来西亚学生对国际教育的需求,他们是国际市场上最大的国民群体之一(UNESCO,1999)。针对"智囊流失"和外汇流出的现象,马来西亚政府于是采取行动,最初通过安排"第二次浪潮"双联课程增加供给(NgandHo,1995)。

与分校模式的成长相似的是大公司和大学或大学共同体之间的联盟体的发展。联盟体为这些公司提供了先进的培训和教育服务,传统上这些服务是靠内部培训和发展部门提供的。"公司大学"可从 20 世纪 80 年代美国此类学校数目增长的时候算起。促进这一增长的原因是由于许多大公司达成共识,即需要由一种对智力和人力资本进行更持久的投资来取代"培训"。

有些联盟体是"有形"学校,另一些实际上是虚拟的。大型跨国公司如丰田、摩托罗拉、戴尔公司等已建立虚拟学校传输在线课程。在全球范围内,这些联盟使得全球市场范围内的公司伙伴能潜在地接受大学课程教育。将特定课程如特制的 MBA 课程传输给一个公司的客户并不是新生事物(Nichollsetal.,1995)。尽管如此,这种模式将变得更为普及,因为高校试图确保和公司合作伙伴的经济利益合约,以协助开拓新的海外市场。

信息通讯技术在教育上的应用是教育部门国际化的另一主要趋势。最早创立的"虚拟大学"是由美国 17 所西部州立大学的行政长官创立的并与诸多公司联合,如 IBM 公司、AT&T 公司、Cisco 系统公司、微软公司及汤姆森国际公司(World Trade Organisation,1998)。创立该校的动机是希望为美国国内局部及偏僻地区错过教育机会的人士提供上大学的途径(Mazzaroletal.,1998)。到 20 世纪 90 年代末,许多一流美国商学院提供在线 MBA 课程,收取额外费用(Bartlett,1997),目前这一趋势仍将继续。

有一种更持久的发展趋势至少将在亚太地区出现,这种趋势就是区域教育"轴心—轮辐(hub and spoke)"式网络的发展,其中包括澳大利亚、北美及欧洲大学设在新加坡和马来西亚等国的分校。由于区域位置提高了可接近性,这些分校有潜力作为发射台去开拓一些国家如中国、泰国及印度的市场。

(六) 给管理者和政策制定者的建议

教育管理人员和主办国政府政策制定者在处理教育部门的事宜时必须面对几个关键性的问题。

1. 教育部门的国际化与其他产业的一般发展模式呈现同一性

由于教育机构的国际化经验的积累以及为了适应外国政府的压力和政策,

一体化将成为一种更为普遍的战略。这一战略将采用的形式包括：主办学校增加出口渠道的投资，加强控制，或至少是参与。由于"第二次浪潮"双联课程要求教学人员日益增加，教学人员必须亲临国际市场，"第三次浪潮"分校（靠自己的本地教员）则潜在地提供了解决问题的长远之计。基于信息通讯技术的"第三次浪潮"也是一种可供选择的长远解决办法，但是，哪一种更为合适，则要看教育项目"软"的程度如何及开发和维护信息通讯技术项目的成本的高低。

2. 没有脱离"第一次浪潮"影响的教育机构也有成功的机遇，认识到这一点很重要

为了持续吸引在本国同样可以修读到国外高质量课程的学生，这些教育机构必须有所差异。选择继续停留在第一次浪潮的学校需找到有利位置，使在国外学习的额外费用合理化。这些学校将有一流的研究或教学中心，在国际上不易被复制。提供"标准"课程的学校，由于不能提供足够的增值，将会越来越难以吸引"出口"学生。这一差异化与国际产品生命周期理论相一致，当市场成熟时，低成本产品将向基础设施和劳动力廉价的国家转移，高附加值产品则留在原产国。停留在"第二次浪潮"的商业性双联模式的高校感觉到被"第三次浪潮"竞争者（其经营受政府官方许可）所排挤，"第三次浪潮"竞争者提供更优质的课程，甚至其费用比带有很强商业目的的"第二次浪潮"课程的费用还低。

3. 采用"第三次浪潮"分校模式的学校获得投资回报之前，需进行大量投资（在财力和人力资源方面）

在当前高等教育资源衰减的环境下，高校对地点、合作伙伴和市场定位必须非常清晰。其次，需要改进人力资源政策，如允许国外分校区的教师自由返回到原国内工作岗位。许多组织和教育机构面临的主要问题是全球人力资源政策，且彼此之间差异不大。再次，随着分校区的扩大，教职员工将在多个国家之间流动，因而需要适当招聘、发展及支持一批"移居国外"的教师。基于信息通讯技术的传授模式将只能作为分校模式的补充，而不能替代。这类媒体传授模式并非意味面对面的交流没有必要，尤其是在研究和高质量的教学氛围中，"软"服务至关重要。然而，信息通讯技术是极其便利的媒介，要保持国际竞争力，许多学校需要在该技术上进行投资。

显而易见，教育国际化创造了一个与近代本地市场明显不同的新市场。竞

争改变了,竞争者和管理人员必须谨慎面对充满风险和回报的复杂的国际环境。日益变化的技术也意味着高等学校面临许多重大的投资决策,尤其是在资源紧缺的情形下。此外,变化莫测的环境导致教师职责的极大变化,切实需要变更人力资源政策以反映这种变化。在这一变化出现之前,教师们将发现即使他们的工作负荷和工作环境大相径庭,但仍习惯于用传统因素决定任期和晋升等事宜。高等学校若要安然面对第三次浪潮,须慎重处理好这些问题。

（本文发表于《比较教育研究》2003 年第 11 期。作者提姆·马扎罗尔、杰弗里·诺曼·苏塔,时属单位为西澳大利亚大学管理研究所;作者米歇尔·S. Y. Seng,时属单位为 ESD 国际有限公司;译者李良成,时属单位为广州华南理工大学）

二、跨国教育的质量保障、认证和资格认可

跨国教育是"学习者不在颁证机构（awarding institution）所在国而是在另一国接受由该机构提供的各种高等教育学习项目、课程或教育服务（包括远程教育）。这类项目可属于项目举办国之外的另一国的教育系统，也可独立于任何国家的教育系统之外。"[1]严格意义的跨国教育仅指"不出国的留学"，但宽泛地讲，跨国教育主要包括三类：学生在自己的居住国接受由其他国家的高等教育机构或国际高等教育机构直接提供的课程（如虚拟大学、远程教育、分校、学习中心等）；学生在自己居住国接受由本国院校提供，但经其他国家的高等教育机构授权或认可的课程（如特许经营、学分认可等）；学生在自己居住国接受部分课程并在其他国家完成其余课程的学习项目（如双联课程、课程衔接、双学位、联合学位等）。20世纪80年代以来，跨国教育快速发展。这一方面是由于一些国家自身的高等教育系统不能充分、有效地满足国内民众对高等教育的需求，另一方面也是由于发达国家的高校受到国内削减经费的影响，通过教育服务来弥补自己的经费不足。WTO所倡导的教育市场自由化以及信息通讯技术的发展也为跨国教育的发展创造了条件并提供了保障。跨国教育现已成为第三级教育的重要因素。[2]

跨国教育的发展对现行的质量保障、认证和资格认可机制提出了一系列的挑战。在质量保障和认证方面：现有的体系主要针对为本国学生在国内举办的项目和机构，对外国机构来本国办学或本国机构到国外办学的质量保障和认证缺乏知识和经验；现有的体系国家特色明显，各个体系相对独立，缺乏对跨国教育项目和机构的国际质量保障和认证程序；现有的体系关注正规的高等教育机

构和传统的办学模式,新的供给者(如企业大学、虚拟大学等)和新的办学形式(如特许经营等)常常被排除在外,跨国教育范围之广、性质之复杂和形式之多样对单一的质量保障框架提出了挑战;跨国教育,尤其是其中的盈利性教育,对公共部门的质量保障制度提出了管理和消费者保护等方面的挑战。在资格认可方面:接受国和输出国在质量保障方面的控制和协调有限,直接影响跨国教育资格的效力和认可;资格认可机构在信息方面对跨国教育项目的关键信息(如入学要求、毕业标准等)缺乏了解;在认可制度方面,对通过跨国教育获得的文凭或学位,许多国家缺乏具体的规定,国与国之间也缺少协调机制;新的课程和资格类型(如联合学位)对现有的资格框架和认可安排提出了挑战;跨国教育使得人们获取低质量资格的可能性大大增加,其有限的有效性使得认可出现新问题;随着学生、教员、专业人员、教育项目和机构跨国流动的日益增加,学术和专业资格的认可需求与日俱增,许多管理和法律上的问题也随之出现(如第三国认可问题)。[3]面对这些挑战和问题,有关国家、政府间组织、专业组织和高等教育机构采取了一系列的应对措施。

(一)跨国教育的质量保障与认证

1. 制定并颁布实施准则或行为准则

早期的实施准则(code of practice)或行为准则(code of conduct)主要针对留学生的招生、入学、服务等。随着跨国教育的发展,特别是许多跨国教育项目出现了师资、入学要求、毕业标准等方面的问题,实施准则成为输出国为本国高校在国外办学制订质量保障程序的最常用工具。英国早在1995年就由当时的高等教育质量委员会(HEQC)颁布了《高等教育境外合作办学实施准则》,1999年英国高等教育质量保障局(QAA)在对上述准则修订的基础上颁布了《高等教育境外合作办学学术质量和标准保障实施准则》。该准则要求英国高校在国外的办学必须接受与国内办学一样的质量保障程序和要求。澳大利亚的大学校长委员会(AVCC)于1995年制订并颁布了《澳大利亚高等教育机构提供海外教育和教育服务的实施准则》。1998年,AVCC将《澳大利亚高等教育机构为国际学生提供教育的实施准则》与上述实施准则合并,并于2001年进行修订,形成《澳大利亚大学为国际学生提供教育的准则和方针》。《为非美国国民提供教育项目的实施原则》为美国地区性认证机构所共同采用。实践过程中，美国认证机构往往在这些原则的基础上附加额外的程序和符合地区特点的质量标准。美国的一些专业教育认证团体和院校认证团体也制订了与跨国教育项目相关的准则和程序。上述实施准则的共同点：① 针对既有的高等教育机构；② 关注本国院校提供的项目的教育质量以及颁发的文凭和证书的标准，强调跨国教育项目与国内的项目在学术质量等方面的可比性，而不是项目对接受国的合适性和适切性；③ 强调跨国教育项目服从输出国的质量保障安排，避免对本国的高等教育机构和系统的声誉造成损害。

2. 开展质量审计和评估

在市场主导型的高等教育系统中，政府主要扮演监督者的角色。在跨国教育的情况下，输出国政府往往赋予质量保障机构特定责任，来确定跨国教育的标准，保证跨国教育的有序实施。除了颁布质量标准外，质量保障部门会依据制订的质量标准，对国外的办学活动进行质量审计（quality audit），如英国高等教育质量保障局和澳大利亚大学质量局（AUQA）都组织对本国高校的境外办学进行现场质量审计。在政府主导型的系统中，无论是输出国还是接受国，评估往往都会成为控制质量的有效手段，如法国教育委员会就通过法国—波兰基金（Fondation France-Pologne）对跨国教育展开评估活动。[4]

3. 实施联合质量保障

（1）输出国与接受国的双边合作机制

多数情况下，跨国教育输出国很少与接受国的质量保障部门合作，但为了对输出项目作出有效评价，有些输出国的质量保障部门积极寻求与接受国的有关部门合作。英国质量保障局就与马来西亚的质量保障部门合作，就英国高校在马来西亚开办的跨国教育的质量标准和评价方法进行沟通与合作，并明确认可合作方所开展的评价工作的有效性。

（2）区域性和国际性的合作机制

区域性的合作机制常见于形成中的超国家高等教育系统。随着欧洲高等教育一体化进程的加快，欧洲国家在质量保障领域的合作日益加深。2000 年，欧洲质量保障机构网络（ENQA）建立。2002 年到 2003 年，在欧盟委员会的支持下，ENQA 推出了"欧洲跨国评估项目"，通过苏格拉底项目的合作网络，尝试对若干专业学科(包括其中的跨国教育项目)进行了跨国评估。在国际层面,"国际质量保障、认证和资格认可全球论坛"是联合国教科文组织针对高等教育全球化而发起的重要动议。该论坛迄今已举办两届,第二届论坛(2004 年 6 月28－29 日)根据首届论坛提出的行动计划,着重检视了联合国教科文组织和经合组织共同拟订的《关于高质量提供跨境高等教育问题的指导纲要》的进展情况。该纲要不具有法律约束力,其政策目标主要有四方面:保护学生,使其免受不实的信息、低质量的项目和效力有限的资格的侵害;使学生获得的资格具有可读性和透明度,以增加这些资格的国际效力(validity)和可携带性(portability);增加资格认可程序的透明度、连贯性、公正性和可靠性;加强国家质量保障和认证机构之间的相互理解和国际合作。[5]该文件现仍在修订中,一旦完成,将成为推动跨国教育质量保障的国际框架。

(3) 大学合作网络自己建立的质量保障机制

首先是国际性的大学协会的努力。2004 年,国际大学联合会(IAU)、加拿大大学和学院联合会(AUCC)、美国教育协会(ACE)以及高等教育认证委员会(CHEA)联合起草了一份《分享高质量的跨境高等教育:代表世界高等教育机构的声明》,在国际成员协会中传播并征求修改意见。该文件提出了实施跨境高等教育的十项原则,并对国家和高等教育机构的行动提出了建议。其次,大学联合体(university consortium)也在建立自己的质量保障和认证机制。由全球 17 所大学组成的大学联合体 Universitas 21 是一个典型的例子。为了适应跨国办学的需要,Universitas 21 专门建立了质量保障分支机构 U21 Pedagogica,为其高等教育项目和相关的活动提供独立的质量保障服务。欧洲创新大学联合体(European Consortium of Innovative Universi-ties)也建立了自己的外部质量评估程序,为跨国提供的国际硕士项目提供质量保障服务。[6]

(4) 认证

自 20 世纪 90 年代初以来,越来越多的国家逐步把对院校和项目的认可从政府转向基于外部质量评价的程序,认证被用作推行外部质量保障政策和监管不断扩展的教育市场的必要手段。跨国教育认证主要有以下几种情况:

① 本国认证机构的认证 美国的认证是保障教育质量的重要机制,已有多年的历史,且已形成分层的(differentiated)认证系统。认证虽由院校自愿参

与,但政府往往依据认证来决定经费投入。若未参与认证或未通过认证,不仅得不到政府的财政支持,其颁发的文凭和学位也不会得到认可。因此,在这一制度下,凡是需要获得认可的美国跨国教育机构或项目,就受制于认证程序的约束和认证机构的调控。根据美国高等教育认证委员会(CHEA)的统计,1999年,美国共有17个认证机构为178所美国院校在国外办学提供了认证。[7]在许多发展中国家或转型国家(如在东欧国家),政府把认证看成是国家对跨国教育和私立高等教育实施控制的重要工具,维护国家在学校设置标准、课程和学位授予等方面的教育主权,确保高等教育的发展符合本国的经济、政治、文化和社会政策目标。在这些国家,认证大多由国家控制,政府建立了自治或半自治的机构,依法对高等教育项目和机构进行认证,通过认证的院校可以获得正式的办学许可、颁发国家承认的学位。在另一些国家,认证是建立市场透明度和学位可比性的一个手段,特别是在欧洲。随着博洛尼亚进程的推进,学士/硕士两级学位制被引入欧洲国家,不少国家(特别是德国、荷兰等)觉得有必要在原有质量保障体系的基础上,为新的学位建立认证制度,以保障这些学位的可信度和国际认可。[8]

②　外国认证机构的认证　对许多新的跨国教育提供者来说,认证是进入市场并获得正式认可的手段。由于美国高等教育的国际地位及其悠久和成功的院校和项目认证历史,同时,获得美国认证机构的认证可以获得巨大的办学优势,不少外国机构和项目积极寻求美国认证机构的认证。据美国高等教育认证委员会1999年的统计,美国认证机构为175所非美国机构提供了认证。[9]针对越来越多的他国院校的认证需求,CHEA于2001年颁布了《美国认证机构为非美国院校和项目提供国际认证的原则》,旨在为这类国际质量保障和认证活动制订质量标准。英国开放大学通过为其他院校提供审定计划(validation scheme),实际上也扮演着认证机构的角色。

③　专业组织的认证　除了政府机构的保障措施以外,国际专业组织或某些专业领域的国际协会也在其国际网络中实施各种形式的质量控制。在工程和技术领域,基于美国的工程与技术认证委员会(ABET)越来越多地为美国以外的工程项目提供评估和认证。通过评估的项目,虽然不能获得真正的美国认证,但可以获得该组织颁发的资质(status),说明该项目实质上等同于获得认

证的美国项目。[10]在管理领域,欧洲的管理教育网络—欧洲管理发展基金
(EFMD),通过下设的欧洲质量改进系统(EQUIS)为欧洲的管理教育项目提供
认证。EQUIS 现已成为欧洲本科和研究生管理院校的最主要的认证机构。[11]

④ 跨国教育认证机构的认证   全球跨国教育联盟(Global Alliance for
Transnational Education)是由企业、高等教育机构和政府机构于 1995 年组建
的国际性机构。"其主要目的就是要确保当教育跨越国家界限时,质量问题不
被忽视,就是为教育机构提供独立质量鉴定的机制,以使其避免经受多重质量
评估过程。"[12]全球跨国教育联盟除制订了跨国教育原则外,该组织还专门制
订了自己的认证程序,为高等教育机构在世界各地举办的跨国教育提供认证。
通过认证的项目,可以获得该机构颁发的认证证书。澳大利亚莫那什
(Monash)大学就获得了该机构的认证。

(二)跨国教育的资格认可

资格认可与质量保障紧密相连,质量保障是资格认可的前提条件。对一个
国家的高等教育质量保障制度缺乏了解,往往会构成对其资格认可的障碍,在
此意义上,资格认可意味着对质量保障制度的认可。在高技能劳动力国际流动
和教育流动日益频繁和某些行业越来越全球化的背景下,涉及资格认可问题,
显然需要在国家和国际层面作出某种新的制度安排。

1. 国家对跨国教育资格的认可

在对待跨国教育资格认可问题上,国家层面目前主要有三种反应:① 对跨
国教育资格的认可没有专门的立法和规定,也没有具体有效的作法。大多数的
西欧国家对来本国举办跨国教育没有特别的政策规定,只要这些机构和项目不
寻求授予国家框架内正式承认的学位,这些国家就认为这不是大问题。[13]若不
需政府认可,外国机构可以按照适用于服务部门的自由市场规定举办跨国教
育。如在荷兰,外国教育机构可以在其境内举办大学,若不需政府对其授予的
学位予以认可,其办学就无需政府批准。美国的凤凰大学在荷兰设有办学点,
颁发自己的学士和硕士学位,但由于没有申请政府的认可,其文凭也不会得到
荷兰政府的承认。② 建立了相关的法律框架,只有在跨国教育提供者属于来
源国的高等教育系统的情况下,其颁发的学位和文凭才会获得认可。例如,在

保加利亚,学生只有在属于外国国家高等教育系统的高等教育机构中学习,其学历和文凭才有资格获得认可;为了获得认可,学生须提供由一家在该国获得认可的教育机构出具的、说明合作机构确属国家世俗教育体系的证明,该证明还须获得相应国家权威机构鉴定。[14]又如在爱沙尼亚,跨国教育项目颁发的外方学位或文凭能否被认可,要视外方合作学校的法律地位和官方认可程度而定。若合作学校在所在国是具有法律地位的正式院校,就可以获得办学许可证,授予的联合学位或双学位就会获得认可,但外方需保证,通过跨国教育项目所授予的文凭或学位须与本国颁发的文凭或学位具有同等质量和价值。[15]③ 试图在没有法律依据的情况下建立某种可行的作法。对跨国教育资格的认可采取分别对待的办法,通行的原则是,只有在来源国获得认证或认可,获得的学位和文凭才予承认。瑞典 NARIC 就跨国教育机构或项目颁授的学位或证书的认可问题出台了政策文件,主要的原则是,只有当跨国教育的外方提供者在所在国是被正式认可的机构,或经由公认的认证机构(如美国的认证机构)认证,外方颁发的学位或证书才能获得承认。[16]国家权力机关对跨国教育比较理想的控制方式是依法实施管理,把跨国教育项目的透明度作为认可的一个条件。[17]

　2. 跨国教育资格认可的区域和国际机制

　　从国际的层面来看,早在 20 世纪 60 年代,联合国教科文组织就开始推动高等教育学位的跨国互认。在 70 和 80 年代,共有六个区域性或区域间的资格互认公约得以签署和批准:拉美和加勒比地区(1975 年)、环地中海阿拉伯和欧洲国家(1976)、阿拉伯国家(1978 年)、欧洲(1979 年)、非洲(1981 年)和亚太地区(1983)。这些互认公约是国际高等教育界和各国政府处理因学生和高技能劳动力国际流动而带来的认可问题的最重要工具,但这些公约指属于某一成员国教育系统的教育机构所颁发的资格的互认,而且仅仅涵盖了 GATS 框架下的第二种(境外消费)和第三种(自然人流动)提供模式,并不涉及第一种(跨境交付)和第三种(商业存在)提供模式。针对教育国际流动日益频繁的现状和趋势,联合国教科文组织还协同区域组织,在资格互认方面采取了一系列的行动,包括修订资格互认公约、建立信息中心和数据库等。以这方面进展最大的欧洲地区为例,1997 年通过的《欧洲地区高等教育资格互认公约》(简称《里斯本互认公约》)取代了原先签署的欧洲公约。该公约是主权国家间的公约,为确定协议各方在学术资格认可方面的责任提供了法律框架,是欧洲目前主要的资格认可工具。严格地讲,该公约只适用于在另一国家获得的、属于该国教育系统的机构颁发的学位和文凭,但该公约至少为处理跨国教育资格认可问题提供了程序和方法框架。[18]为了促进跨国教育资格的认可,联合国教科文组织和欧洲理事会还制订了《关于提供跨国教育的实施准则》,把跨国教育资格认可与质量保障联系起来。该准则在 2001 年获得里斯本互认公约政府间委员会的批准。联合国教科文组织与欧洲理事会还联合制订了《关于评定外国资格的标准和程序的建议》,并于 2001 年获得里斯本互认公约政府间委员会通过。该文件为文凭和学位评定者提供了一套指导纲要,其原则也同样适用于跨国教育资格的认可。欧洲还建立了两大资格认可网络:欧盟的国家学术资格认可信息中心(NARIC)和泛欧洲的欧洲学术认可与流动信息中心网络(ENIC)。除了定期交换信息以外,这两大认可网络还努力解决国际认可问题。欧洲学分转换系统(ECTS)和文凭补充说明(Diploma Supplement)等旨在增加透明度、促进认可进程的机制对跨国教育资格的认可也产生了重要影响。为了回应欧洲地区跨国教育不断增长的需求,联合国教科文组织欧洲高教中心还启动了"联合国教科文组织欧洲高教中心欧洲地区跨国教育提供者数据库"项目,收集、处理欧洲跨国教育的信息。

3. 跨国教育资格的专业认可

专业流动的日益扩展和国际专业协会的发展,把专业认可①问题推向了国际层面。为了促进专业服务贸易的发展,各种区域性的自由贸易协定都包含有涉及专业认可问题的条款。有些协定直接建立认可制度。如澳大利亚和新西兰跨塔斯曼互认安排(Trans-Tasman Mutual Recognition Arrangement between Australia and NewZealand)使得在自己国家获得执业许可的专业人士

---

① 资格的专业认可不同于学术认可。由于国与国之间在行业组织方面存在很大差异,所以专业认可比学术认可更复杂。在多数欧陆国家,学术学位同样也是专业资格,持有者无须经过额外的考试或训练即可进入特定的行业。在英国、爱尔兰、澳大利亚和美国等国家,特别是在医药、会计、律师、建筑、工程等领域,学术资格与专业资格之间已形成较大的差距,获得学术资格的人需要通过由专业团体组织的专门训练或考试才能获得专业资格。为了使学术项目和学位通向专业资格,专业协会通常制订了自己的认证程序。

可以到协议国从事相关的专业工作。欧盟也建立了类似的互认制度。欧洲指令(EuropeanDirectives)89/48/EEC 和 92/51EEC 为进入欧盟和欧洲经济区国家的建筑、医学、药学、兽医学等专业领域的资格认可提供了框架。这些资格认可框架都未将跨国教育排除在外。许多区域性贸易协定虽然不硬性规定认可,但鼓励在缔约方之间建立认可协定,以促进专业服务贸易的发展。作为服务贸易的首个世界性多边自由贸易协定,GATS 也有专门涉及认可的条款(Article VII Recognition)。根据该条款的规定,GATS 允许成员国有选择性地与其他成员国达成互认协定。这就意味着,在认可问题上,GATS 允许成员国打破通行的非歧视原则。事实上,该认可条款只是要求,相互之间达成认可协议的 WTO 成员国,必须为其他感兴趣的成员国提供加入该协议或谈判可比性协议的机会。GATS 虽然不要求成员国对其他成员国的专业资格给予认可,在考虑认可时也不要求采用特定的标准,但鼓励成员国在合适的情况下与相关政府间和非政府组织合作,建立专业实践和认可的国际标准。

这些自由贸易协定在推动某些优先专业领域(如会计等)的认可方面起到了一定的作用,但由于认可协议的实际谈判常常被委派给专业团体,因此,互认协议往往是在专业团体之间而不是贸易协定缔约国之间进行的。《华盛顿协定》(Washington Accord)是较早的、有很大影响的专业资格互认协定。该协定形成于 1989 年,目前的签约方有澳大利亚、加拿大、冰岛、新西兰、南非、英国、美国和中国香港的工程组织,日本、德国、马来西亚和新加坡是临时成员。该协定承认成员组织认证系统间的实质性对等,也承认由这些认证系统认证的工程教育项目,但还未正式对专业资格进行互认。协定还包括了对学术工程项目进行认证的标准、政策和程序。在其他专业领域也有类似的互认协定,但在范围、内容和影响力上都无法与《华盛顿协定》相比。[19]

参考文献

[1] UNESCO-CEPES(1999). Code of Good Practice in the Provision of Transnational Education. 〔EB/OL〕. http://www.cepes.ro/hed/recogn/groups/transnat/code.htm. [2003—10—09].

[2] Wit, Hans. (2002). Internationalization of Higher Education in the United States of America and Europe: A Historical, Comparative, and Conceptual Analysis[M]. Westport, London: Greenwood Press. 146.

[3] Middlehurst, R. (2001), Quality Assurance Implications of New Forms of Higher Education (H elsinki, ENQA)[EB/OL]. http://www. enqa. net/texts/newforms. pdf. [2003—09—17]; UNESCO/OECD. (2004). Guidelines for Quality Provision in Cross-border Higher Education(Draft). [EB/OL]. http://www. oecd. org/edu/internationalisation/guidelines. [2004—09—19].

[4] [13] [16]Adam, Stephe(n. 2001). Transnational Education Project Report and Recommendation[Z]. Confederation of European Union Rector's Conferences, Brussels. 22、40—48、32.

[5]《关于高质量提供跨境高等教育问题的指导纲要》,[EB/OL]. http://www. oecd. org/edu/internationalisation/guidelines. [2005—02—11].

[6] [11] [19] Van Damme, D. (2002), Trends and Models in Quality Assurance and Accreditation in Higher Education in Relation to Trade in Education Services[Z]. Background Paper for OECD/US Forum on Trade in Education Services, 23—24 May, 2002. 38、38、31.

[7] [9] Ascher, B. (2002), Accreditation and Education: Implications of Trade Agreements[Z]. 引自 Van Damme, D. (2002), Trends and Models in Quality Assurance and Accreditationin Higher Education in Relation to Trade in Education Services. 26.

[8] Van Damme, D. (2002a), Quality Assurance in an International Environment: National and International Interests and Tensions[Z]. Background Paperforthe CHEA International Seminar III San Francisco, January 24, 2002. 8.

[10] Van Damme, D. (2000), Accreditation in Global Higher Education: the Need for International Information and Cooperation[Z]. Memo for the Commission on Global Accreditation of the IAUP. 10.

[12] OECD. (1999). Quality and Internationalisation in Higher Education[Z]. OECD Publications. 35.

[14][15] Adam,Stephe n. (2003). The Recognition, Treatment, Experience and Implications of Transnational Education in Centraland Eastern Europe 2002—2003[R]. Report Undertaken for the Swedish National Agency for Higher Education. 14、21.

[17] Kaufmann,Chanta l. (2001). The Recognition of Transnational Education Qualifications. [EB/OL]. http://www. cfwb. be/infosup/Charger/chkte. pdf. [2002—02—11].

[18] Wilson,L and Vlasceanu,L. (2000). Transnational Education and the Recognition of Qualifications, in L. C. Barrows(Ed.) Internationalization of Higher Education：An Institutional Perspective[Z]. Bucharest：UNESCO-CEPES,75—85.

（本文发表于《比较教育研究》2006 年 4 期。作者顾建新,时属单位为浙江大学教育学院;作者徐辉,时属单位为浙江师范大学）

三、对中国—东盟《服务贸易协定》框架 下高等教育服务承诺的法律解读

由于高等教育服务属于敏感部门,其自由化对于广大服务业落后的发展中国家来说极其不利,受到了发展中国家的批评和抵制。至 2007 年 1 月 17 日止,WTO 的成员中只有 39 个国家(欧共体算作一个国家)在不同程度上同意自由化准入其高等教育服务部门。[1] 所以,相对于已有 150 个成员的 WTO 来说,大多数成员仍对高等教育服务贸易采取审慎态度,通过实施保护政策来维护本国的教育主权。即使是作出承诺的国家,其承诺也是有限的,如许多国家对商业存在及自然人移动方式的高等教育服务限制严格,使其成为 GATS(《服务贸易总协定》)下承诺水平最低的部门之一。另外,由于 GATS 谈判没有新进展,因此高等教育服务也不得不寻找替代场合以谋求发展。因为 GATS 允许成员方为经济一体化签订双边服务贸易协定,因此,通过这种方式自由化高等教育服务贸易也就成了当下一些国家的首要选择。本文仅以中国在自由贸易区框架下与其他国家签署的第一个服务贸易协定——中国-东盟《服务贸易协定》(2007 年 1 月 14 日签署,以下简称《协定》)为考察对象,从法律角度对其中的高等教育服务承诺进行解读,以澄清相关各国在这方面纷繁复杂的国际法义务,为我国的高等教育服务贸易实践提供参考借鉴。

(一) 对《协定》框架下高等教育服务具体承诺的解读方法

《协定》框架下东盟各国的高等教育服务承诺以具体承诺减让表的方式进行(表 1)。[2]

表 1　服务提供方式：跨境提供、境外消费、商业存在、自然人移动

部分或分部门	市场准入限制	国民待遇限制	其他承诺
高等教育服务 （CPC923） （如有核定例外领域）	（1）承诺方式 （2）承诺方式 （3）承诺方式 （4）承诺方式	（1）承诺方式 （2）承诺方式 （3）承诺方式 （4）承诺方式	具体内容

1. 具体承诺（specific commitments）是指按照《协定》的统一要求

各国需要对准备开放的高等教育服务就不同提供方式作出具体承诺，并列入具体承诺减让表。各国作出的承诺和限制按照跨境提供、境外消费、商业存在和自然人移动 4 种提供方式填入该表中。当一国作出一项高等教育服务承诺时，就从法律意义上规定了减让表中所标明的市场准入和国民待遇水平，该国不能再出台可能会限制市场准入和国民待遇的新措施。如果一国没有履行它在《协定》中的这种具体承诺，可能引起争端。

2.《协定》框架下对高等教育服务内容

应该包括除各国政府彻底资助的高等教育教学活动之外（核定例外领域），凡收取学费、带有商业性质的高等教育教学活动，高等教育服务的分类号是 CPC923，包括专科技术及职业教育服务（CPC92310）和大学及其他高等教育服务（CPC92390）。[3]

3. 对高等教育服务的 4 种提供方式解读

跨境提供指高等教育服务提供者和学生均不进行物理流动，分别在各自国家通过国际互联网或远程课程进行教育和培训；境外消费是在一成员境内向任何其他成员的高等教育服务消费者提供服务，高等教育消费者要移动到高等教育供给者所在的国家；商业存在是指高等教育办学者在另一国设立或存在商业设施以提供高等教育服务；自然人移动指一成员的高等教育服务提供者以自然人身份进入另一成员境内提供服务。在这四种教育服务方式中，跨境提供主要表现为远程教育、在线学习和虚拟大学，境外消费主要表现为留学，商业存在主要表现为当地分校或卫星校区（local branch or satellite campuses）、结谊伙伴关系（twinning partnerships）大学及与当地教育机构的特许安排（franchising arrangements with local institutions）等，而自然人存在指到外国工作的教授、教师和研究人员。[4]

4. 根据《协定》第 18 条，各成员除在其承诺表中对高等教育服务已作其他规定外，不得采取和维持数量限制措施，不得对法律实体形式作限制，不得对外

资比例作限制

《协定》第 19 条对服务贸易中的国民待遇原则作了规定,据此,在已承诺的部门和已承诺的条件和资格下,缔约一方应给予另一方不低于本国高等教育服务或服务提供者所得到的优惠待遇,无论是法律上还是事实上的歧视都是不允许的。

5. 减让表中的四种高等教育服务提供方式都需从外国服务及服务提供者的角度来理解,否则,会引起混淆

对高等教育服务的承诺方式有 3 种类型:① 没有限制(none),② 不作承诺(unbound),③ 一定范围或者有预设条件的限制。其中①和③属于"约束承诺",即高等教育服务在以确定的方式提供时,它所获得的待遇不能低于减让表中列明的水平;②不作承诺意味着不承担任何义务,成员方可以自主决定其对某一种高等教育服务提供方式的开放程度和待遇水平。

(二)《协定》框架下东盟各国对高等教育服务的具体承诺

《协定》框架下东盟各国在高等教育服务方面所作的具体承诺(表2)。[5]

表 2　服务提供方式:(1) 跨境提供、(2) 境外消费、(3) 商业存在、(4) 自然人移动

部门或分部门	市场准入限制	国民待遇限制	其他承诺
越南高等教育服务（CPC 923），只涉及技术和技能、自然科学和技术、商务管理和研究、经济学、会计学、国际法和语言培训等领域的教育服务。相关教育内容必须得到越南教育和培训部的审批	(1) 不作承诺 (2) 没有限制 (3) 除以下规定外,没有限制:自本协定生效之日起,只允许外国服务提供者在越南设立合资企业,但外方可以在合资企业中占多数股权。从 2009 年 1 月 1 日起,允许设立 100%外商投资教育实体。本协定生效三年之后,取消所有限制性规定 (4) 除水平承诺中的内容外,不作承诺	(1) 不作承诺 (2) 没有限制 (3) 在外商投资学校任职的外国教师必须有至少五年执教经验,并获得权威主管部门资质认可 (4) 除水平承诺中的内容外,不作承诺	

（续表）

部门或分部门	市场准入限制	国民待遇限制	其他承诺
泰国高等教育服务(CPC923)	（1）不作承诺 （2）没有限制 （3）不作承诺 （4）外国的自然人可以在泰国提供教育服务，但需满足以下条件：a. 外国自然人受到在泰国合法设立并注册的教育机构的邀请或雇用；b. 外国自然人具备相关教育机构所要求的资格和工作经验，在适当情况下，还应符合泰国教育部设定的其他相关标准。首次入境的期限为一年或与聘用期相同，以较短者为准，可能获得延长。其他要求与水平承诺的内容相同	（1）不作承诺 （2）没有限制 （3）不作承诺 （4）不作承诺	
马来西亚高等教育服务（CPC 92390），由私人资金筹建的高等教育机构提供的其他高等教育服务，不包括含有政府股份或接受政府资助的私人高等教育机构	（1）除依照外国教育机构与马来西亚教育机构签署特许协定或合作协定外，其他不作承诺 （2）除依照特许和合作协定出国的学生可以境外消费外，其他不作承诺 （3）仅允许设立外资股份不超过 49% 的机构，且必须经过经济需求测试 （4）除水平承诺外，不作承诺	（1）不作承诺 （2）不作承诺 （3）不作承诺 （4）除水平承诺外，不作承诺	外资股份超过49% 时，需经过下列额外的经济需求测试：a. 所提供课程对马来西亚是关键性课程，例如医学、牙医、工程、工商、科学和技术；b. 属于研究项目；c. 属于与当地机构合作研究项目；d. 外国学生的比例

（续表）

部门或分部门	市场准入限制	国民待遇限制	其他承诺
柬埔寨高等教育（CPC923）	（1）没有限制 （2）没有限制 （3）没有限制 （4）除水平承诺中内容外，不作承诺	（1）没有限制 （2）没有限制 （3）没有限制 （4）除水平承诺中内容外，不作承诺	柬埔寨将根据教育和专业服务市场需要，努力建立与国际惯例相适应的、独立的国家认证程序

从高等教育服务提供方式来看，越南和泰国对跨境提供都不作承诺，马来西亚所作的承诺也是限制性的，只有柬埔寨无任何限制；对于境外消费，越南、泰国和柬埔寨都没有限制，只有马来西亚承诺除依照特许和合作协定出国的学生可以境外消费外，其他不作承诺，而对于国民待遇也不作承诺、对于商业存在方式，除柬埔寨没有限制外，越南和马来西亚的承诺都是限制性的，主要体现为对商业存在的外方股权的限制（越南和马来西亚）及与商业存在相结合的自然人移动中外国教育服务提供者资格的限制（越南），而泰国对商业存在方式甚至不作承诺。所以，对高等教育服务贸易影响较大的商业存在形式，各国都采取了较多的限制措施，开放比较谨慎，其原因也许在于这种方式对于一国的教育主权具有较大的侵犯性，并且还会带来管理上的困难。对于自然人移动，各国的承诺水平是最低的，就连对其他三种提供方式都无限开放的柬埔寨也不予以具体承诺，开放程度仅以水平承诺（承诺减让表的一个组成部分，适用于减让表中包括的所有服务贸易）为限。笔者认为，对于一个政府来说，对外国人进行管理是一件很难的事情，自然人移动与境外消费恰恰相反，它会带来人事管理的问题，而且，自然人移动会影响一国的就业市场，所以，自然移动也成为四种提供方式中最为敏感的一种。

从国别来看，最不发达的柬埔寨的承诺水平最高。对于其中原因的探求并不是一个法律问题，或许是出于谈判压力，或许是为了实现总体权利与义务平衡以换取在其他方面的利益，或许是缺乏谈判人才以致对承诺的含义理解不够。马来西亚对商业存在有严格的股权限制，泰国对自然人移动有条件限制，相对来说,越南对商业存在的承诺水平最高。当然,各国的承诺不同也与其自身高等教育服务的发展现状关系密切。

(三) 中国与东盟各国在高等教育服务方面承担的总体义务

中国虽然在《协定》下没有对高等教育服务作具体承诺,但在 GATS 下的承诺同样适用于中国与作为 WTO 成员的东盟各国(老挝除外)在高等教育服务方面的权利和义务关系。柬埔寨和越南也在 GATS 框架下承诺了开放高等教育服务的义务,但其内容与《协定》框架下所作承诺相同,在此不再赘述。中国在 GATS 下对高等教育的具体承诺(表 3)。[5]

表 3　服务提供方式:(1) 跨境提供、(2) 境外消费、(3) 商业存在、(4) 自然人移动

部门或分部门	市场准入限制	国民待遇限制	其他承诺
中国高等教育服务(CPC 923),不包括特殊教育服务、如军事、警察、政治和党校教育	(1) 不作承诺 (2) 没有限制 (3) 允许中外合作办学,外方可获得多数拥有权 (4) 除水平承诺中内容和下列内容外,不作承诺:外国个人教育服务提供者受中国学校和其他教育机构邀请或雇佣,可入境提供教育服务	(1) 不作承诺 (2) 没有限制 (3) 不作承诺 (4) 资格如下:具有学士或以上学位;且具有相应的专业职称或证书,具有 2 年专业工作经验	

根据表 3,中国对高等教育服务不承诺义务教育和特殊教育服务,对跨境提供方式下的市场准入和国民待遇均未作承诺,因此,对东盟各国机构通过远程教育等向我国公民提供教育服务,我国可以完全自主地决定开放程度。我国不采取任何措施限制公民出境留学或者接受其他高等教育服务。允许中外合作办学,外方可获得多数股权,但不承诺国民待遇,不允许外国机构单独在华设立学校及其他教育机构。我国也有条件地允许自然人移动。

由于《协定》和 GATS 还为成员方规定了一般义务,而且,在两个框架下,各成员方还可能承担相关水平承诺义务,所以,它们在高等教育服务方面承担的总体义务(表 4)。

表 4　《协定》与 GATS 框架下成员方的义务

《协定》框架下成员方的义务	GATS 框架下成员方的义务
一般义务	一般义务
水平承诺义务	水平承诺义务
具体承诺义务	具体承诺义务

GATS 为其成员方规定的一般义务，包括最惠国待遇、透明度及发展中国家的更多参与等，它们经常被称为"自上而下的规则"，因为不管成员方是否在特定的部门作出了具体承诺，都要履行这些义务。此外，GATS 框架下的各国具体承诺减让表也规定了各国的水平承诺义务。

《协定》第二部分（义务与纪律）规定对于各成员方是一种一般义务。尤其需要提及的是其中第 6.1 条规定，为使服务提供者获得授权、许可或证明的标准或准则得以实施，一缔约方可承认在另一缔约方已获得的教育或经历、已满足的要求、或已给予的许可或证明。此类承认可通过协调或其他方式实现，或可依据与各缔约方之间或相关主管机构之间的协议或安排，或可自动给予，而第 6.3 条则进一步规定了这一方面的最惠国待遇义务。[7]

《协定》各成员还要受其在具体承诺减让表中的水平承诺约束。以中国为例，中国在《协定》框架下与教育相关的水平承诺同样适用于高等教育服务。减让表中规定，企业和个人为教育目的使用土地需遵守最长期限 50 年的限制，而对于除与市场准入栏中所指类别的自然人入境和临时居留有关的措施外，对国民待遇不作承诺。作为教育合同服务提供者应具有学士或以上学位；有相应的专业职称或证书，且具有两年专业工作经验；与其雇主签订合同的中方合同主体应为具有教育服务职能的法人机构。[8]

如上表 4，各国所承担的义务无非是六种义务的不同组合。无论是在《协定》框架下，还是在 GATS 框架下，菲律宾、文莱、新加坡、印度尼西亚和缅甸都没有对高等教育服务作任何具体承诺和水平承诺，所以，它们只承担两种框架下的一般义务。老挝目前还不是 WTO 的成员国，在高等教育服务方面只承担《协定》下的一般义务。有的国家在《协定》框架下对高等教育服务作出了具体承诺，如泰国、马来西亚、越南和柬埔寨要承担《协定》下的三种义务，此外，泰国和马来西亚还要承担 GATS 下的一般义务，越南和柬埔寨还要承担 GATS 下的三种义务,而中国则要承担 GATS 下的三种义务及《协定》下的一般义务及水平承诺义务。

　　当今高等教育服务提供大国仍然是美国、欧盟各国及澳大利亚等国,中国的高等教育服务业还有待发展,但对于东盟各国来说,中国仍有输出高等教育服务的优势。中国应该积极开展在东盟的海外办学等高等教育输出服务。东盟各国在服务贸易方面的市场准入和国民待遇承诺只是一个允许概念,在高等教育服务方面,各国政府将依据其专门法规,对减让表承诺的合作或外资独资办学进行审批与管理,同时,对其他高等教育服务进行管理。所以,我们还要进一步了解东盟各国法律的相关规定。以上对中国和东盟各国在《协定》框架下高等教育服务承诺的法律解读表明,各国开放的程度和承担的义务水平参差不齐,中国应该针对不同国家不同提供方式的各种开放程度采取不同的高等教育服务发展战略。这对于充分利用《协定》,促进我国高等教育的国际化发展具有重要意义。

参考文献

[1] WTO Services Database Online[EB/OL]. http://tsdb. wto. org/wto/Public. nsf/AboutFrmSet? OpenFrame set,January 21,2007.

[2][5] Made in According to Data from,http://gjs. mofcom. gov. cn/aarticle/af/ah/200701/20070104 261073. html,January 21,2007.

[3] Detailed Structure and Explanatory Notes CPC Ver. 1. 1 code 9239[EB/OL]. http://unstats. un. org/unsd/cr/registry/regcs. asp? Cl＝16&Lg＝1&Co＝9239,February 1,2007.

[4] J. Knight. Higher Education Crossing Borders:A Guide to the Implications of the General Agreement on Trade in Services(GATS) for Cross-border Education [EB/OL]. http://unesdoc. unesco. org/images/0014/001473/147363E. pdf,January1,2007.

[6] Protocols of Accession[EB/OL]. http://www. wto. org/english/thewto-e/acc-e/completeacc-e. htm#coun tries,January 31,2007.

[7] Agreement on Trade in Services of the Framework Agreement Comprehensive Economic Co-Operation between the People's Republic of China and the Association of Southeast Asian Nations[EB/OL]. http://gjs. mofcom. gov. cn/accessory/200701/1168594586976. doc，March 31，2007.

[8] The People's Republic of China Schedule of Specific Commitments [EB/OL]. http://gjs. mofcom. gov. cn/accessory/200701/1168595062251. doc，March 31,2007.

（本文发表于《比较教育研究》2007 年第 7 期。作者韩秀丽，时属单位为厦门大学法学院）

四、经济合作与发展组织的三大国际教育测试研究

2009 年,上海参加了经济合作与发展组织("OECD"和"经合组织")举办的 PISA(国际学生评估项目)测试。通过这次测试,国人开始认识了 PISA。其实,PISA 只是经合组织近年来研究开发的四大国际教育测试项目之一。我们对经合组织的其他三个大型教育测试(TALIS,AHELO 和 PIAAC)知之甚少,本文将逐一介绍,使大家更多地了解经合组织先进的教育理念和测试手段。

(一) 国际教学调查项目(TALIS 项目)

1. TALIS 项目的设立背景

经合组织一直致力于建立一套完善的"教育指标体系"(Indicators of Education Systems,INES),为各国教育系统的运作和成绩的定量比较提供可靠的基本资料,其主要成果就是每年出版的《教育概览》(Education at a Glance)。[1] 它为经合组织各国提供了大量可互相比较的数据,为更好地制定教育政策指明了方向。然而,它调查的范围主要是经合组织成员国;调查的数据也很有限,不够精确,尤其缺乏对某个教育领域系统的调查分析;数据来源主要是各国政府上报的,而不是自己的实际调查,不够准确。为了使教育指标体系更加科学、准确,为世界上更多的国家服务,经合组织决定积极研发旨在研究各国各级各类教育实际状况的大型国际测试和调查项目,"国际学生评估项目"(PISA)应运而生。然而,仅仅了解 15 岁学生状况和义务教育质量,还不足以支撑经合组织各成员国整体性的教育改革和相关政策调整。2000 年经合组织在其东京会议

上提出,教师的教学质量很大程度上决定学生的学业和发展,因此在测试调查学生学习状况的同时,还必须更加关注教师专业发展和学校的教与学。2003年的都柏林教育部长会议决定设立国际教师调查项目,以弥补各国教育决策中,教学信息的缺失与不足。2006年经合组织正式启动"国际教学调查"(Teaching and Learning International Survey,TALIS)项目。

2. TALIS项目的基本内容

TALIS是一项研究学校教师的专业发展、工作条件和学习环境的国际问卷统计调查,旨在通过提供关于教师教学的相关政策分析,帮助各国评价并制定有利于培育有效的学校教育条件和教师专业发展的政策。

(1)调查方式与方法

TALIS调查采用问卷法收集数据,分为教师问卷和校长问卷,既可在网上作答,也可在纸质问卷上作答,答题时间为45分钟。抽样方式为随机抽样,先从每个参与国随机抽取200所学校,然后从各学校教师名单里随机抽取20位教师及其校长,共4 000个样本(相对较小的国家除外),样本可增大。问卷回收的目标是75%的抽样学校能作出有效的反应(如一所学校有50%的问卷回收率,即认为有效),各国总体上都能达到75%的问卷回收率。问卷采取了保密措施,不记名,只对被测试者进行简单的身份登记。[2]

(2)主要调查内容

TALIS项目涉及4个领域:第一个领域是"教师专业发展"。重点调查教师专业发展的类型;教师专业发展得到的支持;教师专业发展的需求领域;教师专业发展的障碍;教师专业发展的影响。第二个领域为"教师的教学信念、态度和实践"。重点调查各国校长、教师的教学和学习观念;课堂教学实践与课堂教学环境;学校风气、师生关系;教师的自我效能感与工作满意度。第三个领域为"对教师的评价与反馈"。重点调查学校如何评价教师的工作,这种评价对教师的专业发展的影响;对教师评价和反馈的形式;评价与反馈的来源和频率如何。第四个领域为"学校领导力与管理风格"。重点调查校长对教师教学工作的支持和帮助情况;校长对自己身份的定位与领导方式;如何运用评价手段来促进教师专业发展等。

（3）主要评价指标

根据调查的基本目的和上述四方面内容，TALIS 项目进一步研发确定了评价的指标体系，对每一评价领域所使用的主要评价指标进行了具体的界定。

表 1　TALIS 的主要评价指标＊①

评价领域	主要评价指标
教师的专业发展	教师专业发展的参与率；专业发展的强度；专业发展的性别差异、年龄差异、学历层次差异及学校差异；教师专业发展不同类型的参与率；教师专业发展的需求和愿望；教师专业发展得到的支持情况以及与参与水平的关系；教师专业发展的障碍；教师专业发展的影响
教师的教学信念、态度和实践	各国教师在教学观念上的差异；各国教师在课堂教学实践上的差异；各国教师之间的合作情况的差异；各国课堂教学环境的差异；各国师生关系的差异；各国教师的自我效能与工作满意度的差异；教师的个性特征、信仰、教学实践和学校环境对学习环境的影响
对教师的评价与反馈	学校评价的频率、标准、影响以及信息的公布；教师评价与反馈的频率、标准、效果以及对教师教育教学工作的影响；教师对所受到的评价与反馈的认识；教师认为评价与反馈对其个人有何影响；教师的评价与反馈对教学、学校发展的影响
学校领导力与管理风格	校长的管理行为，包括目标管理、教学管理、对教学的直接监督，等；校长管理风格与学校领导力、决策、学校和校长的特色、学校绩效的评价特点的关系；教师对教学本质的认识、教师的课堂教学实践、教师的专业活动，等有关教师的工作与学校管理的关系；教师的评价与反馈与学校管理的关系

注：笔者根据第一轮 TALIS 项目研究报告 Creating Effective Teaching and Learning Environments：First Results from TALIS 整理而成。

3. 研发与管理

首先，各参与国派代表组成"参与国委员会"（Board of Participating Coun-

---

① 此表为笔者根据第一轮 TALIS 项目研究报告 Creating Effective Teaching and Learning Environment：First Results from TALIS 整理而成。

tries）。经过讨论、研究，该委员会代表所有参与国提出调查的目标，建立数据收集和报告撰写的标准，并对整个调查的实施进行监督。

在问卷的研发阶段，将专门成立一个"工具研发专家组"（Instrument Development Expert Group，IDEG），在经合组织秘书处的领导下，积极与各参与国沟通，了解、分析各参与国的具体情况和需要，研发教师问卷和校长问卷。

在调查的实施阶段，各参与国将安排各自的国家项目负责人（National Project Managers，NPMs）和国家数据负责人（National Data Managers，简称NDMs）具体负责。与此同时，在国际层面上，参与国委员会委托"国际教育成就评估协会"（the International Association for the Evaluation of Educational Achievement，IEA）的"数据处理中心"（Data Processing Centre）具体负责实施与协调工作。加拿大统计局（Statistics Canada）作为国际教育成就评估协会的委托机构主要负责研发抽样方案，对具体使用方法提出建议，并对样本量和抽样误差进行计算。[3]

经合组织秘书处对项目管理负总责，监督项目实施。经合组织的"工会顾问委员会"（the Trades Union Advisory Council，TUAC）也积极参与其中，在问卷的研发和实施阶段发挥非常重要的作用。[4]

4. TALIS 的第一轮实施情况

参与第一轮 TALIS 的国家共有 24 个，其中 17 个为经合组织成员国，7 个为非成员伙伴国，它们分布于欧、美、亚、澳等大洲，其中由于荷兰的抽样不符合规定的抽样标准，其数据不作为报告的分析资料，但放在报告的附件之中。第一轮 TALIS 项目研究报告已经于 2009 年 6 月发布，报告的题目是《营造有效的教学环境：TALIS 的首次调查结果》（Creating Effective Teaching and Learning Environments：First Results from TALIS）。另外，2010 年 2 月，经合组织还发布了《国际教学调查 2008 技术报告》（TALIS 2008 Technical Report），重点介绍此次调查的取样、数据收集、分析所使用的方法和工具的研发情况。欧盟还依据经合组织的数据，对欧洲各国教师的专业发展状况作了更为深入的地区比较研究，其研究报告也于 2010 年 4 月发表，题为《教师专业发展：国际比较中的欧洲》（Teachers' Professional Development：Europe in international comparison）。

5. TALIS 首次调查结果及评价

经合组织发布的报告《营造有效的教学环境：TALIS 的首次调查结果》全面介绍了本次调查的情况。

调查发现，在教师专业发展上，大部分教师感到当前所开展的培训、进修活动不能满足自身发展的需要。这就要求政策制定者和学校管理者不仅要在资金、时间上提供大量支持，而且要努力使教师专业发展活动更有效，符合教师的需要。[6]在教师的教学信念、态度和实践上，所有教师都特别强调，课堂教学是一个有组织、需要教师精心准备的活动，不应给学生过多的自主权。也有四分之一的教师不得不花费至少 30％的时间用于维持课堂纪律，而且这种现象很普遍。在这方面，国家与学校的差异远小于教师个体间的差异。[7]在对教师的评价与反馈上，调查发现，教师普遍认为，评价与反馈对他们以及他们的工作具有非常积极的影响。然而，大部分国家和学校缺乏科学合理的评价体系，这对教师积极性的调动十分不利。四分之三的教师反映，在其学校中，教得最好的教师得不到相应的认可和奖励。[8]在学校领导力与管理风格方面，校长的领导方式分为教学型和行政型两类。教学型校长特别关注教师专业发展和教学实践的创新。在四分之三的被调查国家中，教学型校长常常会为教学有困难的教师提供专业的支持项目。行政型校长则不能做到这些。大部分校长采取教学型和行政型相结合的方式来管理学校。[9]报告最后认为，营造有效的教学环境的关键因素在于：使课堂纪律更好，使学习风气更浓，并且提高教师的自我效能感。

这次调查使各参与国更全面、细致地了解到教师的教学情况，发现了教师教学和发展中存在的问题。调查的数据提供了各国在世界范围内进行跨国比较的机会，互相借鉴、学习他国先进的经验，为教育政策的制定奠定了科学的基础。

（二）高等教育学习成果测评（AHELO）

1. AHELO 项目的设立背景

经合组织的研究发现，1990 年代以来国际上盛行的诸多高校排行、评价项目,都过于关注高校的科研成果和学术声誉,却忽视了高等院校独特和首要的功能,即教育教学与学生培养。有鉴于此,经合组织及其成员国政府希望设计专门工具,以评价各国高校的教育教学水平和学生学习成果,为改善各国高等教育提供国际经验,帮助各国政府对高等教育的改革发展作出正确的决策。

2008 年,在东京举行的经合组织教育部长会议集中讨论了高等教育质量的评估。[10]通过与国际专家们的三轮磋商后,决定集中成员国高等教育专家和行政管理人员,研制开发"高等教育学习成果测评"项目(Assessment of Higher Education Learning Outcomes,AHELO)。

2. AHELO 项目的基本内容

AHELO 是针对即将获得学士学位的大学生所进行的国际测试,目的是获取学生学习质量的真实数据,以进行国际性的比较,使各参与国更好地了解本国高等教育的情况,互相借鉴学习,改进各国高等教育政策。

(1)主要调查内容

AHELO 将把评估的着眼点放在两个方面:所有领域的学生都应该具备的"共通能力"(Generic Skills)和各个学科学生所具备的"具体学科能力"(Discipline-Specific Skills)。其中,"共通能力测试"以美国教育援助理事会(the Council for Aid to Education,简称 CAE)开发的"大学学习测试"(Collegiate Learning Assessment,CLA)为基础加以改编而成。在可行性研究阶段,具体学科能力首先集中于工程学和经济学两个学科领域。[11]具体内容见表 2。

另外,AHELO 还将发放问卷,针对与测试成绩有关的因素,如课程结构、学习环境、管理等进行调查。这一调查被称为"关联性维度"(Contextual Dimension)调查。

(2)调查方式与方法

各参与国选取 10 所高等教育机构参加测试,测试建立在自愿的基础上。但是,此次测试只在学校层面上进行比较,且不提供学校排名,只提供相关调查数据,便于各高等教育机构互相比较,查找自身的问题。

AHELO 的测试方法与 PISA 基本相同。针对共通能力测试,AHELO 采取的测试方法以美国的"大学学习测试"(CLA)的方法为主(图 1)。针对具体学科能力测试,给予学生一个新情境,要求运用所学学科知识解决问题。关联性维度调查则是对学生和教师发放调查问卷,以获知各种环境因素对学生成绩的影响。

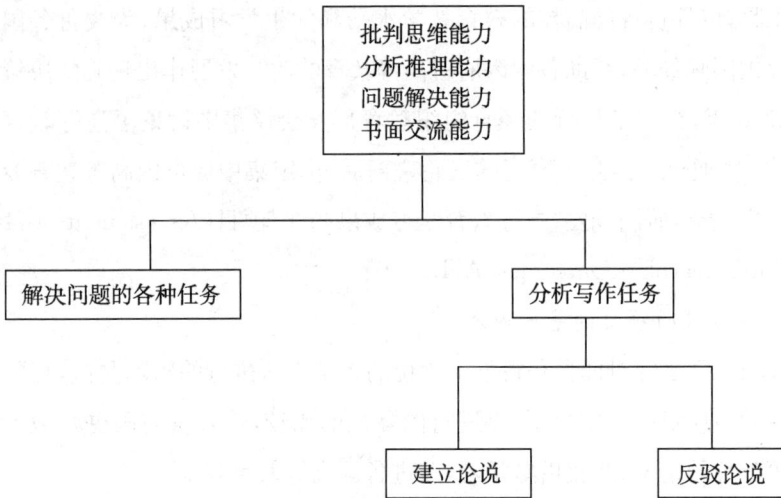

```
                    ┌─────────────┐
                    │  批判思维能力  │
                    │  分析推理能力  │
                    │  问题解决能力  │
                    │  书面交流能力  │
                    └─────────────┘
                           │
              ┌────────────┴────────────┐
       ┌──────────────┐          ┌──────────────┐
       │ 解决问题的各种任务 │          │   分析写作任务   │
       └──────────────┘          └──────────────┘
                                        │
                                ┌───────┴───────┐
                          ┌──────────┐    ┌──────────┐
                          │  建立论说  │    │  反驳论说  │
                          └──────────┘    └──────────┘
```

图 1 大学学习测试的结构 *

* 注:笔者根据 Archi tecture of the CLA Tasks 整理而成。

3. 研发与管理

此轮 AHELO 项目的测试框架已基本建立,除了 3 个领域的测评调查外,每个国家都要参与关联性维度的调查。

AHELO 项目的指导机构有两个:教育政策委员会(Education Policy Committee,EDPC),代表经合组织成员国,是整个项目的决策机构;高等教育制度管理项目理事会(Programme for Institutional Management in Higher Education Governing Board,IMHEGB),负责 AHELO 可行性研究阶段的管理工作。

每个参与项目的国家将会成立两个机构,以更好地参与项目的研发和实施。一是 AHELO 国家专家组(Group of National Experts,GNP),负责此次项目的技术指导工作;二是国家项目负责人(National Project Managers,简称 NPMs),主要负责项目在各个国家的实施工作。

AHELO 项目的具体研发工作将外包给澳大利亚教育研究理事会(the

Australian Council for Educational Research, ACER)领导下的国际联合专家团负责。本次测试还成立了三个专家组协助开展测试工具的研发工作。经合组织秘书处负责项目的监督、管理和协调工作。

4. 研究进展与参与情况

与 PISA 和 TALIS 项目相比,AHELO 项目目前尚处于试验阶段,研究的成熟度低,参与国家和大学也少。

2010 年 1 月至 2011 年 6 月为第一阶段,完成 AHELO 项目的测试框架,研发测试工具,并对其效度进行检验。2011 年 1 月至 2012 年 12 月,为第二阶段,各成员国抽取大学学生和教师进行测试。2012 年底进行总结,研究 AHELO 项目的设计、命题改进,决定是否进行全球性大规模的测试。

到 2011 年 6 月,已有 16 个国家决定参加 AHELO 项目的第一轮测试,他们是美国、芬兰、挪威、瑞典、比利时、意大利、荷兰、俄罗斯、澳大利亚、日本、韩国、科威特、埃及、墨西哥、哥伦比亚和斯洛伐克共和国,等国家。AHELO 项目同时还受到美国、英国、爱尔兰、葡萄牙和瑞典等五个国家官方、半官方和民间的教育基金会的资助。

(三) 国际成人能力测评项目(PIAAC)

1. PIAAC 项目的设立背景

经合组织最关心的是经济发展、劳动力素质、国际竞争力等问题。近年来,经合组织成员国政府也都普遍面临着维持全球竞争力、就业以及人口老龄化等问题,因此需要高质量的关于成人基本技能的比较信息,以帮助政府评估政策,设计更有效的干预措施。对个人来说,在当前和未来的社会中,知识和技能始终都是最有价值的资本。[12]因此,在 1994 年开始的一系列终身教育和成人教育专题调研、测试的基础上,经合组织教育司联合就业、劳动与社会事务司于 2007 年正式设立并研发了这项针对成人能力的综合性国际调查项目——"国际成人能力测评项目"(Programme for the International Assessment of Adult Competencies, PIAAC)。

经合组织宣称,国际成人能力测评项目(PIAAC)旨在为各国政府提供独一无二的有效工具,以评估各国劳动力的知识、技能在数量和质量上的水平以及在国际上所处的位置,为各参与国在成年人技能测量上提供高质量的专家建议,促进各国成年人的能力发展。国际成人能力测评项目(PIAAC)还将使人们更为深刻地理解知识、技能与社会经济的发展、国家的富强以及个人幸福的关系。[13]

2. PIAAC 项目的基本内容

PIAAC 是针对成人能力和技能的综合性国际调查,它的特点是直接测试成人的问题解决能力和在工作场所使用技术的情况,并且对被测试者相关教育和工作经历进行调查。

(1) 调查方式与方法

PIAAC 测试的对象是 16～65 岁的成年人,样本为每个参与国 5 000人。调查在家中进行,调查对象一般通过电脑回答相关问题,如果不会使用电脑,也可采用纸笔回答。PIAAC 项目的测试主要涉及两个方面,一是基本的认知能力,包括阅读能力、计算能力以及运用技术手段解决问题的能力;二是关键的通用工作技能。另外,PIAAC 项目通过问卷法,从参与调查的成年人那儿广泛收集信息,包括他们的年龄、性别、教育背景、工作经历以及在工作和生活中运用各种能力的情况。因此,PIAAC 项目是一项测试与问卷、访谈相结合的研究。

(2) 主要调查内容

PIAAC 旨在测量成年劳动者所需的关键性"认知能力"和"工作技能"。PIAAC 测试的核心内容涉及 4 个方面:① 对信息化时代成年人读写能力的测评;② 测评成年个体运用包括数字技术和交流工具在内的社会文化工具的兴趣、态度和能力;③ 成年个体获取、管理、整合、评估信息,建构新的知识体系的能力;④ 成年个体与他人交流沟通的能力。此外,PIAAC 将会大量收集调查对象在工作中使用关键技术的能力情况。这在国际性的研究中还是第一次。PIAAC 项目的测试与问卷调查的结构和要素如图 2 所示:

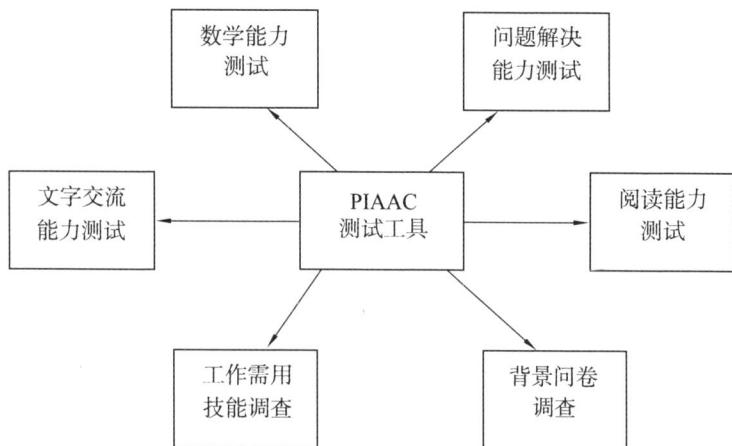

图 2　PIAAC 测试研究的结构与要素[14]

3. 研发管理与参与情况

PIAAC 项目由参与国共同管理，新组建的参与国委员会(Board of Partici-pating Countries)指导项目的运作。具体研发、实施等工作将外包给相关专业机构负责。目前研究开发的总负责机构是美国教育考试服务中心(Educational Testing Services, ETS)。参与研究开发的机构来自美国、德国、比利时、荷兰和卢森堡的 9 个专业机构和一个国际组织"国际教育成就评估协会"(IEA)。各参与国政府将与上述专家组紧密合作，积极配合项目的实施，并任命一位国家协调人负责监督工作。

参加 PIAAC 项目第一轮测试的国家有 26 个，其中，美、英、德、法、加、意、日等经合组织的大部分成员国(24 国)和 2 个非成员国俄国和爱沙尼亚。PI-AAC 项目将在 2011 年进行正式的测试研究，2012～2013 年公布测试和调查结果。可以预见，这项跨国测试研究将大大推动全球的成人教育和终身学习的发展。

经合组织四大教育测试研究的影响，已经随着 PISA 测试的影响逐渐扩大到全世界。这些测试研究不是简单的国际竞赛，也不仅仅对比各国的教育成就，而是旨在通过测试研究，发现各国教育政策的有效性和盲点缺失，分析各国教育发展中存在的问题，展现各国教育发展的成就与优势，为各国提供可资借鉴的他国经验。在方法上，这些测试都包含着多维度、多因素、多层次和系统性的设计架构和数量化的精细分析，有助于各国将未来的教育决策和教育改革建立在系统研究、信息全面和证据数据的基础上。

参考文献

[1] OECD，Education at a Glance 2008—OECD Indicators[R]. Paris：OECD，2008.

[2] [3] [4] [5] [6] [7] [8] [9] OECD. Creating Effective Teaching and Learning Environments：First Results from TALIS[R]. Paris：OECD，2009. 20. 21. 303. 20. 48. 88. 138. 190.

[10] [11] OECD. AHELO Brochure[EB/OL]. http：//www. oecd. org/dataoecd/37/49/45755875. pdf.

[12] [13] [14] OECD. PIAAC Brochure[EB/OL]. http：//www. oecd. org/dataoecd/13/45/41690983. pdf.

（本文发表于《比较教育研究》2011 年第 10 期。作者高光、张民选，时属单位为上海师范大学教育学院）

五、国际学业成绩测评的发展动因、政策回应与积极影响

国际学业成绩测评（international assessment of student achievement）是指借助同一份试卷和相同的测评方法，对一个以上国家或地区年龄大致相当的学生所进行的学业成绩测试与评估活动。[1] 从 1933 年国际教育局（IBE）（International Bureau of Education，IBE）首次收集各国政府提供的教育数据并汇总比较，到 1950 年联合国教科文组织（UNESCO）对 57 个成员国教育发展状况的问卷调查；从 1964 年国际教育成绩评价协会（IEA）（International Association for the Evaluation Educational achievement）组织第一次国际数学成绩测评（First International Mathematics Study），到 2000 年经济合作与发展组织（OECD）启动国际学生评价项目（PISA）（Programme for International student Assessment），国际学业成绩测评经历了一个较快的发展过程。国际学业成绩测评何以能够蓬勃发展，各国在政策层面采取了哪些应对措施，如何评价其实施成效，是本文关注的核心议题。

（一）国际学业测评蓬勃发展的原因分析

过去的半个世纪见证了国际学业成绩测评的快速发展。1964 年，12 个国家参加了 IEA 组织的第一次国际数学成绩测评 FIMS 项目；1991 年，参加当年

---

① 本文核心概念"国际学生学业成就测评"，既包括 PISA、TIMSS 等全球性测评项目，也包括区域内的跨国性学生素养测评项目。

阅读测试的国家达到 37 个；2007 年，参加第三次国际数学和科学测评（TIMSS）的国家和地区达到 46 个。就 PISA 项目而言，2000、2003、2006、2009 年参与的国家和地区数也由 41 个、43 个增加到 57 个、62 个，参与国家的经济总量超过了全世界的 90%。

1. 借鉴他国经验推动本国教育发展的政策需要

国际学业成绩测评从一开始就服务于政策调整需要。当前苏联成功发射了世界上第一颗人造卫星后，北美和西欧国家开始反思其教育政策，并将他们科学和技术等关键领域的落后归咎于教育质量问题。受此影响，IEA 得以成立并相继开展数学、科学等学科测评。20 世纪七八十年代，政策制定者们在第二、第三次国际数学测评结果公布后发现，新加坡、台湾等经济发展较快的国家和地区，他们在学业成绩测评中也排名靠前。教育与人力资源开发、经济发展之间的正向关系，刺激了各国参与成绩测评的兴趣。政策制定者们相信，参与国际测评可以检验本国教育目标的实现程度，发现本国教育体系的长处和短处，在比较与借鉴中找到推动本国教育发展的良方。

2. 保障全民平等享受高质量教育的共同追求

维护教育公平与提高教育质量是当前各国关注的核心问题。相比而言，教育质量问题受重视程度偏低，一些发展中国家学生的成绩水平极其低下，许多学生在初等教育阶段结束后还不具备基本的识字和计算能力。世界银行在《改进发展中国家的基础教育》报告中，就呼吁引入国际成绩测评项目，监控各国基础教育的质量状况。[2] 在保障全民平等享受高质量教育的追求下，一些国际组织呼吁建立全球性的基本学习目标，将落后国家纳入标准化的国际学业成绩测评中。这当中，成立于 1990 年的南非东非教育质量监控联盟（SACMEQ），成立于 1994 年的拉丁美洲教育质量评价协会（LLECE），在各自地区相继开展了数轮学业测评，为推动这一地区国家关注教育质量问题发挥了积极作用。

3. 弥补本国教育质量监测体系不足的有效途径

国际学业成绩测评适应了各国建立职责清晰、立体多元、信效度高的教育质量监测体系的需要。一方面，那些开展了国内测试的国家需要借助国际测评来衡量本国的国际水平，判断国家间的教育差距。以美国为例，虽然他们有为升学服务的学习能力测试（SAT）、大学入学考试（ACT），也有全国教育进展评估(NAEP)等质量监控考试,但仍然积极参与 PISA、TIMSS 等国际测评,其目的就在于审视本国教育的国际地位。另一方面,由于技术、人力及资金等限制,发展中国家的国内测试还存在诸多缺陷,参与国际测评可以弥补国内测试的不足。据 UNESCO 统计,在撒哈拉以南非洲、中东和阿拉伯国家、南亚和西亚国家中,虽然近年来国内测试有较大增长,但截止 2007 年时仍只有 45% 的国家开展有监测性的国家学业测试。[3] 国际学业成绩测评的兴起正好填补了这一空缺。

4. 国际和区域性教育组织的有力推动

众多国际和区域性教育组织在国际学业成绩测评中扮演了重要角色。这当中,成立于 1959 年的 IEA 无疑是最具影响力的专业性国际测评机构,世界银行、OECD 则是全球化背景下国际学业成绩测评的有力推动者。此外,一些区域性教育组织也相继成立并不断壮大。LLECE 现有 18 个成员国;SACMEQ 现有 15 个成员国,其中有 7 个成员国参与了该机构 1995 年组织的首次评价,14 个成员国参与了 2002 年的测试;西非法语国家教育部长会议(CONFEMEN)也鼓励和帮助成员国开展国家内和国际测试。[4] 据统计,从二战结束到 1988 年,在新成立的国际非政府组织中,5% 的组织专注于教育问题。而在所有教育机构中,超过 12% 的专注于数学、科学和语言等领域的成绩测评。[5]

5. 测评理念与技术手段的日趋成熟

测评定位和技术手段决定了学业测评是否有效。事实上,国际测试开始也面临着诸多技术问题,包括如何确定某一学科的评价标准与内容,在学制和学校类型有别的情况下选取哪些学生为测评对象,大规模国际测评的数据处理能力,与学生测评结果相关的家庭背景、社会经济地位、种族(民族)身份、家庭教育开支、教师素质等信息采集等。但是,经过半个多世纪的不懈探索,这些技术性问题基本得到了解决。基于为未来生活奠基的测评理念,PISA、TIMSS 等项目在试卷设计上淡化知识掌握而突出能力素养,通过对学生家庭背景与家长行为调查;对老师教学实践的影像资料分析;对学校校长的问卷调查,以及加大资金投入和信息技术使用等手段,国际学业成绩测评的技术手段日趋成熟。

(二)部分国家基于国际学业测评进行的政策调整

从 1964 年 IEA 首次开展国际数学学业成绩测评至今,各种国际学业成绩测评项目层出不穷,涉及数学、科学、阅读、公民教育、信息技术等学科领域。本文基于地域和在国际测评中的表现考虑,分析美、俄、加、德、日等国家为应对国际测评进行的政策调整。

1. 美国:追求与其国际地位相称的教育排名

美国一直期待在国际测评中取得与其国际地位相称的排名,但结果总是事与愿违。在 IEA 组织的第二次国际数学测评中,美国学生表现欠佳,直接导致了 1985 年《国家在危险中》这一极富冷战色彩的报告出台。《美国 2000 年教育目标法》为此提出,到 2000 年时,美国学生的数学和科学成绩要居于世界前列。作为 OECD 成员国,美国完整参与了四轮 PISA。然而,美国学生的表现却总是不佳。以致 2009 年 PISA 成绩公布后,美国各界对美国学生排名靠后已不再惊讶。美国教育部长邓肯(Arne Duncan)警告说,这不是简单的学业成绩比较,而是又一次"教育警钟",提出要进一步强化《NCLB 法案》的作用,严格各州学业测试,严格学校问责等。同时,联邦政府还启动了"力争上游"项目(race to the top),决定投入 43 亿美元,鼓励学校通过教育改革提高教育质量。[6]

2. 俄罗斯:培养推动国家未来发展的杰出青年

俄罗斯在经济状况好转和政局稳定后,开始追求教育制度与国际接轨,并积极参与国际学业测评。以 TIMSS 为例,俄罗斯在 1995 和 1999 年的数学和科学测评上排名靠前,但是 2003 年的平均成绩出现了下降。俄联邦教育与科学部部长安德烈·富尔先科指出,虽然俄罗斯青年在数学、信息技术及其他精细科学上不逊色于其他国家,但是与日趋激烈的全球人才竞争相比,俄罗斯青年还需付出更大努力。出于对培养优秀青年的重视,俄联邦政府在 2000 年颁发了《俄罗斯青年联邦专项纲要(2001～2005)》,提升俄罗斯青年在市场经济与法制国家环境下的国际竞争力。2005 年,普京在总统法令中提出要培养具有创新精神和国际水平的杰出青年,并为此设立专门奖项。[7]

3. 加拿大:维持卓越与公平并重的发展局面

加拿大各省教育部长委员会(CMEC)、加拿大人力资源和技能部(HRSDC)以及地方政府积极支持各省参与国际学业测评,并在多项测评中取得了好成绩。以 2009 年的 PISA 为例,在所有 OECD 国家中,加拿大学生的阅读排名第三,数学排名第四,科学排名第三。加拿大学生的成绩水平也很均衡,在最低水平层次上的最小比例排名中位居第三,不同地区、学校间学生的成绩差异远低于平均水平。OECD官方认为,"加拿大是社会环境对学生成绩影响最小的国家之一,他们已经形成了一个低成本高效益的教育体制,适中的教育投资就能在那里得到比较好的回报。"[8]加拿大政府在追根溯源时认为,分权化的教育管理模式、追求平等的社会文化、重视少数民族与移民子女的教育传统、高素质的教师队伍与平等的教育投入等因素,是他们在测评中取得好成绩的关键,坚持这些作法成为各界共识。

4. 德国:"测评震惊"下启动变革的典型案例

前联邦德国早期也是国际测评的积极参与者,相继参与了IEA组织的PIMS项目及随后的"六学科研究"(Six subgect study)。在这之后,德国中断了相关研究,直到1999年才重新参与TIMSS,以及随后的PISA项目。这两次测评中,德国学生的表现都差强人意,特别是PISA项目三个学科的测试分数都在OECD的平均分之下,在德国引起了轩然大波。德国政府很快出台了一系列决定,包括通过新的弱势学生学习帮助方案,确保教育最低水准;对教师进行有针对性培训,加强教学法研究;加强入学时间、升留级、转学等管理,制定提高教学活动专业性的综合计划,等等。[9]在2007年的TIMSS测评中,德国学生的排名上升到第7位;在2009年的PISA项目中,虽然阅读成绩低于OECD平均水平,但数学和科学成绩已跻身前列。

5. 日本:借鉴国际学业成绩测评推进教育改革

日本学生在国际学业测评中的表现比较突出,但其间也有过波动。以PISA项目为例,日本学生的数学成绩从2000年的第一、2003年的第六下降到2006年的第十,在2009年的测评中又上升到第四;科学成绩也从2000、2003年的第二下降到2006年的第六,2009年又再度排名第二。在OECD公布了2006年的PISA成绩后,日本文部科学省随即颁布了新的中小学《学习指导要领》。为扭转国际排名下滑趋势,新《要领》增加了中小学数学、科学等核心科目的课时,提出要改进教学方法以提高课堂教学质量。[10]同时,日本还借鉴PISA项目经验,将全国学力调查分为学力考试部分和学习情况调查部分,突出考察学生灵活应用各种知识与技能解决问题的能力。

（三）国际学业测评对推动教育发展的积极影响

国际学业成绩测评已成为影响各国教育的重要因素。据本阿沃特（Benavot）等人统计，截止 2006 年，35％的国家参加了各种形式的国际学业成绩测评。[11]虽然面临着测评演变为国际排名、教师为测评而教等诸多批评，但国际学业成绩测评的积极影响还是众所公认的。

1. 揭示了各国教育现状与国家间的差距

国际学业成绩测评是在国际背景下界定学生成绩的可接受标准，收集能体现这些标准的相关信息，编制出较好适应各国差异的试卷。之后，各参评国开展测评，依托标准化的数据分析技术，以及学生家庭等背景信息，从而揭示了各国教育发展差距及原因。以 PISA 为例，加拿大 15 岁学生的数学成绩超过美国同龄学生一个学年，在阅读和科学方面超过一学期，而社会经济地位对贫困学生学业成绩的影响则远小于美国。作为 OECD 国家中人均 GDP 最低的国家，智利、墨西哥和土耳其在测评中的排名也经常垫底。亚洲的日本、韩国，欧洲的芬兰，北美的加拿大，这些国家的学生不仅总体上学业成绩高于其他国家，而且不同群体间的成绩差距也最小。

2. 推动了各国出台新的改革政策与措施

国际测评还收集了教师培养与聘任、教师工资收入、教育投入与分配、家庭结构变迁、家长社会地位等信息，为调整本国的教育政策与实践提供依据。日本在"2010 增长策略"中提出，到 2020 年前减少成绩较差学生比例，在最优等级上达到 PISA 国家的最高等级，学生对阅读、数学、科学的兴趣指标要高于 OECD 平均水平。英国首相在 2010 年提出，在 PISA 数学测试上学生平均成绩要达到 3 等级，科学成绩达到 6 等级，并提出了一系列阶段性目标。在墨西哥，该国总统在 2006 年提出，要完善学校支持系统和激励机制，提供更多的教师专业发展机会，在 PISA 测评中缩小与国际平均水平的差距。[12]

3. 建立了国内与国际学业测评的互补机制

与国内测评重在选拔学生不同，国际测评主要用于判断本国教育的国际水平，以此推动本国教育发展。一方面，国际学业测评提供了一个国际认可的学业标准，指出了各国教育的发展方向。以波兰为例，该国参照国际测评将小学

6 年的学习内容提升了一个学年。另一方面,国际测评的内容与方法还可作为国内测评的借鉴,从而完善国内测评手段。在巴西,该国正在实施教学质量提高工程,提出了每所学校在 2021 年前要实现的 PISA 成绩目标。德国、日本和美国的俄勒冈州也把 PISA 的一些试题内容与形式纳入到本国测评中。[13]

4. 提供了政府开展绩效评估的科学证据

国际学业测评还被用作提高政府开支的有效方式,使政府的教育开支更有效率,目标更加明确。雷斯伍德(Leithwood)认为,大型国际学业测评今天已成为各种绩效评估中运用最广泛的工具。[14] 在美国,国际测评结果已经成为联邦政府确定资助项目的基本标准。对学校教职员工的评价也参考他们的学生在测评中的成绩,有的被评为能力胜任的专业人员,有的则因评估成绩不佳而成为受处罚对象。世界银行也把评估作为分配教育资源的基础,以此调动各国教育政策制定者启动教育改革项目。

5. 搭建了各国教师交流教学经验的平台

国际学业测评有可能诱使教师为测评而教,重视与测评相关的学科,忽视学生的整体发展。但是,测评也为教师搭建起了学习了解他国经验,了解国外同行工作状况的平台,促使教师反思自己的教学行为。近年来的国际测评广泛开展了对老师的课堂教学等信息收集,世界各地的教师都可以通过网络在线获得这些数据。比如说,IEA 组织的 TIMSS 和公民教育研究就引入了影像资料,对教师课堂教学实践作深入分析;PISA 项目也有针对教师和学生的问卷,以此了解各国教室里的师生行为。

(四) 结语

当今世界的综合国力竞争日趋激烈。作为支撑"硬实力"与"软实力"的基础性工程,教育的质量问题已成为各国共同关注的焦点。在此背景下,国际学业成绩测评迅速受到各国政府的青睐,相关的测评项目也层出不穷。当前中国正处于教育改革"攻坚"阶段,建立体现中国特色与国际趋势的基础教育质量监测体系,是继续基础教育课程改革进程、促进教育均衡发展的迫切要求。《国家中长期教育改革和发展规划纲要》强调,我们要"建立国家义务教育质量基本标准和监测制度"、"完善学业水平考试和综合素质评价"。分析国际学业成绩测评兴盛背后的原因,梳理参与国为应对国际学业测评出台的政策措施,审视国际学业成绩测评的实施成效,对我们完善基础教育质量监测体系无疑具有重要的参考价值。

参考文献

[1] 徐波. 国际教育成绩评估的发展历程、研究项目及其争论[J]. 比较教育研究,2008(10):71—75.

[2] Marlaine E. Lockheed, Adriaan M. Verspoor. Improving Primary Education in Developing Countries[R]. New York and Washington DC: Oxford University Press and World Bank, 1991: 148.

[3] Anthony Somerset. Strengthening Educational Quality in Developing Countries: the Role of National Examinations and International Assessment Systems[J]. Compare, Vol. 41, No. 1, 2011: 141—144.

[4] David H. Kamens, Connie L. McNeely. Globalization and the Growth of International Educational Testing and National Assessment[J]. Comparative Education Review, Vol. 54, No. 1, 2010: 5—25.

[5] Boli John, George Thomas. Constructing World Culture: International Nongovernmental Organizations since 1875 [M]. Stanford, CA: Stanford University Press, 1999: 56.

[6] Department of Education. President Obama Announces 'Race to the Top' Competition for Schools, Seeks to Spur Improvement [EB/OL]. http://www2. ed. gov/news/pressreleases/2009/07/07242009. html, 2011—10—10.

[7] 单春艳. 俄罗斯普通教育的国际水平及其青年教育政策[J]. 外国中小学教育,2009(7): 10—14.

[8] OECD. Education at a Glance 2010: Draft Briefing Note for Canada [R]. Paris: OECD, 2011: 2—3.

[9] Wilfried Bos, Miriam M. Gebauer 著,俞可译. 大规模学生评估的影

响力与重要性:德国视角[J].复旦教育论坛,2010(4):19—26.

[10] 谢明辉.日本颁布最新《学习指导要领》[N].中国教师报,2008—2—27(4).

[11] Benavot, A. , E. Tanner. The Growth of National Learning Assessments in the World, 1995—2006 [R]. Education for All Global Monitoring Report, UNESCO: Paris, 2007: 15.

[12] [13] OECD. Strong Performers and Successful Reformers in Education: Lessons from PISA for the United States [R]. OECD, Paris, 2011: 20—21.

[14] Leithwood, Kenneth A. Programs and Politics: The Local Uses of International Tests [J]. Curriculun Inquiry, Vol. 34, No. 3, 2004: 363—377.

(本文发表于《比较教育研究》2011年第10期。作者王正青,时属单位为西南大学教育学部国际与比较教育研究所;作者唐晓玲,时属单位为四川外语学院图书馆)

六、全球化时代八国语言教育推广机构文化使命的国际比较

文化,作为人类特有的标志和长期积淀,具有地域性、民族性、坚固性。随着经济一体化的发展,世界各国在社会各领域的交流往来不断增强,语言,作为交流的工具和沟通的渠道,在全球化时代凸显其重要性,促使各国、各民族在研究自身语言的基础上更加注重对外推广。语言推广机构作为实施语言推广战略的主要平台,在维护国家利益和弘扬本国文化方面,受到了国家的高度关切和重视,其本身所肩负的文化使命在强调软实力建设的当今世界尤为突出。

(一) 语言教育推广机构的兴起与发展

全球化时代是经济一体化和信息国际化的时代,交通与通信的发达使各国经贸往来愈加频繁,经济、社会的国际交流裹挟的文化交流不可避免地成为全球化时代的一股主流,对文化力的关注和软实力的竞争催发了语言推广机构的设立。

1. 全球化成为社会经济发展的主流

随着各国经济的飞速发展和密切交流,全球化作为一种时代标志和生活方式出现了。合作与竞争成为全球化时代的主题与最强音。语言在国际化进程中显得日益重要。快捷、清晰而准确的交流,离不开语言交流,而畅通自然的语言交流需要直接对话,时代要求语言交流从翻译的中间交流时代向直接交流时代转化。这就蕴发了潜在庞大的语言学习队伍和巨大的语言学习要求,促使了语言推广机构的兴起。

2. 语言推广机构成为文化交流发展的动力

世界一体化进程的加快使国际间的竞争日益显著,并且从传统上经济、政治、军事等硬实力的竞争转向注重文化、人才、教育等软实力竞争上。文化外交成为外交政策和活动中重要的一环,与此同时产生的语言推广机构,一方面作为各国交流的平台实行语言推广和教学,另一方面,各国政府将其作为维护国家利益、塑造国家形象和加强国际间友好关系的重要舞台。语言作为文化的表现形式和传承工具,其发展之始、建立之初肩负的文化使命使得语言推广机构具有多重复杂性,在传承、推广和完成文化使命的策略上也与众不同。作为国家"绵里藏针"的利器,在 21 世纪发挥的作用尤为明显和重要。

3. 全球化时代语言推广机构的迅速崛起

英国、法国、德国在语言推广方面是走在历史前列的。尤其是英国,可谓是当今时代文化传播的奇迹。英国于 1935 年正式成立了英国文化委员会,至今已经走过了 78 年多,截至 2011 年,英国文化委员会已经在 110 个国家和地区建立了 192 个办公点,拥有 7 000 多工作人员,与全球 5 300 所学校建立了联系,208 000 人参加了教育交流活动,在其设置的教学点接受培训的学习者人数达到 294 000[1]。其庞大的机构和强劲的实力,一方面得益于全球化的黄金契机,另一方面也离不开国家战略上的高度重视。[2]

法语联盟一个多世纪以来,以其高质量的教学和培训项目广受称赞。至今在全球五大洲的 136 个国家拥有 1 040 处海外点,每年约有 450 000 人通过法语联盟学习法语,有 600 万人参与其举办的文化活动,其自身的现代性、创新性与对文化多样性的尊重使其在全球拥有很好的口碑。[3]

歌德学院是 1951 年在德国科学院的前身上建立的,20 世纪 60 年代,歌德学院由单纯的艺术领域拓展到所有的文化领域,对外传播德国的灿烂文化。1976 年,外交部与歌德学院达成一致,同意其作为一个独立的文化组织运作。2001 年,歌德学院与跨文化学院合并,汲取对方优势为其本身注入了强大的动力和活力。[4]

塞万提斯学院建于 1991 年,致力于西班牙语及西班牙语国家文化的传播,该学院是世界上教授西班牙语最大的机构。西班牙语是世界上作为母语使用的第四大语言,国际交流中使用的第二大语言。全球有 20 多个国家约 4 亿人讲西班牙语,世界上几乎每个国家都有众多西班牙语学习者,各类大学、语言学校、商务学校,以及中小学都教授这一语言。[5]

由于中国经济的飞速增长和与世界各国间交流的加强,世界出现了学习汉语的需求,每年学习汉语的人数急速增长,基于此,中国政府借鉴英、法、德和西班牙在推广语言上的经验,于 2004 年成立了孔子学院。短短几年,孔子学院的发展已经取得了相当的规模,成绩有目共睹。它不仅仅作为语言推广机构,已经成为中国和世界文化交流的平台和加强国际间友好合作的桥梁。[6]截至 2011 年 8 月底,各国已建立 353 所孔子学院和 473 个孔子课堂,共计 826 所,分布在 104 个国家(地区)。[7]

随着 21 世纪初"韩流"的影响(主要指韩剧、韩国音乐电视文化、服饰、饮食等对全球的影响,尤其是对毗邻韩国的亚洲主要国家的影响)和韩国企业在海外员工数的大增,韩语逐渐有了流行的市场和需求;加之国内出台了针对国外员工的《招聘法》,韩语学习的需求覆盖了整个亚洲地区;最后,由于韩语学习的社会群体已经由传统的外交官、学者、学生扩展到海外韩侨的二代和三代等等,所以,一种专门致力于传播韩语进而促进韩国文化交流的机构——世宗学院就应运而生了。世宗学院初建于 2007 年,2007~2011 年间在东北亚和中亚地区建立 100 所分支学院,同时计划 2012~2016 年东南亚和西南亚地区建立 100 所学院。[8]

日本国际交流基金会于 1972 年建立,其作为从事文化交流的实体,在文学艺术、海外日本语教育和日本海外的学术人才交流方面发挥作用。[9]

俄罗斯没有统一大型的语言推广机构,政府方面也做得没有韩国、日本好,但俄罗斯作为联合国五大常任理事国来说,俄语具有重要的国际意义,近几年来,俄方政府也开始高度重视俄语的推广和俄罗斯文化的传播,现有的比较成规模的是国际俄罗斯语言和文学教师协会,在文学和艺术的交流过程中传播俄语,弘扬民族文化。

各国的语言推广机构正在向纵深化、多元化、大规模、高层次发展,在如何能更好地完成文化使命和维护本国利益上不断研究和创新,语言推广机构已经作为一国一民族的世界名片和"形象代言人",在国际舞台上扮演着重要的角色,同时也担当着更加多维化的职能。

（二）语言推广机构的文化使命

在八国语言推广机构的官方网站上可以看到,各机构在介绍"我们做什么"的表述上基本大同小异,主要是提供语言教程,推广本国语言,为加强国家间交流和各国友好关系的发展提供平台和创造机会。关于"旨在做什么"中无一例外的强调了"国家利益"的重要性,突出了文化在国际间理解和交流合作中的重要性,具体如下(表1):

表1　世界8国语言推广机构文化使命比较一览表

国家	主要语言推广机构	文化使命	性质	宗旨
英国	英国文化委员会(The British Council)	在全球范围内为英国人创造机会,建立英国与世界诸国的友好信任关系;为英国的文化、外交和经济利益服务,尽可能为世界各国各民族人民提供了解英国语言、文化艺术、教育和社会的途径	国家主导	以英国利益为核心,学习、分享和连接世界
法国	法语联盟(Alliance française)	在全球范围内为所有人提供法语教程;传播法国人意识和法兰西文化;促进文化多样性的发展	非营利性、自主性、非政治性和非宗教性	传播法国语言,弘扬法国文化
西班牙	塞万提斯学院(Cervantes Institute)	担当神圣的历史使命,成为建立友谊与理解的桥梁,构建和谐与宽容的工具,创造不同民族不同文化之间相互理解的渠道	国家主导	推广西班牙语教学,传播西班牙及其它西语国家文化

（续表）

国家	主要语言推广机构	文化使命	性质	宗旨
德国	歌德学院（Goethe-Instituts）	在教育、工作和国际理解领域促进德语的传播和提升，提高德语作为世界多样性语言中的地位；在全球范围内为展示德国文化和历史提供途径；在国际层面上促进世界对欧洲的理解，发展欧盟的普遍价值认同感	兼具企业性和事业性	为世界了解和理解德国语言、文化和社会提供途径，促进国际间文化合作
韩国	世宗学院（Sejong Academy）	向外国人和海外韩侨传播韩国的语言和文化，促进双边文化交流与理解	国家主导，文化观光部主持，是韩语国立研究院的下属机构和对外推广机构，非营利性	韩语不仅是交流的渠道，更是大韩民族飞腾的驱动力
日本	国际交流基金会（The Japan Foundation）	为日本加强国际交流，增进与世界各国友好和谐关系创造环境；通过深化其他国家对日本的了解，增进不同民族之间的相互理解，通过综合有效地国际文化交流活动增进世界各民族之间友谊，为世界范围内文化和其他领域的繁荣发展作出贡献	政府主导，民间参与	促进日本国际文化交流

（续表）

国家	主要语言推广机构	文化使命	性质	宗旨
俄罗斯	国际俄罗斯语言和文学教师协会（International Russian Language and Literature Teachers Association）	推动在世界各国作为文化交流和国际合作重要手段的俄语的学习；发展相关人员（教师及专业人员）的交流和合作，建立联系；在国际交流中为俄罗斯语言文学教师提供帮助	非政府性、非营利性	在俄罗斯本国以外推广对俄罗斯语言和文学的研究
中国	孔子学院（Confucius Institute）	为世界各国提供汉语言文化的教学资源和服务，最大限度地满足海外汉语学习者的需求，为携手发展多元文化，共同建设和谐世界作出贡献。面向社会各界人士，开展汉语教学；培训汉语教师；开展汉语考试和汉语教师资格认证业务；提供中国教育、文化、经济及社会等信息咨询；开展当代中国研究	国家主导，直属教育部国家汉办，非营利性	增进世界人民对中国语言和文化的了解，发展中国与外国的友好关系，促进世界多元文化发展，为构建和谐世界贡献力量

资料来源：

1 英国文化委员会官方网站：http://www. britishcouncil. org/new/folder-what-we-do/what-we-do

2 法国法语联盟官方网站：http://www. alliancefr. org/en/who-are-we

3 西班牙塞万提斯学院官方网站：http://www. cervantes. es/default. htm

4 德国歌德学院官方网站：http://www. goethe. de/uun/org/ltb/enindex. htm

5 韩语国立研究院网站：http://www. korean. go. kr/eng/index. jsp

6 日本国际交流基金会官方网站：http://www. jpf. go. jp/e/program/instruction. html

7 参见张西平，柳若梅合编：《世界主要国家语言推广政策概览》，外语教学与研究出版社2008年8月版，第200页。国际俄罗斯语言和文学教师协会官方网站：http://www. mapryal. org

8 中国孔子学院官方网站：http://www. hanban. edu. cn

从表中看出,各国语言推广机构在向世界各国各地区各民族传播语言的同时,更加注重文化的传播,增进世界对本国文化的了解与理解,当然,文化的内涵之丰富,涵盖了经济、政治、教育、宗教、历史、文学语言、民俗民风、经典国粹以及社会的方方面面,文化传播俨然已经作为国家的外交手段和途径,对增进国家间交流和合作,塑造本国良好形象,促进文化的多样性存在和发展,维护国家利益方面发挥着至关重要的作用。这种使命更大意义上是国家使命,尽管不同国家由于推广机构的性质差异,在具体的侧重点多少也会存在一些差异,但相同的是这些机构上至国家层面(英国、西班牙、日本的皇室)和政府层面,下至机构的具体文化使者和传播者方面,这种使命在 21 世纪全球化时代显得尤为突出甚至迫切。

(三) 语言推广机构履行文化使命的策略

国家的高度重视不仅是语言推广机构建立的缘由,也是其得以长期稳定发展和壮大的原因。语言机构不仅是本国语言的海外教学中心,同时也是一国文化的传播媒介。由于自身带有的外交功能、文化功能、教育功能和经济功能等,其运作需要多方面的协作,推广策略方面也具有多重性和复杂性。

1. 依托政府实力进行推广

文化传播作为国家重要的外交策略,各国政府都从国家利益的高度给予语言推广机构强劲的支持,包括政策、设施设备、机构组织、师资力量等。英国的文化委员会有皇室人员作为庇护人,组织和管理团队人员大都由政府机构工作人员或具有行政经历和背景的人员担任。法国的法语联盟与政府关系并非十分密切,政府只是作为其合作方提供必要的帮助,但这恰恰为法语联盟的自由自主发展提供了相当大的空间和权力,使其保持在文化传播上的丰富性和纯洁性。西班牙塞万提斯学院在皇室大力支持下建立,是隶属于外交部门的非营利性组织,国家在教师培训与派遣、资金拨付、图书馆及全球学院建设等方面几乎"包揽一切",使学院可以"全心全意"地致力于西班牙文化的传播。歌德学院兼具企业性和事业性,在海外传播相关事宜上事业性色彩强,国内是企业性质的自负盈亏管理,国家、联邦不多参与,相比之下,由于海外传播和推广机构的涉外性和国家性,其性质属于非营利性组织,联邦给予全方位支持,而其"跨民族协会"的背景也使其海外机构的官方色彩较浓。韩国于 1998 年推出了"21 世纪世宗计划",这是一项韩语信息导向计划,由韩国文化观光部联合国内包括国立韩语研究院在内的众多学术机构进行实施,而这项计划只是韩国《中长期韩语信息导向发展规划》的一部分,也可以看作是对韩语语系进行一次系统化的、数字化的、科学化的整理工作,旨在 2007 年之前为韩语及韩国文化的海外推行作基本框架和研究资源的准备。[10] 日本国际交流基金会直接隶属于外务省管辖,是在政府外交工作的考量下设立的,是日本发展国际关系的重要平台。俄罗斯目前存在的比较活跃的国际俄罗斯语言和文学教师协会尽管是非盈利性、非政府性,其资金却得到政府的大力支持。中国的孔子学院是我国在借鉴英、法、德、西等国推广本民族语言经验的基础上,探索在海外设立以教授汉语和传播中国文化为宗旨的非营利性公益机构,国家从战略上高度重视,给予政策上的大力支持。

2. 开发多元化资金来源渠道

文化推广是一项长远而艰巨的事业,其深远性、复杂性和广泛性需要强大的资金作为机构正常运转和飞速发展的保障。这八个国家的语言推广机构无疑都得到政府、社会、企业团体、民间组织以及自身运作等资金物力上的大力支持。其中西班牙、日本、韩国、中国的资金来源主要是国家财政支付,结合一小部分其他方面的资金资助,值得注意的是由于英国推广的先进性和广泛性,其自身的盈利性收入已经相当可观。2010~2011 年年度报告中指出本年度收益为 69.3 亿英镑,资助比例在政府拨款和合同资助上有所下降,下降的部分却由收入相当可观的服务收益来补充,服务收益在 2010~2011 年间达到 38.7 亿英镑,占到总收益的 56%。法国的法语联盟政府拨款只占机构资金来源的一小部分,绝大数来自企业、基金会的赞助和自己的教学相关活动创收。德国歌德学院的海外分院绝大部分靠政府和基金会拨款,还有就是大型企业的赞助,诸如:安联保险公司、宝马汽车公司、博士机电公司、奔驰公司、德意志银行文化基金会、西门子公司,等等。[11] 可见不论是来自政府拨款、基金会、财团支持还是自己盈利,这些语言推广机构均有强硬的资金作为运作保障,其中,政府仍然发挥着主导的角色。

3. 创新教学方式与考试手段

语言推广机构主要通过在全球范围内设立分院进行教学和考试来推广语言和文化,这同时带来的是国内出版业、第三产业以及制造业一些经济实体的发展。将语言教学作为主要形式,辅以本国本民族重要而有特色的文化活动(如音乐、喜剧、舞蹈、民俗作品等)为拓展平台,通过展览、会议、研讨会、圆桌讨论、文学辩论、电影赏析等,将文化寓于教学活动中是各国语言推广的主要模式。结合实体面对面教学和网络虚拟教学,全方位搭建教学平台是各国的普遍作法。将语言等级和资格考试作为推广战略中的重要一环,不仅有加强和补充教学效果的作用,而且在经济效益方面带来相当可观的收入。如英国的IELTS(俗称"雅思"),塞万提斯学院负责组织的西班牙语考试(DELE),法国官方组织的法语语言初级文凭考试,德国歌德学院组织的初级、中级、高级德语证书考试,日语国际交流基金会负责的日语能力等级考试(分为四级),韩国的韩国语能力考试和中国的汉语水平考试(HSK)。相比之下,英国、法国、德国的考试分类较细、种类多样,适应不同人群的发展,而一些后来新兴的语言推广机构的考试尚处于初级发展阶段,大而笼统,针对性不强,层次划分不明。

4. 联合海外进行本土化

本土对象国而言,外国语的推广必须与本土结合,这其中包括联合本土的政府机构、教育部门、代理机构、新闻媒体和出版业等单位和组织,考虑到不同国家和不同民族的具体情况,因地制宜,深入了解研究对象国的人文与社会背景、不同群体间的需求,从而制定出切实可行的推广战略,取得最优效果。语言推广机构注重与对象国的政府部门联系和合作,从而取得成立和发展的"合法性地位";联合学校(包括高校和中小学,其中高校占重要地位,尤其是除英语之外的其他语种)合作办学,包括在师资和教材上的合作等;与对象国的培训机构、代理机构合作,在生源的招收和规模的扩展上代理机构起到关键性的作用,从而扩大语言和文化的影响力;与新闻媒体和出版集团合作,利用对象国本土的传媒大加宣传和推介自己;国外的侨胞作为连接两国、两民族的桥梁,也是语言推广机构合作的对象。

5. 文化推广辐射多重效应

尽管全球语言推广机构将文化使命作为核心价值理念和推广战略重心,但由于语言推广机构其自身的复杂性,带来的效应也是多重的,这也是随着世界形势不断变化发展而各国所期待的——在语言推广的同时能带动国家经济效益的增长,增进各国间友好往来,推动外交关系的和谐生成和发展,促成国内经济结构的转型和调整,加强教育的国际化交流,更好、更通畅地解决世界经济、政治、外交、民族、人权等问题,增强国家民族间互信互惠,实现"一箭多雕"的效果。

(四) 讨论与启示:孔子学院

"从学术意义上讲,文化是指支配民族国家个体和群体行为的、占主导地位的民族心理、价值观、行为规范以及建立在此基础上的行为模式。具体而言,文化由认知体系、价值体系和建立在二者基础上的行为规范体系构成的,这三部分内容有着内在的逻辑性,彼此密不可分,缺一不可。"[12]取得巨大文化外交成绩的语言推广机构是将三者完美结合和无缝链接的典范。我国的孔子学院尚处于发展的初级阶段,其发展和壮大仍然需要不断学习其他国家先进的推广经验学习。

1. 文化使命应成为孔子学院的核心使命

纵观其他国家语言推广机构的历史和经验,均将推广本国、本民族文化作为机构的核心使命。国家的发展离不开语言机构主动向世界推广本国形象。孔子学院应成为为世人展示、讲述中国的图景,为世界了解中国提供一个良好而广泛的平台。文化作为经济社会的内涵因子、作为语言推广的核心使命具有至高无上的价值,由于文化其自身的渗透性和影响性,作为软实力的内核成分,作为连接硬实力和软实力而表现出来的巧实力的重要"粘合剂",在国家战略和长远发展中具有根基性作用。这也正是各语言推广机构将文化传播,增进世界对本国文化理解的原因所在。孔子学院应始终坚持自己的宗旨,致力于适应世界各国(地区)人民对汉语学习的需要,增进世界各国(地区)人民对中国语言文化的了解,加强中国与世界各国教育文化交流合作,发展中国与外国的友好关系,促进世界多元文化发展,构建和谐世界[13]。

2. 特色化品牌化是孔子学院的生存之路

孔子学院想立足于语言推广机构之林并且不断发展壮大,就必须展现出自己独特的风采和与众不同的地方,包括教学内容、教学方式、机构设置、管理运作方式等。充分发掘具有中国特色的文化元素,运用文化传播与推广战略,结合自身特点与当地具体情况,制定出适合自己的最佳发展方案。教学内容是孔子学院的立院根本,在传播中国文化时候要做到贯通古今,融汇中外,力求多元化、多层次。贯通古今就是在发掘中国文化元素时不能一味地集中于中国的传统文化,还要在如何推广当今中国文化和展示现代中国形象上动脑筋,融汇中外就是在制定特色化发展方案时要考虑当地的国情,具体到学院设立地的人文生态环境、合作方的环境与传播对象的特点等;多元化、多层次是指文化元素要包括社会的众多方面,如中国的武术、民俗、建筑、表演艺术(歌舞、戏剧)、中药、食物、哲学、宗教等,将这些元素有机的组合并成功地传播于世界是孔子学院的重大课题。

3. 本土化是孔子学院的前进方向

本土化就是外界事物在特定的本土环境中实现生存和发展,其过程与心理学上的品德内化过程和逻辑基本一致:依从-认同-信奉,本土化可以概括为:了解认识—接受认同—自觉内化。这就要求全世界的孔子学院要在一致性的基础上寻求差异性,充分考察设立地的具体情况,在符合设立地(国)的规范要求下适应当地人的价值理念和行方式,或是做到使当地人最大程度地理解孔子学院的服务内容。本土化是非常细致并且需要智慧的进程,正如哲学上讲的"世界上没有两片完全相同的树叶"一样,孔子学院的繁荣也必然走本土化的道路。孔子学院虽成立历史较短,尽管出现了一些对象国的不同声音,但就目前来看,发展态势还是积极乐观的。未来的孔子学院要不断优化生存发展环境,在此基础上下狠功夫做好本土化的功课。

4. 多重效应是孔子学院的发展目标

作为语言推广与传播机构,孔子学院目标之一就是推广与传播中文。历史表明,语言推广机构在文化传播、教育交流、推动本国经济发展、塑造本国形象、加强国际间友好交流、发挥外交作用、提升本国实力等方面具有重要意义。多重目标和效应也应当是孔子学院的发展目标。孔子学院应不断丰富自己的对外职能,拓展服务范围,充分利用语言推广的平台为国家的经济文化社会服务,成为真正能代表中国形象的名片。

5. 双赢战略是孔子学院的必然选择

全球化时代讲求合作共赢,互惠互利,这不仅是个人的生存之道,也是机构组织不断发展的必然选择。孔子学院在服务国家利益的同时,要将对象国(地)和合作方纳入惠及范围,只有为合作方也带来相关益处,孔子学院才能不断地可持续发展。如果单纯地考虑自身的利益而忽视甚至损害对方的利益,学院的发展必然陷入危机。可以在师资服务、学生交换、项目承接等方面积极与对方展开合作,为对方带来利益的同时也是在为自己争取发展资源与空间。

6. 积极挖掘多元化的资金来源

目前,孔子学院的运作经费从国内来讲主要是国家的财政支持,从合作办学的角度来讲,孔子学院章程第五章第二十三条表述:对新开办的中外合作设置孔子学院,中方投入一定数额的启动经费。年度项目经费由外方承办单位和中方共同筹措,双方承担比例一般为 1：1[14]。相对于英国文化委员会的资金来源,我方的孔子学院资金渠道单一而缺乏市场灵敏度。应积极谋求政府支持外的其他资金支持,发动社会力量,如社会资助、企业赞助等,同时还要充分利用自己的经济职能,借鉴英、法、西国家经验,争取做到经费自足。

如何在中国发展的关键阶段和世界大好形势下将中华文化有效地传播出去,不仅是孔子学院的重点和难点,也是国家对外交流必须面对的话题之一。只有做好国内的文化,孔子学院的发展才会有根基和命脉,其文化使命才会源远流长。

参考文献

[1] 2010—2011 年英国文化委员会年度报告[EB/OL]. http://www. britishcouncil. org/new/about-us/annual-reports/,第 6、7 页.

[2] 2010—2011 年英国文化委员会年度报告[EB/OL]. http://www. britishcouncil. org/new/about-us/annual-reports/,第 18 页.

[3] 法国法语联盟网站[EB/OL]. http://www. alliancefr. org/en/who-are-we.

[4] 德国歌德学院网站[EB/OL]. http://www. goethe. de/uun/org/ges/enindex. htm.

[5] 西班牙塞万提斯网站[EB/OL]. http://www. cervantes. es/default. htm.

[6] 中国孔子学院—国家汉办[EB/OL]. http://english. hanban. org/node—10 971. htm.

[7] 中国孔子学院—国家汉办[EB/OL]. http://www. hanban. edu. cn/hb/node—7 446. htm.

[8] The National Institute of the Korean Language[EB/OL]. http://www. korean. go. kr/eng/index. jsp

[9] 日本国际交流基金会官方网站[EB/OL]. http://www. jpf. go. jp/e/program/index. html.

[10] 韩国国立研究院世界计划网站[EB/OL]. http://www. sejong. or. kr/gopage. php? svc=intro. eintro.

[11] 张西平,柳若梅编. 世宗主要国家语言推广政策概览[M],外语教学与研究出版社出版,2008 年 8 月版,第 166 页。

[12] 邢悦著. 文化如何影响对外政策[M],北京大学出版社,2011 年 3 月第 1 版,第 46—47 页。

[13] [14] 参见孔子学院章程第一章总则第一条、第五章第二十三条。

（本文发表于《比较教育研究》2013 年第 8 期。作者宋佳,时属单位为教育部人文社会科学重点研究基地北京师范大学国际与比较教育研究院）

七、日本的国际教育援助及其软实力构建

（一）软实力内涵及其与国际教育援助的关系

软实力概念是由美国学者约瑟夫·奈(Joseph S. Nye)提出的。他认为，一个国家想要改变他人的立场，实现自己的目标，除了可以使用经济、军事等硬实力之外，还可以凭借本国价值观和文化对他国的吸引力和感召力间接地发挥作用。从这个意义上来讲，在国际政治中通过本国对他国的吸引力使其行为朝向自身所希望的方向发展，从而实现自身目的的能力，称之为软实力[1]。一个国家的软实力主要依靠三种资源：文化；政治价值观；外交政策[2]。软实力还可源于一个国家的文化、理想和政策，类似于爱德华·卡尔(Edward Carr)的"支配舆论或意见的能力"(Power over Opinion)和斯蒂文·卢克斯(Steven Lukes)的"权力的第三维度"，它经常被定义为文化、教育和外交，因为这些领域提供说服其他国家自愿接受相同目标的能力[3]。在如何实现软实力目标这个问题上，约瑟夫·奈认为有三种基本的方式：强迫，支付和吸引力。硬实力指的就是强制和支付等手段的使用，软实力就是通过吸引力获得想要的结果[4]。约瑟夫·奈认为，公共外交是构建软实力的重要因素。公共外交一方面通过向外界传递本国对外政策赢得积极正面的形象，另一方面，还通过与别国建立长久关系为政府政策创造有利的环境。约瑟夫·奈还将"通过奖学金、交流、培训、学术会议……发展与个人的长久关系"视为公共外交的第三维度[5]。综上所述，软实力是一个国家凭借其价值观、文化吸引力、外交政策等维度实现自己所要达到的目标的能力，教育文化是构建国家软实力的重要维度。

国际教育援助作为一种特殊的援助形式,是发达国家和国际组织对发展中国家的文化教育领域提供的捐赠、低息贷款、技术支持等援助。国际教育援助在构建国家软实力方面有着天然的优势。首先,国际教育援助是人道主义理念的体现。这种理念主张要从满足发展中国家人民的基本需求出发进行援助,而教育作为一项人权,是人类最基本的需求之一。因此,人道主义的援助观提倡对发展中国家的教育文化方面进行援助,这种援助理念具有道义上的感召力;其次,国际教育援助过程中,援助国的援助理念、意识形态和价值观等软实力核心要素向受援国进行传播,对援助国自身软实力的构建有着天然优势。因此,国际教育援助在构建国家软实力方面具有自身的特殊性。

(二) 日本在不同时期的软实力战略与国际教育援助

20 世纪 60 年代,日本的国际教育援助开始起步。进入 21 世纪后,教育援助在日本对外援助体系中的地位逐渐加强,国际教育援助甚至被融入日本对外经济合作的框架之中。2000 年,日本将教育、人才培养等领域确立为 21 世纪的经济合作方式。2002 年,日本政府在八国首脑会议上宣布要加强对低收入国家教育领域的开发。

日本之所以对国际教育援助事业如此重视,与其软实力战略有很大关系。二战期间,日本因在东亚发动侵略战争,这段历史时期日本的国家形象是一个穷兵黩武的侵略者。所以,"二战"后初期,日本在软实力方面的策略是改变国际社会对自身"侵略国"的看法,加强沟通和交流,增进相互理解。战后日本对东南亚援助模式被称为贸易、投资和经济合作"三位一体",日本的援助从东南亚市场获得大量的经济回报,因而东南亚国家眼中的日本形象实为"经济动物",日本对外援助行为使其丧失了树立正面积极国家形象的机会。在这种背景下,日本国内一些人呼吁政府在对外援助领域应该撕掉"经济动物"的标签,要通过对外援助赢得东南亚国家的信任;日本应该将其对外援助建立在长远的视野之上,建立一种帮助东南亚地区人民的援助框架[6]。因此,日本扩大国际作用必须要在一些特定的领域展开和推进,以渐进的方式和数量的积累,形成日本的国际形象和国际地位[7]。国际教育援助相比对外经济援助有着公益性和非营利性的特点,因此日本非常重视对教育文化领域的援助,使援助对象在近距离的接触和交往过程中,了解日本并树立日本和平、友善的形象。

20 世纪 80 年代末 90 年代初,日本成为世界上第二经济强国,其官方发展援助的规模在 1989 年以 89.65 亿美元超过美国位居世界第一位[8]。日本对外政策开始谋求与其经济地位相匹配的政治大国地位。1991 年第 46 届联合国大会上,日本表达了要成为联合国安理会常任理事国的愿望。

非洲拥有五十多个联合国成员国,是日本联合国外交的"票仓"。同时,非洲是世界上贫困国家最集中的地区,全球性问题中的贫困、人权保障等议题大都与非洲有关。教育的发展可以使人权得到保障,因为教育对一个人的能力和素质的提高至关重要。一个人只有接受一定程度的教育后,才会增强其独立性和拓展人生发展的机会,因此接受教育是一项基本人权。教育与贫困之间有很大的联系,世界银行《2000~2001 年度报告》指出:"贫困不仅意味着低收入、低消费,而且意味着缺少教育的机会……"[9]因此,教育援助成为日本对非施展政治影响力的一个重要领域。冷战后,国际社会对外援助理念发生变化,援助国和受援国那种不平等的、依附性的传统双边关系遭受发展中国家的诟病,要求建立援助国和受援国新型关系的呼声高涨。日本利用对非教育援助输出了自己有别于欧美国家的援助理念,成功将自身塑造成一个平等对待受援国、充分发挥受援国主体地位的形象。

自明治维新以来,日本长期实行"脱亚入欧"战略。随着亚洲尤其是东亚在经济上的崛起,亚洲在世界政治舞台上日益重要,成为日本走向政治大国道路上不可忽视的重要区域。因此,亚洲外交是日本政治大国战略的另一重要支柱。日本力图通过对外援助来建立与亚洲国家的良好关系,从而实现其政治大国目标,提升其国家软实力。日本前首相麻生太郎认为,日本的对外援助目标将从"单一的贫困国家"转向更具有战略意义的"伙伴国家"。教育援助与一国老百姓的福祉直接相关,例如,日本的草根计划、文化无偿援助等,由于其直接面向基层,受惠面宽,被称为"看得见的援助"。

(三)日本国际教育援助在构建国家软实力中的实践

1.改变国家负面形象的国际教育援助

(1)对外文化交流活动

日本将文化交流作为改善自身"战败国家"和"侵略国家"的负面形象的有效手段和方法。二战"刚结束,日本就明确要建设"文化国家",时任首相片山认为,日本要重新赢得国际社会的信任,必须将"文化的提高"作为出发点。[10]。与之相适应,国际教育援助成为日本改善国家形象和提升软实力的重要途径。

1977 年 8 月,日本首相福田在在东盟参加会议时,发表了题为《我国的东南亚政策》的演说,表示日本要与东南亚国家建立心心相印、互相理解的友好关系。福田认为,文化合作是达成上述目标的重要条件。为支持东南亚各国的文化交流活动,日本政府投入 100 亿日元设立了"东南亚文化基金"。日本重视在文化、学术、地区研究等领域与东盟国家进行交流。日本还通过招收东盟国家的留学生进行文化交流,在日本政府资助的外国留学生中,来自东盟国家的留学生占 25%[11]。

显然,日本注重文化外交对国家形象的提升作用。文化以价值观念和信仰为核心,因而在文化交流中,其展现方式比较温和。然而,思想、精神、意识等在文化交流的主客体之间所产生的认同力和感召力,却是以润物无声的方式显示出更为深刻和持久的力量。因为文化能够规范人的思想观念,从而直接影响人们对某国形象的判断和认知。从这个意义上来讲,文化交流有利于塑造国家形象,也是国家软实力构建的核心内容。

(2) 培养"知日派"的留学生招收计划

培养"知日派"是日本改变其国家负面形象的一个重要举措。留学生招收计划则是培养"知日派"的有效途径。通过招收留学生修复与东南亚国家的关系,改变东南亚国家对日本国家形象的认知是其软实力建设的重要一环。

从 1954 年实施科隆坡计划开始,日本就开始招收东盟国家的留学生。通过派遣日本专家赴东盟国家开展日语推广和招收东盟国家的学生去日本留学等方式,日本希望借此改变自身在东盟国家心目中的形象。东盟国家中,马来西亚政府表达了向日本学习的愿望,并请求日本在该国学生赴日留学问题上给予合作。从 1981 年开始,日本政府为马来西亚等国家的留学生提供了日语学习和留学生预备教育等方面的帮助。[12]

1983 年,日本政府制定了招收 10 万留学生的宏大计划。在此背景下,印尼从 1985 年开始 5 年间共向日本和欧美国家派出留学生 1 500 人。日本政府对印尼学生赴日留学在日语教育和大学选择等方面给予了大力支持。[13]此外,东南亚国家还利用日本文部省的"公费留学生海外派遣制度"赴日本学习。

日本国际交流基金在东南亚国家中推广日语发挥了很大作用。1989 年，该基金设立了日本语国际中心，招收了大量来自东南亚各国的留学生。根据国际交流基金的调查，从 1982 年到 1988 年间，海外日语的学习者人数由 40 万增加到 73 万，其中东亚占了 80％。[14]。

日本外务省文化交流部原部长小仓和夫道出了日本留学生政策在国家软实力构建方面的用意。他认为，"日本政府制定的'10 万留学生接收计划'这样野心勃勃的方案以及外国青年招募活动，表面上看来是日本国际化的策略，实际上是某种形式的'日本的发信'，是确保把日本的政治影响力向国际社会渗透的手段"。[15]

（3）青少年交流计划

为增进日本和二战受害国的交流和理解，日本非常重视发展与这些国家年轻一代人的友好交往，以期改善本国的国家形象。

日本和东南亚国家青年之间的交流采取了一些措施。1983 年 5 月，日本首相中曾根在新加坡提出了"面向 21 世纪的友情计划"，表示要在未来 5 年从东盟各国招收 3 750 名青年和青年教师。[16]。

20 世纪日本的侵华战争给中国人民带来极大的民族灾难，中日对立情绪在民间，尤其是在青少年之间蔓延。为改善中日关系，对中国国内舆论施加有利于日本的影响，尤其是缓解中国青少年的仇日情绪，日本政府在对华外交政策的制定上具有明显的针对性。在制定 2006 年度预算草案时，日本外务省专门申请了补充预算，用于中日青少年交流活动。补充预算分别拨付给了日中友好会馆 5 亿日元和日本国际交流基金 20 亿日元。日中友好会馆将这笔资金用于邀请 1 100 名中国高中生到日本进行短期交流。日本国际交流基金会将这 20 亿日元的补充预算和自筹的 80 亿日元共同建立一个总额达 100 亿日元的"日中 21 世纪基金"。[17]该基金将其利息用于资助赴日交流的中国高中生，对于进行短期交流的高中生，大都是开展一些参观活动，而对于那些中长期交流的高中生，则主要通过与日本的高中学生一起学习的方式来增进彼此的了解。这些交流活动促进了中日学生之间的沟通和理解。

（4）和平友好交流计划

"和平友好交流计划"是在纪念"二战"结束 50 周年的背景下由日本政府推

出的。为彰显日本爱好和平的国家形象,日本和东盟国家于 1994 年就着手开展"和平友好交流计划"。日本政府将该计划的实施与外国留学生的短期留学项目很好地结合起来。1996 年,日本政府出资 875 亿日元设立了"推进短期留学奖学金"。值得关注的是,日本对以自费形式赴日留学的外国学生给予了大力援助,但其前提是用之于和平友好交流。如"自费外国人留学学习奖励费"即为此例。此外,在日本政府推出的"招收 10 万留学生计划"的政策中规定 90％为自费留学生,但日本政府以"和平友好交流"为目的对这些自费留学生进行资助。

"和平友好交流计划"还体现在日本对东盟开展的综合人才开发计划中。从 1997 年开始的 5 年中,日本接收了大量来自东盟国家的研修人员、留学生,并对其提供资助。同时,日本政府也派国内的研修人员赴东盟国家开展交流活动。

日本的留学生政策和综合人才开发计划超越了其原本所具有的人力资源开发和加强彼此了解的意义,却具有配合"和平友好交流计划"实施的任务。[18]。

2. 为日本政治大国服务的国际教育援助

(1) 利用对非教育援助开展联合国外交和价值观外交

召开非洲发展国际会议是日本开展对非联合国外交和传播日本援助新理念的主要平台。该会议由日本在联合国大会提出,并于 1993 年由日本政府、联合国和全球非洲联盟共同举办了首次非洲发展国际会议。非洲发展国际会议从 1993 年到 2013 年共举办了 5 次。

非洲发展国际会议是日本宣传其援助理念,并力图改变传统援助方式的尝试,其效果已经呈现。在 1993 年《东京非洲发展宣言》中出现的"自力更生"和"伙伴关系"的提法表达了尊重非洲自主、主张平等关系的理念,这有别于西方国家和受援国传统的主从关系援助模式,更是日本援助新政策的宣示。教育援助作为"授人以渔"的援助方式,对非洲国家依靠自身能力摆脱贫困是具有基础作用的,这也与日本"自力更生"的援助理念相吻合。1996 年 4 月 30 日,在南非举行的联合国贸发会议总会上,池田外相就表示,日本将于 1998 年举办第二次非洲发展国际会议,并提出了新的"日本援助非洲方针",包括支援非洲的教育事业以及接收 3 000 名研修生等。

2003 年第三届非洲发展国际会议召开以来,主事权(Ownership)和保障人类安全的概念被日本提起,显示了日本在外援中尊重受援国主体地位和以人为本的理念。日本以对非教育援助作为践行其援非新理念的重要领域。日本明确表示在 5 年内将提供 10 亿美元的无偿资金援助,用于帮助非洲国家包括基础教育领域的保障[19]。统计数据显示,2002 年日本对非洲的教育援助占其对外教育援助总额的 40%,2008 年,这一比例仍高居 30%[20]。教育援助尤其是基础教育援助是确保人权得到保障,人类安全得以实现的根本条件。日本通过教育援助实践推广的这些理念已为经合发展组织所接受,这体现在这些概念频繁出现在经合组织和欧洲联盟发布的文件中[21]。

2008 年第四次非洲国际发展会议召开之际,与会的非洲国家代表对日本的援助战略发表了看法,他们认为非洲正面临教育和人力资源开发滞后等问题的挑战,希望日本优先将援助资金投向教育等领域。日本对非洲国家的要求予以高度重视,打算从 2008 年起,5 年内将在非洲建立 1 000 所农村小学,供大约40 万名儿童学习[22]。日本对非的教育援助也对其联合国外交带来了积极效果,一些非洲国家表态支持日本成为联合国常任理事国。2008 年 1 月 6 日,在坦桑尼亚访问的高村正彦外相与基奎特总统举行了会谈,基奎特表示赞成日本"入常",并承诺出席横滨非洲发展会议[23]。

(2) 利用教育援助开展"亚洲外交"

冷战结束以来,日本外交向亚洲倾斜,将亚洲作为其政治大国战略实施的立足点。蒙古、越南、泰国等国家成为日本开展亚洲外交的"战略性国家"。

① 对蒙古国实施草根援助

对蒙采取积极外交政策,是日本加强"亚洲外交"的需要。在对蒙古的教育援助中,草根援助取得很大成效。

"草根援助"的实施主体是日本驻外使领馆,它有以下 3 个特点:① 资金规模较小;② 无偿援助;③ 针对发展中国家的地方区域。日本对蒙古的草根援助从 2002 年开始,援助的对象主要有蒙古国内的高等院校和中小学校。2002年 6 月,蒙古国立大学的蒙日文化中心建成,该中心定期免费为年轻人举办知识讲座、播放日本电影、开办日语学习班活动,这有利于日本向蒙古的大学生传播本国的文化和价值观;在物质援助方面,主要是帮助蒙古的高校和中小学校改善办学条件,如校舍的兴建,教学设备的捐赠等。从2003年到2004年,有79所蒙古乡村学校获得日本政府提供的"草根计划"援助。2005年,蒙古音乐舞蹈学院获得日本政府提供的草根援助款5 000万日元用以改善设备。

草根援助改善了日蒙的双边关系,提升了日本自身的软实力。蒙古各主流媒体经常把日本列为"对蒙古最友好的国家"之一。2004年11月,日本驻蒙古大使馆进行的一项调查显示,72.8%的蒙古国民对日本有亲近感[24]。对蒙草根援助还对日本政治大国战略的实施具有重要作用,最明显的实例就是在日本争取进入联合国安理会常任理事国的行动中,蒙古给予了大力支持,并宣传日本的国际贡献。

② 对越南、泰国的教育援助

越南是东盟成员国,日本对越南进行援助具有明显的地缘政治因素在内。在日本外务省2004年发布的《日本对越南国家援助计划》的"理念与目标"部分有很直白的表述:"日本对越援助,不仅有利于日越双边关系的发展,也有利于日本与东盟的区域关系"[25]。显然,日本计划对东盟成员国的越南进行援助,希望将其影响力扩大到整个东盟地区。

日本非常重视利用教育援助对越南施加政治影响力,树立自己爱好和平、积极作国际贡献的新形象。日本的教育援助密切结合越南国家教育发展的相关战略规划,符合越南教育发展的需求。2001年,越南制定了21世纪初的第一个十年教育发展战略,对基础教育和高等教育的发展提出了新目标。日本对越南的小学教育和高等教育事业提供了援助。2001年至2004年间,日本对越南的"小学教育发展支持项目"进行了援助,帮助越南加强省级教育发展计划和提高协调教育部门间关系的能力。在高等教育方面,越南的大学生获得了日本政府提供的数目可观的奖学金资助。日本还对越南高校毕业生提供继续深造的财政资金,援助越南培养经济发展急需的技术人才。越南的一些学者认为,日本通过官方发展援助帮助越南在发展人力资源、教育和培养人才方面作出了很大贡献。[26]

日本的教育援助大大改善了越南国民对日本的印象。据日本《读卖新闻》的调查,对于日本在"二战"期间的侵略历史,69%的越南人认为这无碍于两国关系的发展,只有16.3%的受访者认为这段历史对两国关系有影响。相反,很多越南人对日本持积极的看法:73%的越南人认为,过去的 10 年间,经济因素是两国关系中的重点,60%的越南人认为日本是越南学习的榜样。[27]可见,日本的教育援助在改变越南国民对自身形象的认知方面起到了很大的效果,侵略国形象被爱好和平、积极作国际贡献的新国家形象所代替。基于此,日本对越南乃至东盟的政治影响力大增。

泰国和日本有着传统的友好关系,二战后泰国和日本在 1952 年就恢复了外交关系,是东盟国家中较早与日本开展外交关系的国家。日本很重视在教育文化领域与泰国进行交往,并提供相应的援助。1955 年签订的日泰文化协定中,规定双方要积极创造条件互派教授、学者和学生;为增进两国人民之间的了解,协定还鼓励双方的高等教育机构新开设有关对方国家文化方面的课程,日本还招收了很多泰国留学生。[28]。日本对泰国教育援助的标志性项目是对泰国蒙固王技术学院的无偿援助。蒙固王技术学院原来规模很小,仅有 23 名学生。日本对该学院进行了长达 40 多年的援助,使之发展成为拥有 7 个院系、在校学生达 2.2 万名的工科类综合性大学。截至 2006 年,日本对泰国的无偿援助累计达到 1 591.45 亿日元,项目几乎都集中在学校、职业培训中心、科研机构等教育基础设施方面。[29]

日本通过在教育文化领域对泰国的援助产生了重大政治影响力。正如我国东盟问题专家曹云华教授所言,通过教育援助等方式,日本在东盟培养了一大批熟悉日本文化的政治精英,这些精英乐意日本在东盟发挥更大的政治作用[30]。

(四) 小结

日本的国际教育援助在不同历史时期服务于不同的软实力战略,早期的国际文化交流、留学生交流、青年交流、和平友好计划主要是为了改变日本在二战时期侵略国和早期对外援助"经济动物"的国家形象,这种软实力战略还处于初级阶段,旨在将国家的负面形象转变为正面积极形象,且援助的对象国主要为亚洲受害国。

90 年代以来,在日本追求政治大国战略的推动下,日本的国际教育援助在非洲为其联合国外交发挥了重要作用,并通过非洲国际发展会议推广了自身的援助新理念,输出了日本的价值观,增强了日本的软实力。在亚洲,日本通过国际教育援助增强了与蒙古、越南、泰国等战略性国家的关系,为其扩大在这些国家的政治影响起了重要作用。

参考文献

[1] [美]约瑟夫·奈.美国霸权的困惑:为什么美国不能独断专行? [M].郑志国等译,北京:世界知识出版社,2002.9.

[2] Joseph S. Nye. Bound to Lead: The Changing Nature of American Power[M]. New York: Basic Books, 1990.11.

[3] Rui Yang. Soft Power and Higher Education: An Examination of China's Confucius Institutes[J]. Globalisation, Societies and Education, 2010,8(2):235~245.

[4] Lukasz Fijalkowski. China's Soft Power in Africa[J]. Journal of Contemporary African Studies, 2011, 29(2):223~232.

[5] Ellen Mashiko and Horie Miki. Nurturing. Soft Power: The Impact of Japanese—U.S. University Exchanges, in Watanabe Yasushi and David L. Mcconnell(eds.). Soft Power Superpowers: Cultural and National Assets of Japan and the United States[M]. M. E. Sharp, Inc, New York,2008.75.

[6] Mitsuya Araki. Japan's Official Development Assistance: The Japan ODA Model That Began Life in Southeast Asia. Asia—Pacific Review, 2007, 14(2):17~29.

[7] 李广民、李进浩.国际非传统安全领域中的日本公共外交[J].东北亚论坛,2008,(5):99~103.

[8] 转引自张光.冷战后的日本对外援助政策走向[J].日本学刊,1993,(4):35~54.

[9] Anne Daly, George Fane. Anti— Poverty Programs in Indonesia. Bulletin of Indonesian Economic Studies, 2002,38(3):309~329.

[10] 廉德玫.日本公共外交的特点[J].日本学刊,2011,(1):40~51.

[11] 刘江永.当代日本对外关系[M].北京:世界知识出版社,2009.353.

[12][13][14] 刘江永.当代日本对外关系[M].北京:世界知识出版社,2009.355

［15］［16］刘江永.当代日本对外关系［M］.北京：世界知识出版社，2009.366.

［17］臧佩红.试论当代日本的教育国际化［J］.日本学刊，2012，(1)：90～101.

［18］马岩.日本留学生政策在高等教育国际化发展进程中的演变［J］.苏州科技学院学报(社会科学版)，2011，28(5)：73～77.

［19］日本外务省［EB/OL］.http://www.mofa.go.jp/mofaj/gaiko/oda/shiryo/kuni/04_databook/05_africa/africA_001/ Africa_001.html

［20］王发龙.美国和日本对外教育援助比较研究［D］.浙江师范大学硕士论，2012.46.

［21］转引自李安山.东京非洲发展国际会议与日本援助非洲政策［J］.西亚非洲，2008，(5)：5～13.

［22］郝平.认真总结教育援外工作经验，科学谋划教育援外事业发展［J］.世界教育信息，2010，(6)：10～16.

［23］转引自白如纯、吕耀东：日本对非洲政策的演变与发展——以"非洲发展国际会议"为视点［J］.日本学刊，2008，(5)：15～24.

［24］乌兰图雅.日本对蒙古援助分析［J］.当代亚太，2010，(3)：126～144.

［25］［26］邓应文.1990年以来越南与日本的经济关系［J］.南洋问题研究，2008，(2)：15～24.

［27］Guy Faure and Laurent Schwab. Japan－Vietnam：A Relation under Influences. Singapore：NUS Press，2008. 88～94.

［28］邓仕超.从敌对国到全面合作的伙伴——战后东盟—日本关系发展的轨迹［M］.北京：世界知识出版社，2008.56.

［29］赵姝岚、孔建勋.从日本对泰国的援助评日本的官方发展援助［J］.东南亚南亚研究，2011，(1)：54～58.

［30］曹云华.东南亚的区域合作［M］.广州：华南理工大学出版社，1995.239.

（本文发表于《比较教育研究》2014年第2期。作者彭文平，时属单位为暨南大学社会科学部）

八、SSCI 对中国学者学术研究的影响：以教育学科为例

改革开放以来,国际化的浪潮不断由我国的经济、政治延伸至文化、教育以及科学研究等各个领域。为了增强中国高等教育和科学研究的国际影响力,我国学者纷纷呼吁将 SSCI① 等国外核心期刊索引系统引入我国的学术评价体系,以此促进我国科研的国际化,使"中国的人文社会科学研究更快地进入国际性的对话空间"。[1]另一方面,国内科研绩效管理的标准化需求进一步催生了以 SSCI 为导向的人文社会科学学术评价机制的形成,使得 SSCI 与中国的大学、科研机构以及科研人员的关系日益紧密。然而,近些年来,这种评价机制因其以西方标准为国际标准、以期刊等级论成果优劣、以 SSCI 论文发表量论科研水平高低等弊端,遭到越来越多的批判。为了更清楚地了解 SSCI 对中国学术研究的影响与意义,本文意欲通过梳理现状、分析成因,对我国当下以 SSCI 为导向的人文社会科学学术评价机制的优点和不足作一个客观、辨证的探讨,以期为我国建立符合自身学术发展需求、反映自身学术文化的学术评价新体系提供启示与参考。

---

① 社会科学引文索引(Social Science Citation Index,SSCI)是由美国原科技情报所(ISI)、现改名汤姆森科技信息集团(Thomson Scientific)建立的,目前全球最大、最权威的综合性社会科学文献数据索引系统,收录了经济、法律、管理、心理学、教育学、社会学、信息科学等 50 多个学科的 3 000 多种国际性顶尖期刊。类似的,汤姆森公司还建立了科学引文索引(Science Citation Index,SCI)和艺术与人文科学引文索引(Arts & Humanities Citation Index,A&HCI)。其中,SCI 收录了全球覆盖 150 多个自然学科的 8 500 多种国际性顶尖期刊;A&HCI 收录了全球 1 700 多种人文艺术科学类国际顶尖期刊。资料来源:http://thomsonreuters.com. 2013—08—26.

（一）现状：SSCI 对中国学者的学术研究存在着导向作用

目前，我国已有学者姚云、康瑜[2]；覃红霞、张瑞菁[3]；刘莉、刘念才[4]；沈英、刘明[5]；王超[6]通过分析 SSCI 数据，研究我国或我国某所高校的人文社会科学科研表现，但这些研究仅仅分析了学者或科研机构的 SSCI 论文发表情况，却没有进一步探究 SSCI 期刊对学者学术研究的影响。本文以教育学科为例，运用 SSCI 文献计量学法，梳理了中国学者在 SSCI 期刊上发表的教育研究成果的基本情况，并通过对比中国学者同一时期发表在 CSSCI① 期刊上的论文特征，剖析 SSCI 期刊对中国学者教育研究的导向作用。

1. 中国学者的 SSCI 论文发表量呈现明显的上升趋势

笔者通过查阅 SSCI 数据库发现，2003 年以中国高校、科研院所为署名单位的 SSCI 期刊论文只有 35 篇；而 2012 年以中国高校、科研院所为署名单位的期刊论文增长到 321 篇。十年间增长了 817.14%。鉴于其中大量的文章为中国高校、科研院所所聘请的外籍学者所发表，不能完全真实反映中国学者的 SSCI 发表情况，笔者对 2003 年和 2012 年的数据进行了进一步筛选，发现 2003 年 SSCI 期刊上发表的教育研究论文中，17 篇署有中国学者；2012 年 SSCI 期刊上发表的教育研究论文中，72 篇署有中国学者。10 年间亦增长了 323.53%。

此外，考虑到近十年中国科研水平能力的迅猛提升可能对 SSCI 绝对发表量产生一定的影响，笔者以 CSSCI 作为比较对象，估算了 2003～2012 年间中国教育研究学术成果在 SSCI 上的发表量占 CSSCI 发表量的比例，并绘制了比例变化趋势图（图 1）。由图 1 可知，在近十年内，中国教育研究学术成果在国外 SSCI 期刊上的发表量占国内 CSSCI 发表量比例也表现出了明显的增长趋势。因此，中国学者在 SSCI 核心期刊上的发表量不仅是绝对值的增长，相对比例增长趋势也极为明显。这既象征着中国学术不断走向世界，也在某种意义上意味着中国高质量学术研究成果的流失问题将日渐严峻。诚如著名科技政

---

① 中文社会科学引文索引（Chinese Social Sciences Citation Index，CSSCI）是由南京大学中国社会科学研究评价中心模仿 SSCI 开发研制的引文数据库，收录了覆盖法学、管理学、经济学、历史学、政治学等 25 个人文社会科学学科领域的 500 余种学术性强、编辑规范的中文学术期刊。资料来源：http://cssci. nju. edu. cn/news-show. asp? Articleid=119. 2013-08-27.

策专家、清华大学公共管理学院院长薛澜教授所讲的那样:"现在国内的中文期刊得不到国内最好的论文,最好的都到国外核心期刊去发表了。"

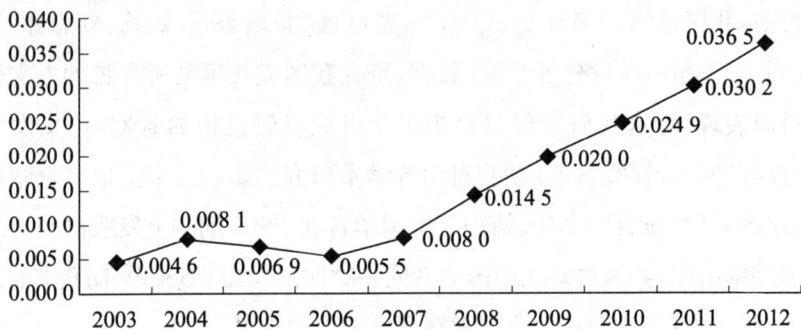

图 1 中国教育研究学术成果的 SSCI 发表量占 CSSCI 发表量比例统计

来源:笔者根据 SSCI 数据库和 CSSCI 数据库 2013 年 8 月 27 日公布的信息整理绘制而成。

2. 中国学者在 SSCI 期刊上发表的论文选题更倾向西方国家关注的热点问题

为了进一步考察中国学者在 SSCI 期刊上发表的学术成果在内容上的特点,笔者对 2012 年中国学者在 SSCI 期刊上发表的 72 篇教育研究论文进行了内容分析,发现多数文章的选题倾向于西方国家当下正密切关注的热点问题,如教育信息化、农村教育与移民教育、高等教育大众化与高等教育改革、性教育、道德价值观教育、教育评价与质量保障、全纳教育与教育公平、科学教育以及英语教学和双语或多语教育等(图 2)。在笔者统计的 72 篇论文中,讨论教育信息化的文章占 16%,讨论农村教育的文章占 10%,讨论学校外语教育的文章占 10%。此外,这些论文基本上都是介绍中国教育的最新实践,以促进国外学术界深入了解中国本土教育发展现状,而非为了满足本国教育发展的需要。由此可见,SSCI 可能导致中国学者对国际话题趋之若鹜,而日益忽视对本国特殊问题的关注,"其结果则是不自觉地迷失于损己利人的学术歧途,逐渐变成英美大学的中国研究中心的藩属"。[8]

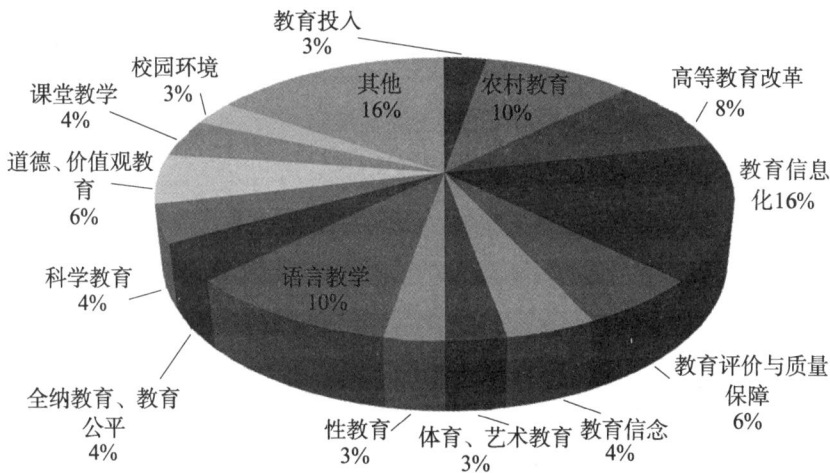

图 2　中国学者 2012 年在 SSCI 期刊上发表的教育研究论文选题统计

来源：笔者根据 SSCI 数据库 2013 年 8 月 27 日公布的信息整理绘制而成。

3. 中国学者在 SSCI 期刊上发表的论文多倾向于西方学术界认同的研究范式

笔者统计发现，中国学者 2012 年在 SSCI 期刊上发表的 72 篇教育研究论文中，有 46 篇（63.9%）属于实证研究，远远高于国内 CSSCI 期刊上发表的实证性教育研究论文比例。在这 46 篇实证性教育研究论文中，32 篇采取了混合研究，10 篇采取了量化研究、4 篇采取了质性研究；绝大多数学者运用了问卷调查法、5 篇运用了实验法、9 篇运用了访谈法、6 篇运用了量表法、4 篇运用了观察法、2 篇运用了民族志法。在剩余的 26 篇非实证性研究论文中，仅有少数几篇属于纯介绍类文章，而绝大多数属于有着严密理论基础和分析框架的思辨类文章。相比之下，我国学者在 CSSCI 期刊上发表的非实证性教育论文中，纯介绍类文章所占比例过高，思辨类学术文章的理论性相对不足。由此可见，SSCI 能促进中国学术研究范式与西方国家接轨。值得注意的是，这容易使我国学术界陷入以西方研究范式为准的误区，致使双边的中西学术沟通沦为单边的西式学术模仿。

4. 中国学者在 SSCI 期刊上发表的论文多为中外学者合作研究成果

近年来，随着中国学术界的开放性和国际性的不断增强，国内各高校、科研院所日益重视外籍高层次人才的引进和中外人才的合作交流。笔者通过统计 72 篇中国学者 2012 年在 SSCI 期刊上发表的教育研究论文的作者署名情况发现，只有 22 篇是中国学者独立发表，11 篇是中国学者联合发表，而其他 39 篇（54.1%）论文均属中外学者的合作研究成果，且署名人数多为三人或三人以上。相比之下，CSSCI 期刊上发表的教育研究论文中，多为中国学者独立发表，少量为二至三位中国学者联合发表，鲜有中外学者合作发表或三位以上中国学者合作发表的教育研究论文。笔者认为，SSCI 对于加强中国学者的合作研究（尤其是中外合作研究）意识、培养国际合作型研究人才具有积极作用。但另一方面，这也反映出我国学者的独立研究能力亟待增强。

（二）成因：以 SSCI 为导向的人文社会科学学术评价机制在中国的形成

文献计量学分析结果证明，SSCI 对中国学者的学术研究已经产生了明显的导向作用，一方面使中国学者的高质量学术研究成果外流倾向越来越明显；另一方面使中国学者的学术研究领域和范式越来越向西方靠拢。导致这种现象的成因是多方面的，笔者认为是中国当下的学术评价体制过于强调 SSCI 的评价功能，使得高校、科研机构和科研人员不得不奉 SSCI 为"金科玉律"。

1. SSCI 被引入大学评价、排名系统

1998 年 5 月 4 日，原国家主席江泽民在庆祝北京大学建校一百周年大会上向全世界宣告："为了实现现代化，我国要有若干所具有世界先进水平的一流大学。"自此，建设"世界一流大学"被提上中国高等教育发展日程并日益成为中国高等教育发展的优先、重点领域。然而，究竟何为"世界一流"，国内外学者却对此莫衷一是。"最普遍的看法是，位居世界或发达国家大学排行榜前 10 名、20 名或 50 名的就是世界一流大学"。因此，尽管大学排名自产生之日起便广受诟病，但大学排名却始终是世界各国衡量大学实力的重要标准。纵观各类大学排行榜和大学评价体系，以高校师生在 SSCI 等国际核心期刊上的论文发表量和被引频次衡量大学的科研水平是各排名机构的普遍做法（表 1）。除了大

学排名机构以 SSCI 等国际期刊索引论文收录情况作为衡量大学科研实力的重要甚至是唯一标准,我国政府部门在评审大学的学位授予点、基金项目以及各类科研奖项时,亦逐步将 SSCI 等数据库论文收录和被引情况作为硬性评价指标。

表1　SSCI 在国内外各类大学排行评价体系中的权重(举例)

	排名机构	与 SSCI 相关的评价指标	权重
网大中国大学排行榜	网大	社会科学引文索引 SSCI(总量和人均)	6.2%
世界大学学术排名	上海交通大学世界一流大学研究中心	被科学引文索引(SCIE)和社会科学引文索引(SSCI)收录的论文数量	20%
世界大学科研论文绩效排行	台湾高等教育评估与认证委员会	近11年被 SCI/SSCI 收录的论文数量	10%
		当年被 SCI/SSCI 收录的论文数量	15%
		近11年被 SCI/SSCI 收录的论文被引次数	15%
		近2年被 SCI/SSCI 收录的论文被引次数	10%
		近11年被 SCI/SSCI 收录的论文平均被引次数	10%
		近2年被 SCI/SSCI 收录的论文 H 指数	10%
		近11年 SCI/SSCI 收录的被引次数进入10%的论文数量	15%
THE 世界大学排行榜	泰晤士报高等教育增刊	"科技网络"(含 SSCI)收录的论文数量	6%
		"科技网络"(含 SSCI)收录的论文被引次数	30%

来源:网大中国大学排行榜官方网站(http://rank2013. netbig. com/article/44/. 2013—8—28);世界大学学术排名官方网站(http://www. shanghairanking. cn/ARWU-Methodology-2013. html. 2013—8—28);世界大学科研论文绩效排行官方网站(http://ranking. heeact. edu. tw/en-us/2010％20by％20field/page/methodology. 2013—8—28);THE 世界大学排行榜官方网站(http://www. timeshighereducation. co. uk/world-universi-ty-rankings/2012-13/world-ranking/methodology. 2013—8—28)。

2. SSCI 被引入大学和科研机构的人事管理系统

随着"新公共管理"理论被运用于大学和科研机构的人事管理,科研绩效评估成为了中国大学、科研机构管理科研人员的重要工作。为了充分调动大学教师及科研人员的科研积极性,规范大学、科研机构自身的绩效管理,运用 SCI 和 SSCI 发表量及其被引频次量化评价、管理科技工作者的科研绩效的做法因其客观性和可操作性,且在实践中显露出某些超越于当时同行评议的独特优点,相继被引入我国大学和科研机构的人事管理系统。与此同时,大学排名正日益影响到高校的资源获取,加大师生国际顶尖期刊发表量作为一种提升大学排名、跻身世界一流大学行列的捷径,纷纷受到高校领导者的追捧,这进一步刺激了高校将 SSCI 发表量及被引用频次作为人文社会科学教学科研人员聘用、晋升和奖励的重要依据,并将其写入高校人事管理规章。以华中师范大学为例,《华中师范大学教师岗位设置与聘用办法》(华师行字[2011]229 号)明确规定:"教师申报科研为主型的文科教授职位需在 SSCI、A&HCI 或权威期刊上发表论文 4 篇;申报教学科研并重型文科教授职务需在 SSCI、A&HCI 或权威期刊上发表论文 2 篇;申报科研为主型文科副教授职务需在 SSCI、A&HCI 或权威期刊上发表论文 1 篇。"此外,许多高校还专门制定了国际学术论文奖励政策,如北京大学规定:每发表一篇署名单位为北京大学的 SSCI、A&HCI 或 SCI 论文可获得 6 000 元科研经费奖励;复旦大学规定:每在国外学术刊物上用外文发表一篇第一署名单位为复旦大学的 5 000 字以上的 SSCI 和 A&HCI 论文可获得 3 000 元奖励。

(三) 讨论:理性看待 SSCI 的学术评价功能

事实证明,SSCI 对我国学者的学术研究已经产生了不可小觑的影响。客观来讲,这种影响是积极作用与消极作用共存。人们应当正视其正面意义,也必须清醒地认识其局限性。

1. SSCI 引入学术评价机制对中国学者学术研究的积极作用

在一定意义上,SSCI 引入我国人文社会科学学术评价机制是外部的教育与科研国际化和内部的科研绩效管理标准化双重需求作用下的历史产物,曾在一定时期内对我国的高等教育和学术研究国际化、科研绩效管理的标准化起到了正向的推动作用。

有学者将 SSCI 视作通向科研国际化的桥梁实际上是一种将西方国家的

学术价值体系视作国际学术标准的观点。"学术的政策与方向、审核与取舍,如果全为西方学界所操纵和评定,则等于无条件承认其宗主地位……"[14][15][16]但也正如姚云、顾明远(2007),姚云、康瑜(2007),任元彪、陆云峰(2003)等所讲的那样,尽管 SSCI 具有明显的西方特征,或者更为确切地说是美国特征,但在人文社会科学领域尚未形成真正的"国际标准"之前,SSCI 的确是国际认可度相对最高的学术系统,在我国本土期刊未能进入国际视野时,我国学者不得不选择在国外学者把持话语权的期刊上发表自己的研究成果,以此让世界听到中国的声音。因此,在我国真正能够掌控国际学术话语权之前,将 SSCI 引入我国的学术评价系统是一种间接促进我国科研与世界接轨的有效途径,对于规范我国的学术研究范式、提高研究学理性等也具有积极的作用。

另一方面,尽管 SSCI 收录的论文未必都是高水平的,"但它毕竟代表了国际学术的基本标准。一所大学如果在 SCI(含 SSCI)上长期有稳定的相当规模的表现,其研究实力和能力无疑是有一定整体优势的。所以,SCI(含 SSCI)的论文数量可以作为世界一流大学的学术标志之一。"在国外,也有学者(Kayvan Kousha & Mike Thelwall,2007 等)持相似的观点,他们认为,即便 SSCI 发表量不能精确衡量一个国家(或某所科研机构、某位学者)的人文社会科学研究水平,但也可以在很大程度上反映出其在此研究领域的国际地位。

2. 过分强调 SSCI 的学术评价作用的局限性和潜在的风险

正如前文所述,SSCI 在一定意义上象征着国际学术标准,一个国家的 SSCI 发表情况可以反映其人文社会科学研究国际化程度的高低,但值得注意的是,国际化程度高低与学术水平高低并不存在着理论上的绝对对等关系。就 SSCI 产生根源而言,它源自英国文献学家布拉德福(S. C. Bradford)1934 年提出的"文献离散定律",通俗地讲就是某专业领域的大部分文章会集中发表在少数期刊上,因此核心期刊在本质上只表明它是在某一时期发表该专业领域论文相对集中的刊物,但江晓原(2007)等学者认为这并不意味着所刊论文的学术水平就必然高。国外学者(Daniel Klein & Eric Chiang,2004)曾通过实证研究证实,SSCI 并不能准确表达所刊成果的质量,且存在着明显的意识形态偏见。SSCI 的学术评价功能本身是具有局限性的,将 SSCI 视为衡量大学、科研院所和科研工作者人文社会科学科研水平的最重要甚至是唯一标准是一种夸大、异化 SSCI 评价作用的表现。它不仅引发并恶化了严重的学术腐败问题,而且在一定程度上误导了我国人文社会科学研究的发展方向。一方面,使学者误将国际化等同于高水平,削弱科学研究服务于本国发展的功能。由于 SSCI 论文多以英文发表,研究问题以国际性问题尤其是西方国家关注的问题为主,因此过分强调 SSCI 论文将使我国学者"放眼世界而唯独遗忘中国";另一方面,人文社会科学不同于自然科学。相比以追求统一为使命的自然科学,人文社会科学理应追求自身发展的多元化和民族适应性。盲目的模仿自然科学领域的 SCI 评价机制在人文社会科学领域建立相似的 SSCI 评价机制是一种缺乏学科特殊性考虑的作法。我国在人文社会科学领域过分强调国际标准,并自觉或不自觉地将西方标准视作国际标准,最终不但难以使我国在国际学术界获得话语权,甚至容易导致我国国际学术话语权的进一步沦丧。

(四) 结语:建立符合中国自身学术发展需要、反映自身学术文化的人文社会科学学术评价新体系

无论是立足科研国际化的角度,还是出于对科研绩效管理科学化的考虑,将 SSCI 引入我国的人文社会科学学术评价机制都是一种历史的进步,决不能因 SSCI 存在着局限性便将其价值全盘否定。如果说上世纪中国人文社会科学学术评价是一个"行政化""主观化""人情化"的评价时代,那 SSCI 的引入便催生了一个"以西为准""以刊论文""以量论质"的学术评价时代,而如今,我们应思考如何迈向下一个新时代:建立具有较强认同感与公信力,且符合中国自身学术发展需要、反映自身学术文化的中国人文社会科学学术评价新体系。在这个过程中,笔者认为处理好以下两对矛盾是关键。

1. 国际化与本土化之间的平衡

我国在建立符合自身发展需求的学术评价体系过程中,既不能以国际化甚至是西化为绝对最优标准,也不能以建立中国特色的学术体系为由否定国际化的合理性和必要性。无论是对于个人还是研究机构、高校的科研绩效考评,要对"国际化"的科研成果和"本土化"的科研成果一视同仁,不以"中、西"论优劣。

2. 标准化与多元化之间的平衡

人文社会科学能否像自然科学那样进行标准化、量化管理始终是一个颇受

争议的问题。但历史早已证明，完全毫无标准可言、仅凭主观因素决定的学术评价机制势必导致更多的问题。评价标准化是新公共管理主义的价值追求，也是管理科学化的需要。以 SSCI 为导向的学术评价机制的不足并非源自评价标准化本身，而是评价标准的合理性问题。因此，我们既要坚持学术评价的标准化和客观化，又要注重评价标准的多元化，兼顾定量评价与定性评价，避免把 SSCI 等核心期刊发表情况当做唯一、绝对化的评价标准，摒弃简单以刊物级别判断研究成果质量的作法。

参考文献

［1］王宁.跻身国际权威学术期刊：对策与写作技巧［N］.社会科学报，2003—10—09，第 5 版.

［2］［17］姚云，康瑜.中国教育科研成果如何走向世界——基于对 SSCI 数据库分析的启示［J］.比较教育研究，2007(1)：43—48.

［3］［16］覃红霞，张瑞菁.SSCI 与高校人文社会科学学术评价之反思［J］.高等教育研究，2008(3)：6—12.

［4］刘莉，刘念才.改革开放三十年我国大陆 SSCI 论文定量研究——兼论社会科学研究国际化［D］.上海：上海交通大学博士学位论文，2009，7.

［5］沈英，刘明.基于 SSCI 统计数据(2001～2008)对中国教育学研究国际地位与现状的分析［J］.外国教育研究，2010(1)：33—36.

［6］王超.SSCI 收录论文的文献计量与学科发展——以北京师范大学为例［J］.现代情报，2010(4)：52—55.

［7］钱炜.国内中文期刊为何得不到最好的论文［N］.科技日报，2009—12—05，第 1 版.

［8］胡显章等.国家创新系统与学术评价——学术的国际化与自主性［M］.济南：山东教育出版社，2000，8.

［9］中华人民共和国教育部.中共教育部党组关于深入学习江泽民同志在庆祝北京大学建校一百周年大会上的重要讲话精神的通知［Z］.教育部政报，1998(5).

［10］潘懋元.一流大学与排行榜［J］.求是，2002(5)：57.

[11] 华中师范大学学校办公室.关于印发《华中师范大学教师岗位设置与聘用办法》的通知[EB/OL]. http://wy. ccnu. edu. cn/EBUpFileFolder/20115201775915. doc. [2013—8—28].

[12] 北京大学社会科学部.北京大学人文社科国际学术论文奖励暂行办法[EB/OL]. http://web5. pku. edu. cn/jyxy/kxyj/glgz/4337. htm. [2013—8—28].

[13] 复旦大学校务办公室.复旦大学文科发表学术论文奖励条例[EB/OL]. http://xxgk. fudan. edu. cn/s/68/t/297/35/39/info13625. htm. [2013—8—28].

[14] 杜祖贻.借鉴超越:香港学术发展的正途[J].比较教育研究,2000(5):1—4.

[15] 党生翠.美国标准能成为中国人文社科成果的最高评价标准吗? ——以 SSCI 为例[J].社会科学论文,2005(4):62—69.

[18] 姚云,顾明远.中国教育研究成果国际化的几个问题[J].中国教育学刊,2007(3):13—16.

[19] 任元彪,陆云峰. SSCI 和 A&HCI 标准在中国的应用探讨[J].自然辩证法研究,2003(8):64—67.

[20] 李越,叶赋桂、蓝劲松.跻身世界一流大学的学术基准[J].教育发展研究,2002(12):51.

[21] Kayvan Kousha & Mike Thelwall. (2007). The Web Impact of Open Access Social Science Research. *Library & Information Science Research*, 2007,29(4): 495—507.

[22] 江晓原.学术界举刀自戕:核心期刊在中国的异化[J].社会观察,2007(2):10—12.

[23] Daniel Klein & Eric Chiang. (2004). The Social Science Citation Index: A Black Box—with an Ideological Bias? *Econ Journal Watch*, 2004, 1(1): 134—165.

（本文发表于《比较教育研究》2014 年第 7 期。作者刘强、丁瑞常,时属单位为教育部人文社会科学重点研究基地北京师范大学国际与比较教育研究院）

英文目录
(Contents)

Introduction ··· 1

| **International Organization and Global Education Development** |

1. The Implement of the Basic Education from the International Perspective.
   ·· 23
2. Education for All:Challenges and Countermeasures in 2000. ············ 33
3. The Development of International Education Aid. ····················· 47
4. Analysis on the Comparative Advantages of the Chinese Educational
   Services after Joining the WTO I. ····································· 56
4. Analysis on the Comparative Advantages of the Chinese Educational
   Services after Joining the WTO II. ···································· 64
5. The Government's Entry into the WTO is Key for the Education's Entry
   into the WTO. ··· 68
6. Higher Education and WTO under the Driving of Globalization. ······ 76
7. Concerns and Countermeasures of Indian Education Brought by GATS.
   ·· 81
8. Internationalization of Higher Education: Different Approaches of
   UNESCO and WTO. ·· 88

9. WTO Framework and the Construction of Academic Market. ········ 99

10. Education for All after Dakar: Progress, Features, Challenges and Prospects. ·· 106

11. International Horizon for Educational Research: A Comparative Study of UNESCO's Institutes and Centers for Education. ····················· 116

12. The Comparison of the Evolution of Higher Education Policies between European Union and ASEAN. ································ 126

13. Educational Investing under the Vision of "Learning for all"—Review of the World Bank 2020 Education Strategy. ····················· 135

14. A Perspective of Operational Logic behind International Organizations' Education Policy: Case Studies of World Bank and OECD. ··········· 144

15. Revisiting the Internationally Agreed Education for All Goals for Education: Making Rights Realities. ·························· 153

16. Towards Knowledge Bank: Probing into World Bank's Global Education Governance through Its Education Strategy. ···················· 164

17. What Capacities are Important for International Organizations: Case study on Professional Position Recruitment Standards in UN's Special Institutes. ·· 175

Mobility and Cross-cultural Education

1. Development of International Student Education in America and Comparative Researches among Different Groups. ·············· 189

2. WTO and Lowering Ages of Studying Abroad. ················· 204

3. Students' International Movement in the University and Colleges in the United Kingdom. ····································· 214

4. On the Mission of Multicultural Education in the Perspective of Globalization. ·· 224

5. France in the International Student Market in the New Century ······ 232

6. Higher Education Crosses Borders. ·························· 241

7. The Chinese Knowledge Diaspora: Communication Networks among Overseas Chinese Intellectuals in the Globalization Era. ·············· 250

8. Australia's International Education Policies and Services in a Globalization Context. ··· 260

9. A Comparative Study on Protecting the Rights of Overseas Students. ⋯ ⋯⋯⋯⋯⋯⋯⋯⋯⋯⋯⋯⋯⋯⋯⋯⋯⋯⋯⋯⋯⋯⋯⋯⋯⋯⋯⋯⋯⋯⋯ 270

10. Japanese Enrollment Expansion Policies of International Students and Its Development of Internationalization of Higher Education. ⋯⋯⋯⋯ 281

11. Intercultural Education:A New and Important Research Field. ⋯⋯ 292

12. Reflections on Intercultural Competence Classification and Cultivation. ⋯⋯⋯⋯⋯⋯⋯⋯⋯⋯⋯⋯⋯⋯⋯⋯⋯⋯⋯⋯⋯⋯⋯⋯⋯⋯⋯⋯⋯⋯⋯⋯ 302

13. Development and Features of Global Citizenship Education in Korea. ⋯⋯⋯⋯⋯⋯⋯⋯⋯⋯⋯⋯⋯⋯⋯⋯⋯⋯⋯⋯⋯⋯⋯⋯⋯⋯⋯⋯⋯⋯⋯⋯ 314

14. An Analysis on the Causes and the Pros and Cons of Chinese Young Students Studying Abroad under the Background of Education Internationalization. ⋯⋯⋯⋯⋯⋯⋯⋯⋯⋯⋯⋯⋯⋯⋯⋯⋯⋯⋯⋯⋯⋯⋯⋯⋯⋯⋯⋯⋯⋯⋯ 324

| EU and Bologna Process |

1. Unification and Pluralism—Comments on Education Policy of EU. ⋯⋯ ⋯⋯⋯⋯⋯⋯⋯⋯⋯⋯⋯⋯⋯⋯⋯⋯⋯⋯⋯⋯⋯⋯⋯⋯⋯⋯⋯⋯⋯⋯⋯⋯ 333

2. Reform of Higher Education System in Russia Under the Bologna Framework. (1) ⋯⋯⋯⋯⋯⋯⋯⋯⋯⋯⋯⋯⋯⋯⋯⋯⋯⋯⋯⋯⋯ 342

3. Four Attitudes towards the Bologna Process in France-Integration vs Specialty. ⋯⋯⋯⋯⋯⋯⋯⋯⋯⋯⋯⋯⋯⋯⋯⋯⋯⋯⋯⋯⋯⋯⋯⋯⋯ 350

4. Reform of Higher Education System in Finland under Bologna Process. ⋯⋯⋯⋯⋯⋯⋯⋯⋯⋯⋯⋯⋯⋯⋯⋯⋯⋯⋯⋯⋯⋯⋯⋯⋯⋯⋯⋯⋯⋯⋯⋯ 359

5. Study on EUROPASS Promoting Mutual Recognition of Qualifications and Diplomas in Europe. ⋯⋯⋯⋯⋯⋯⋯⋯⋯⋯⋯⋯⋯⋯⋯⋯⋯ 368

6. The Progress on Perspective of Bologna Process. ⋯⋯⋯⋯⋯⋯⋯⋯ 377

7. Research on Mechanism of EU Education Policy Formation from the Perspective of Multi-Level Governance. ⋯⋯⋯⋯⋯⋯⋯⋯⋯⋯⋯ 387

8. Framework and Progress or the Education Quality in EU and Its

Inspiration. ·· 398

9. The Implementation of Bologna Process and Controversy in Germany.
·· 407

Emerging Issues

1. The Third Wave: the Future Trend of International Education. ······ 421

2. Quality Insurance, Accreditation and Qualification Recognition for Transitional Education. ·· 430

3. Interpretation on Commitment to Higher Education Services within the Framework of China-ASEAN Agreement from Legal Perspective. ·······
·· 441

4. The Three Large-scale International Education Test Surveys by OECD.
·· 450

5. International Education Assessment: The Development Factors, Policy Response and Outcomes. ·· 461

6. The Cutural Mission of Eight National Language—spreading Organizations in the Era of Globalization in an Internationally Comparative Perspective.
·· 470

7. Japanese International Education Aid and the Construction of Soft Power.
·· 483

8. Impacts of SSCI on the Academic Research of Chinese Scholars: Taking Education Discipline as an Example. ·································· 494

Postscript ·· 510

后记

《比较教育研究》(Comparative Education Review)(原名《外国教育动态》)创刊于 1965 年,是受中央宣传部委托创办的新中国第一本教育学术专业刊物。半个世纪以来,《比较教育研究》虽历经坎坷,但不断成长。1966 年,《外国教育动态》在创刊仅一年之后就被迫停刊。在党和国家领导人的关怀下,1972 年,《外国教育动态》作为内部资料重新得到编辑,1980 年正式复刊,并公开发行。1992 年,《外国教育动态》更名为《比较教育研究》,2001 年由双月刊改为月刊。《比较教育研究》现兼作中国教育学会比较教育分会会刊,多年来一直是 CSSCI 来源期刊、全国中文核心期刊、中国人文社会科学核心期刊、教育类核心期刊。2013 年,《比较教育研究》成为国家社科基金首批资助期刊。

50 年来,《比较教育研究》共发表了近 5 000 篇文章,它"立足中国,放眼世界",引介国外重要的教育理论与思想,追踪世界各国的教育政策与实践,持续关注我国比较教育学科的发展,促进比较教育学领域学者的成长,助力我国教育改革。2015 年,《比较教育研究》创刊 50 年,我们根据刊物多年关注的重点,以及当前我国教育改革的热点,选编了这套"中国比较教育研究 50 年"丛书。

本套丛书选编历时一年,是教育部人文社会科学重点研究基地北京师范大学国际与比较教育研究院各位同仁集体合作的成果。2014 年 9 月至 12 月,《比较教育研究》编辑部成员对 50 年来所刊文章进行了阅读与分类,提出了丛书选题建议,又经过顾明远教授、王英杰教授、曲恒昌教授等专家反复讨论,并征求出版社意见后,编委会最终确认了现有的 12 本分册主题。2014 年年底,确认各分册主编。2015 年年初到 6 月,各分册主编完成选稿工作。

《比较教育研究》创刊 50 年,不同时期的稿件编辑规范不同,这给本套丛书的选编带来巨大困难。除参与选编的老师外,北京师范大学国际与比较教育研究院的众多学生也加入到这一工作中,牺牲了宝贵的寒暑假和休息时间,为此付出了艰辛的劳动。在此,特别感谢以下同学(以姓氏笔画为序):

丁瑞常　卫晋津　马鹜　马瑶　王玉清　王向旭　王苏雅

王希彤　王珍　王贺　王雪双　王琳琳　尤铮　石玥

冯祥　宁海芹　吕培培　刘民建　刘晓璇　刘琦　刘楠

孙春梅　苏洋　李婵娟　吴冬　位秀娟　张晓露　张爱玲

张梦琦　张曼　陈柳　郑灵臆　赵博涵　荆晓丽　徐娜

曹蕾　蒋芝兰　韩丰　程媛　谢银迪　蔡娟

在丛书即将出版之际,我们衷心感谢山东教育出版社对本套丛书的出版给予的最热忱的支持。

特别感谢国家社科基金对《比较教育研究》的资助!

本套丛书的选编难免存在一些瑕疵,敬请专家和读者批评指正!

"中国比较教育研究 50 年"丛书编委会

2015 年 10 月